ILLUSTRIERTE WELTGESCHICHTE

ILLUSTRIERTE WELTGESCHICHTE

garant

© **garant** Verlag GmbH, Renningen, 2005

Alle Rechte vorbehalten, auch die des auszugsweisen Nachdrucks,
des öffentlichen Vortrags und der Übertragung in Rundfunk und Fernsehen.

Bildnachweis: Lorenz Baader, München; Peter Blachian, München; Hachette, Paris;
USIS (United States Information Service); Vallardi, Verona; Archiv Zentner, München

Herstellung und Organisation: Dr. Christian Zentner, München
Mitarbeiter: Claudia Richter, Dr. Nora Wiedenmann
Layout: Petra Obermeier, München

ISBN 3-938264-02-0

Inhalt

Vorwort

Geschichte liegt nur dann vor, wenn der Mensch handelt oder in den Bereich von Geschehnissen und Handlungen einbezogen wird. Pflanzen und Tiere haben eine Entwicklung, unterliegen zwingenden Gesetzen und nehmen an vielfältigen Ereignissen teil: Geschichte aber geschieht an ihnen nur im Zusammenhang mit dem Menschen, ohne dass sie sich dessen bewusst werden können.

Geschichte muss überliefert sein. Zwar ist auch Geschichte, was vor der Zeit lag, in der Geschehenes aufgeschrieben werden konnte, doch fehlt uns die Möglichkeit, die Ereignisse genauer zu bestimmen und die Menschen, die hier handeln, mit Namen zu bezeichnen und nach ihrem Wesen zu erfahren und zu beschreiben. Dieses Stadium kann durch Funde wohl erfasst und in seinem Bedeutungsgehalt beschrieben werden, aber nur als Vorgeschichte. Erst von dem Augenblick an, da uns Namen von Menschen und ihre Handlungen überliefert sind, Städte und Reiche bezeichnet werden können, haben wir es mit Geschichte zu tun. Dabei ist nicht wichtig, wie die Überlieferung – sobald wir es mit Geschichte zu tun haben – festgehalten wurde: auf Ton oder Stein, Bronze oder Eisen, Papyrus oder Tierhaut. Wesentlich ist nur, dass Ereignisse aufgezeichnet worden sind.

Eine zweite Voraussetzung, dass Geschichte möglich und überlieferbar wird, ist die Sprache. Der Mensch muss in der Lage sein, verwickeltere Gedankengänge auszudrücken, und braucht die Kenntnisse eines ausreichenden Zählsystems: Erst durch Sprache und Schrift kann Geschichte überliefert und damit von der Geschichtsschreibung späterer Zeiten erfasst werden.

Geschichte handelt also vom Menschen und wird von ihm durch sein Tun und Unterlassen, ja, durch seine ganze Existenz, bewirkt. Daraus ergibt sich, dass wir jedes Ereignis, jeden Gedanken, jeden Faktor, der bei einem Geschehen mitwirkte, kennen müssten, wollten wir Geschichte ohne Möglichkeit des Irrtums und mit der Gewissheit mathematischer Formeln erfassen. Es ist jedoch undenkbar, dass jemals alle Teilgeschehnisse, alle Beweggründe und Ursachen geschichtlichen Geschehens erfasst werden können, und es ist ebenso undenkbar, dass der Mensch ganz und gar in seinen Motiven und seinem Handeln begriffen werden könnte; eine lange Reihe von unbekannten Faktoren wird bleiben.

Die Geschichtsschreibung schöpft aus den verschiedensten Quellen, deren Erforschung zu einer eigenen Hilfswissenschaft geworden ist. Neben den Schriftdokumenten (Urkunden) zählen dazu auch Inschriften auf Denkmälern, Tempelwänden und Schriftsäulen, zeitgenössische Erzählungen, ja, alle schriftlichen Äußerungen, die zur Erhellung des Geschehenen beitragen. Aufschluss geben aber auch Bauwerke, Geräte, Kunstgegenstände, alles, was der Mensch geschaffen hat.

So wundert es nicht, dass bei der Fülle des Stoffes vielseitige Möglichkeiten gegeben sind, Geschichte zu schreiben: Man kann sie erzählen, wie es der Grieche Herodot (um 485–425 v. Chr.) als erster Geschichtsschreiber tat, und wie es z.B. auch Schiller tat. Man kann Geschichte möglichst knapp und genau zu berichten suchen, an der Sache bleibend und die eigene Person zurückstellend. So schrieb der erste große Historiker – wenn wir moderne Maßstäbe anlegen wollen –, Thukydides (um 460–400 v. Chr.), so auch der Römer Tacitus (um 55–120).

Die Geschichte ist der Philosophie und Religion benachbart, sie kann also auch unter ideengeschichtlichen und religiösen Aspekten betrachtet, ja, für den gläubigen Menschen zur Heilsgeschichte werden.

Im 19. Jahrhundert, als man unsicher wurde, ob die inneren Beweggründe überhaupt erkannt werden könnten, wurde es üblich, die Geschichte immer stärker auf Fakten zu gründen und sich mit der Darstellung des Ablaufs zu begnügen. Diese pragmatische Geschichtsauffassung ist nützlich, weil sie fordert, bei der Sache zu bleiben; sie kann aber die Geschichte verfehlen, wenn nur noch von Greifbarem, kausal zu Ergründendem die Rede ist.

Die ersten Geschichtsschreiber bleiben anonym, weil sie im Auftrag ihrer Herrscher die Taten aufzuzeichnen hatten. Ihnen war aufgetragen, die großen Ereignisse und Siege der Nachwelt zu überliefern und den Gottkönigen zu huldigen – kritisch zu sichten oder gar zu urteilen, war nicht verlangt.

Die mittelalterlichen Geschichtsschreiber und Historiographen waren vor allem Chronisten und Erzähler. Erst mit der Renaissance trat der kritische Betrachter wieder in den Vordergrund, der eine unvoreingenommene Analyse seiner Zeit und der Vergangenheit zu geben sucht. Der Florentiner Niccolo Machiavelli (1469–1527), der Verfasser des Buches »Il Principe« (»Der Fürst«), ist unter ihnen der bedeutendste.

Den größten Aufschwung nahm die Geschichtsschreibung im 19. Jahrhundert, als in Deutschland Leopold von Ranke (1795–1886) und Theodor Mommsen (1817–1903) Universalgeschichte schrieben, Mommsen vor allem für das Altertum (»Römische Geschichte«), Ranke für das Mittelalter (»Geschichte der Reformation« und »Die römischen Päpste«).

Das Wissen, mit der Vergangenheit verbunden zu sein – das Geschichtsbewusstsein –, ist nicht in allen Zeiten gleich groß. Geschichtsfremde und mit der Vergangenheit verbundene Zeiten wechseln miteinander ab. So legte man erst unter der Einwirkung der Romantik und dann vor allem in der Philosophie Hegels wieder größeren Wert auf die Geschichte. Die Erforschung und Darstellung der Geschichte verbanden sich mit dem Nachdenken über das Wesen der Historie: Die Geschichte wird zur Grundlage der Geschichtsphilosophie.

Man kann Geschichte auch in erster Linie von Ideen bestimmt sehen; diese idealistische Geschichtsphilosophie wird in Deutschland von den Denkern und Dichtern der Klassik, Schiller, Kant und Hegel, vertreten, während Karl Marx, Hegels Philosophie umkehrend, von materiellen, ökonomischen Bedingungen ausging und zum wichtigsten Philosophen der materialistischen Geschichtsauffassung wurde.

Oft ist nach dem Nutzen der Geschichte gefragt worden und, ob man aus ihr etwas lernen könne. Selbst Skeptiker aber dürften sich wohl nicht der Ansicht des Historikers Golo Mann versagen, dass Geschichte dazu diene, »dass wir in ihr den Menschen kennenlernen und dadurch auch uns selbst«.

ALTERTUM

Ägypten

Die Besiedlungsgeschichte Ägyptens reicht bis in die frühe Jungsteinzeit (8. Jahrtausend v. Chr.) zurück, als sich im Zuge der fortschreitenden Austrocknung der Sahara Nomadenvölker am Rande des Niltals, später dann im Niltal selbst und im Delta niederließen. Sie gingen zu einer halbnomadischen Lebensweise über. Erst im mittleren Neolithikum (5. und 1. Hälfte des 4. Jahrtausends) vollzog sich bei diesen Völkern der Übergang zu sesshaften Ackerbauern.

Spätestens seit diesem Zeitpunkt bestimmte der Nil den Lebensrhythmus seiner Anwohner. Im August bis September stiegen seine Wasser an und bedeckten weite Flächen seines Tales. Sie schwemmten die Salze aus dem Boden und lagerten fruchtbaren Schlamm an. Nach der Flut erfolgte die Aussaat und im nächsten Frühjahr die Ernte. Um das Wasser gleichmäßig auf die Felder verteilen und verheerende Überschwemmungen vermeiden zu können, musste ein ausgeklügeltes Netz von Kanälen, Gräben und Deichen angelegt werden. So waren die Ägypter schon früh zu gemeinschaftlicher Arbeit gezwungen und ihr auf diese Weise entwickeltes Organisationstalent befähigte sie in der Folgezeit zu großartigen staatlichen Leistungen.

Jährlich musste das Land neu vermessen, mussten die Steuern je nach Höhe der Flut neu berechnet werden. So wurden Technik und Verwaltung zu Grundlagen des Lebens in Ägypten. Mathematik und Astronomie erreichten einen hohen Entwicklungsstand. Die Ägypter verehrten den Nil als den Gott Hapi, den sie als Mann mit den schwellenden, nährenden Brüsten einer Frau darstellten. Am ersten Katarakt, 1000 Kilometer vom Mittelmeer entfernt, war ihre Welt zu Ende. Die Strudel des Kataraktes galten ihnen als die Quelllöcher, aus denen

Linke Seite: Bug des Totenschiffes, mit dem der Pharao ins Reich der Toten übersetzen soll. Aus dem Grab des Tutanchamûn. Das Mädchen auf dem Vorschiff läutet eine Glocke, um die Ankunft des Herrschers anzukündigen.

Der Nil bei Assuan. Jährlich wiederkehrende Überschwemmungen machten das Flusstal zu einem fruchtbaren Landstrich.

der Nil entsprang. Diesen Glauben, geboren aus der eng begrenzten bäuerlichen Vorstellungswelt, behielten sie auch bei, als sie, dem Lauf des Nils folgend, ihre Herrschaft bis zum 4. Katarakt ausgedehnt hatten.

Erste Staatsbildungen am Nil

Inschriften auf Gedenksteinen, an Tempelwänden und in den Gräbern sowie einige wenige Urkunden auf Papyrus sind die Zeitdokumente, auf die sich unsere Kenntnis altägyptischer Geschichte stützt. Erst im 3. Jahrhundert v. Chr. findet sich ein ägyptisches Geschichtswerk, das der Priester Mantho verfasste. Er teilte die Herrscherhäuser der Pharaonen vor Alexander dem Großen in 30 Dynastien ein. Die Ägyptologie hat diese Einteilung übernommen.

Bis zum Ende des 4. Jahrtausends v. Chr. stand Ägypten unter der Herrschaft lokaler Stammesfürsten, die sich im Laufe der Zeit zusammenschlossen, sodass sich im Delta ein unterägyptisches Reich bildete, dem das oberägyptische gegenüberstand. Um 3000 gelang es dem mächtigen Fürsten Menes (auch Narmer genannt), die beiden Reiche zu einen. An der Nahtstelle beider Länder errichtete er die Hauptstadt Memphis, die er »Waage der Länder« nannte.

Der Dualismus von Ober- und Unterägypten blieb den Ägyptern Zeit ihrer Geschichte bewusst. Bei Amtsantritt eines neuen Pharaos und bei Jubiläumsfesten wurde die Vereinigung beider Länder kultisch immer wieder neu vollzogen. Zum Königsornat gehörte die Doppelkrone, die die Herrschaft über beide Länder symbolisierte.

Das Alte Reich erstreckte sich bis zum 1. Katarakt, brachte aber bereits die Stämme Nubiens, wie das südlich vom 1. Katarakt gelegene Land genannt wurde, in eine gewisse Abhängigkeit. Die Kupferminen des Sinai wurden ausgebeutet, Expeditionen ins Rote Meer entsandt, ägyptische Schiffe fuhren über das östliche Mittelmeer. Die Macht der Pharaonen wuchs beständig und bereits Djoser, ein Pharao der 3. Dynastie, ließ 2630 v. Chr. für sich eine gewaltige Grabstätte errichten: die Stufenpyramide von Sakkara, den bis dahin größten Steinbau der Geschichte.

Die gewaltigsten Pyramiden aber entstanden unter den Pharaonen der 4. Dynastie (2590–2470 v. Chr.), so die Pyramide des Cheops, das größte Bauwerk dieser Art. Über einer Seitenlänge von 230 Metern erhebt sie sich in stereometrischer Klarheit zu einer Höhe von 146 Metern. 2,3 Millionen Blöcke mit einem Durchschnittsgewicht von 2,5 Tonnen wurden zu ihrem Bau verwandt. Während der Überschwemmungszeit arbeiteten 100.000 Bauern an ihrer Vollendung, 4000 Steinmetze waren ganzjährig tätig.

Die Beobachtung des Sternenhimmels erlaubte eine von modernen Instrumenten kaum übertroffene Genauigkeit in der Einordnung der Pyramide. Mit Hilfe von Wassergräben wurde die exakte Planierung des Geländes und der einzelnen Steinlagen kontrolliert. Auf einer riesigen Rampe, die rechtwinklig zur Pyramide verlief, ihre ganze Breite einnahm und mit ihr laufend erhöht wurde, zogen Arbeitergruppen von 15 bis 20 Mann die schweren Blöcke auf Schlitten an ihren Platz.

Der Sinn der Pyramide war es, den mumifizierten Körper des Pharao in Ewigkeit zu erhalten, zugleich aber die Aufstiegsrampe bei seinem Weg ins Jenseits zu sein. »Der Himmel hat für dich die Strahlen der Sonne gestärkt, damit du dich auf ihnen in den Himmel erheben mögest als das Auge des Re«, heißt es in den Pyramidentexten.

In der 5. und 6. Dynastie erweiterten die Beamten des Hofes ihre Rechte, die Gaufürsten, die sich nun »große Herren« nennen konnten, erlangten weitgehende Selbstständigkeit. Nach 500-jährigem Bestehen zerfiel das Reich in die früheren Provinzen.

Es folgte die 1. Zwischenzeit (2130–2040 v. Chr.), eine Epoche völliger Ordnungs- und Rechtlosigkeit. Nichts war vor Zerstörung sicher, die Pyramiden wurden erbrochen. Die Gaufürsten kämpften untereinander um die Vorherrschaft. In der 7.–10. Dynastie konnten einige von ihnen für kurze Zeit an die Macht kommen.

Nach 200 Jahren gelang es Fürsten aus dem oberägyptischen Theben, das Land neu zu vereinen und damit das Mittlere Reich zu begründen. Die unumschränkte Königsmacht des Alten Reiches war jedoch verschwunden, es war ein Lehnsstaat entstanden. Die einzelnen Gaufürsten waren auf Selbstständigkeit bedacht und jeder schwache Herrscher konnte das Ende des Reiches bedeuten.

Ein Land, das sich über 1000 Kilometer erstreckte, im Delta zwar zusammenhängendes Fruchtland besaß, in Oberägypten aber nur oasenhaft besiedelt war, bedurfte jedoch einer festen staatlichen Ordnung Sie wurde durch die Pharaonen der 12. Dynastie geschaffen: Amenemhet I. (1991–1962 v. Chr.), dessen Mitregenten und späteren Alleinherrscher Sesostris I. (1971–1962), vor allem aber durch Sesostris III. (1878–1841), der die Eroberungen in Nubien abschloss, in Palästina kämpfte,

die Verwaltung des Reiches reformierte und die Macht der Gaufürsten einschränkte.

Der oberste Minister blieb der Wesir, der den König in der Rechtsprechung unterstützte, die Verwaltung lenkte und die öffentlichen Arbeiten sowie die Militärbeamten beaufsichtigte. Eine besondere Bedeutung kam dem »Oberaufseher des Schatzhauses« zu, der einem Finanzminister gleichkam. Das Schatzhaus war die zentrale Verwaltungsinstanz. Hierhin hatten die einzelnen Gaufürsten oder Gaugouverneure die Naturalsteuern abzuliefern. Von hier wurden die Gehälter der Beamten gezahlt, wurde die Versorgung des Volkes in Dürrezeiten sichergestellt. Zahllose Beamte waren damit beschäftigt, mit Hilfe von Nilmessern die Höhe der Flut, von der die Bewässerung der Felder abhing, zu berechnen, die Felder zu vermessen, die Steuern festzusetzen und einzutreiben. Die Kenntnis der Schrift verschaffte Zugang zur Beamtenlaufbahn, »Schreiber« genossen höchstes Ansehen.

Schon um 3000 v. Chr., etwa gleichzeitig mit den Sumerern, hatten die Ägypter die Schrift entwickelt. Zuerst setzten sie das Bild für den Gegenstand, doch bald hatten sie Zeichen für Konsonanten und Konsonantenverbindungen gefunden und waren in der Lage, auch abstrakte Begriffe niederzuschreiben.

Die Griechen sprachen von »heiligen Zeichen«, Hieroglyphen. Als religiös-kultische Schrift in Gräbern und Tempeln behielt Ägypten die Hieroglyphen bis in die Endzeit bei. Als Schreibschrift auf Leder und Papyrus aber bildete sich früh aus den Hieroglyphen die hieratische Schrift, die in der Spätzeit von der demotischen Schrift abgelöst wurde, einer Kursivschrift, die in ihren stilisierten Zeichen nur noch entfernt an die Hieroglyphen erinnert.

Eine Zeit des Friedens im Mittleren Reich erlebte Ägypten unter Amenemhet III. (1844–1797), dem Nachfolger Sesostris' III. Er widmete seine Kraft einem gigantischen Werk: Durch riesige Dammbauten schuf er an der Spitze des Deltas einen Stausee, der die Ernteerträge Ägyptens um ein Drittel erhöhte. Mit ihm aber erlosch die Kraft dieses Geschlechtes. Das Reich löste sich unter seinen Nachfolgern auf und in der 2. Zwischenzeit erfolgte ein Niedergang von größter Tragweite: Aus Asien heranstürmende Horden, die Hyksos, konnten Ägypten überfluten.

Wieder erwies sich der Süden des Landes als der stärkere, lebenskräftigere Teil. Oberägyptische Fürsten aus Theben vertrieben die Hyksos und begründeten mit der 18. Dynastie (1552–1306) das Neue Reich.

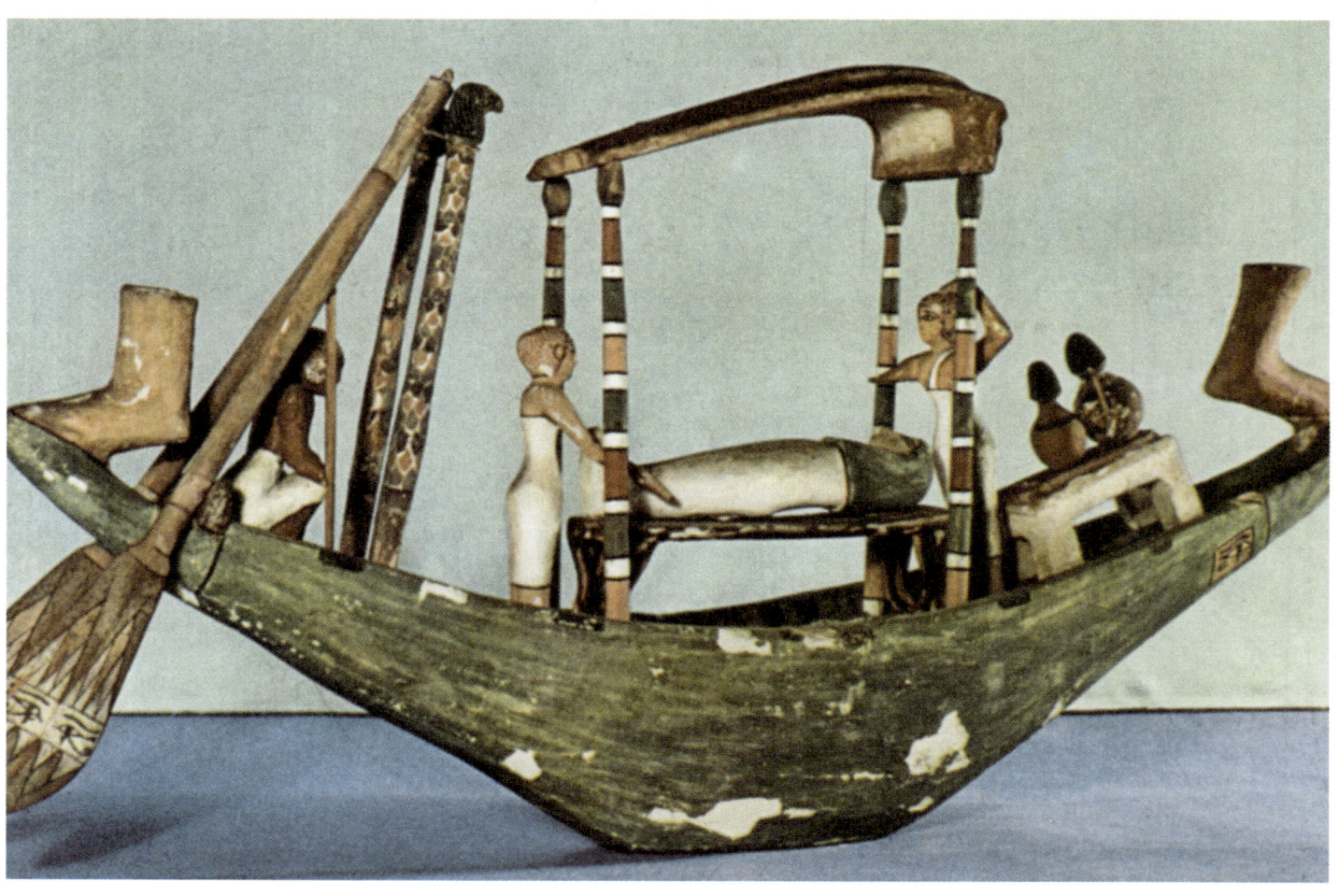

Die Göttin Isis auf der Wand eines Sarkophags. Die Arme erhoben, um die Seele zu empfangen, die sie vor das Totengericht bringen wird, steht die Göttin auf dem Modell eines Grabtempels, links neben sich den Falkengott Horus, rechts den Geiergott Mut. Die Ringe an ihren Armen sind die Zeichen des irdischen Lebens, die großen Augen bedeuten körperliche Unversehrtheit.

Bewacht von den Göttinnen Isis und Nephtys reist die Mumie auf einem (Miniatur-)Holzschiff in die Unterwelt. Ägyptischer Glaube hielt den Tod für nichts Endgültiges. Wie die Sonne bei Nacht durch die Unterwelt reise, so auch der Tote, der bei Tag in seinem Grab weile, bei Nacht jedoch »sein« Leben führe.

Nofretete (ägypt. »die Schöne ist gekommen«) war die Gemahlin des Pharao Amenophis IV. oder Echnaton, der den Kult des Sonnengottes Aton begründete. Ihre Büste mit dem gewaltigen Kopfschmuck, nach dem Aufbewahrungsort »Berliner Nofretete« genannt und in unzähligen Kopien verbreitet, machte sie zu der bekanntesten Herrscherin Ägyptens.

Die Zeit des Glanzes

Mit der Verfolgung der Hyksos bis nach Vorderasien traten die Ägypter aus ihrem traditionellen Siedlungsgebiet, dem engen Niltal heraus. Im folgenden Jahrhundert erweiterten die Pharaonen der 18. Dynastie ihre Herrschaft im Süden bis zum 4. Katarakt, sie unterwarfen im Norden Palästina und Syrien und stießen bis zum Oberlauf des Euphrat vor. Eine Zeit unvorstellbaren Glanzes brach an. Ägypten stand an der Spitze der Völker der damaligen Welt, empfing die Goldlieferungen Nubiens, die Tribute Vorderasiens. Sogar der babylonische Königshof bemühte sich um die Gunst Ägyptens.

Die Hauptstadt Theben wurde zu einer internationalen Metropole: Die bunten Gesandtschaften der Fremdländer zogen durch die Straßen der Stadt, exotische Tiere und Pflanzen wurden eingeführt, Ausländer stiegen zu höchsten Staatsstellungen empor, Pharaonen heirateten asiatische Prinzessinnen.

Durch riesige Schenkungen aus der Kriegsbeute und durch prachtvolle Tempelbauten suchten die Pharaonen sich die Gunst Amuns, des thebanischen Reichsgottes, zu sichern. Die einzelnen Tempel, die frei von Abgaben waren, verfügten über ausgedehnte Güter, sie besaßen Ländereien in den eroberten Gebieten, eigene Schiffe und Soldaten. Ihre Priester übten einen mächtigen Einfluss auf die Entschei-

dungen des Königs, ja sogar auf die Thronfolge aus. Die Priesterschaft begann sich als Staat im Staat zu entwickeln. Da die Armee in gleichem Maße an Bedeutung gewann, hatte der König fortan mit zwei Machtfaktoren zu rechnen: der Armee und der Priesterschaft.

Kraftvolle, eigenwillige Persönlichkeiten kennzeichnen die 18. Dynastie. In einer Zeit größten Expansionsstrebens gelang es der Königin Hatschepsut (1490–1468), den Thron zu besteigen und eine so vitale Persönlichkeit wie Thutmosis III. (1490–1436) für 20 Jahre zurückzudrängen. Hatschepsut sah ihr Ziel in Werken des Friedens, ihr Nachfolger Thutmosis III. aber wurde zum großen Kriegshelden des Neuen Reiches. In 17 Feldzügen eroberte er Vorderasien und festigte die Herrschaft so, dass sie für 100 Jahre ungefährdet blieb. Doch dann bedrohte von Norden her das junge Volk der Hethiter die vorderasiatischen Besitzungen Ägyptens. Den Thron aber bestieg eine der merkwürdigsten Persönlichkeiten der Weltgeschichte. Erfüllt von einem tiefen Berufungserlebnis, sah Amenophis IV. (1364–1347) nicht die Gefahren, die außenpolitisch dem Reich drohten, sondern bäumte sich auf gegen die übermächtige religiöse Tradition und den wachsenden Einfluss der Priesterschaft. Amenophis IV. unternahm den Versuch, die ägyptische Religion in entscheidendem Maße zu reformieren.

Das ägyptische Pantheon hatte sich bereits seit den Zeiten des Alten Reichs als sehr vielgestaltig dargestellt. Aus einer großen Zahl von Ortsgöttern, die nur lokal verehrt wurden, wie der ibisköpfige Toth, der Gott des Schreibens und Rechnens, oder der falkenköpfige Month, der Gott des Krieges, stiegen vor allem im Neuen Reich verschiedene Gottheiten zu überregionaler Bedeutung auf: so unter anderem der Sonnengott Re, auf den die Pharaonen ihre Herkunft zurückführten (auch als Amun-Re), und der mumiengestaltige Ptah mit den drei Zeptern, der Schutzherr der Handwerker. Zu den frühesten Staatsgöttern Ägyptens gehören der falkengestaltige (oder auch nur falkenköpfige) Horus, der Sohn des mumiengestaltigen Osiris, des Gottes des Vegetationsrhythmus und Herrschers der Unterwelt, und dessen Gattin Isis, eine Schutzgottheit und Zauberin. Einer der ganz frühen Staatsgötter ist auch Anubis, der schakal- oder hundeköpfige Gott der Nekropolen.

Das einfache Volk wusste mit diesen Staatsgöttern oft wenig anzufangen, es wandte sich in seinen Gebeten mehr an kleinere Lokalgötter, Geister und Dämonen. Doch mit dem 2. Jahrtausend entwickelte sich der Osiriskult zur Religion des Volkes, das in ihm den Gedanken der

Kopf der Kolossalstatue des Pharao Ramses II. von der Tempelanlage in Abu Simbel.

Wiederauferstehung und der Gerechtigkeit im Jenseits fand: Osiris, einst göttlicher Herrscher auf Erden, war von seinem Bruder Seth getötet worden. Zu neuem Leben erweckt, wurde er König und Richter in der Unterwelt. Vor Osiris und den übrigen Richtern wurde das Herz des Toten gegen die Maat, die ägyptische Vorstellung von der rechten Ordnung, gewogen. Bestand der Tote diese Prüfung nicht, wurde er von der »Totenfresserin«, einem monströsen weiblichen Dämon, verschlungen.

An die Stelle der verwirrenden Vielfalt der ägyptischen Götterwelt versuchte Amenophis IV. nun den monotheistischen Kult des Aton, der lebensspendenden Sonne, zu setzen. Die Sonnenscheibe, deren Strahlen in segnenden Händen endigten, sollte das allgemeinverständliche Symbol für den neuen Glauben sein, die Verehrung des einen Gottes die Völker ohne Gewalt verbinden.

Die unnachgiebige Haltung der Priesterkaste führte zum offenen Bruch. Der König ließ alle Tempel des Landes schließen, änderte seinen Namen in Echnaton, »der Aton gefällt«, und erbaute die neue Hauptstadt Achet-Aton, »Horizont der Sonnenscheibe«.

Das Reich in der Defensive

Die Ideen Echnatons scheiterten – nicht zuletzt daran, dass Echnaton als Herrscher versagte.

Tatenlos sah er zu, wie die Hethiter Nordsyrien in ihre Gewalt brachten, die Fürsten Palästinas abfielen, wie sich in Ägypten Unordnung und Korruption ausbreiteten. Die Gegenreaktion konnte nicht ausbleiben. Bereits sein Nachfolger Tutanchaton (1347–1338) wurde gezwungen, nach Theben zurückzukehren, die alten Götterkulte wieder einzusetzen und seinen Namen in Tutanch-amun zu ändern. Die endgültige Restauration aber ging vom Heer aus: Etwa 15 Jahre nach Echnatons Tod übernahm der General Haremhab (1333–1306) die Königsherrschaft, stellte die Ordnung im Land wieder her und schuf alle Voraussetzungen dafür, dass die nun folgende 19. Dynastie der Hethitergefahr erfolgreich begegnen konnte.

Die Auseinandersetzung Ägyptens mit den Hethitern ist verbunden mit dem Namen der Schlacht von Kadesch. Ramses II. (1290–1224), dessen Vater sich schon die Fürsten Palästinas und Südsyriens wieder Untertan gemacht hatte, griff nun die Hethiter in Nordsyrien an. Bei Kadesch erwartete ihn 1285 der Hethiterkönig Muwatallis. Zwei ebenbürtige Gegner trafen aufeinander. Ramses musste sich zurückziehen. Thronstreitigkeiten schwächten in der Folgezeit das Hethiterreich, mit As-

syrien aber erstand ihm ein immer mächtiger werdender Nachbar. Fünfzehn Jahre nach der Schlacht von Kadesch war die Zeit reif für einen Beistandspakt mit Ägypten. Freundschaft herrschte nun zwischen beiden Völkern, die noch durch eine Heirat Ramses' II. mit einer hethitischen Prinzessin besiegelt wurde.

Die Hethitergefahr war gebannt. Doch neue, unberechenbarere Gefahren drohten durch Völkerverschiebungen im Mittelmeerraum. Indoeuropäische Stämme, die hauptsächlich über das Meer kamen und die die Ägypter deshalb »Seevölker« nannten, überfluteten die Inseln und Küsten des Mittelmeeres, ergossen sich nach Kleinasien und Libyen. Unter ihrem Druck verstärkten sich die Wanderbewegungen libyscher Stämme, die sich mit ihnen vermischten und ins Delta drängten. Bereits Merenptah (1224–1214), der Sohn und Nachfolger Ramses' II., musste der Invasion libyscher Stämme im Delta entgegentreten. Die Schlacht von 1219 endete mit der Vernichtung der Feinde.

Ägypten wurde dennoch immer mehr in die Defensive gedrängt. Das Neue Reich verlor zusehends an innerer Substanz. Die Dynastie des großen Ramses endete in Wirren, die ihr folgende 20. Dynastie brachte nur einen großen Herrscher hervor, Ramses III. (1184–1153). Dieser wehrte zwar den erneuten Ansturm der Libyer und der Seevölker ab. Doch mit ihm war die ägyptische Widerstandskraft erschöpft. Es war nur noch eine Frage der Zeit, wann fremde Völker sich des Niltales bemächtigen würden.

Gesetzlosigkeit und Verbrechen breiteten sich aus. Die Könige der 20. Dynastie vermochten nicht einmal mehr die Gräber ihrer Vorfahren zu schützen. Sie selbst waren nur noch Marionetten in der Hand der mächtigen Priesterschaft. Als diese sich mit dem Heer verband, war das Ende des Neuen Reiches gekommen. Um 1070 schob der General Herihor, der mit der Würde des Oberpriesters des Amun betraut worden war, den König beiseite und begründete die 21. Dynastie, die Dynastie der Priesterkönige.

Damit begann die Spätzeit, in der Ägypten bald unter die Macht fremder Herrscherhäuser geriet. Zwei Jahrhunderte nach den großen Abwehrkämpfen Ramses' III. bestiegen libysche Söldnerfürsten aus dem Delta kampflos den Pharaonenthron. Auf sie folgten Äthiopier, Assyrer, Perser, Makedonen und Römer. Ihr aller Hauptziel war die Ausbeutung des Landes. Die Kultur des alten Ägypten lebte jedoch zähe fort, wenn auch in mittlerweile bizarren Formen.

Rechte Seite: Der Stein von Rosette. Während Napoleons Feldzug in Ägypten 1799 wurde von Soldaten, die in der Nähe der Stadt Rosette (Rashid) Schanzen anlegten, eine Tafel aus schwarzem Basalt gefunden, deren Inschrift – ein Loblied auf König Ptolemäus V. – in drei Sprachen, ägyptisch, demotisch (eine spätägyptische Schrift) und griechisch abgefasst war. Dem französischen Linguisten Champollion gelang es in jahrzehntelanger Arbeit, das Geheimnis der Hieroglyphen zu enträtseln.

Die Hochkulturen in Vorderasien

Sumer, Babylon, Akkad

In Mesopotamien – dem »Land zwischen den Strömen«, also zwischen Euphrat und Tigris – erlebte die kulturelle Entwicklung der Menschheit ihre erste Hochblüte. Hier sind bereits für die Zeit um 9000 v. Chr. Jäger und wandernde Hirtenvölker und um 5000 die ersten Siedlungen nachweisbar, lange bevor in der zweiten Hälfte des 4. Jahrtausends die Sumerer – niemand weiß bis heute, woher sie kamen – in das südliche Mesopotamien einwanderten. Sie besiedelten das Gebiet von der Mündung der beiden Ströme, die damals noch getrennt in den Persischen Golf flossen, bis etwa zum Mittellauf des Strompaares. Ab 2900 entstanden die großen sumerischen Stadtstaaten, die sich heftig untereinander befehdeten: Eridu, Nippur, Kisch, Lagasch, Uruk und Ur. Führend wurde Uruk (in der Bibel Erech genannt); als Sitz der Muttergöttin und Himmelsherrin Inanna wurde die Stadt zum kultischen Mittelpunkt des Reiches. Sie war »Besitzerin des Landes«, ihr irdischer Vertreter war Lugal, der »große Mensch« und Herr ihres Tempels. Dieser Tempel war nicht nur religiöse Stätte, sondern zugleich Regierungssitz, Priesterwohnung und Priesterschule sowie das Stapelhaus für die staatlichen Vorräte, die von den Dienern der Gottheit, den Bauern und Handwerkern, für sie gewonnen, gesammelt und von Beamten verwaltet wurden. Dafür gewährte die Göttin durch ihren Beauftragten Lugal Schutz gegen Angriffe fremder Staaten und dämonischer Mächte und garantierte die Ordnung im Innern.

Der Tempel, auf einer Fläche von 60 mal 40 Metern errichtet, umschloss einen Innenhof in Form eines Rechtecks. Seine Außenseiten waren durch große Türme gegliedert, andere Monumentalbauten schlossen sich an. Das Material der ältesten Bauten waren riemenartige kleine Ziegel, die mit Lehm verputzt wurden. In den Verputz waren weiß-, schwarz- und rotgefärbte Nägel eingelassen, die ein schmückendes Muster textiler Wirkung ergaben. Später wurden plankonvexe Ziegel verwandt. Auch Stadtbefestigungen und Kanalbauten großen Ausmaßes sind durch Grabungen bezeugt. Berühmt ist der Bericht über

die Erneuerung der Stadtmauern von Uruk um 2600 im Gedicht von König Gilgamesch. In der nach Uruk bedeutendsten Stadt Lagasch finde wir als Tempelherrn den Ensi, das heißt den »Statthalter« der Landesgottheit.

Die sumerische Schrift (Keilschrift), neben der großen Architektur der Tempelbauten wohl die bedeutendste Leistung diese Hochkultur, ist ursprünglich eine Begriffszeichenschrift. Sie entwickelte sich jedoch im Lauf der Zeit zur Lautschrift. Als Erfindung der Priester diente sie zunächst den Bedürfnissen der Tempelwirtschaft, schließlich der staatlichen Verwaltung. Die ältesten Aufzeichnungen enthalten Angaben übe Vorräte und Arbeiter. Daneben berichten die Bilder der Rollsiegel, die, in Walzenform gestaltet und auf weichem Ton abgerollt, eine neuartige Siegelform überhaupt darstellen, von den gottesdienstlichen und kriegerisch-staatlichen Handlungen des Lugal, des Herrschers, von dem Leben der Göttin Inanna, vom Dasein der Hirten und Jäger, vom Geliebten der Göttin, dem König Dumuzi (später Tammuz genannt), der durch seine alljährlich wiederkehrende Hochzeit mit der Göttin das Leben erneuert

Aus der Zeit um 2600 v. Chr. stammt die Weihekeule des Königs Mesilim von Kisch, einer Stadt in der Nähe von Babylon. Sie wurde in Lagasch gefunden und zeigt die voll entwickelte Keilschrift und den abstrahierenden Stil in der Darstellung von Tieren (z.B. von Löwen), der sich vom Naturalismus der früheren Rollsiegelkunst wesentlich unterscheidet. Ob für diese Entwicklung bereits der zunehmende semitische Einfluss syrischer Einwanderer verantwortlich ist, bleibt dunkel. Aber eine allgemeine Tendenz deutet sich hier schon an: Die sumerische Hochkultur wurde allmählich zur semitisch-sumerischen Mischkultur, bis während der Herrschaft der Akkader das semitische Element die Oberhand gewann.

In der Stadt Ur erreichte die Architektur um 2500 einen Höhepunkt in den gemauerten Grabkammern der Königsgräber. Die Könige oder Königinnen wurden mit ihrem gesamten Gefolge, das ihnen freiwillig in den Tod folgte, in diesen großartigen Grabanlagen beigesetzt.

Die Geschichte der sumerischen Stadt Lagasch zeigt, wie sich neben der Macht des Kö-

Sumerische Krieger, mit Lanze, Schild und Helm gerüstet, von der Stele des Eannatum (um 2440 v. Chr.), die heute im Louvre verwahrt wird.

nigs die der Priester entwickelte. Es gelang schließlich dem obersten Priester, die altangestammte Dynastie abzulösen und eine eigene zu begründen. Als »Ensi«, Statthalter der Gottheit, beherrschte er vor allem das arme und niedere Volk. Der Ensi Urukagina versuchte, die Rechte und den Besitz des Volkes zu schützen und seine Ausbeutung zu verhindern. Unter seiner Regierung vollzog sich die erste Sozialreform, die wir aus der Weltgeschichte kennen.

Eine Inschrift Urukaginas spricht von Ningursu, dem Stadtgott von Lagasch, von Ellil, dem Herrn der Erde, Gott von Nippur: »Für Ningursu, den Krieger Ellils, hat Urukagina, König von Lagasch, erbaut den Palast Tirasch ... Für Nanse hat er gebaut den Kanal ... Er hat dessen Wasserbecken gleich gemacht dem Innern des Meeres. Er hat erbaut die Mauern von Girsu (Zentrum von Lagasch). Die Rinder der Götter wurden benutzt bei der Bewässerung der dem Ensi verliehenen Ländereien, die guten Felder der Götter bilden das Lehen, die Freude des Ensi. Das Korn verteilten die Priester den Leuten des Ensi ... Kleider ... Stoffe ... Bronzegegenstände brachten die Priester als Abgabe dar.«

Im Louvre, dem berühmten Pariser Museum, ist noch heute die Stele des Königs Ean-

natum zu bewundern, ein Denkmal von 1,5 Meter Höhe und 1,3 Meter Breite. Sie ist oben abgerundet und zeigt ein Bild des Gottes Ningursu, wie er dabei ist, seine Feinde wie Fische in einem Netz einzufangen. Auch sein Streitwagen ist zu sehen.

Die schon erwähnte Sozialreform des Urukagina (um 2400) war der auf Dauer erfolglose Versuch, die alte sumerische Staatsordnung zu sichern. Nach 2350 begann die Herrschaft der Semiten über den sumerischen Raum. Sargon von Akkad nannte sich »Herr der vier Weltteile« und begründete das akkadische Weltreich (etwa 2350–2150). Die 3. Dynastie von Ur (2065–1955), die den Sumerern die Freiheit noch einmal zurückgewann, konnte dann den endgültigen Aufstieg der Semiten nicht mehr verhindern.

Die Sumerer gingen auch als Volk im Strom der Einwanderer unter. In einer Dichtung jener Zeit heißt es: »Die Zeit der guten Herrscher ist dahin. In Trümmern liegen nun des Landes Städte. Das Wasser der Kanäle wurde bitter. An fremdem Ort steht nun der Königssitz. Wo mag man da gerechten Schicksalsspruch finden? Oh Sumer, Land der Furcht, da Menschen zagen: Der König ging und seine Kinder klagen.«

Das Reich der semitischen Akkader, nach der Hauptstadt Akkad am Mittellauf des Tigris benannt, entstand, nachdem sich König Sargon zuvor (etwa 2350 v. Chr.) die Herrschaft im alten, sumerischen Kisch gesichert hatte. In seinem Reich wurde der König zum Gott und zum alleinigen Besitzer der Tempel. Eine straffe Zentralverwaltung unterwarf alles Leben im Lande seinem Willen.

Um 1800 wurde durch eine Dynastie des semitischen Stammes der Amoriter Babylon gegründet. Damit wurde der Grundstein für eines der bedeutendsten und langlebigsten der frühen Reiche in Vorderasien gelegt. Ein Jahrhundert später gelang dem babylonischen König Hammurabi die Unterwerfung aller Teilherrscher. Das großbabylonische Reich, das fast das gesamte Flussgebiet des Tigris sowie den Mittel- und Unterlauf des Euphrat umfasste, entstand. Hammurabi, der sich selbst nicht als Gott verehren ließ, gestaltete unter Anlehnung an ältere, sumerische und semitische Überlieferungen sein berühmtes Gesetzeswerk. In der großartigen Einleitung wird die Rolle des königlichen Herrschers in Staat und Welt verherrlicht: Der Wahrer des Rechts und Schöpfer aller Ordnung, der den Schwachen vor dem Mächtigen schützt, ist der König, der als Berufener handelt im Auftrag der großen Götter, wenn er die inneren und äußeren Feinde siegreich abwehrt.

Das Gesetzeswerk des Hammurabi, dessen Text ihm der Sonnengott Schamasch, der schon den Sumerern als oberster Richter über Gut und Böse galt, überreicht hatte, wie eine Stele verkündet, war für diesen Kulturkreis und seine Rechtsentwicklung von großer Bedeutung

und wirkte über ihn hinaus. In ihm finden sich harte Strafen für Diebstahl und Hehlerei. Wer Tempel- oder Königsgut antastete, verfiel der Todesstrafe. Vorherrschend war auch der Gedanke des Schadenersatzes, den auch die Gemeinschaft dem Einzelnen schuldete. Andererseits wurde die Erziehung des Einzelnen zum Eintreten für die Gesamtheit erstrebt. Im Zivilrecht herrschte der Grundsatz »Auge um Auge, Zahn um Zahn«. Das Eherecht Hammurabis war sehr durchgebildet. Kinderlosigkeit galt als Scheidungsgrund, jedoch musste die weichende Ehefrau in Höhe ihrer Mitgift und des Brautpreises voll entschädigt werden. Eheähnliche Bindungen, die nicht auf der Grundlage eines Vertrages eingegangen waren, galten nicht als rechtmäßige Ehen.

Der König herrschte in einem zentralisierten Verwaltungsstaat mit Hilfe seiner Beamten. Im Lande spielten Großgrundbesitzer die führende Rolle, die Masse der Bauern waren ihre Pächter. Zahlreiche kleine und größere Städte blühten auf, in denen bürgerliche freie Handwerker neben Kaufleuten wohnten, die unter der Führung eines Oberkaufmanns in Gilden zusammengeschlossen waren. Für die Regierung der Städte sorgte unter königlicher Aufsicht ein Rat der Alten. Den Stadtbewohnern und Bauern oblag die Kriegsdienstpflicht, eine Leistung, die ihnen durch Belehnung mit einem kleinen Bauerngut abgegolten wurde. Großgrundbesitzer und reiche, freie Bürger waren von dieser Pflicht befreit. Die größten Güter gehörten dem König und den Tempeln der einzelnen Stadtgötter. Die Tempel und Tempelgüter waren Herrschafts- und Machtbereiche der Priesterschaft, die, wie in

Rollsiegel Haschamers von Ischkun-sin, das den Herrscher beim Opfer für die Mondgottheit zeigt. Rechts der Zylinder aus grünem Schiefer, links der Abdruck in einem Tonstreifen. Siegel galten in Mesopotamien als Besitzzeichen und Amulett zugleich.

alten sumerischen Zeiten, die leitende geistige und wirtschaftliche Stellung im Lande hatte und oft genug im Gegensatz zum Königtum stand, dessen gefährlichster Wettbewerber sie war. Zunächst dominierten die Naturgottheiten, die in ihrer höchsten Dreiheit Arm, Enkel und Enki den Himmel, die Erde und den Ozean darstellten, der Sturmgott Adad und die Fruchtbarkeitsgöttin Ischtar, die Nachfolgerin der sumerischen Muttergöttin Inanna. Zur Zeit Hammurabis trat der Gott Marduk in den Vordergrund. Ursprung und Ordnung der Welt, auch der Götterwelt, wurden ihm zugeschrieben.

Ganze Berufsstände, wie die so wichtigen Hirten und Fischer, arbeiteten auf Rechnung und im Dienst des Königs und der Tempelherrschaften, die auch große Warenhäuser unterhielten und Kaufleute beauftragten, mit den dort gestapelten Waren Handel zu treiben. Die Einfuhr ausländischer Waren war königliches Monopol, das durch Staatskarawanen wahrgenommen wurde. Der Handel entwickelte sich vom Tausch- zum Geldhandel. Zahlungsmittel waren Gold- und Silberstäbchen. Es gab ausgedehnte Kreditspekulation mit Zinssätzen bis zu zwanzig Prozent.

Im Staatswesen und der Kultur des Hammurabi-Reiches sind die Grundlagen der alten sumerischen Hochkultur gewahrt geblieben. Sie wirkten auch weiter hinein in die Zeit des Assyrischen Reiches, das im 8. und 7. Jahrhundert v. Chr. das Erbe Altbabylons antrat.

Allerdings nicht für lange Zeit, denn Nabupolassar (626–605) begründete bald das Neubabylonische Reich, das auch das Chaldäische genannt wird. Sein Sohn Nabuchonodosor II. (607–562) ist der biblische Nebukadnezar, der Jerusalem 587 eroberte und die Juden deportieren ließ (»Babylonische Gefangenschaft«).

Die letzten Könige Babylons, Nabonid und Belsazar, verstrickten sich in Auseinandersetzungen mit der Priesterschaft, die mit den Persern konspirierte, sodass gegen die persische Besetzung des Reiches, die 539 erfolgte, kaum mehr Widerstand geleistet wurde.

Die Architektur des Babylonischen Reiches gipfelte in den Stufentempeln. Die Erzählung vom Turmbau zu Babel hält die Erinnerung daran lebendig.

Religiöse Dichtung, mythische Berichte, Gesetzestexte wurden in königlichen und Tempelbüchereien sorgfältig gesammelt. Scheu vor den Göttern erfüllt die Hymnendichtung und Furcht vor ihrem Zorn, den ein Hymnus von Adad im Stile der Psalmen des Alten Testaments schildert: »Wenn der Herr zürnt, zittert der Himmel vor ihm, Wenn Adad grollt, bebt

die Erde vor ihm.« Den Grund des Zornes bildet die Sünde der Menschen: »Ich, dein Knecht, in schlimmen Leiden rufe zu dir. Wer mit Sünde behaftet ist, du nimmst sein Flehen an. Wen du freundlich anblickst, dieser Mensch genest. Sprich mein Erlösungswort, dein Herz versöhne sich mit mir.«

Im berühmten Gilgameschepos, das in seinen Anfängen bis in die sumerische Epoche zurückreicht und das im Laufe der Zeit verschiedene sprachliche Fassungen (sumerisch-akkadisch) erlebte, werden die Taten König Gilgameschs von Uruk verherrlicht. Die auch in das Alte Testament aufgenommene Sintflutsage ist in dieser Dichtung erstmalig überliefert: »Verwahrtes sah er (Gilgamesch) und Verdecktes öffnete er, brachte Kunde von der Zeit vor der Sintflut; schrieb dann auf eine Steintafel die ganze Mühsal. Er ließ machen die Mauer des umfriedeten Uruk, vom heiligen Eanna, dem reinen Tempel, legte er das Fundament, dessen Festigkeit wie Erz ist.«

Das Weltschöpfungsepos schildert den Sieg Marduks über die Tiamah, die furchtbare Urmutter und Herrin des Salzmeeres. Die große fortdauernde Leistung der Reiche von Sumer, Akkad und Babylon lag auf dem Gebiet der Mathematik und insbesondere der Astronomie, die für die Astrologie verwertet wurde. Astronomische Observatorien waren in den Tempeltürmen errichtet.

Die Assyrer

Die Assyrer – ebenfalls Völker semitischen Ursprungs – traten im 8. und 7. Jahrhundert v. Chr. das Erbe der Babylonier an und begründeten ein Reich, das weit über die altsumerisch-babylonischen Räume bis nach Westarabien und Ägypten ausgriff.

Die Ursprünge des assyrischen Reiches liegen allerdings viel weiter zurück: Bereits um 1850 v. Chr. hatte sich Assur von einem Stadtfürstentum zu einem bedeutenden Reich entwickelt, das seinen Einfluss weit bis nach Kleinasien ausdehnen konnte. Unter Schamschiadad I. (etwa 1748–1717 v. Chr.) wurde Assyrien erstmals zum Rivalen Babylons, doch wurde es in der Folge hart von Mitanni bedrängt. Erst unter Tukulti Ninurta (1234–1198 v. Chr.) und dessen Nachfolger Tiglatpilesar I. (1115–1078) entwickelte es sich zur Großmacht; zeitweise wurde sogar Babylon seinem Reichsgebiet einverleibt. An der Wende vom 11. zum 10. Jahrhundert v. Chr. verfiel dann seine Macht, bis sie unter Assurnasirpal III. (883–859) neu begründet wurde. Die assyrischen Könige fühlten sich nicht als Gottheiten, sondern als Krieger des Gottes Assur, für den sie die Welt erobern wollten. Der Weltherrschaftsgedanke Alexanders des Großen, ja noch des Mittelalters hat hier seine Anfänge und Wurzeln. Assur und Ninive wurden die Hauptstädte und Stützpunkte der assyrischen Weltmacht.

Assurnasirpal III. gilt als der grausamste unter den assyrischen Königen. Er brach mit regelmäßigen Polizeiaktionen den Widerstand Unterworfener. Deportationen ließ er in großem Stil durchführen; Ziel war dabei die Gewinnung von Sklaven und Bewohnern für den Ausbau der neuen Hauptstadt Kalach am Tigris. Seine Nachfolger Salamanassar III. (859–842) und Schamschiadad V. (824–810) setzten die Expansionspolitik fort. Syrien und Palästina wurden assyrisch, die Meder im Osten abgewehrt. Vier Jahre lang regierte auch eine Frau, Semiramis (Schammuramat, 810–806), deren »hängende Gärten« Berühmtheit erlangten und in der Antike als eines der »sieben Weltwunder« galten.

Mit den Eroberungen Tiglatpilesars III. (746–727) vollzog sich der Durchbruch zum Weltreich. Die schnelle assyrische Reiterei und die neuen Dreimann-Streitwagen verbreiteten Schrecken über fast den gesamten Vorderen Orient. Unter Assarhaddon (681–669 v. Chr.) und Assurbanipal (669–627 v. Chr.) aus der von Sargon II. (722–05 v. Chr.) begründeten Dynastie erlebte die assyrische Macht ihren Höhepunkt. In Ninive entstand das Tontafelarchiv, der Schlüssel für die Erforschung des Orients.

Von Elam (heute der südliche Iran) reichte Assyriens Einflussgebiet über Mesopotamien, Syrien, Palästina und Kleinasien bis nach Zypern und Ägypten. Mehrere angrenzende Reiche wurden tributpflichtig.

Aber die Völkerunruhe in diesem Raum dauerte an. Das assyrische Reich zerfiel wieder, nachdem Babylon der Wiederaufstieg gelungen war.

Mesopotamien: Wiege der Kulturen

Sumerer, Semiten (Babylon, Assyrien), Indogermanen (Hethiter, Meder, Perser) und Juden haben die mesopotamischen Kulturen mitgestaltet und es ermöglicht, dass sie auf das Abendland einwirkten. Hier sind Grundformen der Zivilisation geschaffen worden: die dörfliche Kultur der Hirten und Bauern, die der Jäger und Fischer, die geistige und die Schriftkultur der Priester, Entwicklung von der Bildzeichenschrift zur Lautschrift, die Formen der Stadtkultur, die grundlegenden sozialen Ordnungen und das dazugehörige Recht; ferner die Kunstdenkmäler, die wie alle kulturellen Schöpfungen letztlich in der Religion wurzelten (Opfer, Tempelmusik, Gebet, Klagelieder, Orakel, Beschwörungen, Hymnen, Götterge-

Die sogenannte »Spinnerin«, Relief aus Susa im Reich von Elam/Südpersien (1. Jahrtausend v. Chr.)

schichten), und grundlegende Erkenntnisse der Geometrie, der Mathematik und der Astronomie, worauf sich die Schicksalsdeutung aus den Sternen, die Astrologie, stützte.

Viele Grundgedanken des Alten Testaments sind in der sumerischen Religion schon enthalten und kommen von ihr. In den frühmittelalterlichen Kirchen romanischen Stils finden wir noch Tierornamente, die in gleicher Form bereits auf den Rollsiegeln der Sumerer zu sehen sind. Aber auch die persische Religion des Priesters Zarathustra hat über Judentum und Christentum ins Abendland hineingewirkt: Vorstellungen von den Engeln, vom Satan, vom Menschensohn, vom Weltgericht und Weltende, von der Auferstehung der Toten, vom Kampf des Bösen gegen das Gute, der Dämonen gegen Gott stammen aus diesem Glauben.

Wie die alten Hochkulturen des östlichen Mittelmeerraums von der vorgeschichtlichen Steinzeit ausgingen, so wurden diese wieder bahnbrechend für die nachfolgenden Kulturen im Gebiet des Ägäischen Meeres. Überall spielte das sesshafte Bauerntum, das ge-

gen Ende des 4. vorchristlichen Jahrtausends in Vorderasien, seit der Mitte des 3. Jahrtausends auch in der Ägäis die Metallbearbeitung (Edelmetalle) und die Herstellung der Bronze erlernte (eine Mischung von Kupfer und Zinn im Verhältnis 9 zu 1), die kulturschöpferische Rolle. Dank seiner Erfinderkraft folgte also der Steinzeit die Bronzezeit und schließlich die Eisenzeit – etwa mit dem 15. vorchristlichen Jahrhundert in Ägypten, seit 1200 v. Chr. in der Ägäis und ungefähr seit 880 v. Chr. auch in Mitteleuropa.

Die Phönizier

Im vorderasiatischen Völkersturm sind auch die Phönizier zu keiner dauerhaften Reichsbildung gelangt. Ihre Macht beschränkte sich auf jene syrisch-palästinensischen Kleinstaaten (im Küstengebiet des südöstlichen Kleinasien bis hin zum Karmel in Palästina), die nur in den Schwächezeiten der sie umgebenden Großreiche eine kurzfristige Blüte erlebten und dann meist deren Opfer wurden; so wurden die phönizischen Städte im 8.–7. Jahrhun-

Ein phönizisches Kriegsschiff mit Rammsporn und übereinanderliegenden Ruderbänken auf einem assyrischen Relief. Um 1200 v. Chr. übernahmen die Phönizier den Handel im Mittelmeer und betrieben ausgedehnte Kolonisation. Zur mächtigsten Niederlassung wurde Karthago in Nordafrika.

dert v. Chr. von den Assyrern, 586 v. Chr. von den Chaldäern und 538 v. Chr. von dem persischen König Kyros II. unterworfen. Unter den Persern erlebten sie allerdings eine neue Blüte, bis sie im 1. Jahrhundert v. Chr. Teil des römischen Weltreiches wurden.

Nach dem Zusammenbruch der kretisch-mykenischen Herrschaft um 1200 hatten die Phönizier den Handel im Mittelmeer übernommen. Ihre bevorzugten Ausfuhrgüter waren Glaswaren, Metallarbeiten, die bereits fabrikmäßig hergestellt wurden, und Textilien, deren Purpurfärbung ihnen den Namen Phönizier eintrug (phoinix = griech. Purpurschnecke). Seit etwa 1100 v. Chr. gründeten sie im westlichen Mittelmeerraum an den Küsten Spaniens und Nordafrikas Niederlassungen, mit denen sie den spanischen Erzhandel, der seinerseits bis zu den britischen Zinninseln reichte, in die Hand bekamen. Am dauerhaftesten erwies sich ihre Kolonialgründung Karthago, das vom Ende des 9. Jahrhunderts bis zur tödlichen Auseinandersetzung mit Rom im 3. Jahrhundert die stärkste Macht im westlichen Mittelmeer war.

Die Phönizier entwickelten unter dem Einfluss der Keilschrift und der ägyptischen Hieroglyphen ihr eigenes Alphabet. Die Israeliten und Aramäer sowie die Südaraber übernahmen es.

Ebenso ist ein ausgeprägtes religiöses Leben mit Baal als Hauptgott für die Phönizier kennzeichnend. Der Palast von Ugarit trägt Züge der ägäischen Baukunst.

Hethiter, Phrygier, Lydier

Woher die Völker kamen und welchen Ursprungs sie waren, die man unter dem Begriff Hethiter zusammenfasst, ist bis heute ungeklärt. Sicher ist nur, dass ihre verschiedenen Dialekte ihre Wurzeln im Indogermanischen hatten. Sie besiedelten Kleinasien, trafen auf nicht-indogermanische Völkerschaften – und zwar zu einem Zeitpunkt, als hier schon die Tendenz zu einer zentralistischen Staatenbildung vorhanden war. Unter den verschiedenen rivalisierenden Gruppen errangen sie bald eine Vorrangstellung und um 1800 v. Chr. scheinen sie bereits ältere Kulturen überlagert zu haben. Als Reichsgründer wird in den hethitischen Urkunden König Hattusilis I. (um 1550) bezeichnet. Unter ihm und seinen Nachfolgern vollzog sich demnach die Gründung eines Großreiches mit deutlich imperialistischen Absichten. Die Hethiter stießen nach Syrien und unter Mursilis I. bis Babylon (1531) vor, das allerdings gegen die vordringenden Kassiten nicht gehalten

werden konnte. Danach schwächten Thronwirren die hethitische Macht und erst durch die Reformen des Telepinus (um 1460) konnte die Lage stabilisiert werden.

Aus diesen Reformen kennen wir die Verfassungsgrundsätze des hethitischen Gemeinwesens. Danach ist der König von einem Adelsrat abhängig und keineswegs gottähnlich wie in den frühen Flusskulturen. Das Reich ist ein Feudalstaat, der wesentlich auf der Arbeitskraft der versklavten Urbevölkerung und auf dem Kriegsdienst der hethitischen Herrenbevölkerung beruht.

Um 1440 entstand das Neue Hethiter-Reich, das in Suppiluliuma I. (1375–1340) den herausragenden Herrscher hatte. Er konnte nach eindrucksvollen Siegen das Mitanni-Reich im Quellgebiet von Euphrat und Tigris erobern und erneut den Großmachtanspruch der hethitischen Metropole Hattusa anmelden. Sein jüngerer Sohn – der König überging die Erbfolge – Mursilis II. (1338–1310) weitete das Reich nach Westen. Muwatallis (1310–1285) stoppte die Ägypter bei Kadesch in Syrien, sein Nachfolger Hattusilis III. (1278–1250) schloss 1270 Frieden mit Ägypten und behielt den größten Teil Syriens.

Damit endet die hethitische Großmachtrolle. Das Reich ging im Völkersturm der zweiten indogermanischen Wanderung unter.

Westlich des einstigen Hethiter-Reiches bildete sich seit 800 das Phrygische Reich, das von aus dem Balkan eindringenden Völkern gebildet wurde und im 7. Jahrhundert den Kimmeriern erlag. Berühmt ist es durch seinen sagenhaften König Midas und dessen Reichtum. Der Kult der »Großen Mutter« Kybele in Phrygien spielte dann in spätantiker Zeit wieder eine Rolle. Das entstehende Machtvakuum begünstigte den Aufstieg Lydiens im südlichen Kleinasien. Das Lydische Reich – ebenfalls von Völkern indogermanischen Ursprungs gebildet – stand in ständiger Fehde mit den Griechenstädten an der Westküste. Gyges (680–652) kämpfte vergeblich gegen sie. Auch sein Sohn Ardys konnte sie nicht bezwingen. Der Nachfolger Alyattes (605–560) wendete sich nach Osten und dehnte seine Macht bis ins alte Hethiter-Gebiet im Halysbogen aus.

So besaß sein Sohn Kroisos (560–546), der unendlich reiche Krösus der Sage, bei Regierungsantritt eine gewichtige Stimme im Konzert der damaligen Großmächte Medien, Babylon und Assur. Er errang endlich den Sieg über die Griechenstädte (außer Milet), scheiterte aber bei einem Überraschungsschlag gegen die neue persische Großmacht. Bei Pteria wurde er von Kyros geschlagen und gefangen

genommen. Lydien ging unter. Es hat sich vor allem durch die Erfindung gemünzten Geldes einen Namen in der Geschichte gemacht.

Israel

Geografisch umfasst der Begriff »Israel« die allgemein als Syrien und Palästina bezeichneten Gebiete. Nach Palästina drangen im 13. Jahrhundert v. Chr. semitische Nomadenstämme ein. Diese Stämme – unter anderen die Amoriter und Philister – waren durch eine monotheistische Form der Religion verbunden und weiteten ihren Einflussbereich nach und nach aus. Sie organisierten sich in einem

Kleinstaat, der – wie auch die phönizischen Gründungen – wechselnder Fremdherrschaft unterworfen war. Seine religiöse Sonderart verhinderte, trotz mancher Verwandtschaft mit sehr frühen asiatischen Kulten, durch die gesamte frühe Geschichte hindurch seine politisch-volkmäßige Assimilation und reicht daher bis in die Gegenwart hinein, in der andere Kulturen jener Epoche längst untergegangen sind. Die entscheidende, fast legendäre Gestalt ist dabei der Religionsstifter Moses. Durch sein religiöses Gesetzeswerk entstand überhaupt erst die israelitische Nation.

Das Volk, mit dem Gott auf dem Sinai seinen Bund schloss und das »heilsgeschichtlich«

zum »auserwählten« Volk wurde, entwickelte sich aus den frühen Hirtenstämmen in jahrhundertelanger Vermischung mit den semitischen Kanaanäern und nichtsemitischen Völkerschaften zum jüdischen Volk. Zwölf Stämme gruppierten sich um zentrale Heiligtümer. »Richter« aus dem Volk traten in schwierigen Zeiten als militärische Führer auf (Debora, Gideon, Samson). 1050 ging die Bundeslade an die Philister verloren. In dieser Notzeit des Kampfes gegen Moabiter, Ammoniter, Midianiter und Aramäer entstand das Königtum (Saul, David, Salomo). David und Salomo vermochten wohl das Hohepriestertum mit der Königsmacht zu versöhnen und zu verbinden, aber das wahre religiöse Leben konzentrierte sich auf die Propheten, die um die Reinhaltung des Glaubens gegenüber den Einflüssen einer heidnischen Umwelt kämpften. In dem

Verfall Israels sahen sie den Zorn Gottes über sein abtrünniges Volk. Die israelitische Politik schwankte zwischen den Großmächten im Osten (Assyrien) und Westen (Ägypten). Die warnenden Propheten wurden verfolgt. 587 wurde Jerusalem von Babylon erobert und zerstört.

Nach dem Zusammenbruch des Neubabylonischen Reiches gehörte Palästina zum Persischen Weltreich. Ein Teil der Deportierten kehrte aus der »babylonischen Gefangenschaft« zurück. Die neuen Herren ließen den Israeliten ihre kulturelle Autonomie, auch politisch erlangten sie einige Selbstständigkeit. Das um die Mitte des 5. Jahrhunderts eingeführte Gesetz des Esra, auch Priesterschrift oder *Pentateuch* genannt, begründete die Gesetzesreligion, jene spezifisch jüdische Lebensform, die die Existenz eines jeden nach

Jerusalem, die heilige Stadt der Juden, Christen und Moslems. Das Bild zeigt einen Abschnitt der Stadtmauer. Im Vordergrund arabische Gräber.

strengen und umfassenden Regeln formte. Das Gesetz wurde durch Schriftgelehrte verbreitet und interpretiert, der Ort des Gottesdienstes hieß demgemäß das »Lehrhaus«.

332 geriet Palästina unter die Herrschaft Alexanders des Großen. Noch während der darauf folgenden Diadochen-Zeit, als das Land zum Reich der Seleukiden gehörte, konnten die Juden weitgehende Unabhängigkeit bewahren. Erst die Eingliederung ins Römische Reich (Eroberung durch Pompeius 63 v. Chr., Zerstörung Jerusalems 70 n. Chr.) machte ihr ein Ende.

»Zerstreut unter alle Völker«, hielt in den folgenden zwei Jahrtausenden nur der Glaube das Judentum zusammen.

In Palästina hinterlassen die Juden kaum Monumente. Mit ihrer Religion und dem Buch, das sie aufzeichnet, der Bibel, haben sie aber ein Denkmal gesetzt, das die steinernen Zeugen anderer Kulturen weit überragt.

Die Perser

Die Geschichte der Perser ist geprägt von dem Wechsel zwischen bedeutenden Reichen, die sie im Verlaufe etwa eines Jahrtausends schufen, und deren Niedergang, der durch fremde Eroberer ausgelöst wurde. Im 2. Jahrtausend – während der zweiten indogermanischen Wanderung – waren Perser, Meder, Parther und andere arische Stämme in den Iran eingedrungen, doch erst im 7. Jahrhundert entstand hier ein Großreich, das die Meder begründeten. Sie vernichteten Assur und beendeten damit eine Periode der frühen Hochkulturen. Das mächtige Mederreich, das bis an die Grenze zu Ly-

dien reichte, brach zusammen, als die Perser an die Macht gelangten und unter Kyros II. (559–530 v. Chr.) ein Weltreich begründeten, zu dem ganz Kleinasien und Babylon gehörten. Ein reicher Bauern- und Händlerstaat mit gepflegten Straßen und Kanälen, mit weitreichenden Handelsbeziehungen entstand, dessen straffe Verwaltung durch eine streng gegliederte Beamtenhierarchie ermöglicht wurde.

Während vor der Zeit der Perser Religion und Kult im vorderen Orient in der Entwicklung magischer Darstellungen, im Astraldienst lokaler Gottheiten und Naturdämonen ihren Ausdruck fanden und in mythologischen Bildern ein Weltverständnis suchten, verkündete die von Zarathustra (Zoroaster) Ende des 7. Jahrhunderts gestiftete Religion den *einen* Gott, der in Majestät und Gerechtigkeit die von ihm geschaffene Welt regiert.

Auf den Reichsgründer Kyros, der bereits Lydien, Mesopotamien, Syrien und Palästina erobert hatte, folgte sein Sohn Kambyses II. (529–522), der nach Ägypten zog und es als Provinz dem Perserreich einverleibte. In seiner Abwesenheit versuchten die Magier, die Angehörigen der medischen Priesterkaste, die Macht an sich zu reißen; sie scheiterten aber an seinem Thronfolger Dareios I. (521–485), einem Großneffen von Kyros. Dareios' Regierungszeit ist gekennzeichnet durch ungestüme Expansion. Das aufständische Ägypten wurde befriedet, ein Kanal vom Nil zum Roten Meer gebaut. Im Osten wurde das Indusgebiet hinzugewonnen, im Westen Thrakien und Makedonien. Weitere Versuche, in Europa vorzudringen, scheiterten jedoch: Ein Erkundungsvorstoß den Don entlang ins Gebiet der Skythen

Linke Seite: Bronzefigur eines Fabelwesens, eines geflügelten Löwen mit Pferdeohren und den Hörnern eines wilden Ziegenbocks, das vielleicht Ahriman darstellt, den Geist der Finsternis und des Bösen in der persischen Mythologie.

Rollsiegel des Perserkönigs Dareios (wobei nicht geklärt ist, ob es sich um Dareios I. oder II. handelt), das den Herrscher zeigt, wie er vom Wagen aus einen Löwen erlegt.

brachte dem Herrscher fast den Untergang und auch die Strafexpedition gegen Griechenland, das einen Aufstand der kleinasiatischen Städte unterstützt hatte, endete in der Niederlage von Marathon 490.

Dareios' Nachfolger Xerxes I. (485–465) erging es in Griechenland nicht besser. Zwar drang er 480 über die Thermopylen bis Athen vor und zerstörte die Stadt, verlor aber in der Seeschlacht von Salamis seine Flotte und wurde 479 bei Platää endgültig besiegt. Die Könige Artaxerxes I. (465–424), Dareios II. (424–405), Artaxerxes II. (405–359) und Artaxerxes III. (359–338) vermochten das Reich nur mit wechselndem Erfolg zu halten. Fast ununterbrochen mit der Niederschlagung von Revolten beschäftigt, ergab sich für die Perser die Notwendigkeit gut ausgebauter Verkehrswege für Militäreinsätze, die wiederum dem Handel zugute kamen.

Während den (insgesamt 20) Statthaltern, Satrapen genannt, die das Land verwalteten, viel Selbstständigkeit blieb, wurden die Herr-

scher immer orientalisch-despotischer. Sie legten sich den Beinamen »König der Könige« zu und forderten von ihren Untertanen, die sie insgesamt als Sklaven betrachteten, die Proskynese, den Fußfall. Mit Dareios III. (336–330) bestieg der letzte Herrscher aus dem Haus der Achämeniden, so der Name der von Kyros begründeten Dynastie, den Thron. Günstlingswirtschaft und Intrigen beherrschten das Hofleben; innerlich geschwächt und ausgehöhlt fiel das Perserreich dem Angriff Alexanders des Großen zum Opfer.

Über alle Stürme der Wanderungen und Völkerüberlagerungen hinweg sind bestimmte religiöse und wissenschaftliche Lebensanschauungen und Erkenntnisse Ägyptens wie des alten Orients in das europäische Altertum hinein überliefert und gerettet worden. In ihrem Glauben an die Unsterblichkeit des Menschen dachten sich die Ägypter das Jenseits als eine paradiesische Form des irdischen Lebens. Im Jüngsten Gericht muss der Tote vor Osiris, dem Totengott, seine sittlichen Leistungen beken-

Westtreppe am Palast des Dareios I. in Persepolis. In der persischen Architektur der Achämeniden-Dynastie, die Persepolis zur Hauptstadt ihres Reiches machte, sind Einflüsse aus den Kulturen der Chaldäer, Assyrer und Ägypter verarbeitet.

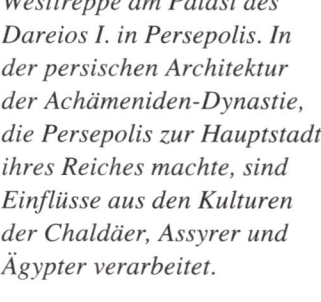

nen, ehe er ins ewige Leben einkehrt. Neben der ägyptischen Kalenderberechnung und der Landesvermessung sind es vor allem bedeutende babylonische Leistungen auf den Gebieten der Astronomie, Astrologie und Heilkunde, die von den Griechen übernommen wurden.

Das naive Nebeneinander von religiöser Schau und echter wissenschaftlicher Naturbeobachtung im modernen Sinne ist charakteristisch für diese geistige Welt. Im 1. Jahrtausend v. Chr. stehen sorgfältige Beobachtungen der Planetenbahnen, der Sonnen- und Mondfinsternis, der Tag- und Nachtgleiche neben der älteren religiösen und mythischen Schicksalsdeutung, die in der mesopotami-

schen Astrologie einen eigenartigen und zählebigen Niederschlag gefunden hat. Der Kalender wurde durch Einführung von Schaltjahren sehr sorgfältig ausgebildet. Das Weltbild entsprach in der Spätzeit der Vorstellung der Erde als eines auf dem Ozean schwimmenden Tellers, der, mit Säulen am Rande ausgerüstet, das feste Himmelsgewölbe trägt. Hochentwickelt war auch die babylonische Mathematik, die in Form der Algebra schon weitgehend moderne Züge trug. In religiöser Hinsicht blieb der Kult der Göttermutter Isis mit dem göttlichen Horuskind weiter wirksam als Fortsetzung des Kultus der *Magna mater* aus den alten Zeiten vorgeschichtlichen Bauerntums.

Angehörige aller von den Persern beherrschten Völker bringen dem Großkönig Huldigungsgeschenke dar. Relief an einem Treppenaufgang des Dareios-Palastes in Persepolis.

Die Welt der Griechen

Griechische Frühgeschichte

Im Paläolithikum finden sich Fischer- und Jägerkulturen in Thessalien und Böotien. Völkerwanderungen aus dem vorderasiatischen Raum *(Vorderasiatische Kulturdrift)* im Mesolithikum und beginnenden Neolithikum vermitteln neue Kenntnisse (Töpferkunst); ägyptische Einflüsse werden vor allem in Kreta wirksam *(Nordafrikanische Kulturdrift,* ca. 5000–3000 v. Chr.). Von Norden und Nordwesten dringen die »Bandkeramiker« *(Dimini-Wanderungen,* ca. 2700–2500 v. Chr.) in Griechenland ein. In Anatolien, Makedonien, Mittelgriechenland entstehen wie auf Kreta und den Kykladen eigene bäuerliche Kulturkreise (Frühbronzezeit, ca. 2500–2000 v. Chr.). In der mittleren Bronzezeit (2000–1600 v. Chr.) führt der Einbruch verschiedener indogermanischer Stämme *(Protogriechen:* Ionier, Äoler und Achäer) auf dem griechischen Festland zu Veränderungen in der Gesellschaft (»vaterrechtliche Ordnung«). Ihre Sprachverwandtschaft weist zwar auf eine frühere kulturelle Einheit hin, die Existenz einer gemeinsamen »Ursprache« und »Urheimat« konnte aber nicht mit Sicherheit festgestellt werden. Die indoeuropäischen Entwicklungs- und Abwandergebiete waren vermutlich die großen Lössflächen von der Ukraine bis nach Mitteldeutschland.

Alle diese Bewegungen vollzogen sich noch im Dunkel der Vorgeschichte. Das zahlenmäßige Verhältnis zwischen Urbevölkerung (Karer, Leleger, Pelasger) und neuer Herrenschicht ist nicht feststellbar. Es lässt sich auch nicht eindeutig klären, welche Kulturelemente des frühen, aber auch des späteren Griechentums einheimischen Ursprungs sind und welche indoeuropäischem Erbe entstammen.

Auf Kreta, das zunächst von den Wanderbewegungen verschont bleibt, entwickelt sich die »Minoische Kultur« zu höchster Blüte. Die Wirtschaft gründet sich auf Ackerbau, Viehzucht und ein ausgedehntes Netz von Handelskontakten; es kommt zum Aufbau einer zentral gelenkten Verwaltung nach ägyptischem Vorbild. Meisterwerke bringt die minoische Kunst neben der Architektur (Palastanlagen von Knossos, Phaistos, Mallia, Hagia Triada) in der Malerei (Fresken) und der Stein-, Me-

tall- und Keramikproduktion hervor. Eine weitere große Errungenschaft besteht in der Ausbildung der Schrift *(Linearschrift A* und *B).* In der 2. Hälfte des 15. Jahrhunderts findet diese bedeutende Kultur durch eine Naturkatastrophe (vermutlich Vulkanausbruch auf Thera) und die anschließende Eroberung seitens der Festlandgriechen (Achäer) ihr Ende.

Auf dem Festland, im Nordosten der Peloponnes, ist in der Zwischenzeit, von der minoischen stark beeinflusst, jene große Kultur entstanden, die wir heute die »Mykenische« nennen. Der Fürstensitz Mykene in Argolis hat der Epoche den Namen gegeben, die um 1600 v. Chr. beginnt und 1150 endet. Homer besingt diese feste Stadt als das »goldreiche Mykene«. Die Größe ihrer Bauten, die reichen Grabbeigaben, ein ausgedehntes Straßennetz bezeugen ihre große Bedeutung als kulturelles und politisches Zentrum.

Tiryns, weiter südlich an der Küste gelegen, Orchomenos in Böotien, Pylos und Theben sind andere Hauptorte dieser reichen Kultur. Das mykenische Griechenland bestand aus einer Anzahl weitgehend autonomer Fürstentümer, an deren Spitze ein »König« *(wannax)* stand, der seine Herrschaft im Rahmen stark zentralisierter und bürokratischer Strukturen ausübte. Adlige Herren *(basileis)* lebten in monumentalen Burgen, die über das dem Wannax unterstehende Territorium verstreut lagen, und waren innerhalb ihrer Gemeinschaften mit königlicher Macht ausgestattet. Hauptquellen des Reichtums bildeten Textilmanufakturen sowie Öl- und Olivenproduktion.

Um 1200 v. Chr. wird der Mittelmeerraum von neuen Völkerbewegungen erschüttert. Während der »Ägäischen Völkerwanderungen« setzen sich Nordwestgriechen in Epiros, Ätolien und Akarnanien fest, die Dorer erreichen Kreta, die Westküste Kleinasiens und die Peloponnes. Die Achäer werden auf die ionischen Inseln verdrängt. Diese »Dorische Wanderung« bringt die Zerstörung der Königspaläste und das Ende der gesamten mykenischen Kultur.

Das griechische Mittelalter

Die ersten vier Jahrhunderte dieser Epoche, die vom 12. Jahrhundert bis zum Beginn der

Blick auf die von einer ring-förmigen Mauer umgebenen Grabkammern von Mykene. Die Burg des Sagenkönigs Agamemnon und die in ihr gefundenen Werkzeuge und Schmuckstücke gaben der mykenischen Epoche ihren Namen.

Perserkriege (500 v. Chr.) reicht, trugen deutliche Zeichen des Niedergangs (»Dunkles Zeitalter«). Bis etwa 750 dauerte dieser Abschnitt der griechischen Geschichte, über den wenig bekannt ist. Nur die Entwicklung der Vasenmalerei vom realistischen Stil der mykenisch-kretischen Kultur zu geometrischen Formen mit rein linearen Schmuckelementen – Ringen und Bändern – sowie das Entstehen erster Eisenprodukte (Gewandnadeln, Eisenwerkzeuge) werfen ein Licht auf die geistigen Errungenschaften dieser Zeit.

Erst allmählich kommt es zur Ausbildung neuer politischer und kultureller Ordnungen: Die Entwicklung der Polis, die Schaffung der griechischen Alphabetschrift, das Wirken Homers und der Beginn der Olympischen Spiele sind Marksteine auf diesem Weg.

Im 8. Jahrhundert wird das Königtum durch den Adel entmachtet, der gestützt auf Landbesitz und eine große Gefolgschaft von Hintersassen und Hörigen die Herrschaft übernimmt. Lediglich in den Randzonen (Makedonien, Epiros) besteht es unter Einschränkung seiner Gewalt weiter. Es kommt zur Einführung der »Oligarchie« (»Herrschaft der Wenigen«), von denen die »Vielen« (Freie, Halbfreie, Sklaven) beherrscht werden.

Die stark gegliederte Landschaft der mittleren und südlichen Balkanhalbinsel hat diesen Vorgang gewiss begünstigt.

Dieses 8. Jahrhundert, das erste einer sich festigenden Welt des Griechentums, ist das Jahrhundert Homers genannt worden. Die homerischen Epen »Ilias« und »Odyssee«, die früheste Literatur der Griechen überhaupt, stehen in einer alten Tradition des Heldengesangs. Sie tragen die Erinnerung an das heroische Zeitalter der mykenischen Kultur in die neue Zeit der Kolonisation hinüber; auf ionischem Kolonisationsboden sind sie entstanden. Homer schildert den Kampf um Troja (in Kleinasien). Seine Dichtung spiegelt die Weltanschauung und das Lebensgefühl der neuen Adelsgesellschaft, die durch Freude an Kampf und Sieg, Verlangen nach Besitz, Ruhm und Beute gekennzeichnet ist. Die Adelskultur wurde zum verbindenden Element über Stammesgrenzen und Herrschaftsbereiche hinweg – sie wurde gepflegt durch die fahrenden Sänger, die ihre Heldenlieder an den Herrensitzen ihrer adligen Gastgeber vortrugen, aber auch durch den adligen Wettkampf, den Agon. Wenn auch mit völlig veränderten geistigen Inhalten, so doch in der Form verwandt, wiederholten sich in der ritterlichen Gesellschaft des europäischen Mittelalters viele dieser griechischen Adelssitten (Spielleute, Ritterturniere).

In den Göttergestalten der homerischen Dichtungen dokumentiert sich auch eine aus langer Entwicklung nun allmählich entstehende gemeingriechische Glaubenswelt; die religiöse Zersplitterung des frühen Griechentums war damit überwunden. Die Verehrung der gleichen Götter an zentralen Kultstätten der einzelnen Stämme und Landschaften führte die Griechen immer wieder zu festlichen Wettkämpfen oder zur Befragung von Orakeln zusammen und bildete ein einigendes Band über die Stammesgrenzen hinweg. Der höchste Gott, Vater Zeus, war die griechische Erscheinungsform des alten indoeuropäischen Himmelsgottes. Mit ihm thronen nach der Vorstellung des Dichters Hera, Aphrodite, Pallas Athene, Ares, Apollo und Poseidon auf dem höchsten Berg Griechenlands, dem Olymp. Aber sie alle sind weder allmächtig noch allwissend, denn über ihnen waltet die Moira, die Allgewalt des Schicksals, der Menschen- und Götterwelt gleichermaßen unterworfen sind.

Ein zuverlässiges Bild der Spiele zu Olympia in Elis geben uns die mit dem Jahre 776 einsetzenden Siegerlisten. Ursprünglich wurden nur Adlige der peloponnesischen Halbin-

Fragment aus einem achäischen Wandgemälde des 14. Jahrhunderts v. Chr. Das Bruchstück, im Original kaum breiter als zehn Zentimeter, stellt eine Prozession in Eselsmasken dar.

Mythische Kampfszene auf einem Vasenbild von ca. 490 v. Chr. In der griechischen Kunst gehörten die Heldentaten aus der aristokratischen Vorzeit zu den beliebtesten Themen. Wie später das abendländische mittelalterliche Rittertum seine Sagenstoffe aus den wilden Zeiten der Völkerwanderung bezog, so war für die Griechen die Epoche der achäischen Landnahme – die Zeit der sagenhaften Könige von Mykene – der Fundus ihrer heroischen Erinnerungen.

sel als Teilnehmer verzeichnet, schließlich aber kämpften Griechen aller Landschaften, auch Nichtadlige, um den Sieg. In Delphi, wo das Orakel des Apoll seit dem 8. Jahrhundert maßgebend für alle politischen Fragen war, wurden gleichfalls Spiele abgehalten, ebenso am Isthmos von Korinth zu Ehren des Meeresgottes Poseidon und in Nemea in der Argolis zu Ehren des Zeus. Ursprünglich wurzelten diese Spiele im religiös-kultischen Bereich, doch zunehmend wurden sie vom Geist des kämpferischen Wettbewerbs in Sport, Dichtkunst und Musik beherrscht.

Die innere Entwicklung der griechischen Welt wurde seit dem 8. Jahrhundert immer stärker bestimmt durch die Ausbildung kleiner Macht- und Herrschaftszentren. Es entstand der griechische Gemeindestaat, die Polis. Sie war zunächst die Gemeinschaft aller Siedlungen im Stammesbereich, später wurden Begriff und Name auf eine Stadt und das umliegende Gemeindeland begrenzt. Städtische Siedlungen, oft überragt von der Burg eines alten Herrensitzes, die ursprünglich nicht mehr war als ein verteidigungsbereiter Bauernhof, und flaches Land bildeten so eine Einheit. In-

nen- und außenpolitische Selbständigkeit *(Autonomie und Eleutherie),* verbunden mit wirtschaftlicher Unabhängigkeit *(Autarkie)* sind ihre Merkmale, sie war Sitz der schützenden Landesgötter, in ihr tagten der Rat der Alten und die Volksversammlung. Der völkerrechtliche Verkehr der Stadtstaaten untereinander wird durch Friedensschlüsse und Bündnisverträge geregelt. Ihre Bewohner nannten sich nach dem Namen der Stadt: Athener, Korinther, Milesier (nach Milet).

Die griechische Polis war auch Ausgangsbasis der Kolonisation. Sie führte die Griechen auf die See hinaus, in die Ägäis zunächst, aber auch ins westliche Mittelmeer, nach Unteritalien, Sizilien und Südfrankreich; Massilia (heute Marseille) und Syrakus (auf Sizilien) sind die berühmtesten Beispiele griechischer Kolonien im Westen. Von der Südküste Frankreichs aus, von Massilia, das kleinasiatische Phoker angelegt hatten, wirkte griechische Kultur auf die vorindogermanischen Ligurer und Iberer, noch bevor im 5. Jahrhundert die Kelten (Gallier) von Osten her das Land besetzten.

Die Gründe für diese zweite Welle der griechischen Kolonisation (um 750 bis 550 v. Chr.)

liegen in der gesellschaftlichen und wirtschaftlichen Entwicklung der voran gegangenen Epoche. Es galt vor allem, dem Bevölkerungsüberschuss der Heimat ein Ventil zu öffnen, da die vorwiegend agrarische Wirtschaftsform zur Ernährung der wachsenden Bevölkerung nicht ausreichte. In den Agrar- und Handelskolonien boten sich Möglichkeiten, die das Mutterland nicht mehr geben konnte.

Der griechische Getreideanbau hatte nie ausgereicht, die Einwohner des Mutterlandes zu ernähren. Doppelt so viel wie erzeugt wurde (etwa 200000 Hektoliter) musste eingeführt werden.

Auch die Möglichkeiten für Weinbau, Olivenpflanzung und Viehzucht waren begrenzt.

Die Kolonisationsbewegungen bildeten die Grundlage für das Aufkommen eines gesamtgriechischen Bewusstseins. In der Bezeichnung »Hellenen« (in Abgrenzung zu den »Barbaren«, den Nichtgriechen) fand es seinen sprachlichen Ausdruck. Der Stolz auf gemeinsame Abstammung und Kultur und andererseits staatliche Zersplitterung, partikularistischer Sondergeist und der enge lokalpolitische Horizont blieben so die widerstreitenden Kräfte der Geschichte der griechischen Welt.

Unter Aufsicht des Spartanerkönigs Argesilaos II. werden Gewürze abgewogen und in Säcke gefüllt. Vasenmalerei von ca. 540 v. Chr. Der Handel bildete einen wichtigen Zweig in der griechischen Ökonomie. Mit der Gründung von Kolonien nahm der Wirtschaftsraum Griechenlands weiter zu.

Die neuentstehenden Gemeinwesen waren Gemeindestaaten wie die Mutter-Polis in der Heimat und blieben als Tochtergründungen durch die Bande der Religion, der Sitte und des Brauchtums eng mit ihr verbunden. Stadtrecht, Phylenordnung (militärische Gliederung eines Stadtbezirks), Kult, Feste und Kalender wurden übernommen, doch gab es keine politische Abhängigkeit von der Mutterstadt. So entwickelte sich in den Kolonien ein Heimatgefühl, das den Griechen auch in bedrohter Lage das Ausharren leichter machte.

In das 7. und 6. Jahrhundert fällt eine Blüte der griechischen Lyrik und Philosophie. Archilochos aus Paros und Semonides aus Samos entdecken die Subjektivität, das eigene Ich. Tyrtaios und Mimnermos aus Kolophon begründen die Gattung der Elegie. Die aus Lesbos stammende Sappho dichtet erste Liebeslieder.

Mit der ionischen Naturphilosophie beginnt die Loslösung von der mythischen Tradition. Man stellt die Frage nach Anfang, Urgrund und Ursache allen Seins, nach Ordnung und Wandel im Kosmos (Anaximander, Anaximenes, Pythagoras, Heraklit). In der Kunst setzt sich die Monumentalplastik durch, die Architektur entwickelt den Steinbau (Tempel).

Sparta

Die Entwicklung der griechischen Polis verlief in den verschiedenen Regionen völlig unterschiedlich. In Sparta zum Beispiel behauptete die dorische Herrenschicht der Spartiaten die politische Vormachtstellung und Alleinherrschaft, in Korinth entstand die Tyrannis, während es in Athen zur Ablösung der Adelsherrschaft (Timokratie) durch die Demokratie kam, die, mit Ausnahme der Sklaven, alle

Das griechische Längenmaß Stadion, das eine Strecke von 197 Metern bezeichnet, gab den antiken Sportstätten ihren Namen. Hier das Stadion von Aphrodisia, einer griechischen Siedlung in Kleinasien.

Schichten des freien Volkes an der Regierung der Polis teilhaben ließ.

Sparta bildete seine Polis durch die Zusammenlegung von vier Dörfern, zu denen später noch ein fünftes hinzukam. Die mit Vollbürgerrecht ausgestatteten Spartiaten verachteten bäuerliche und handwerklich-gewerbliche Tätigkeiten und lebten nur für den Krieg, den eigentlichen Beruf des adligen Mannes. Sie verfügten ursprünglich über etwa gleich große Landlose in der Eurotas-Ebene. Die zu staatseigenen Hörigen unterdrückten, aus vordorischer Zeit hier lebenden Landbewohner, die Heloten, bebauten sie im Auftrag der Herrenschicht und mussten die Hälfte des Ernteertrags abliefern.

Den größten Teil des Heeres stellten die Periöken (»Umwohnende«, wahrscheinlich Dorer wie auch Nicht-Dorer); sie waren die Bewohner von Städten in Lakonien und Messenien, die im Inneren weitgehend autonom waren, außenpolitisch und militärisch aber von Sparta abhingen. Die Periöken waren keine Vollbürger und sie hatten kein Stimmrecht in der spartiatischen Volksversammlung.

Zwei Könige und ein aus 28 Mitgliedern bestehender Rat der Alten (Gerusia) standen an der Spitze des Staates. Die Aufsicht über die Einhaltung der Gesetze übten die fünf Ephoren aus, die im Laufe der Zeit als Träger der eigentlichen Regierungsgeschäfte immer mächtiger wurden. Die spartanische Bezeichnung dieser Staatsordnung als »Verfassung des Lykurg« (so der Name des mythischen Gesetzgebers) ist irreführend, denn sie ist nicht das Er-

gebnis eines einmaligen Gesetzgebungsaktes, sondern einer langandauernden Entwicklung.

Schon bald strebte Sparta nach einer Erweiterung seines Herrschaftsbereiches. Allmählich unterwarf es sich den größten Teil der Peloponnes; die Bewohner Messeniens mussten das Schicksal des Helotentums hinnehmen.

Nach und nach verschwand im spartanischen Herrschaftsbereich das ursprünglich freie Bauerntum der vordorischen Bewohner. Wo es sich halten konnte, wie in der mittelgriechischen Landschaft Böotien, stand es im bewussten Gegensatz zur Welt des Adels mit ihren Kampfspielen und Wagenrennen. In Hesiods Dichtung hat dieses Weltbild der Bauern um 700 v. Chr. seinen deutlichsten Ausdruck gefunden. Der Wert der harten bäuerlichen Arbeit und der Glaube an eine göttliche Gerechtigkeit gegenüber adliger Willkür sind Hauptthemen seines großen ethischen Lehrgedichts »Werke und Tage«, in dem sich ebenso wie in dem kosmologischen Epos »Theogonie« (wörtl. »Geburt der Götter«) auch das allmähliche Erwachen eines individuellen schöpferischen Bewusstseins spiegelt: Der Dichter als Person tritt ins Licht der Geschichte.

Um 650 versuchten die unterdrückten Messenier einen großen Aufstand gegen ihre spartanischen Herren. Doch erst die Entwicklung einer neuen Kampfweise ermöglichte es diesen, den fast dreißigjährigen Krieg zu gewinnen: Es bildete sich die schwerbewaffnete Phalanx der Fußtruppen (Hopliten), die als gepanzerte Kampfgruppe auftrat und die alte Kampf-

Läufer auf einer attischen Vase. Der Sport war den Griechen Vergnügen, militärisches Training und kultische Handlung zugleich. Siegern in den Olympischen Spielen wurden daheim Gedenksäulen errichtet. Über die Jahrhunderte trafen sich in Olympia in der Landschaft Elis die griechischen Stämme friedlich zu sportlischen Wettkämpfen, bis in der Römerzeit die feierliche Veranstaltung zum Spektakel bezahlter Kämpfer verkam.

Die Terrakotta-Tafel aus Tarent, der griechischen Siedlung
in Italien, gewährt Einblick in einen antiken Haushalt. Eine
Magd legt ein zusammengefaltetes Gewand in eine Truhe mit
aufklappbarem Deckel. Hinter ihr ein Stuhl mit zwei Kissen.
An der Wand aufgehängt Gegenstände des täglichen Bedarfs
(Korb, Hansspiegel, Ölkrug, und Metallpokal).

technik adliger Einzelkämpfer auf Streitwagen oder zu Pferde ablöste. Scharfe Disziplin, ständige Übung, dauernde Kampfbereitschaft auch in der geistigen Haltung und körperliche Härte kennzeichnen den Typus des neuen spartanischen Soldaten, auf dessen Aufgaben schon die Jugend Spartas durch eine harte Erziehung im Militärlager vorbereitet wurde.

Das Jahr 550 v. Chr. bringt einen Wendepunkt der spartanischen Außenpolitik. Es werden keine Annexionen mehr vorgenommen, sondern mit der Zeit Bündnisse mit fast allen Staaten der Peloponnes abgeschlossen. In diesem als »Peloponnesische Liga« bezeichneten Bündnissystem übt Sparta die Hegemonie aus. Sparta war das Musterbeispiel eines reinen Militärstaates, dem kulturelle Aufgaben und Bestrebungen mehr und mehr fremd wurden. Wenn man unter Militarismus die Vorherrschaft militärischen Denkens über alle anderen Lebensbereiche eines Staates und Volkes versteht, so bietet Sparta das erste greifbare Beispiel der Weltgeschichte für ein militaristisches Staatswesen.

Geschichte Athens bis zu den Perserkriegen

Über die Antike hinaus hat Athen weltgeschichtliche Bedeutung gewonnen durch die erste grundlegende Ausbildung eines demokratischen Staatswesens. Freilich müssen auch die Grenzen dieser attischen Demokratie gesehen werden. Athen hat die politische Entrechtung der Sklaven beibehalten, auch wenn es in der Spätphase der Entwicklung den wirtschaftlichen und sozialen Aufstieg breiter Schichten des alten Sklaventums ermöglichte. Demokratisches Handeln blieb auch stets auf den Raum der Polis beschränkt. Wo es um machtpolitische Fragen ging, bediente man sich diktatorischer Mittel und verleugnete weitgehend die demokratischen Maßstäbe des heimischen Staatswesens.

Aber auch hier war die Zahl der Vollbürger, die in der Volksversammlung stimmberechtigt waren, begrenzt. Die Bürger konnten daher ihre Rechte unmittelbar wahrnehmen, die Kleinräumigkeit des innenpolitischen Geschehens machte die Wahl von Volksvertretern unnötig. Durch Wahl oder Auslosung bildete die Volksversammlung Körperschaften wie den »Rat der 500« und bestimmte die Beamten, die behördliche Aufgaben in ihrem Auftrag durchzuführen hatten. Der Unterschied zu den modernen Formen einer repräsentativen Demokratie zeigt sich auch darin, dass es keine Parteien im heutigen Sinne gab.

Neben den Vollbürgern standen die eingewanderten Händler und Gewerbetreibenden, *Metöken* genannt, unter staatlichem Schutz, besaßen jedoch keine politischen Rechte. Noch größer aber war die Zahl der Sklaven, deren Arbeitsleistung für die Wirtschaft Athens von grundlegender Bedeutung war. Eine Volkszählung des Jahres 309 berichtet von 21000 Vollbürgern, 10000 Metöken und 40000 Sklaven.

In der Entwicklung der attischen Demokratie lassen sich mehrere Einschnitte deutlich erkennen. Nach der durch Solon im Jahre 594 geschaffenen Vorstufe, der *Timokratie*, die vier Vermögensklassen mit unterschiedlichen Rechten und Pflichten festlegte, beginnt mit der Verfassung des Kleisthenes von 508 die eigentliche Demokratie. Durch Ephialtes im Jahre 462 und schließlich durch die Maßnahmen des großen Perikles seit 461 erfuhr sie entscheidende Veränderungen.

Die attische Gesellschaft war ursprünglich in vier Stämme, *Phylen* genannt – die alten Sippenverbände der indoeuropäischen Stammesorganisation –, gegliedert. Nach Phylen und ihren Unterabteilungen, den Bruderschaften, *Phratrien*, gliederten sich Heer und Verwaltung. Die Zugehörigkeit zu einer dieser Phylen verlieh das Bürgerrecht und gewährte staatlichen Rechtsschutz. Die kultischen Wurzeln dieser Gruppengliederung zeigen sich in der gemeinsamen Verehrung eines Ahnherrn (Heros) durch die Mitglieder. Der Adel war in jeder Phyle führend; zwischen ihm und den bürgerlichen Angehörigen bestand eine Art Gefolgschaftsverhältnis.

Im Jahre 683 wird das Königtum durch das *Archontat* (drei Jahresbeamte) ersetzt. Riva-

Bankett-Szene auf einem attischen Relief aus dem 5. Jahrhundert v. Chr.

litäten der Adelsgeschlechter und die rapide Verschlechterung der wirtschaftlichen Situation der Bauern (Missernten und Ausbeutung durch die Grundherren führen zu Schuldknechtschaft und Versklavung) beschwören soziale Auseinandersetzungen herauf und erzwingen eine Neuerung. Nach der Gesetzesreform Drakons (um 624) wird Solon, als »Versöhner« eingesetzt, Archon mit außerordentlichen Vollmachten. Er führt ein umfassendes Gesetzgebungswerk durch, in dessen Zentrum die »Lastenabschüttelung« (Seisachtheia) steht: Aufhebung der Grundschulden und Leibeigenschaft, Beschränkung des Landbesitzes. Der Absicherung dieser wirtschaftlich-sozialen Maßnahmen dienen verschiedene Regelungen im politischen Bereich: Die Bürgerschaft wird nach Einkommen in vier Klassen eingeteilt. Die Volksversammlung (Ekklesia) wählt Archonten und Schatzmeister aus den Angehörigen der ersten Klasse sowie den »Rat der Vierhundert« (entsprechend den vier Phylen) aus den drei oberen Klassen. Die Theten (vierte Klasse) konnten kein Amt übernehmen, sondern besaßen nur das aktive Wahlrecht.

Dennoch stabilisieren sich die Verhältnisse nicht, sodass es Peisistratos gelingt, die Tyrannis zu errichten (560). Unter der Herrschaft der Peisistratiden (bis 510) bleiben die solonischen Gesetze in Kraft; es kommt zur wirtschaftlichen und kulturellen Blüte Athens; die soziale Abhängigkeit der Bauern von den Adligen wird allmählich vermindert. Im Jahre 508 wurde durch die Verfassung des Kleisthenes die Tyrannis endgültig überwunden. Kleisthenes führte das berühmte Scherbengericht (Ostrakismos) ein, das die Verbannung eines jeden die Verfassung gefährdenden Bürgers erlaubte. Freilich war der attische Adel ständig bemüht, die weitere Demokratisierung der Polis zu verhindern, oft im Bund mit Sparta, das sich gern in die inneren Angelegenheiten Athens einmischte.

Mit Kleisthenes begann die Blütezeit der attischen Demokratie, zugleich auch die »klassische« Zeit der griechischen Kultur. Kleisthenes ersetzte die alten Geschlechterphylen durch zehn lokale Phylen, von denen jede 50 Abgeordnete in den geschäftsführenden »Rat der Fünfhundert« entsandte; er verließ damit den Boden der alten Gefolgschafts- und Stammesbindungen und der adligen Privilegien. Der Bürger wurde zur eigenständigen politischen Einzelpersönlichkeit; seine Rechte wurden durch Eintrag in die Bürgerliste ein für allemal gesichert. Der Adelsrat des Areopags, aus ehemaligen Archonten zusammengesetzt, behielt in dieser Verfassung noch das oberste

Links: Das Symposion, ein Ess- und Trinkgelage in zwangloser Männerrunde, mit Musikbegleitung und Tanzeinlagen, war das kultivierte Vergnügen des griechischen Bürgertums. In literarische Höhen wurde der Begriff durch den Philosophen Plato gebracht, der für die Darlegung seiner Gedanken über den Eros die Form eines Symposions, eben eines Zechens und Rundgesprächs unter Leitung des Sokrates, wählte.

Marmorbüste, sogenannter Kopf des Perikles. Die Forderung, dass der Bürger das Gemeinwesen zugleich trage und verkörpere, schien den athenischen Zeitgenossen in Perikles, ihrem bedeutendsten Staatsmann, Erfüllung zu finden. Über Athens Staatsordnung sagte er: »Wir besitzen eine Verfassung, die keine Nachbildung auswärtiger Gesetze ist. Mit Recht heißt sie Demokratie, weil sie nicht auf der Herrschaft weniger, sondern auf derjenigen der großen Menge des Volkes beruht.«

Aufsichtsrecht über den Staat. Er verlor es mit der Verfassungsänderung des Ephialtes (462), die ihm nur noch die Blutgerichtsbarkeit und die Aufsicht in religiösen Dingen sicherte.

Ephialtes übertrug die Staatsaufsicht dem Rat der 500 und dem Geschworenengericht, der *Heliaia*. Er ließ die vermögenderen Bauern der dritten Klasse *(Zeugiten)* zum Archontenamt zu; die Angehörigen der niedrigsten Steuerklasse, die Theten, blieben jedoch weiterhin ausgeschlossen. Wirtschaftlicher Aufstieg bedeutete aber in dieser Staatsordnung nunmehr auch einen Zugewinn an politischen Rechten.

Ihre letzte Vollendung erfuhr die attische Demokratie unter Perikles (461). Mit der Einführung von Tagegeldern für Beamte, Geschworene und Ratsherrn ermöglichte er allen Volksschichten die Übernahme staatlicher Ämter.

Das klassische Griechenland und sein Niedergang

Im Jahre 546 fiel das Lyderreich; ein Puffer zwischen Griechenland und Persien war damit verschwunden. Bald danach geriet die kleinasiatische Küste unter Einfluss der Perser, später unter ihre Herrschaft. Die Perser waren das erste indoeuropäische Volk, das ein Weltreich begründete. Ihre Geschichte, die Entwicklung eines Halbnomadenvolks auf der Hochfläche von Iran (um 700) zur bedeutendsten Großmacht der griechischen Antike ist die Geschichte großer Herrscherpersönlichkeiten. Persien trat das Erbe der Meder und Chaldäer an, die ihrerseits im Jahre 612 das Assyrische Reich vernichtet hatten. Der Perserkönig Kyros II. (559–529) machte sich zum Herrn des Mederreichs zwischen Indus und Halys; schließlich bezog er auch das Neubabylonische Reich (539) in sein Herrschaftsgebiet ein. Er übernahm den Titel des babylonischen Königs, »Herr der vier Erdteile«. Mit der Eroberung des Lyderreichs in Kleinasien war das persische Staatsgebiet bis an die Ägäis vorgeschoben und in Berührung mit den griechischen Kolonien an der Küste getreten. Die Zeit für die große Auseinandersetzung mit der griechischen Welt war gekommen.

Die Spannung entlud sich im Jahre 500 in einem Aufstand der ionischen Städte Kleinasiens gegen die Perser. Athen unterstützte die Siedler mit Schiffen – der Kriegszustand mit Persien begann. Er sollte fünf Jahrzehnte, bis 449, andauern.

Unter ihrem König Dareios I. wollten die Perser offensiv gegen das griechische Mutterland vorgehen. Sie wurden jedoch 490 bei Marathon geschlagen. Führer der attischen Streitkräfte war Miltiades. Ihn verurteilten die Athener später wegen eines unglücklich verlaufenden Unternehmens gegen die Insel Paros zum Ersatz der Kriegskosten und ließen ihn, da er die geforderte Summe nicht aufbringen konnte, im Schuldgefängnis elend zugrunde gehen.

In der Führung Athens folgte ihm Themistokles. Er betrieb seit 493 den Ausbau des Hafens Piräus zum Kriegshafen und die Einberufung der bisher wehrdienstfreien Theten als Matrosen. Seine adligen Gegner – sie fürchteten die Gewährung weiterer demokratischer Rechte auch an diese niedrigste Steuerklasse – ließ er durch das Scherbengericht vertreiben, so vor allem seinen berühmten Gegenspieler Aristides.

Der Perserkönig Xerxes rüstete für einen neuen Feldzug gegen Griechenland. Athen antwortete darauf mit dem Bau einer starken Flotte (seit 482), die aus den Gewinnen des staatlichen Silberbergbaus finanziert wurde. Auf einem Kongress von 481 verbündeten sich die meisten griechischen Staaten zum gemeinsamen Kampf gegen die Perser. Themistokles vereinbarte mit den Ephoren Spartas einen Kriegsplan, der die Kriegsentscheidung zur See suchte, um den angreifenden Persern die Nachschublinien abzuschneiden.

Dennoch wäre das Jahr 480 beinahe zum Siegesjahr der Perser geworden. Eine Seeschlacht bei Artemision blieb unentschieden; in der berühmten Schlacht bei den Thermopylen deckte der spartanische Feldherr Leonidas unter Aufopferung seiner Truppe (300 Spartaner und 700 Thespier) den *Rückzug* der griechischen Flotte. Das griechische Bündnis geriet unter dem Eindruck der Niederlage ins Wanken. Doch mit einer List erzwang Themistokles den Seesieg von Salamis und rettete so noch einmal den Beistandspakt. Xerxes musste nach Kleinasien zurückkehren; dort aber hinderten ihn die babylonischen Aufstände gegen die persische Herrschaft an der sofortigen Wiederaufnahme des Feldzuges.

Ein Jahr später, 479, schlugen dann die griechischen Verbündeten unter Führung des Spartanerkönigs Pausanias das persische Landheer vernichtend bei Platää in Böotien. Ermutigt durch die Siege, trug die griechische Flotte den Krieg nach Kleinasien und befreite die ionischen Städte (479/78). Damit war der persischen Macht an der Ausgangsbasis ihrer Operationen ein entscheidender Schlag versetzt.

In dieser Epoche zeichnete sich aber auch schon die wachsende Rivalität zwischen Sparta und Athen ab. Spartanischer und atheni-

scher Adel trieben dabei ein gemeinsames politisches Spiel, dem die führenden Gestalten beider Staaten zum Opfer fielen: Pausanias und Themistokles.

Die Ephoren Spartas entzogen Pausanias den gegebenen Auftrag und drängten die attischen Bundesgenossen gegen Themistokles vorzugehen. 470 wurde Themistokles tatsächlich durch ein Scherbengericht verbannt. Er hatte den unvermeidlichen Kampf der attischen Demokratie gegen die spartanische Aristokratie um innere Führung und äußere Vorherrschaft in der griechischen Welt vorausgesehen und ihn durch Seerüstung und Stadtbefestigung vorbereiten wollen.

Sparta hatte seine Eroberungen auf der Peloponnes etwa 550 beendet; es besaß im Peloponnesischen Bund die Führung und hoffte, damit Vormacht in ganz Hellas zu bleiben. Hunderttausende von Staatssklaven und die Feindschaft von Argos bedrohten freilich diese Machtstellung von innen.

In Athen, das durch seine Flotte zur Führung nicht nur im Handel des 477 gegründeten ersten »Attischen Seebunds« (bestehend aus Athen und den ionischen Städten), sondern auch im Kampf gegen die Perser berufen schien, erwuchs den Spartanern nach und nach eine gefährliche Gegenmacht. Die Spannung blieb latent, solange der attische und der spartanische Adel aus antidemokratischem Interesse heraus gemeinsame Sache machten.

Repräsentanten solcher Politik waren in Athen Kimon, der Sohn des Miltiades, und Aristides der Gerechte, der Gegner des Themistokles und sein Nachfolger als Organisator des »Attischen Seebundes«. Aber Kimons Politik einer Verständigung mit Sparta scheiterte. Ein Hilfskorps gegen den Aufstand der Messenier wurde von den Spartanern in brüskierender Form zurück geschickt. Sparta misstraute der Hilfsbereitschaft Athens, sah in den attischen Truppen eine Art Fünfter Kolonne, die nur gesandt war, um demokratische Bewegungen auf der Peloponnes zu unterstützen oder auszulösen. Im Zusammenhang mit diesen Vorgängen wurde Kimon gestürzt und Perikles übernahm im Jahre 461 die Führung in Athen.

Der harmonische Grundzug im Charakter dieses Politikers übte schon auf die Zeitgenossen eine starke Wirkung aus. Im Gegensatz zur dämonischen Persönlichkeit des Themistokles sahen sie ihn als »Olympier«, der ein Höchstmaß an menschlicher Reife und Vollendung verwirklicht. Der Geschichtsschreiber Plutarch sagte über ihn: »Während all der langen Jahre, da er an der Spitze des Staates stand, war er bei keinem seiner Freunde zu Gast. Er hütete sich vor der ständigen Berührung mit dem Volk, die zum Überdruss führen musste, und zeigte sich ihm nur von Zeit zu Zeit; er vermied es bei jeder Gelegenheit das Wort zu ergreifen oder vor der Menge aufzutreten, sondern gab sich nur für die wichtigsten Geschäfte her, die andern ließ er durch seine Freunde und ihm ergebenen Redner erledigen. Dem Zuschnitt seines Lebens und der Größe seiner Gedanken

passte er auch seine Sprache an und stimmte sie wie ein Musikinstrument darauf ein.« Dennoch dürfen auch die Fragwürdigkeiten seines Charakters und seiner Politik nicht verschwiegen werden. Die neuere Forschung macht ihm ein Schwanken zwischen »Verführung und Zwang« in der Innenpolitik und diktatorische Haltung gegenüber den Bündnispartnern zum Vorwurf und zweifelt an der Richtigkeit seiner Kriegspolitik.

Perikles begann mit einer weitausgreifenden Kriegspolitik mit doppelter Frontstellung gegen Sparta und Persien. Aber schwere Rückschläge – so vor allem der unglückliche Ausgang eines Eroberungszuges nach Ägypten im Jahre 454 – veranlassten ihn zum Einlenken. Einen Seesieg bei Zypern (Salamis) über die persische Flotte (450) benutzte er, um 449 mit Persien Frieden zu schließen (sog. »Kallias-Frieden«). Der Perserkönig erkennt die Autonomie der kleinasiatischen Griechenstädte an, Athen verzichtet auf weitere Unterstützung revolutionärer Erhebungen im persischen Machtbereich. 446/45 schloss er auch mit Sparta einen dreißigjährigen Frieden, mit dem die Anerkennung des asiatischen Reiches durch Sparta einerseits und der Hegemoniestellung Spartas auf der Peloponnes durch Athen andererseits gesichert sein sollte.

Die Beruhigung nach außen benutzte Perikles zur Festigung seiner Stellung im Innern. Im Jahre 443 setzte er die Verbannung des Führers der Adelsopposition, Thukydides, durch und ließ sich zum Strategen wählen – ein Amt, das alljährlich bestätigt wurde. So konnte Perikles bis zu seinem Tode (429) allein die Linien der attischen Politik bestimmen. Aber schon Ende der dreißiger Jahre kam es zum Wiedererstarken der Adelsopposition. Zwar wagte sie sich noch nicht an ihn selbst heran, da er die Gunst der Volksmenge besaß, doch gelangen ihr erfolgreiche Prozesse gegen Vertrauenspersonen seines engeren Kreises, gegen den Sophisten Anaxagoras wegen angeblicher Gottlosigkeit und gegen Phidias. 429 fiel Perikles einer Pestepidemie zum Opfer. Kurz zuvor war er von der Volksversammlung in den Verwirrungen der Pestzeit geächtet, dann aber rehabilitiert und neu gewählt worden.

Die Innenpolitik des großen Staatsmannes führte zur höchsten Entfaltung der attischen Kultur. Das rasche Anwachsen der Bevölkerung und die damit verbundene Arbeitslosigkeit in Friedensjahren legte den Gedanken nahe, den Handwerkern durch große Bauvorhaben des Staates Arbeit zu verschaffen. Bildhauer, Maler, Gold- und Kupferschmiede, Kaufleute und Wagenbauer fanden lohnende Beschäfti-

gung. Die Akropolis verwandelte sich aus einer Festung in einen festlichen Tempelbezirk. Den Eingang bildete das neue Tor der Propyläen; der Parthenon, das Heiligtum der Stadtgöttin Pallas Athene, wurde errichtet, ebenso das Erechtheion und der Niketempel. Der berühmte Bildhauer Phidias schuf das Wahrzeichen Athens, ein Riesenstandbild der Athene. In der Philosophie entsteht ab Mitte des 5. Jahrhunderts eine neue Richtung. Im Gegensatz zur ionischen Naturphilosophie gehen die Sophisten (z. B. Gorgias, Antiphon und Kritias) von den Erscheinungen der Dinge aus und betonen die Relativität der menschlichen Erkenntnis. Protagoras, der Bedeutendste von ihnen, lehrte, dass der Mensch das Maß aller Dinge sei, und dass es keine absolute Wahrheit gebe. Die meisten Sophisten waren berufsmäßige Wanderlehrer, die ihren Schülern Unterricht in Rhetorik, in der Kunst des Streitgesprächs (Eristik) und des Beweises (Dialektik) erteilten und sie somit auf die politisch-sozialen Anforderungen in der Volksversammlung vorbereiten.

Gegen den ethischen Nihilismus der Sophisten traten Sokrates und später sein Schüler Plato auf. Sokrates versucht mit seiner »induktiven Methode« zu einer begrifflichen Bestimmung des Wesens der Tugend zu gelangen – als Grundlage für einsichtiges Denken und Handeln der Menschen. Platos historische Bedeutung liegt in seinen politisch-programmatischen Werken, in denen er als Haupttugenden im Staate Weisheit, Tapferkeit, Besonnenheit

Antike Kopie einer Büste Alexanders des Großen nach einem Original des 4. Jahrhunderts v. Chr. Der Künstler hat dem Gesicht des Makedonenkönigs die Schönheit und Würde eines jungen Gottes gegeben – so wie er schon den Zeitgenossen erschien.

Linke Seite: Der Niketempel auf der Akropolis. Die Burg von Athen, während der Perserkriege zerstört, wurde in der Zeit des Perikles mit den schönsten Sakralbauten der griechischen Architektur geschmückt.

und Gerechtigkeit nennt. Begründer der Geschichtsschreibung wird Herodot (»*Histories apodexis*«), und wenig später schreibt Thukydides die Geschichte des Peloponnesischen Krieges.

Die großen Gestalter der aus dem Dionysoskult erwachsenen Tragödie waren Äschylus, Sophokles und Euripides,

Hauptvertreter der sog. Alten Komödie ist Aristophanes (»Die Wolken«, »Die Frösche«).

Schließlich entlud sich die schwelende Rivalität zwischen Athen und Sparta in neuen Kämpfen. Der Peloponnesische Krieg entzündete sich im Jahre 431, als Sparta die mit Athen rivalisierende Handelsstadt Korinth unterstützte. Peloponnesischer und Attischer Bund, Land- und Seemacht traten zum Ringen um die Vorherrschaft an. Im Jahre 401 endete der Kampf mit der Kapitulation Athens: Es muss die Festung Piräus schleifen, ebenso die Langen Mauern zwischen der Stadt und dem Hafen, und wird zur Anerkennung der Hegemonie Spartas und zur Einführung der Oligarchie gezwungen (Herrschaft der »Dreißig Tyrannen«).

Der Krieg, von beiden Seiten grausam geführt, zerstörte Griechenlands Wohlstand, vernichtete seine kulturelle Blüte, zerrüttete den Gemeinsinn und die öffentliche Moral. Die verhängnisvolle Vabanque-Politik eines Alki-

biades, seine missglückte sizilische Expedition (415–413) und sein Verrat an der Heimat durch den Übertritt ins spartanische Lager sind dafür ein beredtes Beispiel.

Das späte Griechentum

Die makedonische Epoche, deren Blütezeit im Grunde nur auf Philipp und Alexander beschränkt bleibt, hat so wenig mit der politischen Tradition des Griechentums zu tun, dass man sie kaum als dessen Leistung verstehen kann. Sie wurde den Polisgriechen aufgezwungen, und ihre verfassungsmäßige Entwicklung, die in der orientalisierenden Herrschaftsform Alexanders und seiner Nachfolger in den späteren Teilreichen gipfelte, wurde von ihnen als barbarisches Machtgebilde und asiatische Despotie verabscheut.

Die makedonische Machtkonzentration vollbrachte allerdings eine Leistung, zu der der Stadtstaat nicht fähig war: die Niederwerfung des großen persischen Gegners. Innerhalb weniger Jahre zwang Alexander das Perserreich in die Knie und machte sich an die Gestaltung eines neuen Weltreichs unter makedonischer Führung. Sein Ziel war die Verschmelzung von Griechen, Makedoniern und Persern zu einer neuen Oberschicht (Massenhochzeit makedonischer Soldaten mit persischen Frauen in

Susa), der Zusammenschluss aller eroberten Länder zu einem einheitlichen Wirtschafts- und Kulturraum und die Schaffung eines die völkischen Grenzen überwindenden Reichsbewusstseins. Alexanders Pläne indes trugen zu sehr das Gepräge seiner einmaligen Persönlichkeit und ihre Verwirklichung war zu eng an seine eigene Person geknüpft, als dass sie Grundlage einer künftigen Entwicklung hätten werden können.

Nach Alexanders frühem Tod 323 v. Chr. kämpften seine Feldherrn mehrere Jahrzehnte um die Nachfolge im Gesamtreich oder für die Verselbständigung bestimmter Teile. Als 301 Antigonos, der letzte Vertreter des Einheitsgedankens, fällt, zerbricht das Imperium in die Diadochenreiche: Der größte Nachfolgestaat war das von Seleukos begründete Seleukidenreich, das Mesopotamien, den Ostraum von Alexanders Reich, Syrien und Kleinasien umfasste. Über Ägypten, Palästina, Zypern, Kyrene und die kleinasiatische Südküste herrschten die Ptolemäer und in Makedonien und Griechenland die Antigoniden, die Nachkommen des Antigonos.

Diesen Nachfolgereichen war allerdings keine lange Lebensdauer beschieden. Die Dynastie der Ptolemäer behauptete sich lediglich in Ägypten, bis dieses 30 v. Chr. in den römischen Herrschaftsbereich einbezogen wurde. Makedonien geriet bereits 168 nach der Niederlage des König Perseus im Dritten Makedonischen Krieg (171–168) unter römische Gewalt. Da der Achäische Bund an diesem Krieg beteiligt war, wurde Korinth von den Römern zerstört, die aufsässigen Städte der Aufsicht des römischen Statthalters unterstellt. Sparta, Athen, Delphi und andere behalten ihre Autonomie. Aber in der Praxis herrschten jetzt in ganz Griechenland die Römer. Ein Jahrhundert später (63 v. Chr.) erleidet das Seleukidenreich durch den römischen Feldherrn Pompejus das gleiche Schicksal.

Diesem politischen Abstieg der griechisch-makedonischen Welt steht freilich eine großartige kulturelle Expansion gegenüber. Dem Griechentum wurde das Tor zum Osten aufgestoßen, zu einem Bereich, in dem es nun seinen kulturellen Einfluss geltend machte und aus dem es selbst wesentliche weiterführende Anregungen erhielt. Diese Epoche der sozialen und kulturellen Begegnung und Berührung, dieses Entstehen einer griechischen Weltkultur, nennt man das Zeitalter des Hellenismus.

In die vielen von Alexander und seinen Nachfolgern gegründeten Städte (Beispiel: Alexandria im Nildelta) strömten mutterländische Griechen als Handwerker, Bauern, Händler, Unternehmer, Söldner und Beamte ein und verbreiteten dort griechisches Wesen, griechische Sitten und Kultur. Sie wohnten in eigenen Stadtvierteln, getrennt von den Wohnbezirken der Einheimischen. Gutes Klima und einwandfreies Wasser begünstigten das Leben in diesen planmäßig angelegten Städten mit Markt, Herrscherpalast und Heeresunterkünften als Hauptzentren. An den Fürstenhöfen der Diadochen wurden griechische Kultur und Wissenschaft gepflegt. Universitäten wurden gegründet.

Pergamon und Alexandria entwickeln sich neben Athen zu Zentren der Kunst und der Wissenschaften. In der Philosophie entsteht eine Reihe neuer Schulen: Kyniker, Epikureer, Stoiker, Peripatetiker; die Komödie erlebt eine Blüte: Philemon und Leander. Kallimarchos von Kyrene, der klassische Dichter der hellenistischen Zeit, schreibt neuartige Hymnen und Epigramme.

Auch die Naturwissenschaft steht in hohem Kurs: Euklid schreibt sein berühmtes Lehrbuch der Geometrie, Archimedes arbeitet über die Mechanik, Aristarchos von Samos entwirft ein heliozentrisches Weltbild. Weiter zu nennen sind die Geographen Eratosthenes und Hipparchos und die bedeutenden Mediziner Herophilos und Erasistratos, die durch Sektionen am menschlichen Körper die ersten wichtigen empirischen Erkenntnisse über vergleichende und pathologische Anatomie gewannen.

Das Griechische aber wurde neben dem Aramäischen, der Sprache Jesu – das biblische Hebräisch war nur Gelehrtensprache und heiligen Texten vorbehalten –, zur verbindenden, die unzähligen orientalischen Dialekte übergreifenden Gemeinsprache der Alten Welt, zum Mindesten ihrer wirtschaftlich, politisch und geistig führenden Schichten.

Im weiten Raum des Alexanderreiches und in seinen späteren Teilgebieten waren die Griechen bald auch wirtschaftlich die führende Oberschicht; die alteingesessene Bevölkerung musste sich mit einer untergeordneten Position begnügen, wenn sie nicht gar zu der immer größer werdenden Sklavenschicht gehörte, deren Wachstum die fortdauernden Diadochenkriege beschleunigten. Einer wirtschaftlichen Blüte durch die großräumigen Handels- und Kulturbeziehungen standen so auch starke soziale Spannungen gegenüber. Das Zeitalter des Hellenismus zeigt ein Doppelgesicht: hohe geistige, technische und wirtschaftliche Leistungen stehen unvermittelt neben Massensklaverei und Verelendung.

Olivenernte. Attische Amphore Ende des 6. Jahrhunderts. Das Sammeln der Früchte erfolge teils per Hand, teils wie hier zu sehen, mit langen beweglichen Ruten. Die Olive wurde von den Athenern als Geschenk ihrer Stadtgöttin Athene betrachtet und spielte in der heimischen Wirtschaft eine bedeutende Rolle.

Rom und die Römische Welt

Die Republik

Aus der Fülle der einheimischen und indoeuropäischen Eroberersiedlungen der italienischen Halbinsel schwingt sich die anfänglich so kleine latinische Siedlung auf dem Palatin zur weltbeherrschenden Stadt empor. Die Sprache der Latiner wird zur Weltsprache eines Imperiums, das den Mittelmeerraum und große Teile des heutigen Europa umfasst und zur politischen, sprachlichen und kulturellen Wiege vieler Völker wird, die bis in unsere Gegenwart den Ablauf der europäischen Geschichte bestimmen.

Den Beginn römischer Stadtentwicklung markiert ein Zusammenschluss der latinischen Siedlung des Palatin und der sabinischen des Quirinal – darunter versteht man bestimmte Stadtbezirke des späteren Rom – zu einer Kult- und Wehrgemeinschaft. Diesen Zustand fanden die über See her eindringenden Etrusker vor, die sich wahrscheinlich im 8. Jahrhundert v. Chr. in der Toskana festsetzten. Sie brachten alle Errungenschaften der östlichen

Kopf des Gottes Merkur. Mehrfarbige Terrakottafigur aus dem etruskischen Veji (6. Jahrhundert v. Chr.). In der Kunst der Etrusker ist der griechische Einfluss unverkennbar. Dennoch hat sie ihr eigentümliches Gepräge. Es ist der rätselhaft lächelnde Gesichtsausdruck ihrer Götter- und Menschenbilder, jener Blick aus einer anderen Welt, der jeden Betrachter verwirrt.

Hochkulturen mit: ihre Siedlungsweise und
Zivilisation, ein hoch entwickeltes Kunsthandwerk, ihre vom griechischen Alphabet abge-
leitete Schrift. Etwa von 600 bis 500 herrschten sie als Oberschicht über Rom. Die Stadt
erhielt einen unterirdischen Abflusskanal zur
Entwässerung der zwischen den Hügeln gelegenen Niederung. Dort entstanden das Forum,
der Markt und das Comitium, der Versamm-
lungsplatz der Geschlechter.

Die latinischen, sabinischen und etruskischen Adelsgeschlechter verbündeten sich gegen Ende des 6. Jahrhunderts zu einer politischen Interessengemeinschaft, stürzten in den
Jahren 510/509 das etruskische Königtum und
machten Rom zur Adelsrepublik. Der aus der
Königszeit übernommene Adelsrat der Ge-
schlechtshäupter, der Senat, wurde zur führenden Institution des jungen Staatswesens.
Er bestimmte und beriet die beiden leitenden
Staatsbeamten, die Konsuln. Ohne seine Zustimmung konnte kein Beschluss der Volksversammlung, die zu Beginn der Republik wohl
nur die Mitglieder des Adels umfasste, Gültigkeit erlangen. Die religiös-kultischen Aufgaben des Königs aber übernahm das Prie-
sterkollegium unter dem Vorsitz des obersten
Priesters, des Pontifex maximus.

Konsul- und Priesteramt sowie alle übrigen Beamtenränge waren zunächst dem Adel
vorbehalten. Wer als Oberbeamter ausschied,
wurde Mitglied des Senats. In Zeiten innerer und äußerer Gefahr konnte der Erste Konsul für sechs Monate einen Diktator mit un-
beschränkter Befehlsgewalt ernennen. Die
Volksversammlung war ursprünglich eine
reine Adelsversammlung (Großbauern); später wurde sie durch andere freie Bürger erweitert, doch blieb sie lange unter dem überwiegenden Einfluss des Adels. Sie gliederte sich
ursprünglich nach 30 Kurien, die neben ihren
sakralen Funktionen auch die Organisations-
form für die Volksversammlung und das Heer-
wesen darstellten. Die Masse der freien Bauern und Handwerker bildete nur eine zweitran-
gige Schicht, die *Plebs* (Masse, Volk). Die Plebejer besaßen zwar das römische Bürgerrecht,
Staatsämter blieben ihnen aber ebenso versagt
wie die Heirat mit Mitgliedern des Adels und
auch von der Zuteilung des Gemeindelandes

waren sie ausgeschlossen. Daneben gab es eine Klasse höriger Bauern, die als Klienten in einem Treueverhältnis zu ihrem adlig-patrizischen Schutzherrn, dem Patronus, standen.

Die junge Adelsrepublik musste im 5. und 4. Jahrhundert ihre Selbständigkeit gegen die aus dem Gebirgsland in die fruchtbaren Ebenen von Latium und Kampanien einfallenden Etrusker- und Italikerstämme und schließlich auch nach Norden gegen die Kelten – »Gallier« genannt – verteidigen. Eine Niederlage an der Allia (Nebenfluss des Tiber) im Jahr 387 brachte die Stadt in höchste Gefahr. Nach Abzug der Kelten, die sich schließlich mit einer Niederlassung in Norditalien (Poebene) zufrieden gaben, wurde Rom mit einer Mauer befestigt, von der kleine Reste noch heute zu sehen sind (die so genannte Servianische Mauer).

Diese schweren Abwehrkämpfe prägten das Wesen der römischen Republik: Es bildete sich die straffe Amtsgewalt der leitenden Beamten heraus, es kam zur höchsten Anspannung der Wehrkraft des gesamten Volkes. Die Plebejer drangen nun auf rechtliche, soziale, politische und religiöse Gleichstellung mit der regierenden Schicht; es begannen die Ständekämpfe, die erst 287 mit der Lex Hortensia ihr Ende finden sollten. 494 erhielten die Plebejer eigene Beamte, die Volkstribunen und Volksädilen, die alsbald nach örtlichen Wohnbezirken (Tribus) in einer besonderen plebejischen Volksversammlung (Comitia tributa) gewählt wurden. Ihre Aufgabe war es, die Plebejer vor Übergriffen patrizischer Beamter zu schützen. Sie hatten im Interesse der Plebs ein Einspruchsrecht gegen Senatsbeschlüsse (Veto) und konnten der Volksversammlung (Comitia centuriata) bestimmte Beschlüsse empfehlen. Vielleicht geht auf ihre Anregung auch die erste Aufzeichnung römischen Rechts auf den berühmten »zwölf Tafeln« zurück. Diese enthalten Bestimmungen aus dem Straf- und Prozessrecht und wurden um 450 geschaffen und öffentlich aufgestellt.

Die Abstimmung in den Volksversammlungen erfolgte jedoch nicht nach der Zahl der Stimmberechtigten, sondern nach Besitzklassen (Zenturien). Die Einschätzung der Bürger nach Vermögen und damit ihre Zuteilung zu den einzelnen Zenturien wurde durch die beiden Zensoren vorgenommen, die auch die Höhe der Kriegssteuer festsetzten. Diese Stimmabgabe nach Zenturien ermöglichte es den Reiterzenturien und der ersten Klasse der Besitzenden, die restlichen Zenturien stets zu überstimmen (98 von 193), womit ihre Vormachtstellung der Masse des Volkes gegenüber bestehen blieb.

Im Jahr 445 wurde das Eheverbot aufgehoben und 367 gewannen die Plebejer weiteren entscheidenden Einfluss. Eine Entschuldung der Bauern wurde durchgeführt; die Zuteilung von Gemeindeland (Agerpublicus) an die einzelnen Bürger wurde auf 500 Morgen (etwa 125 Hektar) begrenzt, um dem unbegrenzten Wachstum der Großbetriebe ein Ende zu setzen. Die Plebejer – und dies ist das Entscheidende – erhielten das Recht, einen der beiden Konsuln zu stellen. Ihre spätere Zulassung auch zu den Kollegien der Auguren (Weissagung aus der Vogelbeobachtung) und Priester (300 v. Chr.) war dagegen mehr von moralischer als unmittelbar politischer Bedeutung.

Die plebejische Oberschicht, die in führende Staatsämter einzog, bildete sehr bald eine Gesinnungsgemeinschaft mit dem alten patrizischen Geburtsadel. So entstand im 3. Jahrhundert ein neuer Amtsadel, den man Nobilität nennt. Im Senat vertrat dieser Amtsadel den Grundsatz, dass nur Abkömmlinge von Senatoren, gleich welcher Herkunft, oder nur Mitglieder des Senats zu Konsuln gewählt werden durften. Neulinge (Homines novi) aus einflussreich gewordenen Familien wurden nur selten und widerwillig aufgenommen und es dauerte oft Generationen, bis ihnen die moralische Anerkennung zuteil wurde. Nur wer dem Senatorenstand oder den Rittern zugehörte, war in hohe Staatsämter wählbar. Im Senatorenstand sammelten sich die Angehörigen einer Grundbesitzeraristokratie, deren Anfänge bis in die Zeiten des indoeuropäischen Uradels der Einwanderungszeit zurückreichten. Im Ritterstand waren am Ausgang des 2. Jahrhunderts v. Chr. große Handelsunternehmer und Gewerbetreibende, die Staatsgüterpächter und Latifundienbesitzer vertreten. Beide Stände stellten auch die Offiziere des Heeres.

Entscheidend bleibt, dass sich in der römischen Republik eine echte Elitebildung vollzogen hatte. Die sittlichen Kräfte des Senatorenstandes bildeten eine historisch-politische Kraftquelle des Staates, die sich in dem Beharrungsvermögen und der Unerschütterlichkeit gegenüber schweren Rückschlägen und in gefährlichen Lagen ebenso zeigte wie im Opferwillen für das Gemeinwohl, bedingungsloser Pflichterfüllung und im konservativen Festhalten an der Vätersitte. Diese altrömischen Tugenden bildeten in der Folgezeit das Fundament für den Aufstieg des Stadtstaates zur imperialen Großmacht.

Im Jahr 338 v. Chr. wurde die Erhebung des latinischen Bundes gegen Roms Vorherrschaft niedergeschlagen. Die Latinerstädte wurden in unterschiedlicher Form in den römischen Staat

Klagesänger. Malerei in einem etruskischen Grab bei Tarquinia. Die Kultur der Etrusker wurde von den Römern zerstört und buchstäblich verschüttet; übrig blieben nur die Reste unterirdischer Totenstädte, in denen elegante Wandmalereien den verfeinerten Lebensstil einer adligen Gesellschaft widerspiegeln.

Der verwundete Äneas. Römisches Wandgemälde aus der Kaiserzeit. In der Sage galt der trojanische Held als Stammvater der Römer: Nach dem Fall seiner Vaterstadt zunächst nach Afrika verschlagen, sei er schließlich an der Küste Latiums gelandet und habe sich mit einer einheimischen Königstochter vermählt, woraus das Volk der Latiner hervorgegangen sei.

integriert, ihre Bewohner erhielten teilweise das römische Bürgerrecht. Danach schritt Rom zur Unterwerfung der Samniten, die mit den Etruskern und Galliern verbündet waren (327–290). Im Zuge dieses Ausgreifens wurde zunächst aus rein militärischen Erwägungen die erste römische Fernstraße angelegt, die Via Appia nach Kampanien, benannt nach dem Censor Appius Claudius Cäcus (312). So sicherte sich die Stadt ihre Vorherrschaft in Mittelitalien.

Der Ständekampf wurde abgeschlossen durch die Erklärung der Rechtsverbindlichkeit der Beschlüsse in den plebejischen Tribusversammlungen (287), an denen nun auch Patrizier teilnahmen. Das stärkte die innere Geschlossenheit der Republik und befähigte sie zu neuer Ausdehnung ihrer Macht. 282–272 kämpften die Römer gegen die mit König Pyrrhus von Epirus verbündete Stadt Tarent. Nach anfänglichen Niederlagen erzwang Rom den Anschluss der griechischen Städte an den römischen Bund, nachdem Pyrrhus Tarent im Stich gelassen hatte, um in die Diadochenkriege um Makedonien einzugreifen. Sein Plan eines Süditalien und Sizilien umfassenden griechisch beherrschten Reiches war damit gescheitert. Während seiner Feldzüge in diesem Raum hatte Pyrrhus jedoch die phönikischen Carthager bekriegt und sie auf Westsizilien zurückgeworfen.

Rom, das nunmehr das Erbe des Pyrrhus im unteritalienischen Raum bis zur Straße von Messina antrat, sah sich seinerseits einem feindlichen Carthago gegenüber. Es entschloss sich zur Fortsetzung der gegen Carthago gerichteten Politik. Der Erste Punische Krieg (Carthager werden auch Punier genannt, sie sind phönizische Kolonisten) in den Jahren 264–241 verlief siegreich und brachte Rom die Herrschaft über Sizilien; auch die Mittelmeerbesitztümer Sardinien und Korsika fielen in seine Hand, nachdem es dort erfolgreich in einen Aufstand meuternder Söldner eingegriffen hatte (238). Damit war der entscheidende Schritt über das Festland hinaus getan. Rom sollte fortan gezwungen sein, auf diesem Weg zum Imperium weiterzuschreiten.

Die neu gewonnenen Provinzen wurden Untertanengebiete, deren Einwohner den zehnten Teil ihres Ernteertrags an Rom abzuführen hatten. Die Steuern wurden durch Steuerpächter im Auftrag der Stadt eingetrieben. Carthago war nach den schweren Gebietsverlusten entschlossen, neuen Kolonialraum für sich zu gewinnen. 237 schickte es Hamilkar als Feldherrn nach Spanien. Ihm folgte 229 sein Schwiegersohn Hasdrubal, 221 sein Sohn Hannibal im Oberbefehl. Als Hannibal die südlich des Ebro gelegene, mit Rom verbündete Stadt Sagunt eroberte, kam es zum Zweiten Punischen Krieg (218–201). Er brachte den in der Militärgeschichte viel bewunderten Feldzug des genialen Hannibal, seine Überquerung der Pyrenäen und der Alpen, den Einfall in Italien und die berühmte Vernichtungsschlacht gegen die römischen Streitkräfte bei Cannae in Apulien, die erste Einkreisungsschlacht der Weltgeschichte (216). Im Verlauf des Krieges fielen viele Bundesgenossen und unterworfene Gebiete von Rom wieder ab, der Schreckensruf »Hannibal ante portas« (d.h. vor den Toren Roms) ertönte, aber die Zähigkeit der Römer überstand auch dieses düstere Kapitel ihrer Geschichte. In der Stunde höchster Gefahr fassten sie den Entschluss, den Gegner durch einen Angriff auf seine spanische Operationsbasis matt zu setzen; 210–206 operierte Publius Cornelius Scipio erfolgreich auf der Pyrenäenhalbinsel. Und letztlich erwiesen sich die Kräfte des Puniers doch nicht als stark genug für einen dauerhaften Erfolg.

Hannibal musste nach Nordafrika zurückkehren und wurde dort 202 von Scipio Africanus in der Schlacht von Zama besiegt. Der Friedensschluss von 201 sicherte Rom die Herrschaft im westlichen Mittelmeerraum. Spanien wurde 197 in zwei römische Provinzen eingeteilt. Nun galt es noch, den Verbündeten der Carthager im Zweiten Punischen Krieg, den Makedonierkönig Philipp V., niederzuwerfen. Als Rhodos und Pergamon um Hilfe baten, trug Rom den Krieg nach Nordgriechenland. Philipp wurde bei Kynoskephalai (197) geschlagen und auf seinen makedonischen Besitz beschränkt. Ein erneuter Aufstand der Gallier in Oberitalien wurde niedergeworfen und die Provinz Gallia Cisalpina errichtet (200–191). Syrien, seit 192 im Kampf mit Rom, verlor 188 (Friede von Apameia) seine Vormachtstellung. Aus den abgetretenen kleinasiatischen Gebieten schuf Rom ein Klientelstaatensystem unter pergamonischer Leitung und römischer Garantie. Makedonien aber verlor 168 unter König Perseus nach der Niederlage von Pydna seine staatliche Selbständigkeit. Es wurde in vier von Rom abhängige Bundesstaaten eingeteilt und schied als Großmacht aus der Geschichte aus.

Im Jahr 145 zerstörte Rom schließlich Carthago in einer Art Präventivkrieg gegen ein mögliches Wiederaufleben seiner politischen

Romulus und Remus mit der Wölfin. Relief an einem römischen Sarkophag. Die Sage der beiden Königskinder und Stadtgründer von Rom ist eine Fortsetzung der Äneas-Legende: Einer Verbindung der Äneas-Enkelin Rhea Silvia mit dem Kriegsgott Mars entstammend, sollen die beiden als Säuglinge ausgesetzt und in den Tiber geworfen worden, jedoch von einer Wölfin herausgezogen und genährt worden sein.

und militärischen Kräfte. Der jüngere Scipio errichtete die römische Provinz Africa. In Griechenland aber vernichtete der römische Feldherr Mummius Korinth, die letzte bedeutende Polis. Mit der Niederwerfung der spanischen Erhebung und mit der Errichtung der Provinz Asia (das Reich von Pergamon fiel 133 durch Testament an Rom) war das imperiale Ausgreifen der Stadt zunächst abgeschlossen. Durch die Provincia Narbonensis in Südgallien sicherte Rom die Verbindung nach Spanien. Seine Machtstellung im gesamten Mittelmeerraum hatte es nun entscheidend gefestigt.

Diese siegreiche Ausdehnung der römischen Herrschaft war ein Erfolg der römischen Tugenden und der straffen Organisation der Republik, aber auch das Ergebnis einer oft skrupellosen Politik und erkauft mit gewaltigen Blutopfern des römisch-latinischen Bauerntums. Gerade die Punischen Kriege brachten große Verluste und so legte Rom schon zu Beginn seines imperialen Aufstiegs die Axt an die Wurzel seiner inneren Kraft.

Die wirtschaftliche und politische Unvernunft des senatorischen Adels förderte eine verhängnisvolle Entwicklung. Anstatt neue Bauernsiedlungen auf dem neu gewonnenen

Straßenmusikanten mit Doppelflöte, Schellen und Tamburin. Mosaik aus Pompeji, vielleicht nach einem Gemälde des 2. Jahrhunderts v. Chr.

Land der italienischen Halbinsel anzulegen, pachtete der großgrundbesitzende Adel große Areale vom Staat (das Ackergesetz von 366 wurde längst nicht mehr angewendet) und begann die Wirtschaftspraxis des landwirtschaftlichen Großbetriebs. Verschuldete oder durch lange Abwesenheit ihrer Besitzer während der Feldzüge verwahrloste Bauerngüter wurden zusätzlich durch Kauf erworben. Die so entstandenen Großagrarbetriebe, Latifundien genannt (im Wesentlichen Viehzuchtbetriebe), beschäftigten billige Arbeitskräfte, d.h. Sklaven, die aus den karthagischen Feldzügen und aus den hellenistischen Räumen des Ostens stammten.

Weiterer Nutznießer der Kriege war die Kaufmannsschicht, die durch Heereslieferungen, den Verkauf der Kriegsbeute und aus der Steuerpacht der neuen Provinzen ungeheure Gewinne angesammelt hatte und sich allmählich zu einem zweiten Stand (Ordo equester) formierte.

Das freie Bauerntum fand nach dem Kriegsdienst seine Höfe verwahrlost oder verwüstet vor, zum Wiederaufbau fehlte oft das Geld, zumal sie mit den billigen Getreideeinfuhren aus den neuen Provinzen Sizilien und Nordafrika nicht konkurrieren konnten und auf Reben- und Ölbaumanbau umstellten. Viele Bauern gerieten in den wirtschaftlichen Ruin, verdingten sich als Saisonarbeiter oder strömten nach Rom, um sich dort von staatlichen Spenden und Gelegenheitsarbeiten zu ernähren und um jeden beliebigen Politiker zu unterstützen, der sich ihre Zuwendung erkaufte.

Die niedrigste Position innerhalb der Gesellschaft hatte jedoch die Masse der Sklaven inne: Sie besaßen keine persönlichen Rechte und wurden vor allem auf den Agrargütern und in den Bergwerken brutal ausgebeutet.

Sehr ungünstig war auch die Lage der überwiegenden Mehrheit der italienischen Socii und der Bevölkerung der Provinzen, um so mehr, als sie nicht einmal das römische Bürgerrecht besaßen und sowohl von ihren eigenen Herrn als auch vom römischen Staat ausgebeutet wurden.

Durch diese rasche, sich sehr schnell vollziehende Differenzierung der Gesellschaft reifte bald eine ganze Reihe schwerer Konflikte heran, die mit friedlichen Reformversuchen nicht mehr zu lösen waren, zu einer hundertjährigen gesellschaftlichen Krise mit Revolten und Bürgerkriegen führten und letztendlich die Republik zermürbten.

Nicht nur Catos Versuch einer moralischen Restauration der altrömischen Welt war zu Beginn des 2. Jahrhunderts gescheitert – vergeb-lich blieb auch der soziale Reformversuch der Brüder Tiberius und Gajus Gracchus in den Jahren 133–121. Wegen der schweren sozialen Kämpfe und inneren Wirren, die er auslöste, hat man von einer Revolution gesprochen. Doch dieser Ausdruck ist irreführend, denn die Gracchen wollten nicht einen bestehenden Zustand durch einen völlig neuen ablösen; sie wollten vielmehr die Wiederherstellung eines durch breit gestreuten Landbesitz gesicherten freien Bauerntums, um die besitzlosen Massen der Hauptstadt wieder in ein festes, sinnvolles Lebensgefüge zurückzuführen. Die Nobilität aber weigerte sich, aus ihrem Großgrundbesitz Teile des Staatslandes herauszulösen, das in bäuerlichen Besitz übergeführt werden sollte.

Trotzdem setzte Tiberius Gracchus als Volkstribun 133 ein Ackergesetz durch, das den Besitz von Gemeindeland beschränkte und neue Bauernstellen schuf. Als ein bestochener Amtskollege gegen das Gesetz opponierte, betrieb er dessen gesetzwidrige Absetzung. Bei dem Versuch, seine unzulässige Wiederwahl zu erreichen, wurde er von Anhängern des Senats erschlagen.

War schon Tiberius Gracchus in der Wahl seiner Mittel nicht wählerisch gewesen, so war es sein Bruder Gajus (123/122) noch weniger. Er entfesselte einen Kampf auf Leben und Tod gegen den Senatorenstand. Im Verlauf dieses Kampfes verschaffte er den Gegnern der Nobilität im Ritterstand Privilegien im Gerichts- und Steuerwesen. Damit aber lieferte er die Provinzen ihrem Unternehmeregoismus als Staatsgüter- und Steuerpächter, als Händler und Kapitalisten aus. Er scheiterte letztendlich an der Frage des Bürgerrechts für die italischen Bundesgenossen, das von der Senatspartei, aber auch von den niederen Volksschichten, strikt abgelehnt wurde. Erst im Bundesgenossenkrieg (91–89) erzwangen die Socii die rechtliche Gleichstellung mit den Römern.

Das Ende des Gajus – er ließ sich von seinem Sklaven erstechen, als in dem durch seine politischen Maßnahmen ausgelösten Bürgerkrieg die Niederlage unabwendbar wurde – ist sinnbildhaft für den Ausgang dieser Entwicklungsphase der römischen Geschichte.

Die Lösung gelang dann in völlig anderer Richtung, als die Gracchen geplant hatten. Das entwurzelte Stadtproletariat wurde zum neuen Wehrstand Roms in Gestalt des Söldnertums. Marius, der Führer der Volkspartei, Sieger über den nordafrikanischen König Jugurtha von Numidien (Krieg 111–105) und über die germanischen Teutonen und Kimbern (Aquae Sextiae – Aix-en-Provence, 102; Vercellae in der Poebene, 101) bediente sich dieses Söld-

Rechte Seite: Gnäus Pompejus (106–48 v. Chr.) sammelte in Kleinasien, in Syrien und am Euphrat militärische Triumphe. Zaudern und eine gewisse Redlichkeit auf politischem Gebiet ließen ihn jedoch gegen skrupellosere Machtmenschen wie Cäsar unterliegen.

Gladiatorenkämpfe, bei denen man kriegsgefangene Sklaven aufeinander hetzte oder sie mit wilden Tieren in die Arena trieb, waren eine äußerst beliebte Volksbelustigung bei den Römern. Umso größer war der Schrecken, als im Jahre 73 v. Chr. die Mannschaft der Gladiatorenschule in Capua ausbrach und unter Führung des Thrakers Spartacus den Krieg gegen die Republik begann.

nertums ebenso wie sein Gegner Sulla, das Haupt der Senatorenpartei, zur Durchsetzung eigener politischer Ziele. Sulla errichtete nach seinem endgültigen Triumph über die Popularen (83) die erste auf das Söldnertum gestützte Diktatur (Proskriptionen zur Vernichtung der Gegner), gab sie jedoch 79, ein Jahr vor seinem Tod, freiwillig wieder auf. Die Entwicklung war aber nicht aufzuhalten. Sullas gesetzliche Wiederbegründung der Senatsherrschaft blieb Episode. Am Ende dieser Epoche steht das persönliche Regiment des Feldherrn, wie es Cäsar verwirklichte.

Die römische Militärmonarchie von Cäsar bis zu ihrem Untergang in der Völkerwanderungszeit

Der freiwillige Verzicht Sullas hatte noch einmal den Anschein erweckt, als bestünde die Senatsherrschaft der römischen Republik in alter Kraft. Aber bald schon sollte sich zeigen, dass die Optimaten, die vorwiegend aus der früheren Nobilität hervorgegangen waren, sich auf einen starken Mann unter den militärischen Führern stützen mussten, um die drängendsten Aufgaben zu bewältigen. Sie fanden ihn in einem Anhänger Sullas, in Gnäus Pompejus.

Ihm gelang es, einen gefährlichen Sklavenaufstand, den Aufruhr des Spartacus (73–71), niederzuwerfen und die Volkspartei der Marius-Anhänger in den Provinzen zu überwinden. Die Lage der Sklaven, dieses »Meeres von Jammer und Elend« (Theodor Mommsen), gebar immer wieder Aufstände, die brutal und blutig niedergeschlagen wurden. In Sizilien ließ der römische Konsul mehr als 20 000 Empörer ans Kreuz schlagen, 6000 Kreuze zwi-

schen Capua und Rom zeugten vom Triumph des Pompejus.

Zusammen mit einem Angehörigen des Ritterstandes, dem reichen Bankier Crassus, bekleidete Pompejus das Amt des Konsuls, nachdem er zur Volkspartei übergetreten war. Der Senat hatte ihm aus Furcht vor seiner wachsenden Macht die Konsulatswürde verweigert; Pompejus rächte sich als Konsul mit starker Einschränkung der Senatsbefugnisse und einer Wiederherstellung der Gewalt der Tribunen. Vor allem aber baute er, gestützt auf seine militärischen Erfolge – er vernichtete das Seleukidenreich und sicherte Rom die Herrschaft über ganz Kleinasien und Syrien bis zum Westbogen des Euphrat – seine politische Machtstellung planmäßig aus.

Doch die Haltung des Pompejus nach seiner Rückkehr aus Kleinasien (62) weist ihn als Mann der Übergangszeit aus. Er entließ seine Truppen nach der Landung in Brundisium in der Hoffnung, dass der Senat ihm nunmehr in Anerkennung seiner Leistungen eine führende Stellung in Rom einräumen werde. Aber der Senat weigerte sich, seinen Forderungen auf Veteranenversorgung und auf Billigung seiner nahöstlichen Politik nachzukommen. Damit trieb er Pompejus ins Lager der individualistischen Machtpolitiker. Zusammen mit Cäsar, inzwischen zum Führer der Volkspartei aufgestiegen, und Crassus, dem reichsten Mann Roms, bildete er im Jahr 60 die »Herrschaft der Drei«, das erste Triumvirat.

Der bedeutendste von ihnen, Cäsar, sollte bald die führende Rolle spielen. Der Repräsentant der republikanischen Verfassungsform, der Konsul und geniale Redner Cicero, ging 58 kurzfristig in die Verbannung.

Cäsar wurde im Jahr 59 Konsul; im Jahr 58, nach Ablauf seiner Amtszeit, erhielt er das auf fünf Jahre ausgedehnte Imperium proconsulare, d.h. den militärischen Oberbefehl in Gallien diesseits (Poebene) und jenseits der Alpen (Südfrankreich). Sogleich begann er mit der Eroberung des Landes, das ihm als Basis für seine Ambitionen in Rom dienen sollte.

In den Jahren 58–51 unterwarf Cäsar in kluger Ausnutzung der inneren Rivalitäten der gallischen Stämme ganz Gallien. Bis zu seinem Tod im Jahr 44 waren das heutige Frankreich, Belgien und Südholland bis zum Rhein römische Provinzen geworden; auch nach England war er erstmals vorgedrungen. Den Vorstößen der Germanen nach Gallien war Einhalt geboten, die zwischen Maas und Rhein von Cäsar angesiedelten Stämme kamen unter römische Herrschaft. Eine nationale Erhebung der Gallier unter Vercingetorix

Triumphbau des Kaisers Augustus in La Turbie/Südfrankreich. Hatten die Römer bis dahin wenig Wert auf beeindruckende Architektur gelegt (auch ihre Hauptstadt bestand noch zu Cäsars Zeiten überwiegend aus Holzhäusern), so änderte sich das in der langen, friedlichen Regierungsepoche des Augustus. Monumentalbauten kündeten nun überall im Reich von der Macht Roms.

(52 v. Chr.) wurde unter großen militärischen Anstrengungen niedergeschlagen. Damit war das Keltentum als selbständiger politischer Faktor in der europäischen Geschichte ausgeschaltet. Westlich des Rheins nahm es gleich den Ureinwohnern, die es zuvor beherrscht hatte, die römische Umgangssprache und Kultur an, östlich davon wurde es germanisiert.

Während des gallischen Feldzuges hielt Cäsar stetige Fühlung mit dem Geschehen in der Hauptstadt. Seine Mittelsmänner, gestützt auf gallisches Beutegeld, betrieben seine Geschäfte in Rom und sorgten dafür, dass er seine Anhänger unter der breiten Masse behielt. Das Triumvirat, 56 v. Chr. erneut bestätigt, blieb zunächst bestehen. Nach dem Tod des Crassus im Jahr 53 standen Pompejus und Cäsar einander als Konkurrenten um die Macht allein gegenüber.

Die Unentschlossenheit des Pompejus, die er schon einmal nach seiner Rückkehr aus Asien bewiesen hatte, spielte jetzt wiederum seinem bedeutenderen Gegner die Macht in die Hände. Der Senat versuchte, Cäsar mit Hilfe des Pompejus zu entmachten, und entzog ihm den Oberbefehl in Gallien. Da entschloss sich Cäsar, seine Stellung in Rom mit militärischer Gewalt zu erkämpfen. Er überschritt den Grenzfluss Rubicon, der Gallia Cisalpina vom übrigen Italien trennte, und schlug die ihm von Pompejus und dem Senat entgegengesandten Truppen. Pompejus flüchtete nach Griechenland, um neue Truppen auszuheben. Damit war sein Schicksal besiegelt. Cäsar schlug ihn endgültig bei Pharsalos (48) und zwang ihn zur Flucht nach Ägypten. Bei der Landung dort wurde er ermordet. Die restlichen Heere der Senatspartei wurden bei Thapsus (46) und Munda (45) besiegt. Damit war die seit längerem in Auflösung begriffene Republik endgültig beseitigt.

Cäsar errichtete in Rom die Alleinherrschaft. Er vereinte in seiner Hand die Diktatur auf Lebenszeit, das Konsulat, das Volkstribunat und das Amt des obersten Priesters. Als Imperator war er Inhaber der höchsten militärischen Gewalt; hier lag auch die eigentliche Basis seiner Macht.

Die alten verfassungsmäßigen Rechte von Senat und Volksversammlung waren durch die Machtfülle Cäsars ausgeschaltet – diese Institutionen führten fortan nur ein Schattendasein. Cäsar verlieh das Bürgerrecht auch weitgehend den Bewohnern der Provinzen und gab den Städten eine neue Rechts- und Verwaltungsordnung. Das ausbeuterische Steuerpächtersystem schaffte er ab, die Reichssteuern wurden in den Provinzen nun durch Staatsbeamte eingetrieben. Auch die soziale Frage brachte Cäsar durch Siedlungen für Veteranen und entwurzelte Stadtbewohner der Lösung näher. Große Staatsbauten (Basilika Julia, Erweiterung des Forum Julianum) gaben vielen Arbeitslosen Beschäftigung. Schließlich widmete Cäsar seine Aufmerksamkeit auch der Kalenderreform. Im Jahr 46 dekretierte er den nach dem Namen seines Geschlechts benannten Julianischen Kalender mit den 365/366 Tagen des ägyptischen Sonnenjahrs.

Starke hellenistische Tendenzen wurden in Cäsars persönlichem Regiment sichtbar. So duldete er die orientalische Form göttlicher Verehrung durch das Volk, machte sich damit aber Anhängern der alten Staatsordnung verhasst. Über 60 Senatoren, an der Spitze Cassius und Brutus, verschworen sich gegen ihn. Am 15. März 44 wurde er im Senat ermordet.

Cäsar gehört zu jenen großen Gestalten der Weltgeschichte, die, sei es leidenschaftliche Ablehnung oder schrankenlose Bewunderung provozierend, immer wieder die Phantasie der Nachwelt beschäftigt haben. Sein Beiname sollte bald zur Bezeichnung jener Herrschaftsform werden, der sein Wirken den Weg gebahnt hat (Cäsar = Kaiser).

Den Cäsarmördern gelang es freilich nicht, das Rad der Geschichte zurückzudrehen. Der nun folgende Machtkampf um Cäsars Erbe, der zwischen seinem Mitarbeiter Marcus Antonius und seinem Großneffen und Adoptivsohn Octavianus ausgetragen wurde, zeigt dies deutlich. Über das Zwischenspiel des zweiten Triumvirats der beiden Gegner mit Lepidus, einem Reiteroffizier Cäsars (43 v. Chr.), führte der Gang der Entwicklung zur großen Auseinandersetzung zwischen Mark Anton, der sich als Gemahl der Ägypterkönigin Cleopatra hellenistisch-absolutistisch gab und wie ein Diadochenfürst über den Osten des Reiches herrschte, und Octavian, dem Anhänger römisch-italischer Überlieferung. Sie endete mit dem Sieg Octavians in der Seeschlacht von Actium (31 v. Chr.); Ägypten fiel als letztes Mittelmeergebiet in die Hand Roms. Der gesamte Küstenraum um das Mittelmeer war damit im Imperium Romanum geeint.

Augustus

Auch Octavian, später Augustus (der Erhabene) genannt, stützte seine Macht wie Cäsar auf das Imperium, die oberste Militärgewalt, auf das Tribunal und den obersten Priesterrang. Seine Absicht war, altrömische republikanische Traditionen in die neue Form der persönlichen Herrschaft hinüberzuretten. Sein Prinzipat stellte einen Ausgleich zwischen monarchischen und republikanischen Elementen dar; wenigstens äußerlich blieben die Rechte des Senats und der Beamten unangetastet. Freilich verloren diese Grundsätze nach dem Ende seiner eigenen Regierungszeit (31–14 n. Chr.) rasch an Bedeutung, wenn auch das Prinzipat staatsrechtlich und staatstheoretisch bis 284 in Geltung blieb.

Der Senat, dessen Vertretern seit 27 v. Chr. die Verwaltung militärisch unbedeutender Kolonien übertragen wurde, blieb indes auch unter Augustus ohne wirkliche Macht. Die großen, wehrkräftigen Provinzen wie Gallien, Spanien, Syrien und Ägypten wurden von einer straff organisierten und gut besoldeten kaiserlichen Beamtenschaft verwaltet. Die Volksversammlung spielte ihre Scheinrolle weiter. Die ernsthaften sozialreformerischen Versuche Cäsars, das Besiedlungsprogramm ausgenommen, wurden jedoch von Octavian nicht fortgesetzt.

Beendet war aber das Zeitalter der Bürgerkriege und der Eroberungen. Innerer und äußerer Friede (»Pax Augusta«) herrschte im Weltreich. Grenzkriege im Osten gegen die Parther und im Norden gegen die Germanen fielen selbst bei so empfindlichen Rückschlägen wie der Varusschlacht 9 n. Chr. im Teutoburger Wald und dem Sieg des Cheruskerfürsten Armin kaum ins Gewicht und hatten für den Mittelmeerraum wenig Bedeutung. Wichtiger war der Gewinn der Donaugrenze. Und dennoch markiert die Schlacht im Teutoburger Wald, deren genaue Ortsbestimmung noch immer umstritten ist, eine weltgeschichtliche Zäsur. Sie bezeichnet einen Wendepunkt, an dem sich entschied, dass Freiheit und Sonderentwicklung der Völker die nächsten Jahrhunderte bestimmen sollten und nicht die globale Ausdehnung des römischen Weltreiches.

Durch Gesetze wider den Luxus der Reichen, zur Gesundung des ehelichen Lebens, zur Bekämpfung der Ehelosigkeit und Kinderarmut versuchte Augustus die altrömischen Tugenden wieder aufzurichten. Der Einfluss östlicher Gesittung und Kultur wurde verringert. Rom wurde durch gewaltige Bauten in den Rang einer Weltmetropole erhoben. Eine reiche Epoche römischer Literatur begann. Vergil schuf das Heldenepos der Römer, die »Äneis«, die Oden des Horaz verherrlichten alte Römerart, der Historiker Livius beschrieb in seiner »Römischen Geschichte« die Vergangenheit aus dem Bewusstsein der historisch-politischen Gipfelhöhe, die Rom unter Augustus erreicht hatte.

Die Großräumigkeit des Imperiums förderte den Austausch gewerblicher Erzeugnisse. Römisches und italisches Unternehmer- und Handwerkertum drang – meist im Gefolge der Legionen – in die Provinzen ein und schuf neue Märkte und bodenständige Großgewerbe (Industrien). Es trug damit zur Romanisierung Europas und des Mittelmeerraums bei, die im Übrigen auch durch die römische Verwaltung, das römische Militärwesen, die römische Rechtsprechung und die lateinische Sprache vorangetrieben wurde. In gewissem Umfang erholte sich auch das italische Bauerntum, obwohl die Vorherrschaft des Großgrundbesitzes keineswegs gebrochen war.

Die römischen Eliten sollten ausgesöhnt und im Beamtentum und Offiziersstand des Reiches zu einer imperialen Führungsschicht herangebildet werden. Dabei spielte die Ritterschicht eine besonders große Rolle. Konservative und revolutionäre Kräfte wurden im Werk des Augustus zum Ausgleich gebracht. Über

Die Reliefs der Trajanssäule in Rom erzählen von den Siegen des Kaisers über die Daker (im heutigen Rumänien) zu Beginn des 2. nachchristlichen Jahrhunderts.
Bild rechts: Ein Gefangener wird vor den Imperator geführt.
Bild rechte Seite: Belagerung und Plünderung einer Siedlung.

Cäsar hinausführend, setzte er die Idee einer planvollen Gestaltung der politischen Aufgaben in die Tat um.

Das Kaisertum vom Tod des Augustus bis zum Untergang

Die Verfassung der Augusteischen Epoche war von der ingeniösen Staatskunst dieses Kaisers geprägt. Aber sie entsprach nicht den auf Dauer bestimmenden Kräften im römischen Weltreich. Trotz der auf Kontinuität des Machterhalts abzielenden inneren Politik des Kaisers fehlte am Ende doch eine echte Führungselite, aus der das Kaisertum sich weiter hätte erneuern können. Die Frage der Nachfolge blieb institutionell ungelöst, auch wenn sich auf dem Umweg von »Adoptionen« und gezielter Heiratspolitik das – römischer Tradition zuwiderlaufende – dynastische Denken immer wieder durchsetzte. Im Kräftespiel der politischen Machtfaktoren – Prinzeps, Senat und Ritterschaft, das Heer und die immer wichtiger werdenden außeritalischen Provinzen – verloren die »altrömischen« Traditionen der republikanischen Senats- und Volksherrschaft, aus denen sich das persönliche Regiment des Augustus ursprünglich legitimiert hatte, immer mehr an Wirksamkeit. So setzten sich in der späteren Kaiserzeit mit der Erstarkung der

nichtitalischen Provinzen und der wachsenden Bedeutung dort stationierter Truppenführer auch hellenistisch-östliche Einflüsse immer mehr durch, und am Ende war aus dem augusteischen Prinzipat der orientalische, von einem »göttlichen« Herrscher mit absoluter Macht regierte Reichsstaat geworden, den schon Cäsar angestrebt hatte.

Auf Augustus folgten zunächst die Kaiser des julisch-claudischen Geschlechts (d.h. die der »Dynastie« Cäsars und Augustus' verwandtschaftlich angehörten): Tiberius, Caligula, Claudius, Nero. Aber keiner von ihnen erreichte einen im historischen Sinne mit Augustus vergleichbaren Rang. Mit dem Selbstmord Neros (68), dessen despotische Willkürherrschaft schließlich zur Revolte gallischer und hispanischer Provinzheere führte und in Rom selbst den Widerstand der Prätorianer und des Senats provozierte, erlosch das julisch-claudische Kaisertum. Aus den Wirren und Bürgerkriegskämpfen der Folgezeit (68/69 wurde zum so genannten »Vierkaiserjahr«) ging schließlich, gestützt auf die Macht seiner Truppen, der zur Niederwerfung des jüdischen Aufstands (66) nach Palästina entsandte Titus Flavius Vespasianus als Sieger hervor. Er war der Kandidat der Legionen des Ostens und des Donauraums und wurde 69 auch vom Senat in Rom als Kaiser anerkannt. Mit seinen Söhnen

Mosaikporträt eines römischen Legionärs. Seit der Heeresreform des Marius (Ende des 2. Jahrhunderts v. Chr.) bestand Roms Armee aus Berufssoldaten, deren Bindung an den Feldherrn zumeist größer war als ihre Verpflichtung gegenüber dem Staat. Das machte sich in den Zeiten der Republik, wo Männer wie Pompejus oder Cäsar mit ihren Truppen gegen den Staat agieren konnten, ebenso bemerkbar wir im Kaiserreich, wo oft genug der Monarch nicht im Senat, sondern im Militärlager ausgerufen wurde.

Titus (79–81) und Domitian (81–96), deren Nachfolge er schon im Jahr seiner Berufung festlegte, bildet er die Reihe der drei flavischen Kaiser.

Die bereits angedeutete Tendenz zur Zentralisierung der auf die Provinzialheere gestützten kaiserlichen Macht geht in diesen Jahrzehnten des 1. Jahrhunderts n. Chr. Hand in Hand mit der Aufwertung der Provinzen im Westen und Osten des Reiches und der weiteren Schwächung des römischen Senats, der durch Ernennung zahlreicher Nichtrömer zu Senatoren auch in seiner Zusammensetzung substanziell verändert wird. Diese inneren Konflikte zwischen Senatsaristokratie und kaiserlichem Absolutheitsanspruch führen im Falle Domitians schließlich zu dessen Ermordung und zur Wahl des altrömischen Senators Nerva zum Kaiser (96–98). Er leitet die Reihe der so genannten »Adoptivkaiser« ein: Sie beginnt mit dem spanischen Heerführer Trajan (98–117), dem ersten »Ausländer« auf dem Kaiserthron und findet in dessen Neffen, dem ebenfalls aus Spanien stammenden Hadrian (117–138),

nochmals eine bedeutende Gestalt. Die Nachfolgefrage war seit Nerva in dem zur geltenden Verfassungspraxis gewordenen Grundsatz gelöst, dass der jeweils regierende Kaiser das Recht hatte, bei eigener Kinderlosigkeit einen auserkorenen Nachfolger zu adoptieren. Diese Form der Nachfolgeregelung blieb aber situationsbedingt und war nie, wie es die Aufeinanderfolge der fünf »Adoptivkaiser« nahe legen könnte, ein geltendes Prinzip des römischen Staatsrechts.

Als seinen eigenen Nachfolger adoptierte Hadrian den gallischen Grundbesitzer Antoninus Pius (138–161), der schon zuvor Mitglied des kaiserlichen Rats war, mit der Auflage, dass jener schon jetzt seinen Neffen Mark Aurel, den späteren Kaiser (161–180), adoptieren müsse. Mit dessen Sohn Commodus (180–192), dem ersten »geborenen« Nachfolger auf dem Thron, endete die Epoche der Adoptivkaiser. Sein von schrankenlosen Ausschweifungen und prunkhafter Hofhaltung gekennzeichnetes Regiment mündete in einen aus Kreisen des Senats inspirierten verschwörerischen Mordanschlag.

Sucht man nach einer generellen Charakterisierung des Römischen Reiches in den ersten beiden nachchristlichen Jahrhunderten, so lässt sich wohl trotz zahlreicher außenpolitischer Konflikte in den Grenzprovinzen von einer Periode der friedlichen inneren Konsolidierung und der äußeren Machtsicherung des Imperiums sprechen. Etwa 25 Millionen Menschen bewohnten die Länder des Reiches, eine sich immer weiter ausbildende innere Verwaltung schaffte (vor allem in den weitgehend autonomen Städten) administrative Instanzen und rechtliche Sicherheit für die römischen Bürger, Handel und Wandel entfalteten sich auf der Grundlage einer funktionierenden Verkehrserschließung der Mittelmeerwelt zu Land und zu Wasser. Die eher defensive außenpolitische Grundtendenz des Zeitalters schaffte sich im obergermanischen und rätischen Limes (errichtet als Grenzlinie gegen die germanischen Stämme im Norden unter Domitian, ausgebaut und befestigt unter Trajan und Hadrian) ein eindrucksvolles (und bis heute in archäologischen Zeugnissen nacherlebbares) Symbol dieser aus Kräften der Beharrung gespeisten Epoche.

Indessen verbargen sich in den sozusagen genießerischen Lebensformen der römischen Zivilisation der Kaiserzeit auch schon die Keime ihres Niedergangs: Denn die Landwirtschaft, allezeit Hauptquelle römischen Wohlstands und inzwischen auch in den Provinzen Afrikas und des Westens (Spanien, Gallien) zu hohen Erträgen kultiviert, wurde in den Händen reicher Latifundienbesitzer oder Großbesitzer zur Basis einträglicher »Renten«, indem sie nämlich das Land an Kleinpächter *(Coloni)* aufteilten anstatt die Produktivität großflächiger Bewirtschaftung auszunutzen. Ähnliches gilt für Handwerk und Gewerbe – Bereiche, in denen Ansätze zu industrieähnlichen Unternehmensformen aus Mangel an Arbeitskräften (= Sklaven) wieder erloschen und die Kleinstruktur örtlicher Gewerbe bestimmend blieb.

Die Ausprägung der römischen Gesellschaft als Sklavenhalter- und Klassengesellschaft freilich blieb von den Zeitläufen unberührt, wenngleich unter »humanen« Kaisern wie Hadrian die übelsten Exzesse römischer Grausamkeit (in den Gladiatorenspielen) und die Vorenthaltung jeglicher Rechte gegenüber den Sklaven zurückgedrängt wurden. So mussten längere Friedensperioden (wegen der knapper werdenden Sklaven, die als Arbeitskräftereservoir dienten) und äußere Bedrängnisse (die herandrängenden Nachbarvölker im Norden und Osten) schließlich zu einer krisenhaften Zuspitzung der Verhältnisse führen. Das ganze Gefüge des Römischen Reiches erwies sich schließlich als ein instabiler Koloss, dessen Einzelelemente in den krisenhaften Entwicklungen des 3. nachchristlichen Jahrhunderts sich zu verselbständigen begannen und nicht mehr durch einen stabilisierenden zentralen Machtfaktor oder ein lebendiges Reichsbewusstsein zusammengehalten werden konnten.

Der aus den Grenzprovinzen gespeiste, immer weiter angestiegene Machtzuwachs des römischen Heeres manifestierte sich in größter Deutlichkeit im Nachfolger des Commodus, dem aus Libyen stammenden General Septimius Severus (193–211), der die Dynastie der vier Severerkaiser begründete, die (mit seinen Nachfolgern Caracalla, Elagabal und Severus Alexander) bis 235 an der Macht blieb. In dieser Zeit vollzog sich die Wandlung des römischen Kaisertums zur orientalischen Militärdespotie, die in den nachfolgenden so genannten »Soldatenkaisern« ihre Fortsetzung fand, ehe mit Diokletian und Konstantin die Wende zur Spätantike eingeleitet wurde und damit das letzte Kapitel des Römischen Imperiums begann.

Die Krisenperiode der Soldatenkaiser wird schon dadurch charakterisiert, dass im Zeitraum von fünfzig Jahren, zwischen 235 und 285, mehr als 20 Kaiser regierten, von denen nur ein einziger eines natürlichen Todes starb. Mit den permanenten Mehrfrontenkriegen gegen äußere Feinde und den Kämpfen der Thronanwärter gegeneinander im Inneren sind die politischen Faktoren der Reichskrise des 3. Jahrhunderts benannt; hinzu kommt ein wirtschaftlicher Niedergang schlimmster Art, Rückgang von Handel und Gewerbe, Verelendung des städtischen Proletariats, Absinken der Bauern in Hörigkeitsverhältnisse gegenüber den Grundbesitzern und ein partieller Rückfall in die Naturalwirtschaft. Erst unter Kaiser Diokletian (284–305) sollte zeitweise – auf gänzlich veränderten Grundlagen – eine neue Stabilität eintreten.

Diokletian und Konstantin (306–337), die bedeutendsten Repräsentanten des römischen Kaisertums seit Augustus, kamen beide aus Illyrien (Jugoslawien). Unter ihrer Herrschaft wandelte sich das Prinzipat zum (von Theodor Mommsen so bezeichneten) »Dominat«, einer Kaiserherrschaft mit absolutistischen Zügen. Zwangsstaatliche Maßnahmen beeinflussten auch das Wirtschaftsleben:

Die freie wirtschaftliche Tätigkeit des Bürgers wurde abgelöst durch Dienstverpflichtung und staatliches Unternehmertum. Aus freien Berufsgenossenschaften wurden Zwangsverbände. Staatliche Waffenfabriken und Webereien, staatliche Bergwerke und Steinbrüche entstanden. Der Ausbau des Militärstraßennetzes und der großen Wasserversorgungsanlagen

Das Steinrelief aus einer Kirche in Burgos (Spanien) aus dem 8. Jahrhundert symbolisiert den Übertritt eines westgotischen Herrschers zum Christentum.

(Aquädukte) wurde mit Hilfe öffentlicher Arbeitsdienstverpflichtungen vorangetrieben.

Doch auch diese staatswirtschaftlichen Maßnahmen konnten auf Dauer die Krise nicht beenden. Der Niedergang des städtischen Bürgertums und des italischen Mittelstandes setzte sich fort. Auch das Bauerntum Italiens zeigte sich der Konkurrenz der

reichen Provinzen immer weniger gewachsen. Nur große Latifundienbetriebe konnten die Krise überstehen. Sie brachten die Reste des Kleinbauerntums in wirtschaftliche Abhängigkeit. Der Versuch vieler Kleinbauern, diesem Los durch Landflucht zu entgehen, wurde durch das Gesetz von 332 vereitelt, das sie an die Scholle band. So trat neben die Sklaverei die bäuerliche Hörigkeit.

Ein anderes schweres Problem des Reiches war die immer stärker werdende germanische Unterwanderung. Germanen kamen als Söldner, als Sklaven aus den Kriegen mit den Grenzstämmen, aber auch als bäuerliche Hörige ins Reichsgebiet. Mark Aurel (161–180) förderte diese Entwicklung noch durch die Ansiedlung von germanischen Kolonen – bäuerliche, an die Scholle gebundene Erbpächter – in entvölkerten Landstrichen. Im Heer stiegen Germanen bis in die höchsten Offiziersstellen auf. Kaiser Theodosius I. tat 382 den letzten Schritt auf diesem Weg – er nahm einen geschlossenen germanischen Stamm, nämlich die Westgoten, als Föderaten ins Reichsgebiet auf und verpflichtete sie zur Reichsverteidigung. Im Westteil des Reiches führte

diese Entwicklung zur germanischen »Machtergreifung« durch den Ostgermanen Odoaker und der Absetzung des letzten weströmischen Kaisers Romulus Augustulus im Jahr 476. In Ostrom kam es dagegen zur Ausschaltung der Germanen von der Staatsführung.

Doch zurück zu den beiden großen Kaisern Diokletian und Konstantin.

Mit Diokletian (284–305 n. Chr.) wurde der Kaiser zum Dominus, zum Herrn über Untertanen. Verwaltung, Gesetzgebung und Rechtsprechung, verwirklicht durch Edikte, gingen allein von ihm aus. Der Senat sank auf die Stufe eines rechtlosen Staatsrates hinab. Die Selbstverwaltung der Städte und Provinzen wurde beseitigt, Militär- und Zivilgewalt wurden in offenem Bruch mit der altrömischen Tradition streng getrennt. Ein besoldetes Staatsbeamtentum trat neben das Söldnertum und das Offizierskorps.

Diokletian fühlte sich nicht nur als *Dominus,* sondern auch als *Deus* (Gott). Als Sinnbild seiner Gottesherrschaft trug er das orientalische Diadem. Der Kaiserkult wurde Reichsreligion. Gegen ihn erhob sich der Widerstand der wachsenden Christengemeinden. So kam es unter Diokletian zu einer großen Christenverfolgung. Die Unterdrückung der Christen hörte erst auf unter Konstantin, der 313 Glaubensfreiheit einräumte. 391 erhob dann Theodosius das Christentum in den Rang einer Reichsreligion.

Diokletian hat auch – aus militärischen Erwägungen – jenen Schritt vollzogen, der die

abendländische Geschichte bis tief ins Mittelalter hinein entscheidend mitbestimmen sollte: Er teilte das Reich in eine östliche und eine westliche Hälfte, allerdings unter Wahrung der ideellen Reichseinheit. Die Reichsteile wurden nunmehr von zwei Kaisern (Diokletian im Osten und Maximian im Westen) regiert; ihre Hauptstädte waren Nicomedia in Kleinasien und Mailand. Konstantin der Große (305–337) erzwang die Reichseinheit erneut, ohne freilich das Eigengewicht der beiden Teile ernstlich zu mindern. Byzanz, das den Namen Konstantinopel erhielt, wurde Hauptstadt des Ostens (330). Erst von 395 an bestand dann die tatsächliche und endgültige Teilung.

Konstantin vollendete die Idee der Theokratie im Dominat. Die Person des Kaisers erscheint als heilig. Seine Aufgabe, als Kaiser Schutzgewalt auszuüben im Interesse der Armen, der Frauen, der Minderjährigen und der Sklaven, nahm der Herrscher sehr ernst, wie sich in einer Reihe von Edikten zeigt. Er fühlte sich berufen, als unumschränkter Herrscher die Welt im göttlichen Auftrag zu lenken.

Im Rechtswesen kam es zu einschneidenden Veränderungen. Das *Jus gentium,* das Völkerrecht, trat neben das *Jus civile* des Zwölftafelgesetzes von 451 v. Chr. und ergänzte das *Jus praetorium* der Prätoren, eine Art Gewohnheitsrecht, das sich immer wieder geschmeidig dem Fluss der geschichtlichen Entwicklung angepasst hatte; die Kaiserzeit brachte es in bleibende Formen (*Edictum perpetuum* des Hadrian). Das Völkerrecht aber verwischte den Unterschied zwischen Bürger und Nichtbürger und wurde so zu einem starken Bindeglied der Reichseinheit. Weiterentwicklung und Auslegung des Rechts wurden in der Kaiserzeit zur Aufgabe der Rechtsgelehrten. Im Dominat aber wurden die Erlasse des Kaisers zur alleinigen Rechtsquelle. Justinian (527–565) krönte diese Entwicklung durch seine Sammlung früherer Gesetze und bedeutender Darstellungen von Rechtsgelehrten, das *Corpus iuris civilis.* Überall, wo römische Rechtstradition in der abendländischen Entwicklung nach- und weiterwirkte, spielte diese Sammlung eine grundlegende Rolle.

Die ungeheure Ausdehnung des Reiches, die unter Trajan mit der Errichtung der Provinzen Arabien, Armenien, Mesopotamien, Assyrien und Dakien (heute Rumänien) etwa im Jahr 115 ihren Höhepunkt erreicht hatte, konnte unter dem Druck der Germanen und des Neupersischen Reiches unter den Sassaniden (226–642) schon im 3. Jahrhundert nicht mehr gesichert und gehalten werden. In volle Bewegung kamen die Grenzen jedoch erst nach dem Vorstoß der Hunnen aus Innerasien nach Südrussland (375). Dort unterwarf sich dieses mongolisch-türkische Nomadenvolk die Ostgoten unter ihrem König Ermanarich, während die Westgoten, soweit sie zum Christentum übergetreten waren, im Imperium südlich der Donau Aufnahme fanden.

Der Name »Germanen« wird erstmals von Poseidonios (ca. 90 v. Chr.) erwähnt, durch Cäsar fand er dann Eingang in die römische

Links der byzantinische Kaiser Justinian mit geistlichen und weltlichen Würdenträgern, rechts die Kaiserin Theodora mit Gefolge. Mosaiken aus der Kirche San Vitale in Ravenna (547/48). Die (ehemalige) Hafenstadt an der Adria im 5. Jahrhundert zeitweilig Regierungssitz der weströmischen Kaiser, wurde im 6. Jahrhundert Hauptstadt des Ostgotenreichs, danach Sitz eines oströmischen Statthalters, bis sie 751 von den Langobarden erobert wurde, was der byzantinischen Herrschaft ein Ende bereitete.

Literatur. In den ersten nachchristlichen Jahrhunderten hatten sie sich in Nordgermanen (Skandinavien und Dänemark), in Ostgermanen (Oder- und Weichselgebiet) und Westgermanen (zwischen Rhein, Elbe und Nordsee) aufgegliedert und in einzelnen Stämmen voneinander abgesondert, die sich später vor dem römischen Grenzwall zu größeren Kriegerbünden wieder zusammenfanden. Auf diese Weise entstanden z.B. die Alemannen und Franken am Nieder- und Oberrhein. Von den Ostgermanen drangen die Goten am weitesten nach Südosten vor, bis ans Schwarze Meer, wo sie dann der Stoß der Hunnen traf.

Die Westgoten – eigentlich Wisigoten –, die sich dem Christentum geöffnet hatten (ihr Bischof Ulfilas übersetzte um 350 das Neue Testament ins Gotische), eroberten unter dem Heerkönig Alarich Italien und Rom (410), zogen aber unter seinem Nachfolger Athaulf nach Südfrankreich, wo sie ein Reich mit der Hauptstadt Tolosa (Toulouse) gründeten. Ihr König Eurich (466–484) dehnte die Herrschaft auch auf Spanien aus.

Im Norden und Westen war der Zusammenbruch der römischen Reichsverteidigung längst im Gange. Schon 166 begann der Markomannenvorstoß durch die Donaugrenze ins Voralpengebiet, begleitet von dem der Langobarden und Quaden, seit der Mitte des 3. Jahrhunderts drangen die Franken in Gallien ein. Einzelne germanische Scharen, Gefolgschaften unter Führung von Heerkönigen, fielen immer wieder auch in Norditalien ein. 406 aber durchbrachen Sweben, Alanen und Wandalen die Rheinlinie und zogen nach Gallien und Spanien weiter. Die Wandalen wiederum gingen 429 unter Geiserich über die Meerenge nach Afrika. 439 schon eroberte Geiserich Carthago, erhob es zur Hauptstadt und bedrohte nun Rom wie einst die Punier von der südlichen Flanke her.

Im Jahr 413 hatten die Burgunder ein Reich mit Worms als Hauptstadt gegründet, das der weströmische Statthalter in Mittelgallien, Aetius, mit Hilfe der Hunnen 436 wieder vernichtete. In dieser Zeit erreichte der Hunnenstaat unter König Attila (dem Etzel der Nibelungensage, die auch den Untergang der Burgunder schildert) mit der ungarischen Tiefebene als Mittelpunkt seine größte Ausdehnung. Attilas Versuch, 451 durch die Schlacht auf den Katalaunischen Feldern (bei Troyes in Frankreich) auch die Herrschaft über Gallien zu gewinnen, wurde durch ein Bündnis der Westgoten, der Burgunder und fränkischer Teilstämme unter Führung des Aetius vereitelt. Bald nach Attilas Tod (453) löste sich sein Reich wieder auf,

ohne bedeutsame geschichtliche Spuren zurückzulassen. Dadurch wurden auch die Ostgoten wieder frei, die unter Theoderich dem Großen (493–526), dem Überwinder Odoakers, ihr Reich in Italien errichteten, immer noch unter der Fiktion, dass der König als Statthalter des römischen Kaisers seine Macht ausübe. So blieben römisches Recht und Verwaltung in Kraft.

Für seinen Stamm, dem ein Drittel des italischen Bodens als Besitz übereignet wurde, blieb Theoderich Heerkönig im germanischen Sinne. Er wollte auch eine Verschmelzung mit der italischen Bevölkerung durch Heiratsverbot und durch Wahrung des religiösen Gegensatzes zwischen ostgotischem Arianismus und italischem Katholizismus unter allen Umständen vermeiden. Um Rückhalt im germanischen Norden zu finden, erstrebte Theoderich ein Bündnissystem germanischer Reiche unter seiner Führung; er scheiterte jedoch an der Politik des Frankenkönigs Chlodwig, der zum Katholizismus übertrat, weil er den Einfluss der gallischen Kirche zur Sicherung seiner Macht über die einst römischen Untertanen seines Staates brauchte.

Damit aber war der Untergang der germanischen Mittelmeerreiche besiegelt.

Die vor allem auch auf dem Hintergrund des religiösen Gegensatzes zu verstehende Offensive der Oströmer unter Justinian (527–565) zerschlug zunächst das Wandalenreich in Nordafrika (Feldzug des Belisar) und danach das Ostgotenreich in Italien, das im Jahr 555 unter dem Statthalter Narses oströmische Provinz wurde. Nur in Oberitalien gelang den Langobarden eine Reichsbildung von längerer Dauer (568–774). Schließlich aber bezahlten alle germanischen Stämme, die in den Mittelmeerraum eingedrungen waren, ihre Loslösung aus dem Stammeszusammenhang der Germanen mit dem sprachlich-völkischen Aufgehen in der einheimischen Bevölkerung des einstigen Imperiums. In allen ihren Staatengründungen ergaben sich Schwierigkeiten, die aus dem Gegensatz zwischen germanischem »Genossenschaftsdenken« und dem Staatsapparat des römischen Erbes erwuchsen. Die Germanen wurden so nicht zu Erben des römischen Reiches, sondern es entwickelte sich eine neue germanisch-romanische Völkerwelt anstelle des westlichen Imperiums, die Staatenwelt des Abendlandes.

Christentum und Imperium

Das grundlegende Neue der Lehre Jesu, die von den christlichen Missionaren durch das rö-

Rechte Seite: Der große Kirchenlehrer Augustinus (354-430) auf einem polnischen Gemälde des 15. Jahrhunderts. Ursprünglich Heide und Lebemann aus reichem Hause, wurde Augustinus nach seiner Bekehrung Bischof von Hippo Regius in Nordafrika und prägte mit seiner Schrift »Der Gottesstaat« für Jahrhunderte das christliche Geschichtsbild vom Kampf zwischen dem Reiche des Teufels, vom Kommen des »Antichrists« nach 1000 Jahren und dem darauf folgenden Endgericht.

mische Weltreich getragen wurde, ist die Erwartung einer allgemein-menschlichen Weltkatastrophe am Ende der Zeiten. Sein Weltgericht betrifft die Menschen an sich, die Toten wie die Lebenden; sein Erlöserbild, ein Selbstbildnis, zeigt den vom Himmel gesandten Menschen, den Sohn Gottes und zugleich den Menschensohn, dessen Gericht das Ende der Geschichte und eine völlig neue Welt bedeutet.

Damit wird verständlich, warum Jesus sich mit solcher Leidenschaft gegen die Gesetzes- und Gelehrtenreligion der Priester und Rabbiner gewandt hat, die in dem Glauben lebten, irdisches und ewiges Heil des Menschen seien verbürgt, wenn nur die Sittengesetze, das geltende Recht und die Ordnungen des Kultes buchstabengetreu befolgt würden.

Das Evangelium Jesu Christi führt heraus aus dem Bereich irdischer, d.h. sozialer und politischer Erlösungshoffnungen. Dies ist die Kraft, die dem Christentum über alle Zeitbedingtheit hinaus Dauer verliehen hat. Sie brachte es aber auch von Anbeginn an in einen unlösbaren Konflikt mit den politischen und sozialen Mächten der Zeit. So musste es mit dem römischen Kaiserkult und seiner Vergottungstendenz zusammenprallen, musste es die jüdischen Hoffnungen auf den politischen Befreier und Erlöser enttäuschen und konnte es als bindende und erhaltende Kraft im Imperium Romanum selbst zu einer Zeit nicht wirken, als es bereits alleinige Reichsreligion geworden war. Das große Drama des Mittelalters, der Kampf zwischen Papsttum und Kaisertum, hat schon hierin seine Wurzel.

Konstantin beendete 313 die Zeit der Auseinandersetzung. Er versuchte, das Christentum dem römischen Staat einzufügen. Aber schon zu Beginn dieses Unternehmens zeigte sich die ständige Spannung zwischen kaiserlich-weltlicher und bischöflich-geistiger Gewalt, die im Westen später mehr und mehr vom römischen Papsttum allein repräsentiert wurde. Der Kaiser aber fühlte sich als oberste Instanz in allen Kirchenfragen, wenn er Reichskonzilien einberief, um die Einheit der Kirche in Lehre und Verwaltung zu wahren. Bedeutsam wurde das Bischofskonzil zu Nicäa im Jahr 325, wo die Lehre des Arius, Christus sei nur wesensähnlich mit Gott, zugunsten der des Athanasius von der Wesensgleichheit Gottes und Christi verworfen wurde. Dennoch lebte die arianische Richtung im Osten, insbesondere bei den zum Christentum übertretenden Germanenstämmen, weiter.

Der Streit wurde nach einem arianischen Rückschlag unter Konstantius (355) und dem Versuch einer heidnischen Restauration unter Julian Apostata (361–363) im Konzil zu Konstantinopel (381) endgültig zugunsten des Athanasianismus entschieden. 391 wurde das Christentum zur alleinigen Staatsreligion; alle heidnischen Kulte wurden verboten.

In der christlichen Kirche überlebte die römische Verwaltungstechnik den Untergang des Imperiums. Sie hätte das Christentum zur einigenden Macht erheben können, wenn nicht der politische Gegensatz zwischen Konstantinopel und Rom auch eine kirchlich-konfessionelle Entsprechung gefunden hätte. Römisches Papsttum und oströmisches Patriarchentum traten einander vor dem Hintergrund der beiden gegensätzlichen Lehren von den zwei Naturen Christi (göttliche und leibliche Natur, wie Rom lehrte) oder der einen Gottnatur (vertreten von Konstantinopel) feindlich gegenüber.

Dem Konzil von Chalcedon (451) gelang es nicht, diesen Gegensatz zu überbrücken. Gegen die dort ausgesprochene Gleichberechtigung der Bischöfe von Rom und Konstantinopel protestierte Papst Leo der Große (440–461), der den alleinigen Führungsanspruch Roms verkündete.

Dieser innere Zwiespalt erlaubte es später dem oströmischen Kaiser Justinian I. (527–565), eine absolute Herrschaft des Kaisers über die Kirche zu errichten. Man nennt ihn daher auch den ersten Repräsentanten des Cäsaropapismus, eines politischen Systems, in dem weltliche und geistliche Macht in einer Hand vereint liegen, wie dies zuerst im Osten des Imperiums, später in Russland und in neueren Balkanstaaten verwirklicht wurde.

Im Westen dagegen löste sich das Christentum gemäß seinem Urauftrag, das Reich Gottes auf Erden vorzubereiten, mehr und mehr vom Schicksal des Reiches ab. Als Alarich Rom eroberte (410), schrieb der Bischof von Hippo Regius in Numidien, Augustinus (395–430), sein Werk vom Gottesstaat (De civitate Dei). Darin heißt es: »Was macht es uns aus, unter welcher Herrschaft der Mensch lebt, der doch sterben muss, wenn ihn nur die Machthaber nicht zu Gottlosigkeit und Unrecht nötigen«.

Unter Papst Gregor dem Großen (590–604) aber begann die Westkirche, den Grundstein für die Entstehung des Kirchenstaates zu legen, einer weltlichen Machtbasis des Papsttums auf italienischem Boden. So wurden der Westkirche Wege offen gehalten und Mittel bereitgestellt, um in eine neue abendländische Epoche der Weltgeschichte aktiv und mitgestaltend einzugreifen.

MITTELALTER

Germanische Grundlagen

Im Verlauf der Bronzezeit (deren Beginn um 2000 v. Chr. angesetzt wird), traten die Germanen ins Licht der Geschichte. Reiche archäologische Funde geben ein deutliches Bild ihrer Kultur. Die Bauweise lässt schon die Grundform des Fachwerkbaus erkennen, die Tracht ist gediegen und gut ausgebildet, reicher Bronzeschmuck, edel geformte Waffen und Gebrauchsgegenstände sprechen für den hohen Stand der handwerklichen Fertigkeiten.

Die Erforschung der Vorgeschichte »Germaniens« wird freilich durch die Nichtexistenz schriftlicher Quellen erschwert bzw. auf wissenschaftliche Hypothetik eingeschränkt. Erst die Expansionspolitik der Römer (unter Cäsar) erbrachte erste Schilderungen dieser Welt nördlich der Donau (durch Tacitus), und auch sie sind Beschreibungen fremder Phänomene in politischer oder moralischer Absicht, keine objektiven Berichte.

In der Feldbearbeitung trat an die Stelle des vorgeschichtlichen Hackbaus der planmäßige Feldbau: Das Bauerntum erlebte seine erste Blütezeit in der germanischen Geschichte. Die Religion war ganz und gar Ausdruck seiner Welt. Die Kulte der Fruchtbarkeit, der Sonne und des Himmels verbanden sich mit der Verehrung der mütterlichen Erde als dem Urgrund alles Seins. Sie wurde als eine Art weibliche Naturmacht, als die Empfangende und Gebärende verstanden. Tacitus berichtet vom Nerthuskult, der einer Fruchtbarkeits- und Vegetationsgöttin namens Nerthus gegolten habe; mit dem Frühlingsfest seien auch Menschenopfer verbunden gewesen. Bekannt wurde auch der Erdmutterkult bei den im Kultverband der Ingwäonen zusammengeschlossenen germanischen Stämmen in der Küstenregion der Nordsee. In der Spiral- und Wellenbandornamentik der germanischen Gefäße hat man gleichfalls einen »weiblichen« Stil erkennen wollen – eine Deutung, die jedoch nicht unbedingt beweiskräftig erscheint. Der Germane der Bronzezeit lebte in Einehe. Die Frau genoss hohes Ansehen. Die Familie wiederum war eingefügt in das mächtige Band der Sippe, die als Recht setzende und Sitten prägende Gemeinschaft das Leben des Einzelnen tiefgreifend bestimmte.

Die Bronzezeit (2. Jahrtausend v. Chr.) war die letzte verhältnismäßig friedliche Epoche der germanischen Geschichte vor der erneuten Konsolidierung der Verhältnisse im Mittelalter. Daher treten in ihr Zeugnisse der Wehrhaftigkeit und des Kriegertums nicht so sehr in Erscheinung. Dieses Bild veränderte sich in der Epoche der Landnahmen, der Wanderungen und Eroberungen tiefgreifend. Sie setzte gegen Ende der Bronzezeit ein und prägte die folgenden Jahrhunderte bis ins frühe Mittelalter hinein.

Viele Gründe dürften bei der Auslösung dieser Wanderbewegungen im 1. Jahrtausend v. Chr. mitgewirkt haben: Bevölkerungsvermehrung und Klimaverschlechterung, das Freiwerden des zentraleuropäischen Raumes nach Abzug der Kelten (die sich in westlicher und südlicher bzw. südöstlicher Richtung ausbreiteten), ferner der Druck asiatischer Nomadenstämme, der über die von ihnen unterworfenen, ursprünglich indogermanischen Slawen auf den Siedlungsraum der Germanen fortwirkte; vielleicht waren es aber auch innere Wandlungen im gesellschaftlichen Gefüge, etwa die Entstehung eines auf kriegerische Unternehmungen hinstrebenden Adels.

Die Wanderungsphase entwickelte naturgemäß eine kriegerische Grundtendenz. Es existierten viele bewegliche kleine Stämme und Gruppen, oft auch untereinander in erbitterter Fehde. Ihre Geisteshaltung spiegelt sich in der Mythologie, im Heldenlied und in der Saga. Freie Häuptlinge gestalteten die Politik der Stämme. Daneben gab es private Gefolgschaften, die als Seeräuber oder Landeroberer gemeinsame Beutezüge unternahmen.

Die »Gefolgschaft«, auch des vom führenden Adel gewählten Königs, umfasste gesellschaftlich gleichberechtigte Mitglieder, die mit ihrem Führer durch gegenseitige Treueverpflichtung verbunden waren. Königshof und Heergefolge bestimmten bei den Ostgermanen seit der Wanderungszeit das politische Leben. Das Heldenlied, vom Krieger-Dichter in der Herrenhalle des Königs vorgetragen, und die kriegerische Erziehung des Nachwuchses sind Erscheinungen, die später in der mittelalterlichen Lehnskultur in reicher Ausprägung, aber durch schriftliche Quellen nun auch greifbarer geworden, wiederkehren. Zugleich hat man es hier mit einer Kulturerscheinung zu tun, die

Tod der Brunhilde. Miniatur aus der »Großen Chronik von Frankreich« (14. Jh.). Das Schicksal der fränkischen Königin steht beispielhaft für die Grausamkeit der merowingischen Epoche. Nachdem sie ihre Schwester und ihren Gatten durch Mord verloren hatte, führte Brunhilde als Regentin des austrasischen Reichsteils einen jahrzehntelangen blutigen Kampf gegen den eigenen Adel sowie gegen Neustrien, dessen König Chlotar II. sie 613 unterlag. Bereits eine Greisin, wurde sie von Pferden zu Tode geschleift.

europäische Bedeutung gewann, da sie Stammes- und Volksgrenzen übersprang und sogar beispielsweise noch bei den mit den Germanen in Berührung kommenden asiatischen Stämmen der Wanderungszeit – etwa den Hunnen – zu beobachten ist.

Indem die Völkerwanderung das alte Geborgensein und die friedliche Bindung der Menschen an Scholle, Haus und Hof auflöste, gebar sie typische Erscheinungen einer Epoche des Umbruchs. Die gewalttätige, Tod und Untergang missachtende heroische Persönlichkeit, der es nur um Waffenruhm und Beute zu tun ist, trat in den Vordergrund der germanischen Weltauffassung. Aber ihr Wirken führte in hoffnungslose Lagen, in schicksalhafte Ausweglosigkeit menschlichen Daseins, wie sie sich in der Königssage, ja noch im ritterlichen Heldenlied mit ihren tragischen Untergangsstimmungen spiegeln. Diese Zeit der Un-

ruhe bereitete wohl auch den Boden für den geistigen Wandel, an dessen Ende der religiöse Zweifel an den überkommen Göttervorstellungen erwuchs. Er löste den Götterhimmel auf, führte die Erscheinung der »Götterlosen« herauf und bahnte so dem christlichen Glauben in der Oberschicht den Weg. Im Sieg des Christentums begegneten sich danach der alte bäuerlich-germanische Ordnungswille der Frühzeit und das neue Friedensideal schöpferisch auf der Ebene des Volkes.

Für die mittelalterliche Siedlungs- und Staatenentwicklung wurde es bedeutsam, dass die Germanen im Zuge der Wanderbewegungen den Raum östlich der Elbe und Saale und des Böhmerwaldes freigaben. In diese Gebiete rückten die Slawen ein. Als mit dem Zusammenbruch der römischen Reichsverteidigung an Limes und Rhein dem Stau der Germanen ein Ventil nach Westen geöffnet wurde, gab es bereits größere westgermanische Verbände, für die sich die Bezeichnung »Stämme« eingebürgert hat. Um 250 durchbrachen die Alemannen, später Schwaben (Sweben oder Sueben) genannt, den Limes und besiedelten die oberrheinische Tiefebene. Nach 455 dehnten sie ihren Siedlungsraum auf das Elsass, die Nordschweiz, die Pfalz und Rheinhessen aus.

Die beiden letztgenannten Gebiete wurden ihnen später von den Franken streitig gemacht. Diese traten in drei Gruppen in Erscheinung. Die nördlichste, die Niederfranken, auch Salier genannt, beherrschten Niederrhein, Scheidemündung und Flandern, wo sie im 5. Jahrhundert als Reichsföderaten vom römischen Heermeister in Gallien, Aetius, in den Verband des römischen Reiches aufgenommen worden waren. Zwei südlichere Gruppen, die wohl eng miteinander in Verbindung standen, die mittelfränkischen Moselfranken und die Ripuarier, beherrschten das Mittelrheingebiet und drangen in den ehemals gallorömischen Staatsraum westlich des Rheins ein. Ein fränkisches Königsgeschlecht, die Merowinger, begann Gallien zu erobern und die fränkischen Teilstämme allmählich unter einer Herrschaft (König Chlodwig I., 482–511) zusammenzufassen, die von den nachfolgenden Karolingern schließlich auf alle übrigen westgermanischen Stämme ausgedehnt wurde.

Die Bayern tragen einen keltischen Namen, der möglicherweise an ihr ursprüngliches Siedlungsland Böhmen, den Sitz der keltischen Bojer, erinnert. Man vermutet, dass sie eine Mischung dieses Stammes mit den suebischen Markomannen darstellen. Im 6. Jahrhundert besiedelten sie das Gebiet zwischen Lech, Alpen, Enns und Donau. In Böhmen folgten ihnen die slawischen Tschechen nach. In ihrem neuen Siedlungsraum verschmolzen die Bayern mit den hier ansässig gebliebenen Teilen der romanischen und romanisierten Bevölkerung (Räter).

Zwischen dem 3. und 6. Jahrhundert gewannen die Sachsen in ständigem Kampf gegen die in Thüringen sich niederlassenden Swebenstämme (Hermunduren), die später unter dem Stammesnamen der Thüringer in die deutsche Geschichte eingingen, aber auch in kriegerischer Auseinandersetzung mit den Franken ihren Siedlungsraum zwischen Nordsee, Eider, westfälischer Westgrenze. Sieg, Eder und Unstrut (etwa 532). Angeln, Juten und Friesen waren ihre nördlichen Nachbarn.

Nach dem Zusammenbruch der römischen Herrschaft auf den britischen Inseln am Beginn des 5. Jahrhunderts begann ein Ringen um diesen Raum zwischen den keltischen Skoten (später Iren genannt), den Pikten und den übers Meer heran drängenden Angeln, Sachsen und Juten. Die Juten eroberten um 450 die Grafschaft Kent, die Sachsen die ihren Namen tragenden Gebiete von Essex, Sussex und Wessex, die Angeln den Raum nördlich davon: Ost- und Mittelanglien und Mercia. Die Einwanderer kamen als seeräuberische, aber auch als bäuerliche Gefolgschaften, deren kriegerischer Geist zunächst einmal die römische Kultur- und Zivilisationshöhe Südostenglands missachtete und der Entwicklung dieses Raumes einen Rückschlag zufügte. Die keltische Bevölkerung wurde ausgerottet oder vertrieben. Die Flüchtlinge zogen sich in das Bergland von Wales oder nach Nordfrankreich zurück, wo die Landschaft der Bretagne ihren Namen (Bretonen) trägt. In diesen Räumen haben sich die ursprünglichen keltischen Sprachen (Walisisch und Bretonisch) bis heute als Elemente einer eigenständigen Regionalkultur erhalten.

Den Angeln und Sachsen gelang der Wiederaufbau der von ihnen zerstörten staatlichen und kulturellen Einheit römischen Erbes nicht aus eigener Kraft. So mussten sie die Invasionen nordgermanischer Wikingerscharen, vor allem der Dänen, erdulden. Schließlich wurden sie von einem romanisierten, aus Nordfrankreich unter Herzog Wilhelm dem Eroberer herüberkommenden Wikingerstamm, den Normannen, politisch geeint (1066 Sieg der Normannen über die Angelsachsen in der Schlacht bei Hastings an der britischen Kanalküste). Die schottischen Pikten aber wurden im Laufe dieser Entwicklung germanisiert.

Ihre kulturelle Einheit gewannen die Angelsachsen mit dem Wiedereindringen und der Ausbreitung der christlichen Lehre. Dieser Prozess begann 597, als Papst Gregor der Große den römischen Abt Augustin mit 40 Mönchen nach Kent schickte, um von dem Hauptplatz Canterbury aus die Mission voranzutreiben. Da es den Glaubensboten gelang, den König von Kent für das Christentum zu gewinnen, machte die Ausbreitung der neuen Lehre bald bedeutende Fortschritte. Die angelsächsische Kirche stand bald in hoher Blüte und großem Ansehen. Viele Klöster und Domschulen wurden Pflegestätten christlicher, aber auch antiker Bildung. Mit Winfried und Alkuin wirkte England auch auf die germanischen Festlandsstämme bedeutsam ein. Schon zu Beginn des 8. Jahrhunderts konnte der berühmte Benediktinermönch und Gelehrte Beda Venerabilis (673–735) eine »Geschichte der Englischen Kirche« verfassen.

Die Schlacht von Vouglé (Miniatur aus der »Großen Chronik von Frankreich«), einer im Westen von Poitiers gelegenen Siedlung, bedeutete im Jahre 507 das Ende der westgotischen Herrschaft in Aquitanien und den Aufstieg von Frankenkönig Chlodwig.

Das Frankenreich

Für die Gestaltung der abendländischen Geschichte gewannen unter den westgermanischen Stämmen die Franken eine herausragende Bedeutung. Ihr Königsgeschlecht der Merowinger hatte schon im 5. Jahrhundert unter Childerich (gest. 482) im flandrischen Raum seine Teilherrschaft über dort siedelnde Stammesgruppen gefestigt. Unter dem bedeutenden König Chlodwig I. (482–511) begann die Erweiterung des Gaukönigtums zu einer umfassenden Herrschaft über Germanen und Gallier. Soweit Chlodwigs Persönlichkeit aus den Quellen deutlich wird, kennzeichnen ihn kluge Berechnung und politische Instinktsicherheit in der Nutzung günstiger Situationen ebenso wie brutale, bedenkenlose Herrschsucht. 486 machte sich Chlodwig durch seinen Sieg über den römischen Befehlshaber Syagrius zum Herrn in Nordfrankreich und beendet damit die letzten Reste der römischen Herrschaft in Gallien. Seine Residenz verlegte er vom flandrischen Doornik (Tournai) nach Soissons.

Die einwandernden Franken wurden unter Chlodwigs Herrschaft im Gegensatz zu den Verhältnissen in den anderen Germanenreichen auf römischem Boden nicht Herren über die römisch-gallischen Staatsbürger, sondern nur gleichberechtigte Partner. Den Galliern blieben Besitz und politische Rechte erhalten. Das machte sie um so eher geneigt, in Chlodwig den Nachfolger des römischen Kaisers zu sehen und auf ihn den Gehorsam der römischen Untertanen zu übertragen. Chlodwigs innere Machtstellung wurde dadurch weit über das Maß germanischer Gewohnheit hinaus gestärkt, denn Könige und Fürsten der Germanen mussten sich das Mitregiment mindestens des hohen Adels gefallen lassen. Nordostfrankreich wurde durch fränkische Bauern auf friedliche Weise besiedelt. Freilich wurden diese Franken sehr bald, auch sprachlich, romanisiert.

Das heutige Frankreich hat nicht nur seinen Namen, sondern auch seinen Bevölkerungsaufbau aus jener Zeit. So zeigt sich heute noch deutlich der fränkische Einschlag in der nordfranzösischen Bevölkerung, die sich stark von den Südfranzosen unterscheidet. Nur dort, wo fränkisches und westgermani-

sches Volkstum den räumlichen Zusammenhang mit dem germanischen Kernland wahrte, hat es auch an seiner Sprache festhalten können. Nach Jahrhunderten einer langsamen Rückzugsbewegung hat sich schließlich die heutige romanisch-germanische Sprachgrenze gegenüber Flamen, Holländern (geschichtlich aus Nordfranken hervorgegangen), Deutschen und Schweizern (fränkisch-alemannischer Stammesherkunft) herausgebildet.

Chlodwigs Übertritt zur athanasianischen, d.h. römisch-katholischen Form des Christentums (496) brachte ihn in scharfen Gegensatz zur Politik der arianischen Südgermanen und zu Theoderichs großgermanischer Reichspolitik, beschleunigte aber die wechselseitige Annäherung der fränkischen und gallischen Bevölkerungsteile in seinem Reich, was wiederum der königlichen Machtstellung zugute kam. 496 wurden die Alemannen unterworfen; nur das Burgunderreich, gestützt von Theoderich, trotzte noch der fränkischen Herrschaft. Auch die Westgoten mussten sich seit der Schlacht von Vougle (507) aus Südfrankreich bis auf einen Landstreifen an der Mittelmeerküste zurückziehen. Mit der Beseitigung bestehender Gaukönigtümer schuf Chlodwig schließlich ein fränkisches Universalreich.

Nach einer Periode der Reichsteilung unter seinen Söhnen und des folgenden Niedergangs seiner Dynastie wurde es von den Hausmeiern, den höchsten Hofbeamten im östlichen Teilreich Austrasien (Hauptstadt: Metz), wieder erneuert.

Das Hausmeiergeschlecht der Karolinger (Karlinger) trat mit Pippin dem Mittleren (gest. 714) aktiv in die gesamtfränkische Reichsgeschichte ein. Sein Sohn Karl Martell (»der Hammer«, 714–741) einte das Reich und überwand mit seinem schwer gepanzerten Reiterheer in der Doppelschlacht von Tours und Poitiers (732) die von Spanien her drohende Gefahr einer arabischen Invasion. Pippin der Jüngere beseitigte das merowingische Scheinkönigtum und ließ seine tatsächliche Herrschaft durch den päpstlichen Segen, ausgedrückt in der Salbung durch Winfried (Bonifatius), 751 legitimieren. Von diesem Zeitpunkt an datiert die enge Verbindung zwischen dem Papsttum und dem fränkischen Herrscherhaus.

Karolingische Würdenträger, Buchmalerei. Im fränkischen Reich bildeten sich die ersten Grundzüge einer geregelten Staatsverwaltung heraus. Der Majordomus als Vorsteher des königlichen Haushalts, der Pfalzgraf als Hofrichter, die Grafen in den Gauen, dazu eine Kanzlei bei Hofe sorgten für die Durchsetzung königlicher Macht.

Aber auch die fränkische Reichskirche wurde durch das Wirken des Bonifatius (des »Apostels der Deutschen«) im Sinn der römischen Hierarchie organisiert und ganz auf Rom ausgerichtet. Im gleichen Sinn wirkte er danach im rechtsrheinischen germanischen Gebiet. In Bayern, Thüringen, Hessen und am Main entstanden auf seine Anregung hin Bischofssitze und Klöster (Fulda als berühmtestes Beispiel 744). Die Einheitlichkeit der abendländischen Kirche in Kult, Lehre und Organisation und ihre Bindung an Rom war eine Leistung von europäischem Rang und höchster politisch-historischer Bedeutung. Als Winfried 754 in Friesland den Märtyrertod erlitt, ließ er ein dauerhaft gefestigtes Werk zurück.

Die Gegendienste Pippins für die moralische Unterstützung des Papsttums bestanden seit 754 auch in der Hilfe für Papst Stephan II. gegen die Langobarden. Nach siegreichen Feldzügen konnte der Papst die ehemals oströmischen Gebiete Mittelitaliens seinem Besitz im Umkreis Roms, dem »Pa-trimonium Petri«, hinzufügen. Zwischen Pippin und dem Papst kam es zu einem nicht im Wortlaut erhaltenen Vertrag (sog. Pippinsche Schenkung), in dem Pippin dem Papst darüber hinaus die Rückgabe des von den Langobarden eroberten Exar-

chats von Ravenna und anderer Gebiete versprach. So entstand der Kirchenstaat, der durch eine (nach neueren Erkenntnissen vielleicht in den päpstlichen Kanzleien angefertigte) Fälschung, die Urkunde der »Konstantinischen Schenkung«, seine historische Rechtfertigung aus einem angeblichen Akt des römischen Kaisers Konstantin d. Gr. (306–324) erfahren sollte. Pippins Sohn war Karl, später der Große genannt.

Ein harmonisches Bild vermitteln die Quellen von diesem Herrscher, von seiner privaten wie von der politischen Sphäre. Als ein lebensfroher, den Freuden des Daseins aufgeschlossener Mensch, der sich jedoch strenge Selbstzucht auferlegte, nahm er die Zügel des Frankenreichs kraftvoll in die Hand. Der Tod seines Bruders Karlmann (771) machte Karl den Großen (768–814) zum Alleinherrscher im Reich. Alsbald wandte er seine politische Tatkraft den ungelösten Fragen an den Reichsgrenzen zu. Er nahm den Kampf gegen die erneut Rom und den Papst bedrohenden Langobarden wieder auf, wagte aber sogleich auch den Angriff gegen die Sachsen, die sich sowohl politisch als auch religiös dem fränkischen Einfluss zu entziehen versuchten. 772 zerstörte er im Verlauf eines ersten kriegerischen Unternehmens ihr Volksheiligtum, eine das Weltall symbolisierende Säule (Irminsul), und entfesselte damit einen Kampf, der beide Stämme zu erbittert ringenden Gegnern machen sollte.

Im Jahre 774 gelang die Unterwerfung der Langobarden. Karl erhielt mit der »eisernen Krone« die langobardische Königswürde, nachdem der Fall der Hauptstadt Pavia das Schicksal des Langobardenreichs besiegelt hatte. In Rom erneuerte er das fränkische Bündnis mit dem Papst und bestätigte die Pippinsche Schenkung.

Der Fortgang des Sachsenkriegs in den folgenden Jahren war unterbrochen durch gelegentliches Eingreifen gegen aufständischen Langobardenadel in Oberitalien und 778 durch den Pyrenäenfeldzug gegen den Kalifen von Cordoba, den Karl auf das Hilfegesuch arabischer Kleinfürsten hin unternahm (Rolandsage). In den Feldzügen der Jahre 781 und 787/88 gliederte er das inzwischen sehr selbstständig gewordene Bayern dem Reich wieder ein, 790–796 unterwarf er die Awaren. Im Westen wie im Osten sicherte er die fränkische Herrschaft durch die Gründung der spanischen und awarischen Grenzmarken. Danach baute er seine Herrschaftssphäre in Italien (er wurde »Patricius Romanorum«, d.h. Schutzherr der Römer) sowie in Spanien aus und erzwang durch Unternehmen östlich der Elbe den Gehorsam der Slawen. Auch die Bretonen in Nordwestfrankreich mussten sich seinem Willen nach Grenzsicherung des Reichs beugen. Während all dieser Unternehmungen aber ging der Sachsenkrieg weiter.

Die Sachsen waren ein noch expandierendes Volk, gleichsam die letzten Vertreter der Wanderungsbewegung, die im übrigen germanisch beherrschten Europa zur Zeit der Karolinger im Großen und Ganzen zum Stillstand gekommen war. So bedrohten sie ständig die fränkische Nord- und Ostgrenze und beschworen damit zunächst karolingische Verteidigungs- und Grenzbefestigungsmaßnahmen, schließlich aber unter Karl dem Großen die Gegenoffensive der Franken herauf. Diese führte zur Eingliederung der Sachsen in das Frankenreich und in die christlich-abendländische Ordnung.

In der Schlacht bei Fontency 841 (hier in einer historisierenden Darstellung aus dem 14. Jahrhundert) besiegten Karl der Kahle und Ludwig der Deutsche ihren Bruder Lothar I. Zwei Jahre später wurde im Vertrag von Verdun die Aufteilung des Reiches Karls des Großen unter seine Enkel vollzogen.

In Lebenshaltung und politischer Verfassung hatten die Sachsen bis zum Zeitpunkt des Konflikts germanische Überlieferungen und Lebensformen stärker bewahrt als die übrigen Westgermanen.

Ein Königtum mit starker Führungsgewalt hatte sich nicht gebildet. Innere Gegensätze sollten sich im Abwehrkampf nach außen als nachteilig erweisen. So gelang es Karl, im Jahre 782 das sächsische Stammesgebiet durch rigoroses Vorgehen (Tötung von 4500 Sachsen in Verden an der Aller, gewaltsame Christianisierung des Stamms) dem Fränkischen Reich einzugliedern.

Die Kirche und ihr Besitz standen völlig unter königlichem Regiment. Der König war ihr Herr; ihr Besitz war Lehen aus seiner Hand. Karl sorgte durch Einführung der Metropolitanverfassung für den Ausbau der kirchlichen Organisation. Die Bischofsgewalt wurde

den vier Erzbistümern Mainz, Trier, Köln und Salzburg untergeordnet. Die Bildung des Klerus und die christliche Erziehung des Volks waren Ziele des Kaisers, in dessen Persönlichkeit sich germanisches Lebensgefühl und christliche Gläubigkeit verbanden. Seine Lieblingsresidenz wurde Aachen, wo er nach dem Vorbild von San Vitale in Ravenna die Palastkapelle als Zentralbau errichten ließ.

Die spezifische, beiderseitigem Nutzen dienende politisch-religiöse Beziehung zwischen den karolingischen Königen und dem Papsttum wie auch die reale Machtausdehnung des Reichs Karls fanden ihren institutionellen Ausdruck in der Krönung Karls zum Römischen Kaiser durch Papst Leo III. am Weihnachtstag des Jahres 800 in der Peterskirche zu Rom. Damit war die Idee eines neuen germanisch-römischen Universalreichs zum ersten Mal politische Realität geworden. Auch von Karl

selbst wurde es als »Renovatio«, als Erneuerung des Römischen Imperiums christlicher
Prägung (so wie es einst unter Kaiser Konstantin bestanden hatte) aufgefasst.

Die Grundlage der karolingischen Reichsverfassung war das Lehnswesen. Da ein besoldetes Beamtentum nach römischem Muster
wegen der vorherrschenden Naturalwirtschaft
fehlte, war der fränkische König zur Durchsetzung seiner Herrschaft auf die mit Grundbesitz
belehnten Vasallen angewiesen. Freilich wurden unter den weniger bedeutenden Nachfolgern Karls die Schwächen und Gefahren dieses Systems alsbald deutlich. In einer Zeit, da
Herrschaft in hohem Maß von der persönlichen
Präsenz des Herrschers abhing, führte die gewaltige Überdehnung des Reichs zwangsläufig
zur Ausbildung lokaler und partikularer Gewalten, die in zunehmend erfolgreiche Konkurrenz
zur Zentralgewalt des Königtums traten.

Die umfangreichen Landschenkungen an
die Kirche sowie die Ausdehnung des Adels-
besitzes führten zu großzügigen Rodungen,
die von den Grundbesitzern finanziert und
von ihren Leibeigenen durchgeführt wurden.
Die Ansiedlung dieser Leibeigenen in den neu
gewonnenen Anbaugebieten brachte die allmähliche Ablösung der germanischen Leib-
herrschaft (Munt) durch die Grundherrschaft
(Gewere).

Das Reich Karls des Großen (gest. 814) war
nicht von Dauer. Die Reichsteilungsverträge
von Verdun (843), Mersen (870) und Ribemont
(880) unter seinen Enkeln Lothar, Ludwig dem
Deutschen und Karl dem Kahlen zeigen den
vorläufigen Zusammenbruch des abendländischen Universalreichsgedankens. Erst unter
Otto dem Großen lebte er im Ostfränkischen
Reich (später Deutsches Reich genannt) wieder auf.

*Normannische Reiterei im
Kampf gegen angelsächsische
Fußsoldaten. Ausschnitt aus
dem Wandteppich von Bay-
eux. Der Sieg des Norman-
nenherzogs Wilhelm über den
englischen König Harold in
der Schlacht von Hastings
1066 führte zum Austausch
der Herrenschicht auf der
britischen Insel. Eine bereits
feudalisierte Adelsgesellschaft normannisch-franzö-
sischer Herkunft mit engen
Beziehungen zum Festland
jenseits des Kanals löste den
angelsächsisch-skandinavi-
schen Bauernadel ab.*

Das Heilige Römische Reich

In der Zerfallzeit des Karolingerreiches hatte sich im Ostfränkischen Reich das so genannte jüngere Stammesherzogtum als weitgehend souveräner Territorialstaat herausgebildet. Der fränkische König Konrad I. (911–919) besaß kaum mehr reale Macht, als ihm aus seinem eigenen Herzogtum zukam. Auch sein Gegner und Nachfolger, der von ihm designierte Sachsenherzog Heinrich I. (919–936), herrschte praktisch nur über Franken und Sachsen; die übrigen tragenden Stämme des Reiches, die Bayern, Schwaben und Lothringer, erkannten ihn nur formell als Gesamtherrscher an. Sie wahrten aber den Zusammenhalt des Ostfränkischen Reiches und ermöglichten so ein Zusammenwachsen der Stämme zum deutschen Volk.

Im Mittelalter waren Reichweite und Einfluss einer politischen Institution in viel höherem Maße von der Leistung und dem Ansehen ihres Trägers abhängig als in neuerer Zeit. Dies gilt in besonderer Weise für die königlich-kaiserliche Gewalt im ostfränkisch-deutschen Reich. So war das Ansehen, das der bescheidene, nüchtern denkende Herzog Heinrich von Sachsen als Heinrich I. (919–936) dem deutschen Königtum erworben hatte, eine verlässliche Grundlage gewesen, auf der sein Sohn und Nachfolger Otto I. weiterbauen konnte.

Aber Otto, 912 geboren, 936 auf Heinrichs Empfehlung zum König gewählt, begnügte sich nicht mit dem bescheidenen Rang, den sein Vater in der nur teilweise gesicherten, nicht von allen Stämmen anerkannten Königswürde erreicht hatte. Er strebte eine echte *renovatio Imperii* an, die Wiedergeburt der karolingischen Königs- und Kaisermacht.

In seinem Verlangen, als König in seiner Stellung gewürdigt zu werden, war Otto unbeugsam. Als 937 Herzog Arnulf von Bayern starb und dessen Söhne als Nachfolger in der Herzogswürde Otto die gebotene Huldigung verweigerten, ließ er sie in schnellem Zugriff vertreiben und durch Arnulfs Bruder Berchthold ersetzen. Auch gewann er bei dieser Gelegenheit das Recht zurück, die bayerischen Bistümer selbst zu besetzen. Außerordentliche Härte und Ausdauer zeigte der König beim Niederschlagen eines Aufstandes von Mitgliedern der königlichen Familie, als sein Stiefbruder Thankmar im Bund mit Eberhard von Franken, dem Bruder Heinrichs I., den Versuch unternahm, ihm die herzogliche wie die königliche Stellung streitig zu machen. Thankmar verlor in diesem Kampf das Leben, aber immer noch drohte im Schoß der Familie aus den Ansprüchen seines leiblichen Bruders Heinrich die Gefahr der Rebellion. Heinrich, Eberhard und der lothringische Herzog Giselbert, der sich – ähnlich wie die Bayernfürsten – der königlichen Gewalt entziehen wollte,

Kaiser Otto der Große empfängt Bischöfe. Die Belehung geistlicher Fürsten, ihre Ausstattung mit weltlicher Macht sollte ein Gegengewicht schaffen gegen die stets zu Widerstand und Eigenmächtigkeiten neigenden Stammesherzöge.

verbündeten sich 939 erneut gegen Otto; wobei der Lothringer nach Frankreich hinüberblickte, bereit, die bedeutungslose Obergewalt des schwachen französischen Königs den straffen Zügeln des deutschen Herrschers vorzuziehen.

Das Heer der Empörer wurde jedoch bei Andernach durch die Truppen des loyalen Herzogs Hermann überrascht und besiegt; Giselbert und Eberhard fanden beide den Tod. Heinrich blieb nur die Unterwerfung übrig. Spätere Mordpläne misslangen, die Gewalt des Königs hatte dank Ottos Ausdauer die Sonderrechte der Herzöge und der Thronprätendenten überwunden. In Lothringen setzte Otto seinen Schwiegersohn Konrad den Roten ein, den Gemahl seiner Tochter Luitgard; mit einer großzügigen Geste der Versöhnung gab er Bayern an seinen Bruder Heinrich, Liudolf wurde als Gemahl der schwäbischen Erbin Herzog von Schwaben.

Im Bestreben, die Stellung des Königs auch noch durch andere als nur familiäre Bande zu sichern, griff Otto I. auf die Kirche zurück, die schon die Stütze der karolingischen Reichsgewalt gewesen war. Mehr als die eigenwüchsig gewordene Grafengewalt, die den Beamtencharakter der karolingischen Zeit längst abgestreift und sich zu einer partikularen Macht im Lehnssystem ausgebildet hatte, schien die Kirche geeignet, eine Säule des Königtums zu werden. Noch erschien dem Zeitgenossen der König als geheiligte Person, als Stellvertreter Christi im Bereich der weltlichen Herrschaft. Die Königsweihe wurde als Sakrament verehrt. In solcher Stellung leitete der König die Synoden, bestellte die Bischöfe und Reichsäbte und regelte innere Fragen der Kirche aus eigener Machtvollkommenheit. Bischöfe und Äbte, durch königliche Schenkungen zu riesigem Grundbesitz gelangt, leisteten dem König Heeresfolge zur Reichsheerfahrt, dienten ihm bei der Erfüllung politischer Missionen und sorgten zu ihrem Teil für den Haushalt des Hofes. Diese Verhältnisse, die sich im Laufe der Entwicklung von selbst herausgebildet hatten, erhielten durch Ottos Maßnahmen nach außen hin rechtliche Gültigkeit und letzte Vollendung. Den geistlichen Herren wurden auf ihren Territorien Gerichtsbarkeit und Polizeigewalt sowie Grafschaftsrechte verliehen; ihr Gebiet wurde aus der übergeordneten Rechts- und Machtsphäre der Herzöge und Grafen herausgenommen. Damit war ihnen nunmehr echter Hoheitscharakter unmittelbar vom Herrscher verliehen. Diese Machterweiterung kam der königlichen Gewalt direkt zugute. Die Abhängigkeit der geistlichen Würdenträger von der Zentralgewalt war durch das königliche Ernennungsrecht bedeutend größer als die der weltlichen.

Die so gefestigte Ordnung im Inneren des Reiches bedurfte der Sicherung nach außen: Otto stellte das Grenzmarkensystem Karls des Großen wieder her, indem er das Reich durch die Begründung der Billunger Mark unter Hermann Billung und der Mark zwischen Saale und Elbe unter Gero nach Osten hin sicherte. Diese beiden Markgrafen bewährten sich hervorragend in der Slawenabwehr. Sie zwangen nicht nur die staatlich noch ungeordneten slawischen Teilstämme zur Aufgabe ihrer Raubzüge nach Westen, sondern schoben auch das Herrschaftsgebiet der Deutschen bis zur Oder vor und schufen auf diese Weise ein Vorfeld der Sicherung für die Kernlande.

Der 954 brennend, raubend und mordend in Deutschland eingefallenen Ungarnscharen wurde der König 955 in der Schlacht auf dem Lechfeld Herr. Die Ungarn wagten forthin

Bildnis Kaiser Heinrichs VI. aus der Manessischen Liederhandschrift. Der Sohn Kaiser Friedrichs I. Barbarossa heiratete 1186 Konstanze von Sizilien und konnte, als die Könige von Sizilien ausstarben, im Namen seiner Gattin Erbansprüche durchsetzen Sein Einzug in Palermo 1194 markiert den Höhepunkt und die größte Ausdehnung des staufischen Reiches.

91

keine Einfalle von Bedeutung mehr. Sie wurden sesshaft, nahmen das Christentum an und wurden so selbst zu einem Teil des christlich-abendländischen Kulturkreises.

Der Ruhm der Schlacht brachte dem König den Beinamen »der Große« ein, zumal es ihm danach in kurzer Frist auch gelang, die neuerdings aufständischen Slawen östlich der Elbe zu unterwerfen. Um so wichtiger war es nun, auch in Italien endgültig gefestigte politische Verhältnisse zu schaffen. Berengar von Italien, Ottos Lehnsmann, benutzte erneute Wirren in Rom und die Berufung des Adligen Oktavian als Johann XII. auf den Papststuhl, um durch einen Angriff auf den Kirchenstaat sein italienisches Machtgebiet zu vergrößern. Aber Johann XII., ein kluger politischer Spieler, rief in sicherer Einschätzung der Lage Otto I. zu Hilfe. Ende Januar 962 stand das deutsche Heer vor Rom, Berengar war vertrieben und hatte sich mit seinen Anhängern auf festen Burgen verschanzt. Am 2. Februar 962 wurde Otto zum Kaiser gekrönt und damit die karolingische Reichstradition wieder erneuert.

Im Vertrag, den die beiden Repräsentanten der höchsten Gewalten miteinander schlossen, wurde der weltliche Besitzstand des Papstes erheblich erweitert, aber auch die Rechte des Kaisers bei der Wahl des Papstes und in der Verwaltung und Rechtsprechung des Kirchenstaates festgelegt. Sobald freilich der Kaiser die Stadt wieder verlassen hatte, um sich Berengars Schlupfwinkeln zuzuwenden, kam es zu einer Verschwörung Johanns mit dem Sohn Berengars. Denn beide fürchteten nun den mächtigen und energisch die italienischen Verhältnisse ordnenden Herrscher noch mehr als zuvor einander. Der Gegenschlag Ottos folgte sofort. Er kostete Berengar die Reste seiner

Castel del Monte in Apulien. Die Stauferburg, als Jagdschloss Friedrichs II., erbaut, wurde nach dem Untergang der staufischen Macht in den Schlachten von Benevent 1266 und Tagliacozzo 1268 als Gefängnis für die Enkel Friedrichs benutzt. Mehr als dreißig Jahre schmachteten sie hinter diesen Mauern.

Macht und Johann XII. die päpstliche Würde. Bei der Wahl seines Nachfolgers machte der Kaiser erstmals von seinen Rechten aus dem Romvertrag Gebrauch: Vor der Weihe bedurfte die Wahl der kaiserlichen Zustimmung; der Gewählte aber gab pflichtgemäß ein Treueversprechen, das ihn als höchsten Lehnsmann des Kaisers auswies.

Titel und Herrschaft des Kaisers in Italien fanden nach mancherlei Zwischenfällen auch oströmische Zustimmung durch die Vermählung des Thronfolgers mit der byzantinischen Prinzessin Theophano; die Hochzeit wurde Ostern 972 in der Peterskirche gefeiert. Der Kaiser starb im folgenden Jahr.

Als unter Heinrich IV. (1056–1106) der große Kampf zwischen Kaiser und Papst begann und das Deutsche Reich in seinen Grundfesten erschüttert wurde, zeigte sich deutlich die Schwäche des ottonischen Systems. Mit der Wahl Rudolfs von Schwaben zum Gegenkönig wichen die Großen des Reiches zum erstenmal vom Grundsatz der geblütsrechtlich bestimmten Wahl ab und schritten zur freien Königswahl (1077).

Heinrich IV., der Stütze einer geschlossen zu ihm haltenden Reichskirche beraubt, versuchte die Anlehnung bei den Städten und beim Volk durch seine Landfriedensgesetzgebung (erster Reichslandfriede von 1103, auf vier Jahre in Mainz verkündet), die das Fehdewesen des Rittertums eindämmen sollte. Die Landfriedensbewegung, von der Kirche hinfort als eigenes Anliegen aufgegriffen, gewann im Gange der Entwicklung große Bedeutung (Landfrieden Friedrichs I. von 1152, Reichslandfrieden von Roncaglia 1158; Mainzer Reichslandfrieden Friedrichs II. von 1235), aber auch sie diente letzthin nicht der Stärkung der Zentralgewalt. Auch der erste Herrscher der Staufer-(Hohenstaufen-)Dynastie, Konrad III. (1138–1152), wurde nach dem neuen Recht der freien Wahl zum König erhoben. Die Gefahr, dass nach Laune des Hochadels und auf päpstlichen Befehl jederzeit Gegenkönige erhoben werden konnten, schwächte die königlich-kaiserliche Stellung von innen her ebenso wie das Fortschwelen des Gegensatzes zwischen Kaisertum und Papsttum.

In der Stauferzeit begann daher das Königtum, sich mehr und mehr auf die Grundlage seiner Hausmacht zu besinnen. Damit bahnte sich die für Deutschland so folgenschwere Entwicklung vom lehnsgegründeten Personenverbandsstaat zum Territorial-Staat an. Dieser stützte sich in seiner letzten Ausformung nicht mehr auf das Treueverhältnis der Lehnsordnung, sondern auf eine Machtorganisation des

Landesfürsten. Als deren Hauptsäulen entwickelten sich Söldnerheer und Beamtentum.

Kaiser Friedrich I. (Barbarossa; 1152–1190) tat die ersten Schritte auf diesem Weg durch den Vergleich mit den Babenbergern im *Privilegium minus* von 1156. Sachsen und Bayern wurden welfische Hausmacht, Österreich wurde als Ostmark von Bayern getrennt und den Babenbergern als Herzogtum zugesprochen. Dabei wurden die Lehnspflichten des ehemaligen Markgrafen und neuen Herzogs Heinrich dem Reich gegenüber in einer Weise eingeschränkt (Heeresfolge z.B. wurde nur noch für den Kampf in unmittelbar angrenzenden Gebieten verlangt), dass seine Stellung fast einer völligen Selbständigkeit gleichkam.

Nach dem erneuten Kampf mit Heinrich dem Löwen wurde dessen Hausmacht – die stärkste im Reich – zerschlagen und in mehrere kleinere Gebietsherrschaften aufgeteilt. Die Wittelsbacher in Bayern, der Erzbischof von Köln und die Askanier in Brandenburg waren dabei die Hauptnutznießer. Aber auch die Gebietsherrschaften von Braunschweig (1235), Würzburg (1168) und der Steiermark (1180) entstanden in der staufischen Epoche. Auf diese Weise wurde die überkommene Gliederung des Reiches nach Stammesherzogtümern aufgelöst zugunsten einer von dynastischen Erwägungen bestimmten territorialen Neuordnung, die mit einer völligen Zersplitterung des Reichsgebietes endete. Als Friedrich Barbarossa aus dem Geschlecht der Staufer die Regierung übernahm, war die Lage im Heiligen Römischen Reich in vieler Hinsicht völlig anders als zur Zeit Ottos I. Das Lehnswesen beherrschte bis in die letzten Verästelungen des staatlichen Aufbaus hinein das Bild, die partikularen Gewalten hatten an Sonderrechten und Beharrungsvermögen gewonnen, der Einfluss des Königs in der Lehnshierarchie war wesentlich geringer geworden als in der ottonischen Zeit. Schon aber gab es Anzeichen dafür, dass in der Entwicklung des Feudalsystems der Höhepunkt erreicht, ja sogar überschritten war. Mit dem Aufstieg der Städte, vor allem der oberitalienischen, war eine neue politische Kraft ins Spiel gekommen, die der Vorstellungswelt des Lehnswesens konkurrierend gegenübertrat.

Noch tiefergreifende Wandlungen hatte die Kirche erfahren. Aus ihrer bedrohten Lage in der ottonischen Zeit, als sie auf den Schutz des

Illustration aus Friedrichs II. Buch über die Kunst mit Vögeln zu jagen (»De arte venandi cum avibus«). Der Stauferkaiser war ein leidenschaftlicher und sachverständiger Falkner, sein Buch hat hohen Rang als eines der frühesten mittelalterlichen Zeugnisse exakter und unvereingenommener Naturbeobachtungen.

Die Krone des Heiligen Römischen Reiches, angefertigt im 10. Jahrhundert, heute aufbewahrt in Wien. Die acht Goldplatten, aus denen die Krone besteht, sind mit Scharnieren verbunden, so dass der kaiserliche Kopfschmuck leicht auseinandergenommen und zusammengelegt werden konnte – bei den häufigen Reisen der deutschen Herrscher eine wesentliche Erleichterung.

Kaisers angewiesen war, hatte sie längst herausgefunden. Im geistlichen wie im imperialen Raum hatte sie sich zur ebenbürtigen, ja, wie der Verlauf des Investiturstreites zeigte, zur überlegenen, in sich ruhenden Macht entwickelt, die dem Kaiser Schach bieten und ihn oft genug zur Unterwerfung unter ihren Willen zwingen konnte. Das ottonische Kirchensystem war zerbrochen, die hohen geistlichen Würdenträger waren längst nicht mehr die verlässlichen Stützen der kaiserlichen Gewalt.

Am Gegensatz zu Heinrich dem Löwen, dem bedeutenden Führer in Nord- und Ostdeutschland, an dem Herrschaftswillen des Papstes Hadrian IV. (1154–1159), aber auch an dem Aufkommen der selbstbewussten und mächtig werdenden Städte Oberitaliens zerbrach das imperiale Streben Friedrich Barbarossas. Die eigene staufische Hausmacht, gestützt auf einen neuen, beamtenähnlichen Dienstadel, die »Ministerialen«, hätte vielleicht ausgereicht, die Verhältnisse in Deutschland zu klären; für den Rahmen eines deutsch-italienischen Reiches aber reichte sie nicht aus.

Der Tod des Kaisers (1190) stürzte nicht nur sein politisches Werk, sondern auch die Welt des hohen Mittelalters alsbald in eine Krise, die mit dem Untergang beider endete. Am deutlichsten lässt sich diese Wendung zum Nachteil der königlich-kaiserlichen Gewalt an der Entwicklung der Legislative zur Zeit seines Enkels Friedrichs II. ablesen.

Die Gesetze Friedrichs II. und Heinrichs VII. – wenn auch aus der Kampfstellung gegen die Städte heraus zu verstehen – und die Privilegien für die geistlichen (1220) und weltlichen Fürsten (1231) untergruben den Zusammenhalt des Reiches zugunsten der Territorien. Königliche Grundrechte (Regalien) wurden darin den Fürsten übertragen (z.B. Zoll- und Münzrecht, Geleitrecht, Führung des Landesherrn im Gerichtswesen). Die Landeshoheit der Teilfürsten wurde so auch in Grundgesetzen mit Verfassungscharakter festgelegt. Als mit dem unglücklichen Ausgang des großen Kampfes zwischen Kaisertum und Papsttum in der Epoche Friedrichs II. das Schicksal des Staufergeschlechtes wie des Imperiums besiegelt war, begann der letzte Abschnitt der mittelalterlichen Geschichte.

Friedrich II. (1212–1250), der letzte bedeutende Repräsentant des Staufertums – er war der Sohn Kaiser Heinrichs VI. und der Erbin von Sizilien, Konstanze, der Tochter König Rogers II. – war in seinem Wesen und Wollen mehr von normannisch-sizilischer als von deutscher Tradition geprägt.

Er soll neun Sprachen gesprochen und sieben geschrieben haben. Er verachtete alles, was dem mittelalterlichen Weltbild wesentlich war. Friedrich sah die Welt mit den Augen eines »modernen« Naturforschers. Sizilien, seine Heimat, Schnittpunkt vieler kultureller Strömungen byzantinischer, arabischer und abendländischer Herkunft, bereitete den Boden für die Loslösung von christlich-abendländischen Traditionen in Glaube und Gesittung. Hier erwuchs eine geistige Elite, die sich durch hohe Rationalität und individualistische Lebenshaltung auszeichnete. In dieser Welt war auch der hochbegabte junge Staufer zu Hause. Seine Vermählung mit Konstanze von Aragon (1208) dehnte den sizilischen Einfluss auf das westliche Mittelmeer aus. Seine Hausmacht war gefestigt, als er auf Wunsch des Papstes in die staufisch-welfischen Auseinandersetzungen im Reich eingriff, um gegen Otto IV. (1198–1215) als Gegenkandidat aufzutreten. Dabei leitete ihn die Idee eines abendländischen Universalreiches nach dem Vorbild des Augustus und der großen römischen Cäsaren. Die Gottähnlichkeit des Kaisers betonte er dabei bewusst; seinen politischen Handlungswillen beherrschten bereits machiavellistische Züge.

Das politische Ziel Friedrichs II. war es, seine sizilische Hausmacht, seinen »totalen Staat«, auf ganz Italien auszudehnen und durch die Beherrschung des Herzogtums Österreich das italienische Herrschaftsgebiet vom Norden her abzusichern. Damit hoffte er zugleich – trotz aller Zugeständnisse gegenüber dem hohen Lehnsadel Deutschlands –, des zentrifuga-

len deutschen Partikularismus Herr zu werden. Vielleicht wäre dieser Plan auch gelungen, hätte nicht das Wiederaufleben des Kampfes mit dem Papsttum, das sich gerade durch eine solche Politik schwer bedroht sah, seine Verwirklichung verhindert. Das Bündnis des Papstes mit den Städten Oberitaliens brach in einem elfjährigen Ringen (1239–1250) die sizilisch-staufische Machtstellung in Italien.

Das spätmittelalterliche Kaisertum nach der kaiserlosen Zeit des Interregnums (1256–1273) ist nicht mehr mit dem Imperium des Hochmittelalters vergleichbar. Nach der Verschleuderung des Reichsguts war der Kaiser nur noch als Besitzer einer großen Hausmacht regierungsfähig. So degenerierte das Kaisertum zu einer äußerlichen Würde ohne entscheidenden Machtzuwachs.

Der Gründer der habsburgischen Dynastie, König Rudolf I. (1273–1291), war schon ein Kind der neuen bürgerlichen Zeit. Unscheinbar war sein Auftreten im grauen Wams; Derbheit, Tüchtigkeit und Sparsamkeit zeichneten ihn aus. Er verschmähte alles Ritterliche und liebte die bürgerlichen Meister. Die Bedeutung der Landesfürsten zeigt sich aber auch darin, dass die mächtigsten unter ihnen in die Rolle der allein zur Kaiserwahl berechtigten Kurfürsten hineinwuchsen. 1338 legte der Kurverein von Rhense fest, dass nur die Wahl durch die Kurfürsten rechtsgültig sein sollte. Der Krönung in Rom kam nur noch formale Bedeutung zu. Die Goldene Bulle von 1356 regelte endgültig die Königswahl und das Reichstagsrecht und machte die Kurfürsten zu den eigentlichen Trägern der Reichsgewalt. Dieser Zusammenbruch der deutschen Kaisergewalt ließ nicht nur Deutschland, sondern auch Italien in völliger Zersplitterung zurück. Das in sich gefestigte Königreich Sizilien geriet in seinem Nordteil zuerst in französische, danach in spanische Hände; im übrigen Italien kämpften zum Ende des Mittelalters die Teilgewalten erbittert untereinander. Dabei spielten auch die schon in der Stauferzeit zur Eigenmacht gelangten oberitalienischen Handelsstädte eine gewichtige Rolle. Am Ende des Mittelalters stehen neben dem Kirchenstaat die Staaten Mailand, Genua, Venedig, Florenz und Neapel als Hauptmächte, die meist unter den von Tyrannen begründeten Dynastien ihren größten Aufstieg erleben. Dies gilt nicht für die Adelsrepubliken Venedig und Genua, wohl aber für die Medici in Florenz und die Visconti und Sforza in Mailand. Neapel aber wurde dem alten Normannenstaat unter seinem (mittlerweile) spanischen Herrscher (Aragon) wieder eingefügt; es gab schließlich dem Gesamtstaat den Namen.

England und Frankreich

Rechte Seite: Reliquiar Ludwigs IX. des Heiligen. Den Franzosen des 13. Jahrhunderts galt ihr König als Muster von Güte und Gerechtigkeit. Obwohl erst 30 Jahre nach seinem Tod vom Papst heiliggesprochen, genoss er bereits zu Lebzeiten tiefe Verehrung. Dabei war seinen christlichen Taten wenig Erfolg beschieden. Der erste Kreuzzug, den er leitete (der 6. in der Gesamtzählung), endete in Ägypten mit der Gefangennahme seines Heeres und kostspieligem Freikauf, der zweite 1270 mit dem Tod des Herrschers und der meisten seiner Männer in Tunis.

Die staatliche Entwicklung Frankreichs und Englands und schließlich auch Spaniens ging einen anderen Weg als die Deutschlands. An der unterschiedlichen Auswirkung des Lehnswesens in diesen Ländern und in Deutschland lässt sich die Offenheit ein und derselben politisch-historischen Grundform für vielseitige Entfaltungsmöglichkeiten erkennen.

In England und Frankreich gelang es dem Königtum, seine Vormachtstellung gegenüber den großen Lehnsträgern des Reiches zu behaupten. So steht am Ende des historischen Prozesses dort die Staatseinheit anstelle der Zersplitterung in der deutschen Geschichte.

Mehrere Faktoren haben in Frankreich die Stärkung der Zentralgewalt im Lehnsstaat begünstigt: Die Festigung des Erbrechts, die Langlebigkeit der Herrscherdynastie, der systematische Ausbau des Königsgutes vom Mittelpunkt des Pariser Beckens aus, die feste Residenz der Könige in Paris, die aus römischer Rechtstradition erwachsende Bildung eines königlichen Rechtes und eines ihm dienenden Juristenstandes, die uneingeschränkte Verfügbarkeit der ritterlichen Vasallen, schließlich, zum Ende des Mittelalters, die Einführung einer regelmäßig von der königlichen Verwaltung erhobenen Steuer *(taille)*, aus der ein stehendes Heer finanziert werden konnte, und die Festigkeit der Grenzen.

Dass der Widerstand der großen Vasallen gegen die Zentralgewalt gebrochen werden konnte, erklärt sich aber auch aus dem siegreichen Kampf des Königtums gegen die englischen Eindringlinge im Hundertjährigen Krieg (1339–1453). Er hat die französische Monarchie zwar an den Rand des Abgrunds geführt; Frankreichs endgültiger Triumph bedeutete aber auch die Überwindung seiner inneren Widersacher.

Von 987 bis 1328 herrschten in Frankreich Könige aus dem Hause der Capetinger. Sie mussten ihre Macht über Frankreich noch mit den großen Vasallen teilen. Französische Teilgewalten griffen mit ihrer Herrschaft über Frankreich hinaus. Die Normannen eroberten 1066 England und machten sich zu Herren über die angelsächsischen Teilstaaten, die Anjous beherrschten als Könige von Neapel große Teile Süditaliens von 1268–1435. In England regierte das Haus Anjou-Plantagenet seit 1154.

Philipp II. August (1180–1223) gelang das Einziehen der großen Lehen der Normandie, der Bretagne, der Maine, der Touraine und des Poitou zugunsten der Krone. Damit war ein entscheidender Schritt zur Begründung eines französischen Einheitsstaates vollzogen. Um die so gewonnene Stellung dauernd zu sichern, verbündete sich Philipp August mit den deutschen Staufern gegen den englischen König und den mit diesem verwandten Welfen Otto IV. (1198–1218), der in Deutschland mit dem Staufer Philipp von Schwaben um Königs- und Kaiserwürde kämpfte.

Der Sieg in der Schlacht bei Bouvines im Jahre 1214 brachte dem französischen König alle englischen Besitzungen nördlich der Loire ein. England und Frankreich waren zu diesem Zeitpunkt bereits zu europäischen Machtfaktoren aufgestiegen.

Ludwig IX., der Heilige (1226–1270), gewann dann im Zuge der Albigenser-Kriege (1202–1229; »Albigenser« nennt man nach der Stadt Albi eine von der katholischen Lehre abweichende religiöse Bewegung, die als Ketzerei verfolgt wurde) das Gebiet des Languedoc für die königliche Macht.

Unter ihm wurde die Verwaltung des Staates im Parlament von Paris, einem obersten Hofgericht, zentralisiert. Als weltliche Mitglieder gehörten ihm die Herzöge der Bretagne, der Guyenne und von Burgund, die Grafen von Toulouse, der Champagne und von Flandern an; geistliche Mitglieder waren der Erzbischof von Reims und die Bischöfe von Beauvais, Châlons-sur-Marne, Noyon, Lyon und Langres. Bedeutende Rechtsgelehrte traten in den königlichen Justiz- und Verwaltungsdienst und bildeten ein bürgerliches Fundament der königlichen Gewalt. Dieser Gerichtshof wurde zugleich ein Instrument des Königs im Kampf mit der Kirche um seine Vorherrschaft über den hohen Klerus.

Die Kirche Frankreichs war niemals mit den Herrschaftsrechten ausgestattet, die der hohen deutschen Geistlichkeit durch das ottonische System gegeben waren. Sie erwies sich auf die Dauer als zuverlässiger Verbündeter des Kö-

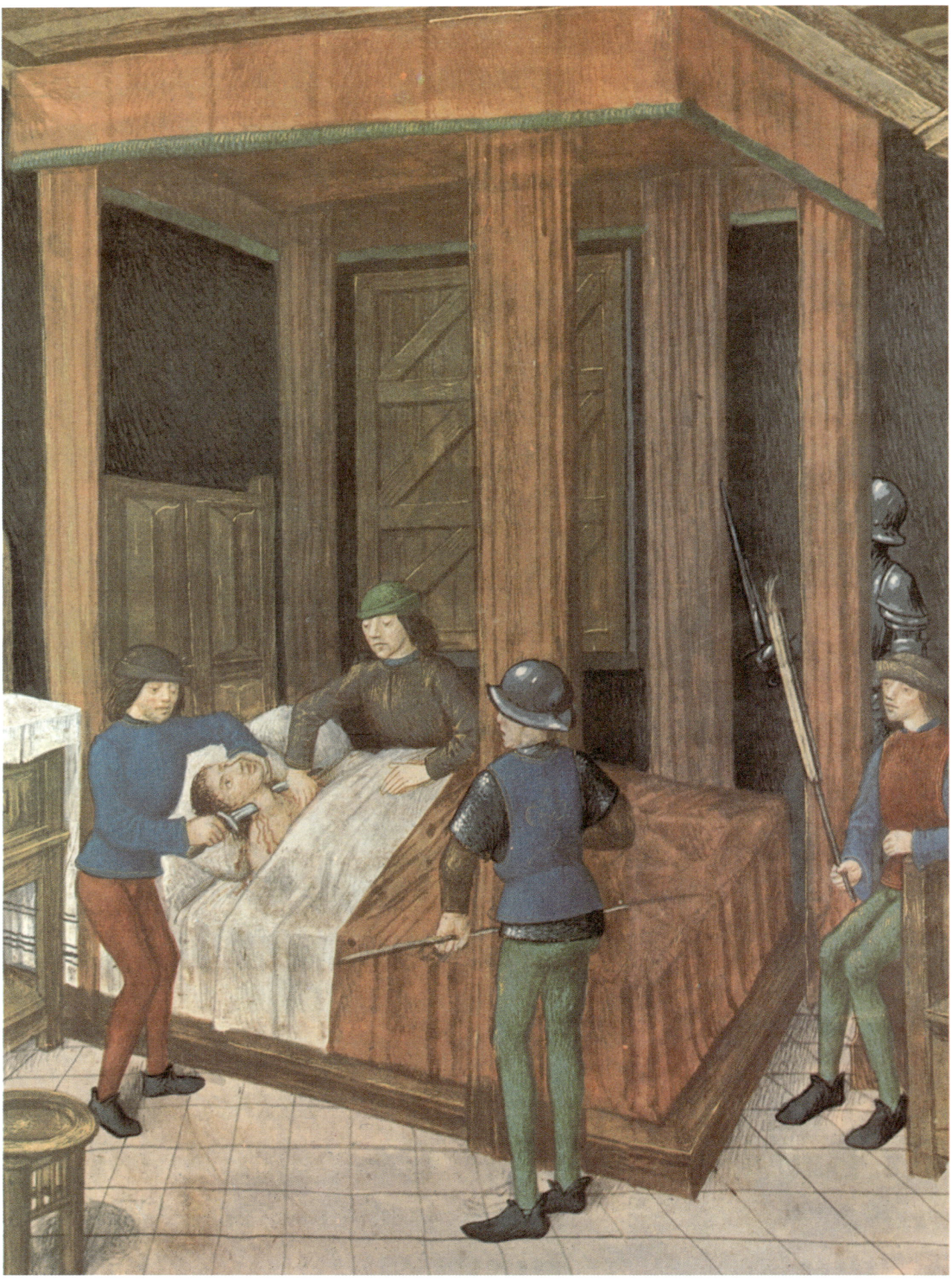

nigtums. Der Machtkampf zwischen weltlicher und geistlicher Gewalt, der im deutschen Imperium mit voller Schärfe ausgetragen wurde, berührte Frankreich nur am Rande.

Als die Auseinandersetzung zwischen Kaiser und Papst mit dem Tod Kaiser Friedrichs II. (1250) zugunsten des Papsttums beendet war, zeigte sich alsbald, dass die Päpste im Kaiser nicht so sehr ihren großen Rivalen um die Führung des Abendlandes, als vielmehr den Garanten der alten Ordnung in Europa und damit ihren eigenen Schutzherrn tödlich getroffen hatten. Nutznießer wurden die Franzosen. König Philipp IV., dem Schönen (1285–1314), gelang es, Papst Klemens V. zur Annahme der französischen Schutzherrschaft und zur Verlegung der päpstlichen Residenz nach Avignon (1309) zu bewegen.

Von diesem Zeitpunkt an geriet das Papsttum in eine Abhängigkeit von der französischen Politik, die schließlich in der Spaltung der Kirchenführung, dem »Abendländischen Schisma« gipfelte (ein Papst in Rom, einer in Avignon).

Der König hatte in dieser Auseinandersetzung mit dem Papsttum zum erstenmal die Generalstände einberufen. Geistlichkeit, Adel, Bürger und Bauern stellten sich hinter den König als die »einzige Autorität neben Gott«. Die bürgerlichen Rechtsberater stärkten die königliche Macht und ebneten ihr den Weg zum Absolutismus. Zentralbehörden, Hofgericht, Staatsrat und Finanzkammer waren die Instrumente einer Verwaltung, die teilweise schon moderne Züge trug.

Der Hundertjährige Krieg zwischen England und Frankreich (1339–1453) wurde ausgelöst durch den Erbfolgestreit zwischen Philipp VI., dem ersten König aus dem Hause Valois, und Eduard III. von England. Beide konnten sich auf ihre Verwandtschaft mit den Capetingern berufen.

Der Krieg endete schließlich mit dem Sieg der Valois. Vorbereitet hatte diesen Sieg das Eingreifen der Jeanne d'Arc, der »Jungfrau von Orléans«, eines Bauernmädchens, das aus visionärem Erleben von religiös-patriotischen Ideen besessen war. Johannas Erfolge führten zur Krönung Karls VII. in Reims (1429) und zur Auflösung der englisch-burgundischen Koalition zugunsten eines Bündnisses zwischen Karl VII. und Philipp dem Guten von Burgund.

Mit dem Rückzug der Engländer, die 1436 Paris, 1449 Rouen und schließlich allen Besitz in Frankreich bis auf Calais aufgeben mussten verringerte sich auch der Einfluss der großen Lehnsträger Frankreichs, die aus der Schwä-che des Königtums während des Krieges Nutzen gezogen hatten. So konnte am Ausgang des Mittelalters Ludwig XI. (1461–1483), der Sohn und Nachfolger Karls VII. den letzten Widerstand der Kronvasallen gegen die Zentralgewalt brechen und die Grundlagen für die absolute Gewalt des französischen Königtums legen, die dann zwei Jahrhunderte später unter Ludwig XIV. ihren Höhepunkt erreichte.

In England baute seit Wilhelm dem Eroberer die Normannische Dynastie (1066–1154) das Lehnssystem aus. Die grundherrlichen Verhältnisse wurden im Landesregister von 1086, dem Domesday Book, aufgezeichnet. Die Rechte des Königs und des Hochadels wurden in England genau festgelegt, zuerst in der Krönungs-Charta Heinrichs I., danach unter dem Hause Anjou-Plantagenet in der »Magna Charta libertatum« (1215).

Das Königtum bediente sich jedoch des Parlaments, um seine lehnsrechtliche Vormachtstellung gegenüber den großen Vasallen zu wahren. Zu dieser Institution, einer gelegentlich einberufenen Versammlung, fand bald auch das Bürgertum Zutritt. Heinrich III. (1216–1272) nutzte die Möglichkeit, bürgerliche Parlamentsmitglieder zu berufen, als Mittel, um die Vormacht des Adels zu brechen. Unter Eduard I. waren im Parlament Hochadel (Inhaber der Kronlehen), Ritter und Bürger vertreten. Zu seiner Zeit war durch die Entwicklung des Parlaments die Gefahr des Lehnspartikularismus bereits gebannt.

Der weitere Gang der Geschichte war bestimmt durch die Rivalität zwischen König und Standesvertretung. Das Königtum wollte dem allgemeinen Zug der Entwicklung auf dem Kontinent folgen und strebte die absolutistische Regierungsform an. Während des Hundertjährigen Krieges (1339–1453) spaltete sich das Parlament in Unterhaus und Oberhaus. Bürgertum und Adel standen sich nunmehr konkurrierend im Parlament gegenüber, das als Ganzes seine Rechte gegenüber dem durch Kriegsund Finanznöte geschwächten Königtum erweiterte.

Dennoch wäre es vielleicht nach dem Ende des Hundertjährigen Krieges zu einer Restauration der Adelsmacht gekommen, wenn dieser Konflikt nicht sogleich durch das Ringen der beiden Häuser der Roten Rose (Lancaster) und der Weißen Rose (York) um die Nachfolge der Plantagenets abgelöst worden wäre (1455–85). Erst nach der Beendigung dieses 30-jährigen Bürgerkrieges, der das ganze Land in zwei Lager gespalten hatte, konnte das Haus Tudor (1485–1603) die königliche Gewalt wieder festigen.

Linke Seite: Mordszene aus einer englischen Chronik des 15. Jahrhunderts. Da einheitliche Regeln zur Erbfolge fehlten, kam es in den Herrscherhäusern des Mittelalters immer wieder zu Intrigen, Verschwörungen und Verwandtenmord.

Mohammed und der Islam

Das mittelalterliche Abendland war seit seinen Anfangen dem Ansturm östlicher, der Religion des Islam anhängender Völker ausgesetzt. In mehreren aufeinander folgenden Angriffswellen versuchten Araber, Türken und Mongolen, ihren Glauben und ihre Herrschaft auf Europa auszudehnen. Über Nordafrika und die Straße von Gibraltar drangen im 8. Jahrhundert die Araber in Spanien und Südfrankreich ein. Der von den Merowingern begonnene Abwehrkampf mit Verteidigungsmaßnahmen und wiederholten Gegenangriffen zog sich auf der Pyrenäenhalbinsel, getragen vom spanischen Adel und von der Kirche, bis zum Ende des Mittelalters hin. Erst am Ende des 15. Jahrhunderts, nach dem Fall der letzten arabischen Hochburg Granada, war die christliche Wiedereroberung der Halbinsel, die »Reconquista«, abgeschlossen.

Die mongolischen, aus Innerasien heraus langsam nach Vorderasien vordringenden Turkvölker bedrohten etwa seit dem 11. Jahrhundert die Südostflanke Europas. Ihre Bekehrung zum Islam steigerte noch den Ausdehnungsdrang der Türken. Die vom gesamten christlichen Adel Europas unter Führung von Kaiser und Papst getragenen Kreuzzüge hielten den Islam für zwei Jahrhunderte auf, ohne seine Kraft zu brechen. Als der Zusammenbruch des Imperiums und die Machtverluste

des Papsttums eine verhängnisvolle Schwächung der abendländischen Einheit und des europäischen Verteidigungswillens nach sich zogen, wuchs die türkische Gefahr gegen Ende des Mittelalters wieder zur elementaren Bedrohung des Abendlandes. Ihre ersten Opfer wurden das oströmische, byzantinische Reich und dessen Hauptstadt Konstantinopel (Eroberung durch die Türken 1453).

Seit Beginn des 12. Jahrhunderts zeichnete sich mit der Bildung eines mongolisch-tatarischen Reiches auf asiatisch-russischem Boden unter Dschingis-Khan eine neue Gefahr für den europäischen Osten ab. Im Jahre 1241 unternahmen die Heere seines Enkels Batu im Zuge der Westausdehnung siegreiche Einfalle nach Ungarn und Schlesien. Nur innere Wirren hinderten die Mongolen an der Ausnutzung ihrer Siege. Transkaukasien und Bulgarien blieben jedoch unter ihrer Herrschaft, die bis zum Verfall des Mongolenreiches nach dem Tode ihres letzten großen Herrschers, Timur (1369–1405), eine stetige Bedrohung Osteuropas darstellte.

Von größerer weltgeschichtlicher Bedeutung als die mongolisch-tatarische Reichsbildung, die freilich in der russischen Geschichte tiefe Spuren bis in die Gegenwart hinterlassen hat, waren arabische und türkische Stadtgründungen, die Byzanz von der westlichen, römischen

Ein Vers aus einer der ältesten bekannten Koranhandschriften. Die 114 Suren oder Kapitel des heiligen Buches wurden von Schülern des Mohammed nach dessen Tod (632) zusammengestellt. Sie enthalten Aussagen über Gott, Paradies und Hölle, daneben kultische Anweisungen, Predigten und Gesetze.

Kultur abschnitten und als Kulturschranke zwischen dem Westen und dem Orient wirkten. Wenn auch heute politisch aufgespalten, blieb der Islam doch ein bestimmender Faktor der Weltgeschichte.

Als Mohammed Ibn Abdallah aus Mekka (etwa 570–632), der Begründer des Islam, zu wirken begann, waren die semitischen Araber in eine Unzahl kleiner, untereinander verfehdeter Stämme aufgespalten; nur in wenigen Städten wie etwa in Mekka und Medina hatten sie Formen einer höheren Kultur entwickelt. Dort lebte neben jüdischen und christlichen Gemeinschaften eine arabische Bürger- und Kaufmannschaft, deren Reichtum und Kultur auf den Gewinnen aus dem Durchgangshandel

und aus dem Warenaustausch mit den innerarabischen Nomadenstämmen beruhte. Dieser noch unkultivierte Teil des Arabertums beunruhigte durch ungeregelte Beutezüge die reichen Grenzlandschaften, ohne aber zur ernsten politischen Gefahr zu werden. Mohammed hatte bis ins beste Mannesalter hinein als Mitglied einer Kaufmannsgilde gewirkt und gelebt; erst durch visionäre Erlebnisse wurde er auf den Weg des Prophetentums getrieben. In seiner Lehre, die nach seinem Tod im Koran festgelegt wurde, verkündete er die Weltschöpfung allein durch Allah, der im kommenden Jüngsten Gericht Welt und Menschen wieder in seinen Schoß zurücknehmen werde, und forderte den »Islam«, d.h. die unbedingte Er-

Anhänger des Propheten rasten in einer Oase. Buchmalerei aus dem 8. Jahrhundert. Auf den alten Handelsstraßen trugen Missionare die Lehre Mohammeds über den gesamten Orient.

gebung in den Willen des einzigen Gottes Allah, als dessen Gesandter und Stellvertreter auf Erden er sich bezeichnete. Mohammed lehrte den Glauben an die Vorherbestimmung aller menschlichen Schicksale durch den Willen Gottes, in den man sich willig zu fügen habe – eine fatalistische Einstellung zum Leben, die jedoch nicht, wie oft fälschlich behauptet wird, in Taten- und Hoffnungslosigkeit mündet.

Der Kultus wurde vom Propheten streng geregelt. Fünf tägliche Gebete zu genau festgesetzten Zeiten werden verlangt. Die Lehre fordert von ihren Anhängern Mildtätigkeit gegen Arme, regelmäßiges Fasten und eine jährliche – oder doch in gewissen Abständen regelmäßige – Pilgerfahrt zur Kaaba, dem. alten arabischen Heiligtum in Mekka, das Mohammed auch zum Mittelpunkt seiner Religion erhob.

Die höchste Stufe religiöser Hingabe sah der Prophet aber in der Teilnahme an einem Kriegszug, der die Herrschaft des Islam über die übrige Welt ausbreiten hilft. Wer an diesem Kampf teilnehme, werde nach seinem Tode mit Sicherheit auf den Eingang ins Paradies rechnen können. Ein herrliches Leben in diesem ganz konkret und sinnlich gedachten Jenseits erwartet den gläubigen Muslim, den Anhänger des Islam.

Wahrheitsliebe und Zuverlässigkeit, Achtung vor Nachbarn und Verwandten, Verzicht auf Blutrache und Gewalttat waren die auch gesellschaftlich und politisch revolutionären Ideale der neuen Religion, die zunächst von der Mehrheit der Araber abgelehnt wurde. Für den endgültigen Erfolg des Islam aber waren wohl drei Gründe ausschlaggebend.

Der erste dieser Gründe liegt im Entschluss Mohammeds, den für seine Lehre ungünstigen Boden Mekkas zu verlassen, das durch eine reiche, »aufgeklärte«, religiösem Erleben fern stehende, von hellenistisch-jüdischen Einflüssen stark geprägte Kaufmannsaristokratie beherrscht war. 622 floh Mohammed mit wenigen Anhängern nach Medina. Dort predigte er mit größerem Erfolg seine Lehre; er konnte schließlich auch die politische Gemeinschaft prägen und beherrschen und verschmolz so die religiöse Prophetie mit der politischen Führung.

Der zweite Grund lag in der auf medinischem Boden erwachsenen Erkenntnis, dass Juden- und Christentum Offenbarungsreligionen eigener Art waren und sich nicht, wie Mohammed zunächst geglaubt hatte, naht- und zwanglos seiner Lehre ein- und unterordnen würden. In Medina begann daher sein Kampf gegen die Juden – sie hatten nach Mohammeds Mei-

nung die reine Lehre Abrahams verfälscht –; wer sich nicht bekehren wollte, wurde vertrieben. Dies war der Ausgangspunkt für den Weg des Islam zur arabischen Nationalreligion. Mekka trat an die Stelle Jerusalems, ihm wandten sich die Gläubigen fortan, wo immer sie leben mochten, im Gebet zu, die Gründung der Stadt wurde auf Abraham, den Vater Ismaels und Stammvater der Araber, zurückgeführt.

Der dritte Grund aber liegt in der Nutzbarmachung der kriegerischen Kraft der innerarabischen Nomadenstämme für die Sache des Propheten. Zunächst lockte sie nur die Aussicht auf Krieg und Beute, aber allmählich wurden sie in ihrem Weltbild und Lebensgefühl von der Lehre Mohammeds geprägt.

Die Welteroberung, beginnend mit der Einbeziehung zuerst Mekkas und danach der arabischen Grenzgebiete, galt von vornherein als Hauptaufgabe der Anhänger des Propheten, die mit der Flucht nach Medina (»Hedschra«, 622) die Jahre der Weltgeschichte neu zu zählen begannen, so wie die Christen mit dem Geburtstag Jesu. Eine Welt aber trennte von Anfang an Christentum und Islam in ihrem Wesen. Ist das Christentum seinem Grundstreben nach eine unpolitische Lehre, so sind im Islam politische und religiöse Idee und Aufgabe eins.

Schon Mohammed zeigt Charakterzüge und Handlungsweise des echten Politikers. Er war ebenso realistisch in der Einschätzung der politischen Möglichkeiten wie in den sittlichen Anforderungen an seine Anhänger; auf allen Gebieten der Moral gab er sich weitherzig und lebensoffen. Er verstand es, günstige Lagen zur Förderung seines Werkes abzuwarten, die politische Situation heranreifen zu lassen. Während sich das Christentum aus dem universalen Anspruch der Heilsbotschaft Jesu Christi verbreitete, trat der Islam seinen Siegeszug als eine nationalarabische, politisch-religiöse Idee an, die das Selbstbewusstsein des Arabertums verwirklichte.

Das persisch-sassanidische Reich im Zweistromland und auf dem Hochland des Iran wurde das erste Opfer der islamischen Eroberung unter den Nachfolgern Mohammeds, den Kalifen. Danach wurde das byzantinische Reich bedroht und musste viele seiner Herrschaftsgebiete aufgeben.

Im 7. Jahrhundert schon wurden Palästina, Syrien, Ägypten und Persien erobert. Dabei zeigte sich deutlich der pragmatische Zug der mohammedanischen Politik: Man zwang die Unterworfenen nicht sogleich zur Aufgabe ihrer einheimischen Religion, etwa des Christentums, sondern begnügte sich mit der politischen Herrschaft in der Rolle einer religiös be-

rufenen Aristokratie. Dies wurde bedeutsam bei der Assimilation der aus der gleichen Völkerfamilie stammenden, jedoch christlichen Aramäer im alten Kulturgebiet des Zweistromlandes. So wurde die islamische Herrschaft oft weniger hart empfunden als die der Sassaniden oder der Byzantiner.

Um 700 eroberten die Kalifen aus der Omaijaden-Dynastie, die ihre Residenz von Medina nach Damaskus verlegten, die gesamte nordafrikanische Küste. 711 errang der Feldherr Tarik vermutlich bei Jerez de la Frontera einen entscheidenden Sieg über die Westgoten: Die Pyrenäenhalbinsel fiel in die Hand der mohammedanischen Eroberer. Aber im Abstand nur weniger Jahre gelang es den beiden Flügelmächten Europas, dem Frankenreich im Westen unter Karl Martell (Schlachten bei Tours und Poitiers 732) und dem oströmischen Reich (Abwehr arabischer Angriffe auf Konstantinopel 674–678 und 717/18), den Zangenangriff

der Araber auf Europa zum Stillstand zu bringen

Das mittelalterliche Imperium, das aus dem Frankenreich hervorwuchs, führte im Westen den Abwehrkampf unter Karl dem Großen fort, der mit der Spanischen Mark und den Städten Barcelona, Pamplona und Tortosa dem Islam ein christliches Bollwerk entgegenstellte. Das hochmittelalterliche Reich und die normannischen Wikinger bildeten schließlich zur arabisch-sarazenischen Bedrohung des westlichen Mittelmeerbeckens ein wirksames Gegengewicht. Die Aufsplitterung des weit gespannten arabischen Eroberungsraumes in diadochenähnliche Teilstaaten nahm schließlich dem Expansionsdrang der Mohammedaner seine Stoßkraft. Mit der Wiedereroberung Granadas 1492 und der Bildung christlicher Staaten auf der Pyrenäenhalbinsel (Leon, Navarra, Kastilien, Aragon, Portugal) war die Rolle des Islam in Westeuropa beendet.

Die Schlacht von Higueruela. Ausschnitt aus einem spanischen Gemälde von 1431. In der Reconquista, einem Jahrhunderte dauernden Kreuzzug, wurden die Moslems von der Iberischen Halbinsel vertrieben. 1492 fiel Granada, die letzte maurische Bastion.

Die Kreuzzüge

Imperium und Papsttum trugen gemeinsam den Kampf gegen die türkische Bedrohung des Abendlandes im Mittelalter. Unter dem Namen »Türken« traten seit dem 6. Jahrhundert verbündete mongolische Nomadenstämme auf, die nach Westen vorstießen, die islamisierten Völker und Räume Persiens und des Zweistromlandes unterwanderten und sie schließlich beherrschten. Sie nahmen dabei noch im 7. Jahrhundert den Islam als Religion an und erleichterten sich damit die Beherrschung der gleichfalls mohammedanischen Unterworfenen.

Eine geschlossene Macht entstand mit dem Aufbau des Seldschukenreiches, so genannt nach seinem Begründer Seldschuk (um 1000), einem türkischen Fürsten. Er eroberte Buchara. Unter seinem Sohn wurden große Teile Persiens und Arabiens dem Reich einverleibt. 1048 wurde Armenien erobert, 1070 unter dem Seldschukenfürsten Alp Arslan Jerusalem erstürmt. Im Jahre 1092 wurde der Seldschukenstaat in das westliche Ikonion und das östliche Reich von Bagdad geteilt; die Bedrohung des christlichen Vorderasiens und des Heiligen Landes durch die türkischen Herrscher blieb jedoch bestehen. Daher rief Papst Urban II. auf der Synode von Clermont 1095 zum Kreuzzug gegen die Türken auf.

Die Kreuzzüge, die nach dem Willen des Papstes die Kräfte ganz Westeuropas mobilisieren sollten, hatten militärisch nur geringen Erfolg. Die zur Verfügung stehenden Heere waren meist nicht stark genug. Sie litten unter den klimatischen Verhältnissen des Kriegsschauplatzes, zu dem sie in langwierigen See- oder Landfahrten erst herangebracht werden mussten. Die militärischen Führer waren oft ungeeignet, dazu unter sich uneinig; die Streitkräfte waren nach Herkunft, Haltung und Ausbildung sehr uneinheitlich. Zusammenhalt gab ihnen nur die Vorstellung, das Reich und die Rechte Gottes gegen die unrechtmäßige Macht des Teufels zu verteidigen.

Freilich lösten die Kreuzzüge weltgeschichtliche Wirkungen aus, die ihre Urheber nicht hatten voraussehen können. Sie zwangen das christliche Abendland zur geistigen Auseinandersetzung mit der Religion und Kultur des Islam, und das konnte für die eigene

Kriegsleute zu Schiff. Miniatur aus einer französischen Handschrift. Durch die Kreuzzüge nahm der Schiffsverkehr im Mittelmeer großen Aufschwung. Seestädte wie Genua oder Venedig, die den Schiffsraum für die Transporte ins Heilige Land zur Verfügung stellten, machten mit den frommen Rittern glänzende Geschäfte.

Lebens- und Weltanschauung nicht folgenlos bleiben. Die europäischen Krieger aber wurden sich im engen Zusammenleben der Feldlager erstmals ihrer nationalen Sonderart bewusst. Nicht gering waren auch die wirtschaftlichen Auswirkungen der Feldzüge; sie führten zu einem verstärkten Warenaustausch mit dem Osten über alle religiösen und politischen Schranken hinweg. Die Blüte der hoch- und spätmittelalterlichen Handelsstädte im Mittelmeerraum, insbesondere Italiens, hat hier ihre Wurzel. Eine ganz anders geartete, aber nicht weniger schicksalhafte, tief in die europäische Geschichte eingreifende Wirkung der Kreuzzüge war das Einschleppen der Pest ins Abendland. Sie wurde von den Flöhen der in den Kreuzfahrerschiffen mitgebrachten Ratten verbreitet.

Am ersten Kreuzzug (1096–1099) nahmen französische, flandrische, normannische und lothringische Ritter teil. Die Gebiete, die sie erobern wollten, sollten als Lehen des oströmischen Kaisers (Alexios Komnenos) gelten. 1099 gelang die Eroberung Jerusalems. Der Organisator und militärische Führer des Unternehmens, Gottfried von Bouillon, Herzog von Niederlothringen, nahm den Titel »Beschützer des heiligen Grabes« an, sein Nachfolger in der Herrschaft, Baudouin I., bezeichnete sich als König von Jerusalem.

Rückschläge durch eine türkische Gegenoffensive veranlassten den zweiten Kreuzzug (1147–1149). Er wurde unter dem Eindruck der mitreißenden Kreuzzugspredigt des Bernhard von Clairvaux von Kaiser Konrad III. und dem französischen König Ludwig VII. gemeinsam

Linke Seite: Christus als Schirmherr des befreiten Jerusalem. Aus der »Beschreibung des Heiligen Landes« des Burchard von Ursberg (13. Jh.). Fast 80 Jahre lang, von 1109 bis 1187, bestand auf palästinensischem Boden das Königreich Jerusalem, ein Lehnsstaat nach französischem Vorbild.

Ludwig IX. der Heilige empfängt die Dornenkrone Jesu (1239). Französische Miniatur aus dem 15. Jahrhundert. In der Bildmitte unten die Szene, da Abgesandte Balduins von Konstantinopel dem französischen Herrscher die kostbare Reliquie überbringen, um ihn zur Hilfe für das von den Sarazenen bedrohte Lateinische Kaiserreich zu bewegen. Links unten: Ludwig nimmt das Kreuz. Oben Szenen aus dem Kreuzzug.

Die Kreuzfahrerburg Krak des Chevaliers (krak, arab. = festes Schloss) in Syrien wurde in der Frühzeit des Königreichs Jerusalem zu Beginn des 12. Jahrhunderts erbaut. Die außerordentlich starke, mit einem doppelten Mauerring umgebene Festung hielt sich nach dem Zusammenbruch des Kreuzfahrerstaates noch bis 1271 gegen die Muselmanen.

unternommen. Der Zug endete unglücklich. Die Heere erlitten schwerste Verluste, zwischen den Verbündeten entstanden Streit und Spannung. Konrads Stellung, der ohne Truppen in die inneren Wirren der Heimat (Gegensatz Staufer-Welfen) zurückkehrte, wurde dadurch stark erschüttert. Die Belagerung von Damaskus musste erfolglos abgebrochen werden. 1187 gingen alle Eroberungen der Kreuzfahrer wieder verloren und der ägyptische Sultan Saladin rückte mit seinen Truppen in Jerusalem ein.

Zum dritten Kreuzzug (1189–1192) verbündeten sich Kaiser Friedrich Barbarossa, König Philipp II. August von Frankreich und König Richard Löwenherz von England. Die Staufer hatten im Verlauf des Feldzuges den Tod des Kaisers, der im Saleph ertrank, und seines Sohnes, des Herzogs Friedrich von Schwaben, der vor Akkon fiel, zu beklagen. 1191 geriet die Stadt in die Hand der Franzosen und Engländer.

Im vierten Kreuzzug (1202–1204), den französische und italienische Ritter auf Betreiben des Papstes Innozenz III. unternahmen, zeigte sich deutlich, dass der religiöse Antrieb von weltlichen Eroberungs- und Machtgelüsten überlagert wurde. Auf Anstiftung des beteiligten Venedig wandten sich die Kreuzfahrer gegen Ostrom, eroberten Konstantinopel und errichteten das »Lateinische Kaisertum« unter Baudouin von Flandern, das jedoch 1261 von Ostrom wieder beseitigt wurde. Venedig nutzte die Gelegenheit zum Aufbau seiner Seemacht und brachte auf diese Weise den gesamten Levantehandel unter seine Kontrolle.

Der fünfte Kreuzzug (1228–1229) unter Kaiser Friedrich II. sicherte durch einen Vertrag mit Ägyptens Sultan noch einmal für kurze Zeit den Besitz Jerusalems; 1244 ging es jedoch endgültig für das Abendland verloren. 1291 musste man auch die letzten Stützpunkte der Kreuzfahrer in Akkon, Tyrus, Beirut und Sidon aufgeben, nachdem der sechste Kreuzzug König Ludwigs IX., des Heiligen, 1254 mit einem völligen Fehlschlag geendet hatte.

Die geistige und wirtschaftliche Fortwirkung der Kreuzzüge, von der schon die Rede war, wurde verstärkt und ergänzt durch das Weiterleben der Kreuzfahrer-Ritterorden wie der französischen Templer (bis 1312) und der italienischen Johanniter, die 1281 nach Zypern, 1310 nach Rhodos, 1530 schließlich nach Malta gingen und seitdem auch Malteser genannt werden. Der erfolgreichste Kreuzritterorden war jedoch der zunächst als Hospitalbruderschaft gegründete Deutsche Ritter-orden, der nach Verlust der orientalischen Gebiete im Bereich der deutschen Slawenmission und Ostkolonisation einen neuen Wirkungskreis fand. Vor Akkon von Herzog Friedrich von Schwaben gestiftet, kenntlich am weißen Mantel mit schwarzem Kreuz, verlegte der Orden im Jahre 1226 unter dem Hochmeister Hermann von Salza sein Haupttätigkeitsfeld nach Preußen, wo er mit Hilfe deutscher Kolonisten die pruzzischen und slawischen Stämme unterwarf und einen Staat gründete, der erst nach der Reformation 1525 in ein protestantisches Herzogtum umgewandelt wurde.

Der Nahe Osten war für das christliche Abendland verloren; statt dessen drang der Islam im hohen Mittelalter von Südosten her immer weiter vor.

Unter Osman I. (1299–1326) entstand das mächtige Osmanische Reich in Kleinasien, das sich 1354 mit der Einnahme von Gallipoli erstmals auch auf europäischen Boden ausdehnte. Adrianopel wurde erobert und 1365 zur Residenz erhoben. Ein Versuch deutscher, französischer und ungarischer Ritter unter Führung König Sigismunds, dem weiteren türkischen Vordringen auf dem Balkan Einhalt zu gebieten, scheiterte mit der Niederlage bei Nikopolis 1396. Nur die Schwierigkeiten, die den Türken durch die konkurrierende Reichsbildung der asiatischen Mongolen unter Timur (1369–1405) erwuchsen, hielten sie vorübergehend vom weiteren Vordringen in Europa ab. In der Mitte des 15. Jahrhunderts nahmen sie ihren Vormarsch jedoch wieder auf und vernichteten 1453 die Reste des oströmischen Reiches durch die Eroberung Konstantinopels unter ihrem Sultan Mohammed II. (1451–1481). 1483 drangen die Türken in die Herzegowina ein, 1526 nahmen sie nach ihrem Sieg bei Mohacs den größten Teil Ungarns in Besitz. Seitdem bildeten sie die größte Gefahr, die das christliche Abendland jemals von außen her bedrohte.

Der französische Marschall Boucicaut besichtigt seine Truppen vor der Schlacht von Nikopolis. Das europäische Kreuzfahrerheer, bestehend aus deutschen, ungarischen, englischen, italienischen und französischen Rittern (unter Führung des ungarischen Königs Sigismund) erlitt hier 1396 eine vernichtende Niederlage gegen die Türken des Sultans Bajazet I. Die Schlacht endete in einem grausigen Gemetzel. Nur wenigen Rittern, von denen hohe Lösegelder zu erwarten waren, ließen die Türken das Leben.

Das Deutsche Reich und der europäische Osten

Im Ausgreifen des mittelalterlichen deutschen Reichs nach Osten verbanden sich christlicher Missionsauftrag und imperialer Herrschaftsanspruch des Kaisertums. Mit modernem Kolonialismus hat diese Ostbewegung nichts gemein. Auch hat man das Kulturgefälle von Westen nach Osten lange Zeit überschätzt. Heute ist bekannt, dass es im Osten auch vor der deutschen Kolonisation schon Städte gab, die auf Handel und Gewerbe gründeten. Die Bewegung richtete sich auf früher schon einmal germanisch besiedelte, im Zug der Völkerwanderung verlassene und von den Slawen in Besitz genommene Gebiete östlich von Böhmerwald, Saale und Elbe.

Der Kaiser spielte von Beginn an in dieser Ostpolitik die führende Rolle. Jedoch verlagerten die zeitweilige Schwächung des Kaisertums und schließlich der Zusammenbruch des Imperiums die Hauptlast der Ostkämpfe auf die Schultern der Markgrafen, etwa der Schauenburger in Holstein, der Askanier in Brandenburg, der Wettiner in Meißen und der Babenberger in der Ostmark. In dieser Aufgabe und ihrer Lösung lag auch der Grund zur Entwicklung der Grafschaften zu größeren Territorialstaaten. Die Markgrafen unterstützten den Deutschen Ritterorden und die kolonisierenden und missionierenden Mönchsorden wie Zisterzienser und Prämonstratenser. Der Eroberung und Missionierung folgte später die Besiedlung durch Binnendeutsche. Daneben kam es zur friedlichen Durchdringung östlicher Räume. Slawische, zum Christentum übergetretene Fürsten begünstigten diese Entwicklung – so etwa die in Mecklenburg ansässigen Obodriten, die Herzöge von Pommern, die Piasten in Schlesien und Polen, die Przemysliden in Böhmen und die Arpaden in Ungarn. Erst die Bildung eines verhältnismäßig starken Staats im polnisch-litauischen Raum, aber auch der im Hochmittelalter einsetzende Stillstand des Bevölkerungswachstums führten zu einem Stocken der Kolonisationsbewegung.

Die Besiedlung des Neulands war meist planvoll organisiert. Unternehmer, Lokatoren genannt, legten die Siedlungen an; ihre Dörfer zeigten im Gegensatz zum Dorf des alten deutschen Lands das Bild des Straßendorfs. Die Bauern waren in diesen Siedlungsräumen zunächst persönlich frei und dem Landgeber lediglich zinspflichtig. Die östlichen Städte sind, ähnlich den dörflichen Siedlungen, durch ihre planmäßige Anlage gekennzeichnet. Sie wurden als Marktorte und Sitze bestimmter Gewerbe, als Bergbaustädte (Freiberg, Kuttenberg, Iglau) oder als Handelsmittelpunkte (wie z. B. die meisten Ostseestädte) gegründet. Stadtrechte verschiedener Prägung wurden entwickelt. Das Lübecker und das Magdeburger Stadtrecht waren führend; in Polen und Galizien nahm man sich das Breslauer, in Böhmen das Nürnberger, in Mähren das Wiener Stadtrecht zum Vorbild. In allen Bergbaustädten des Kolonisationsgebiets herrschte das Freiberger Bergrecht.

Die Entstehung der Hanse als Wirtschaftsgemeinschaft der Handelsstädte ist ohne die Leistung der Ostkolonisation, die der Historiker Karl Hampe einmal eine »Großtat des deutschen Volkes im Mittelalter« nannte, nicht denkbar.

Auf der Ostkolonisation beruht auch der jahrhundertelang führende Einfluss der deutschen Wirtschaft und Kultur im europäischen Osten, der erst auf Grund der Auswirkungen des Zweiten Weltkriegs abnahm. Auf Kolonialboden erwuchsen schließlich die beiden deutschen Führungsmächte, Preußen und Österreich, deren Mit- und Gegeneinander zwei Jahrhunderte deutscher Geschichte tiefgreifend geprägt hat.

Aber auch die Rückwirkungen des Ostlands auf das Stammland waren bedeutsam. Im Osten entstanden neue Kulturzentren ganz eigener Art; das Tor zur Neuzeit wurde durch den böhmischen Frühhumanismus unter Kaiser Karl IV. (1346–1378) auch für Altdeutschland aufgestoßen.

Überblickt man das Geschehen der Ostverteidigung und der Ostkolonisation im Einzelnen, so lassen sich einige markante Abschnitte herausheben. Mit den Karolingern begann die erste planvolle Abwehr der Slawen längs der Linie Elbe-Saale. Karl der Große schuf klare Grenzverhältnisse an der Eider gegenüber Dänemark (811). Die deutschen Könige Heinrich I. und Otto I. unterwarfen die slawischen Gebiete bis zur Spree. Höhepunkt dieser Politik war die Gründung des Erzbistums Magdeburg (968), dem die Bistümer Brandenburg, Havelberg, Merseburg, Meißen und Zeitz als Missionszentren unterstellt wurden. Gleichzeitig wurden die Grafschaften als Gebiete politischer und militärischer Organisation gegründet.

Nach der Niederlage Ottos III. in der Schlacht von Cotrone (982) gegen die Araber musste Deutschland für lange Zeit auch im Osten Rückschläge hinnehmen. Die Erstarkung Polens und seine Christianisierung durch den Piastenherrscher Misika I. führte unter dessen Sohn Boleslaw zur Gründung des Erzbistums Gnesen (1000). Ihm zugeordnet wurden die Bistümer Breslau, Kolberg und Krakau. Die erste größere Machtentfaltung erlebte das polnische Reich, das verschiedene Slawenstämme unter dem Namen »Polen« zusammenfasste, unter Boleslaw Chrobry (992–1025). Er gewann das Land der Pomoranen und 1002 auch die deutsche Lausitz; nach seinem Tode 1025 begann jedoch alsbald die Auflösung seines Staats. So entstand auch das Herzogtum Schlesien als Teilstaat der Plasten durch Erbteilung; 1146 geriet es in deutsche Lehnsabhängigkeit.

Unter Kaiser Lothar (von Supplinburg, 1125–1137) erfuhr die Ostpolitik eine Neubelebung: Der Polenherrscher Boleslaw III. musste Pommern und Rügen als deutsches Lehen anerkennen, in Holstein wurden 1110 mit Adolf II. die Schauenburger eingesetzt, in der Nordmark mit Albrecht dem Bären die Askanier (1134), in Meißen mit Konrad die Wettiner (1136). Ihrer rastlosen Tätigkeit ist eine verstärkte Siedlungsbewegung im deutschen Ostraum zu verdanken. Mit Heinrich dem Löwen, Herzog von Bayern und Sachsen (1142–1180) aber traten die Welfen im östlichen Deutschland auf den Plan. Sie übertrafen in ihrer kolonisatorischen Leistung alle anderen Geschlechter. Von der Billunger Mark aus stießen sie planmäßig nach Osten vor. Durch ihre Tatkraft wurden zahlreiche Städte gegründet, die Bistumssitze Lübeck, Schwerin und Ratzeburg entstanden.

Seit 1150 wirkten auch die Zisterzienser, hinter denen die geistige Kraft eines Bernhard von Clairvaux stand, bei der Erschließung der deutschen Ostgebiete mit. So manches deutsche Bauerndorf Ostdeutschlands war ursprünglich eine Klostersiedlung; der Ruf, dass unter dem Krummstab gut wohnen sei, war solcher Ostsiedlung der Klöster sicher förderlich. Der Gründer des Prämonstratenser-Ordens (1120), Norbert von Xanten, war als Erzbischof von Magdeburg in besonderem Maß für die Christianisierung und Kultivierung Ostdeutschlands tätig.

Der Hamburger Hafen um 1500. Illustration aus dem Hamburger Stadtrecht (1503–1508). Die Hansestadt an der Elbe war eines der über 90 Mitglieder des hansischen Wirtschaftsbundes, stand jedoch lange Zeit im Schatten des benachbarten Lübeck.

Im Zuge der Ostkolonisation entstanden die bedeutenden Handelsstädte Hamburg (1189), Riga (1201), Reval (1219), Danzig (1224), Wismar (1229), Stralsund (1234) und Stettin (1243 mit Magdeburger Recht belehnt). Seit 1210 wurde Schlesien dem Deutschtum erschlossen, die Städte Hirschberg, Schweidnitz, Neiße und Ratibor wurden zwischen 1210 und 1215 gegründet, 1217 folgten Görlitz, Lauban und Oppeln.

Unter Hermann von Salza (1209–1239) begann der von Herzog Konrad von Masowien herbeigerufene Deutsche Ritterorden mit der Unterwerfung und Bekehrung der Preußen, eines baltischen Volksstamms, der zusammen mit den Kuren, Litauern, Letten und Esten auch dem Angriff der christianisierten slawischen Staaten ausgesetzt war. Nach dem sizilianischen Vorbild seines kaiserlichen Freundes Friedrich II. begann Hermann von Salza die Errichtung eines für seine Zeit modernen Staats. 93 deutsche Städte, darunter Kulm, Thorn, Elbing, Marienburg, Königsberg und Memel, wurden gegründet. Nicht minder stark war die Siedlungstätigkeit auf dem flachen Land. Bis zum Jahre 1410 wurden im Herrschaftsgebiet des Ordens etwa 1400 Dörfer angelegt. Durch die Tätigkeit des Schwertbrüderordens, den Bischof Albert von Appeldern 1202 ins Leben rief, wurden Kurland, Livland und Estland in den deutschen Einflussbereich einbezogen. Die Städte Mitau und Dorpat entstanden.

Die Verbindung der beiden Orden (1237) gab der Kolonisation neuen Auftrieb. Der Orden hatte ein 800 km langes Küstengebiet, das Polen und Litauen vorgelagert war, in seiner Verwaltung. Aber mit der Christianisierung des Landes verlor er seine Hauptaufgabe; er geriet in den allgemeinen Gegensatz der deutschen Stände, wurde Gegner der Hanse, vor allem Danzigs. Immer mehr entwickelte er sich zu einer exklusiven Adelsgesellschaft, der es nicht zuletzt durch das Wüten der Pest seit der Mitte des 14. Jh. zunehmend an Nachwuchs aus dem Reich mangelte. Zudem standen ihre »Untertanen« im Bund mit dem polnischen Gegner.

Innere Zerfallserscheinungen und die äußere Bedrohung durch Polen, das seit der Heirat des bis dahin heidnischen Litauer Fürsten Wladislaw Jagiello mit der polnischen Thronerbin Hedwig im Jahre 1386 zu neuer Machtentfaltung gelangte, führten zum Niedergang des Deutschen Ritterordens. 1410 wurde sein Heer bei Tannenberg geschlagen; seit 1466 (zweiter Friede von Thorn) blieb ihm nur Ostpreußen als polnisches Kronlehen, während sein Herzstück, das Bistum Ermland, und Westpreußen an Polen fielen. Der gänzliche Zusammenbruch der Ordensherrschaft wurde schließlich nur noch durch Umwandlung des Staats in ein protestantisches hohenzollernsches Herzogtum verhindert (1525), dessen Grenze gegenüber dem russischen und polnischen Machtbereich 400 Jahre lang alle Wirren überdauerte. Preußen und Kurland blieben auch unter polnischer Lehnshoheit deutsch und evangelisch, ebenso die autonomen Städte Danzig und Riga, Elbing und Thorn. 1569 wurden Westpreußen und Livland Teil des polnisch-litauischen Staats. Polentum und Katholizismus drängten hier das evangelische Deutschtum zurück.

An der Südostgrenze des Reichs konnte nach der endgültigen Beseitigung der Ungarngefahr durch die Schlacht am Lechfeld (955) unter Otto I. und nach dem Sesshaftwerden und der Bekehrung der Ungarn unter ihrem König Stephan I. (997–1038) gleichfalls ein neuer Abschnitt der Ostkolonisation beginnen, deren erste Anfänge bis in die Zeit Karls des Großen zurückreichen. Otto I. begründete die bayerische Ostmark neu; 976–1246 wurden die Babenberger ihre Herren. Von hier aus wurde die Siedlungsgrenze gegenüber Ungarn langsam vorgeschoben; im 11. Jahrhundert gelangten bayerische, fränkische und niedersächsische Siedler sogar bis ins ungarische Kernland. 1156 erhob das *Privilegium minus* die Ostmark, inzwischen Österreich genannt, zum selbstständigen, von Bayern unabhängigen Herzogtum. Im 12. Jahrhundert wurde die Ostmark völlig eingedeutscht; die Steiermark wurde als Herzogtum selbstständig. Es entstanden in diesem Raum Bauernsiedlungen und Städte; der Babenberger Hof in Wien wurde zu einem Mittelpunkt deutscher ritterlicher Kultur.

Die Herrschaft des Przemysliden Ottokar II. (1253–1278) über Österreich war nur ein Zwischenspiel. Rudolf von Habsburg gewann das Reichslehen der Babenberger 1278 wieder zurück. Er legte auch den Grundstein für die spätere habsburgische Hausmacht durch die Verbindung Österreichs, der Steiermark und der Mark Krain im Jahre 1282. Von 1282 bis 1918 waren die Habsburger Herren in Österreich, das sie zum Mittelpunkt ihres Großreichs machten.

Freilich schien im 14. Jahrhundert die europäische Stellung Habsburgs noch einmal durch die machtvolle Entwicklung Böhmens unter Kaiser Karl IV. (1346–1378) bedroht, der als Kandidat der Luxemburger und des Papsts gegen Ludwig den Bayern als Gegenkönig den Thron bestiegen hatte. Karl IV., Sohn einer Przemyslidin (der Tochter König Wenzels II. von Böhmen) und des Königs Johann von Böhmen (der luxemburger Herkunft war), dem Aussehen nach Tscheche, in Paris umfassend gebildet, hat für das deutsche politische und geistige Leben Entscheidendes geleistet. Eine geschlossene Hausmachtstellung im Osten des Reichs, die Beherrschung der Mark Brandenburg, Schlesiens und der Lausitz, der Lebensadern Oder und Elbe machte Prag zum glänzenden Mittelpunkt des Imperiums. Eine Universität nach dem Muster der Sorbonne entstand. 1409 wurde sie tschechisch, und die deutschen Professoren und Studenten mussten vor dem wachsenden hussitischen Nationalismus der Tschechen nach Leipzig abziehen. Als Kaiser Sigismund 1415 Brandenburg den Hohenzollern gab und seinem Schwiegersohn Albrecht die Ansprüche auf die Krone Böhmens und die Stephanskrone Ungarns vererbte, begründete er Mächte, die in den folgenden Jahrhun-

Kampf um die Marienburg. Historisierende Gemälde aus dem 20. Jahrhundert. Nach der Niederlage von Tannenberg 1410 war die Ordensburg letzte Zuflucht für die geschlagenen Kreuzritter. Das polnisch-litauische Heer gab nach zwei Monaten die Belagerung auf, sein Führer König Jagiello schloss 1411 mit dem Deutschen Orden Frieden.

derten das Schicksal des Reichs von innen her bestimmen sollten.

Die geschichtlichen Vorgänge im skandinavischen Raum und in Russland gewannen erst im Spätmittelalter und zu Beginn der Neuzeit Einfluss auf Deutschland. In Schweden, Norwegen und Dänemark war der staatliche Zusammenschluss um 900 erreicht. Das Reich Knuts des Großen (1016–1035), das Dänemark, Norwegen und England vereinte, blieb nur ein Zwischenspiel. Bremen widmete sich der Mission im skandinavischen Raum, die zu Beginn des 11. Jahrhunderts abgeschlossen war. 1227 war die Eidergrenze durch den deutschen Sieg bei Bornhöved über die Dänen erneut gesichert. Die inneren Wirren des Nordens ermöglichten schließlich der Hanse ihren wirtschaftlichen und politischen Einfluss geltend zu machen. Zur Zeit des Niedergangs der Hanse gegen Ende des Mittelalters war die skandinavische Welt im Aufstieg. Von 1397 bis 1523 bestand – mit gelegentlichen Unterbrechungen – die Kalmarer Union der drei nordischen Reiche. Die Stände von Schleswig und Holstein aber wählten 1460 nach dem Aussterben der Schauenburger Christian von Oldenburg, der zugleich Dänenkönig war, zum Landesherrn und brachten so die Nordmark unter dänischen Einfluss. Erst 1864 wurde dieser Zustand im deutsch-dänischen Krieg zu Gunsten Deutschlands geändert.

Die Rus und ihre ersten Herrschaftsbildungen

Die »Geburt Russlands« wird ins 9. Jahrhundert n. Chr. datiert, als die Waräger (altschwedisch für »Eidgenossen«) im ostslawischen Raum erschienen. Diese schwedischen Kaufleute, die auf ihrem Weg nach Byzanz vor allem den Flussläufen des Wolchow und der Düna und weiter der Wolga und des Dnjepr folgten, errichteten um 860 Stützpunkte u. a. um Nowgorod im Norden und Kiew im Süden, die gleichsam zu Ausgangspunkten der russischen Geschichte wurden.

Die dem Mönch Nestor zugeschriebene älteste russische Chronik aus der Wende zum 12. Jahrhundert enthält den berühmten Bericht, nach dem die Ostslawen, die vorher die sie beherrschenden Waräger schon mehrfach vertrieben hatten, diese um 860 doch wieder zurückriefen, da sie erkannt hatten, dass sie sich selbst nicht regieren konnten: »Unser Land ist groß und fruchtbar, aber es herrscht keine Ordnung in ihm. Kommt zu uns, um Fürst zu sein und über uns zu herrschen.« Danach sollen drei warägische Brüder mit ihren Sippen und der »ganzen Rus« gekommen sein, von denen der älteste, Rurik, sich in Nowgorod niederließ und nach dem Tod der Brüder die Alleinherrschaft ausübte. Für Kiew wird von der Herrschaft der Brüder Askold und Dir aus dem Gefolge Ruriks berichtet (mit demNamen Rus, der mit dem finnischen ruosti [Ruderer] zusammenhängt, wurden die zu den Ostslawen gezogenen Waräger bezeichnet, also die Schweden in Osteuropa. Von ihnen griff die Bezeichnung allmählich auf die ganze Bevölkerung in diesem Raum über).

Der entscheidende Schritt zu einem russischen Staatswesen erfolgte um 880, als Oleg (873–912) aus der Sippe Ruriks von Nowgorod aus seine Herrschaft nach Süden erweiterte. Als Hauptstadt seines Reiches wählte er Kiew, das er als Mutter der russischen Städte bezeichnet haben soll. Was ihn zu dieser Machtausdehnung trieb, war die Bedeutung des Handels der Waräger mit Byzanz. Mit Kiew beherrschte er die Wasserstraße von der Ostsee bis zum Schwarzen Meer.

Von der Nord-Süd-Achse Nowgorod-Kiew aus unterwarfen die Kiewer Rus die östlich und westlich davon siedelnden Stämme; Fürst

Swjatoslaw (963–972) gelang es, diese aus der Abhängigkeit von den Chasaren, einem aus Innerasien stammenden Turkvolk, zu befreien.

Das Kiewer Reich

Unter Swjatoslaws Sohn, Fürst Wladimir I. (978–1015), der seit 980 Alleinherr-scher in Kiew war, wurde das Christentum Staatsreligion, als dieser den Kaiser Basileios II. von Byzanz militärisch unterstützte und dafür dessen Schwester zur Frau erhielt. Im Gegenzug verpflichtete er sich, in seinem Reich das Christentum einzuführen. Diese Entscheidung brachte die religiöse und kulturelle Abhängigkeit von Byzanz, die Russland vom übrigen Europa isolierte und dadurch entscheidende politische Bedeutung gewann. Die Macht des Kiewer Reiches erreichte unter dem Sohn Wladimirs I., Jaroslaw Mudry (»der Weise«, 1016–1054), ihren Höhepunkt. Die Westgrenze konnte im Süden durch die Eroberung Wolyniens und Galiziens (1031) bis zu den Karpaten vorgeschoben werden, im Norden kamen Teile der Lettgaller, Letten, Liven und Esten unter die Herrschaft Kiews; im Süden beseitigte der Sieg über die Petschenegen (1037) die latente Bedrohung von Kiew (große Angriffe in den Jahren 992, 996 und 997), ließ jedoch auch ein Machtvakuum entstehen, in das von Osten die Polowzer und Kumanen eindrangen, nomadische Steppenvölker, die zunächst nicht abgewehrt werden konnten.

Die Stadt Kiew wuchs im 10. und 11. Jahrhundert zu einem bedeutenden Handels- und Kulturzentrum. Klöster und Kirchen (so die damals erbaute prächtige Sophienkathedrale) bestimmten ihr äusseres Bild, und das vom Klerus getragene Geistesleben legte die Grundlagen der russisch-orthodoxen Kultur, die sich, wenn auch zunächst in starker Abhängigkeit vom griechischen Vorbild, vor allem in kirchlichen Schriften, Annalen und Rechtskodifikationen manifestierte.

Unter Jaroslaw Mudrys Söhnen führten auf der Thronfolgeordnung beruhende Streitigkeiten rasch zum Niedergang des Kiewer Reiches.

Wladimir II. Monomach (1113–1125) konnte das Reich zum letzten Mal in seiner Hand vereinen; nach seinem Tod setzten sich die zentrifugalen Kräfte durch. Unter den Ursachen des Verfalls des Kiewer Reiches ist an erster Stelle dessen wirtschaftlicher Niedergang zu nennen, der durch die Sperrung des Dnjeprweges nach Byzanz durch die Polowzer verursacht wurde; die Eroberung von Byzanz durch die lateinischen Kreuzfahrer 1204 ließ

den Byzanzhandel ganz versiegen. Der wirtschaftlichen Schwächung folgte ein allgemeiner Prestigeverlust der Fürsten; die Wetschen, die Versammlungen der Stadtbevölkerung, gewannen zunehmend an Bedeutung; ihnen waren jedoch lokale Interessen vorrangig.

Russland unter den Mongolen

Im Kampf um die Großfürstenwürde verlor Kiew seine Vormachtstellung: Fürst Andrei Bogoljubski von Wladimir, der Kiew 1169 eroberte und plündern ließ, verlegte die großfürstliche Residenz in den Nordosten nach Wladimir; dort, im Land zwischen Oka und oberer Wolga, einem erst vor kurzer Zeit von Russen besiedelten kolonialen Gebiet, entwickelte sich eines der neuen Machtzentren. Der koloniale Charakter dieses Fürstentums konzentrierte die Macht in der Hand des Fürsten. Die Städte waren relativ schwach entwickelt, der Bojarenadel stark vom Fürsten abhängig. Im Südwesten wurde das Fürstentum Galitsch-Wolynien führend. In ständigem Kampf, aber auch in en-

Ein Blatt aus der Radziwill-Chronik (15. Jh.). Russische Gesandte besuchen den Hof von Byzanz (oben). Nach ihrer Rückkehr berichteten sie voller Begeisterung ihrem Großfürsten Wladimir (unten) vom Glanz und von der Pracht der griechisch-orthodoxen Kirche, was nach der Legende diesen veranlasst haben soll, sich für die byzantinische Form des Christentums zu entscheiden.

Jaroslaw I. »der Weise«, der Sohn Wladimirs, an der Spitze seiner Truppen auf einem Kriegszug gegen die Petschenegen. Über seine Verdienste um den Ausbau Kiews heißt es in der Nestorchronik: »Jaroslaw erbaute die große Stadtbefestigung von Kiew, in der das Goldene Tor ist. Er gründete auch die Kirche der hl. Sophia als Metropolitankirche, dann über dem Goldenen Tor die Kirche der Verkündigung der hl. Gottesmutter, danach das Kloster des hl. Georg und das der hl. Irene. Unter ihm begann der christliche Glaube sich zu vermehren und auszubreiten, die Zahl der Mönche nahm zu, und Klöster begannen zu entstehen. Jaroswaw liebte die kirchlichen Satzungen; die Priester liebte er sehr, besonders die Mönche; auch den Büchern war er ergeben und las sie häufig bei Tag und bei Nacht.«

ger Nachbarschaft mit Polen und Ungarn, entwickelte dieses Fürstentum nach dem Beispiel der benachbarten Reiche eine Gesellschaftsform, in der der Bojarenadel schließlich die Macht des Fürsten entscheidend beschränken konnte. Das dritte Zentrum bildete im Nordwesten das Fürstentum Groß-Nowgorod. Dieses erste Gebiet der Waräger hatte schon im Kiewer Reich eine Sonderstellung eingenommen.

Seine Handelsbeziehungen brachten es in enge Berührung mit Mittel- und Westeuropa. Im Zentrum des Fürstentums, der Stadt Nowgorod, erlangte die aus Kaufleuten und Bojaren gebildete Wetsche im 12. Jahrhundert die Vormacht: Sie wählte die Nowgoroder Fürsten und Erzbischöfe nach Belieben. Der Stadtstaat gewann durch Handel und Kolonisation ein riesiges Territorium, das praktisch das gesamte Nord-Russland von Karelien bis zum Ural umfasste. Die Verteidigung dieses Besitzes bedeutete jedoch eine ständige Belastung und schließlich die Schwächung des Staates.

Die drei großen Zentren Russlands verzehrten sich im ständigen Kampf untereinander, mit kleineren russischen Fürstentümern und mit den Nachbarvölkern.

Dem entschlossen vorgetragenen Angriff der Mongolen konnte daher kein wirksamer Widerstand entgegengesetzt werden. Schon der erste, noch von Dschingis Khan geführte Erkundungsstoß führte 1223 zur Vernichtung der vereinigten Heere von Polowzer-Kumanen und Kiew an der Kalka nördlich des Asowschen Meeres. Auf dem Heimweg eroberte Dschingis Khan noch Bulgar, die Hauptstadt der Kama- oder Wolgabulgaren.

Der zweite Angriff der Mongolen unter Batu war ein wohlgeplanter Eroberungsfeldzug ins mittlere Russland. 1236 war das Reich der Wolgabulgaren sein erstes Opfer.

Bis 1238 unterwarfen die Mongolen die russischen Fürstentümer Rjasan, Wladimir/Susdal und Rostow (Jaroslawl). Ausser den jeweiligen Hauptstädten wurde auch Moskau zerstört. Kurz vor Nowgorod drehten die Mongolen nach Südosten ab, nachdem sie das Nowgoroder Heer geschlagen hatten.

Auf dem dritten Zug, der die Eroberung Mittel- und wohl auch Westeuropas zum Ziel hatte, zerstörten die Mongolen zunächst im Jahre 1240 Kiew und Tschemigow – Kiew war damit als Machtzentrum für Jahrhunderte ausgeschaltet –, wandten sich Wladimir Wolynski und Galitsch zu und vernichteten1241 bei Liegnitz ein Ritterheer der schlesischen Piasten (Herrschergeschlecht). Anschliessend besetzten sie Ungarn (Schlacht von Mohi 1241). Der Tod des Großkhans zwang die Mongolen zwar, den Eroberungszug abzubrechen; Russland blieb jedoch eine mongolische Provinz (Ulus) mit innerer Autonomie, die dem mongolischen Teilreich der Goldenen Horde (Hauptstadt Sarai) an der unteren Wolga unterstand. Versuche, Widerstand gegen die Mongolen zu leisten, unternahm nur Fürst Daniel von Galitsch-Wolynien unter Anlehnung an den Westen. 1258 musste Daniel jedoch die Oberhoheit der Mongolen anerkennen.

Der Aufstieg Moskaus

Am günstigsten war die Lage von Nowgorod, das zunächst nicht unter mongolischer Oberhoheit stand. Fürst Alexander Newskikonnte sogar Angriffe der Schweden (1240 Schlacht an der Newa – daher Alexanders Beiname Newski) und des Deutschen Ordens 1242 in der Schlacht auf dem Eis des Peipussees siegreich abwehren. Als er jedoch 1252 Großfürst von Wladimir wurde, blieb ihm kein anderer Weg als der einer gehorsamen Erfüllungspolitik gegenüber den Mongolen, um dem verwüsteten Land eine allmähliche Erholung zu ermöglichen. Die Jahrzehnte nach Alexander Newskis Tod im Jahre 1263 waren die dunkelsten in der russischen Geschichte. Die letzten Reste der politischen Einheit gingen verloren, Wirtschaft und Kultur erreichten den tiefsten Stand, die letzten Kontakte zum Westen rissen ab. Als letztes einigendes Band blieb neben der gemeinsamen Sprache die Kirche.

1263 erhielt Daniel, der jüngste Sohn Alexander Newskis, das kleine Teilfürstentum Moskau als Erbteil. Die Stadt Moskau bestand damals seit etwa 100 Jahren. Sie lag zwar verkehrsgünstig in einem relativ dicht besiedelten Gebiet, bot sonst aber keinerlei Voraussetzungen für ihren späteren Aufstieg. Dem Fürsten gelang der Erwerb von Kolomna und Perejaslawl. Fürst Iwan I. Kalita (1328–1341) konnte Twer besiegen und durch geschicktes Taktieren vom Khan der Goldenen Horde die Bestätigung als Großfürst erlangen. Schon 1326 wählte der Metropolit, das Oberhaupt der russischen Kirche, der 1299 das verödete Kiew verlassen und sich nach Wladimir begeben hatte, Moskau zu seinem endgültigen Sitz. Damit verfügte Moskau über eine Autorität, die ihm die Durchsetzung seines Führungsanspruches erleichterte. Dieser Anspruch war schon anerkannt, als Großfürst Dmitri Donskoi (1359–1389) als erster russischer Fürst das aus dem Mongolenreich hervorgegangene Tatarenkhanat der Goldenen Horde im Jahre 1380 erstmals schlagen konnte. Dieser Versuch, die Tatarenherrschaft abzuschütteln, schlug zwar fehl – 1382 zerstörten die Tataren Moskau und zwangen Dmitri Donskoi wieder unter ihre Oberhoheit –, es gab dem jungen Großfürsten jedoch das Ansehen eines Nationalhelden und Moskau die Rolle eines Vorkämpfers gegen die verhassten heidnischen Unterdrücker.

Parallel mit dem Aufstieg Moskaus verlief jedoch der des Großfürstentums Litauen. Im 14. Jahrhundert begann eine beachtliche Expansion nach Südosten, die zu Lasten Russlands und der Goldenen Horde ging. Bis 1380 brachte es die russischen Fürstentümer mit Ausnahme Nowgorods und Moskaus unter seine Herrschaft, seine Ostgrenze verlief südlich von Moskau bis zum Knie des unteren Dnjepr. Dieses große Gebiet russischen Landes nahm Litauen der Goldenen Horde ab, deren Macht seit etwa 1350 infolge ständiger Rivalenkämpfe sank. Auch die kurzfristige Wiederherstellung der Einheit des Tatarenkhanats durch den Eroberer Timur Lenk zu Ende des 14. Jahrhunderts konnte den weiteren Verfall der Goldenen Horde nicht aufhalten. Das seit 1386 mit Polen vereinigte Litauen schien sich anzuschicken, die letzten russischen Fürstentümer unter seine Herrschaft zu zwingen. Vor allem, nachdem es seit dem Sieg über den Deutschen Orden bei Tannenberg (1410) im Westen seinen Hauptgegner ausgeschaltet hatte.

Führungsanspruch der russischen Kirche

Die Macht des polnisch-litauischen Großreiches schwächte sich jedoch ab, als dieses ab 1430 eine Periode inneren Zwistes erlebte. So konnte Moskau eine gleichzeitige innere Krise ohne größere Einbußen überwinden. Als wichtige Klammer erwies sich die Kirche: Sie unterstützte den Moskauer Führungsanspruch nachhaltig, zumal Litauen mit der Übernahme des westlichen, von Rom abhängigen Christentums ab 1386 die Chance vergab, als Vorkämpfer der Orthodoxie aufzutreten. Dabei schickte sich die russisch-orthodoxe Kirche an, die Führung innerhalb der Orthodoxie zu beanspruchen. Nach dem Unionskonzil von Florenz im Jahre 1439 verweigerte Großfürst Wassili II. für die russische Kirche die Anerkennung der Union, und in Moskau wurde ein von Konstantinopel nicht bestätigter Metropolit gewählt. Damit trennte sich die russische von der griechischen Kirche. Als dann Konstantinopel von den Türken im Jahre 1453 erobert wurde, fiel der Moskauer Kirche als größter innerhalb der Orthodoxie die Führung zu. Die kirchliche Entwicklung isolierte jedoch Moskau kulturell: Nach der Trennung von den Griechen schloss Russland sich vom Westen ab. Unter Großfürst Iwan III. (1462–1505) kam die Einigung Nordost-Russlands weiter voran. Die wichtigste Eroberung gelang ihm mit der Unterwerfung Nowgorods (1471–1478). Weit weniger Mühe kostete die Einverleibung von Jaroslawl im Jahre 1485. Iwans Nachfolger Wassili III. (1505–1533) konnte Pleskau (1510) und Rjasan (1516) ohne Schwierigkeiten dem Moskauer Staat eingliedern. Der Expansionsdrang Moskaus beschränkte sich jedoch nicht mehr nur auf die russischen Fürstentümer. Iwan III. begann den Angriff gegen Litauen, wenn ihm auch Erfolge versagt blieben: Wassili III. konnte den westlichen Nachbarn schon Smolensk abgewinnen (1514). Eine wesentliche Voraussetzung für diese Politik war, dass Moskau sich vor den bisher stärksten Feinden und Unterdrückern, den Tataren, in jener Zeit sicher fühlen konnte. 1480 wehrte Iwan III. den letzten Angriff der Goldenen Horde siegreich ab und entzog sich damit deren Oberhoheit.

Eine viel härtere und unerfreulichere Aufgabe musste Iwan III. bewältigen, als er mit jenen seiner Landsleute abzurechnen begann, die seinen Anspruch als oberste Autorität Großrusslands nicht akzeptierten, oder die er zumindest als Bedrohung seiner Macht empfand. In erster Linie waren dies die Nowgoroder und Twerer oder wenigstens ihre herrschenden Kreise. Die Unterdrückung Nowgorods 1478 ist die spektakulärste Tat in Iwans Regierungszeit. Die politische Situation der Stadtrepublik glich seit langem einem Balanceakt. Obwohl sie die theoretische Oberhoheit des Großfürsten anerkannten – und als eigene

Während der Mongolenherrschaft in Russland wurde Iwan I. (1304–1341) zum erfolgreichen Steuereintreiber der Goldenen Horde. Unser Detail einer illuminierten Handschrift aus dem 16. Jahrhundert zeigt, wie gewalttätig seine Leute dabei vorgehen, während er selber großzügig Hof hält.

Fürsten Mitglieder der Rurikidenfamilie hatten – behielten die Nowgoroder die praktische Unabhängigkeit aufgrund der Entwicklung ihrer Institutionen und der tüchtigen Verwaltung ihrer riesigen Territorien.

In der Volksversammlung (Wetsche), die jedermann durch das Läuten einer großen Glocke einberufen konnte, lag die letzte Gewalt bei den Bürgern, aber diese große und streitbare Institution konnte Entscheidungen nicht von einem Tag zum anderen treffen. Diese fielen einem oligarchischen Rat und gewählten Beamten zu: dem Bürgermeister, dem militärischen Befehlshaber und dem Erzbischof (der auch von der Stadt ernannt wurde).

Zusätzlich zu den Beschlagnahmungen siedelte Iwan einige tausend der wohlhabenderen Nowgoroder Bürger (Bojaren, Kaufleute) während der 80er Jahre in andere Teile Russlands um. An ihre Stelle setzte er eine kleinere Zahl von Adeligen aus der Moskauer Gegend.

Die ihnen zugeteilten umfangreichen Dienstgüter (Pomestje) waren als Entlohnung für militärische Ausrüstung und den zuleistenden Militärdienst gedacht. Bedeutsam war, dass sie das Land nicht als Wotschina (»Erbgut«) übertragen bekamen, wie bisher üblich, sondern nur auf Lebenszeit und unter der Bedingung, dass sie ihren Dienst zufriedenstellend verrichteten. Etwa 1,2 Millionen Hektar wurden auf diese Weise vergeben, und das neue Pomestje-System erfuhr eine schnelle Ausweitung. Unter den Nachfolgern Iwans III. mussten selbst Wotschina-Besitzer Dienstleistungen erbringen unter Androhung der Enteignung; sie waren insofern gegenüber den Pomeschtschiki im Vorteil, als sie ihr Land verkaufen oder testamentarisch vererben konnten.

Das »Dritte Rom«

1485 zerfiel das Großkhanat endgültig in die Khanate Kasan, Astrachan und Krim. Gegen Ende des 15. Jahrhunderts begann sich Moskau, seinem gewachsenen Ansehen und Territorium entsprechend, in die mittel- und westeuropäische Politik einzuschalten und suchte diplomatische Verbindungen mit Dänemark, dem Kaiser des Deutschen Reiches und anderen nicht unmittelbar benachbarten Mächten herzustellen. Dabei nannte sich Iwan III. selbst Herrscher von ganz Russland, womit er an Gepflogenheiten der byzantinischen Kaiser, die den Titel Aut-krator führten, anknüpfte. Im Verkehr mit geringeren Mächten legte er sich sogar schon den Titel Zar, Kaiser, zu.

Moskau übernahm die byzantinische Weltreichs- und Kaiseridee und erhob den Anspruch, das Dritte Rom zu sein. Träger und Propagandist dieser Idee, die den universalen Weltherrschaftsanspruch einschloß, war die Moskauer Kirche.

Kirche und Staat

Sacerdotium und Imperium, geistliche und weltliche Gewalt, waren in ihrem Mit- und Gegeneinander die gestaltenden Grundkräfte der mittelalterlichen Welt. In der Epoche des Niedergangs des alten Römischen Reiches, an der Schwelle des Mittelalters, suchte der Kirchenvater Aurelius Augustinus (354–430) in seinem Werk »Über den Gottesstaat« das Wesen der beiden Gewalten zu bestimmen. Der irdische Staat erschien ihm als ein Gebilde des Teufels, in dem Herrschsucht, Unterjochung, Selbstliebe triumphieren. Dagegen beruht nach seiner Lehre der Gottesstaat auf Gottesliebe. In ihm herrschen echte Unterordnung, wahre menschliche Führung durch Fürsorge für die Untergebenen, die in Treue und Gehorsam ihren Lebenssinn und ihre Ordnung finden. Dennoch muss es ein duldsames Mit- und Zueinander beider Staaten geben. Soweit der irdische Staat der Erhaltung des irdischen Lebens dient, soll seinen Gesetzen Gehorsam entgegengebracht werden, denn auch der himmlische Staat ist zum Teil erdgebunden und den Gesetzen dieser Erde unterworfen.

In den Auseinandersetzungen der geistlichen und weltlichen Gewalt im Gange der mittelalterlichen Geschichte haben sich beide Parteien immer wieder auf Augustinus berufen, sein Gedankengebäude in ihrem Sinne gedeutet, seine Worte der konkreten Lage des Augenblicks angepasst.

494 lehrte Papst Gelasius I. die Unterordnung der weltlichen Macht unter die geistliche. Das wirkliche Verhältnis war jedoch umgekehrt. Das merowingische und das karolingische Königtum war die gebende Macht, das Papsttum die nehmende, da es ohne den Rückhalt des Königs den römischen Lokalgewalten unterlegen gewesen wäre. Auch in der Frühzeit des deutschen Reiches blieb dieses Verhältnis bestehen. Otto der Große rettete den Papst vor der Langobardenherrschaft; im Vertrag mit der Kurie von 962 wurde die Pflicht verankert, bei der Papstwahl die Zustimmung des Königs einzuholen. Ein Jahrhundert lang beherrschten die deutschen Kaiser danach die römische Wahl. Otto III. brachte seinen Vetter Bruno von Kärnten als ersten Deutschen auf den päpstlichen Stuhl (Gregor V). Der Kaiser nannte sich *servus apostolorum* (Knecht der Apostel) und behauptete so sein Recht auf Mitregierung in der römischen Kirche.

Mit der Reformbewegung der Mönche von Cluny seit dem 10./11. Jahrhundert drohte die erste Erschütterung der kaiserlichen Führung in geistlichen Angelegenheiten. Die Cluniazenser forderten die Freiheit der Kirche von jeglichem weltlichem Einfluss; damit griffen sie auch das adlig-königliche Eigenkirchenrecht germanischer Wurzel an, das dem Herrn einer Pfarrei, eines Klosters, einer Abtei oder eines Bischofsitzes das Recht auf Bestellung des Amtsinhabers gab. Noch schienen unter Heinrich III. kaiserliches und kirchliches Interesse einig zu gehen, als der Kaiser auf den Synoden von Sutri und Rom 1046 drei Päpste absetzte, die ihre Berufung dem Einfluss stadtrömischer Adelsparteien verdankten.

Mit Papst Clemens II. (Suidger von Bamberg, 1046/47) ging die Führung der Reformbewegung in die Hände der Päpste über. Seit dem Papstwahldekret von Nikolaus II. (1059) waren nicht nur die römischen Adligen, sondern auch der Kaiser von der Mitbestimmung bei der Papstwahl ausgeschlossen; die kaiserlichen Rechte wurden zugunsten des Alleinwahlrechts der Kardinale aufgehoben.

Als mit Hildebrand ein entschiedener Repräsentant der Reformbewegung auf den päpstlichen Stuhl gelangte, war der Zusammenstoß der beiden Gewalten unvermeidlich. Hildebrand formulierte sein Reformprogramm als Gregor VII. (1073–1085) im *Dictatus papae*. Er proklamierte die unumschränkte Obergewalt des Papstes innerhalb der Kirche, zugleich aber auch das Vorrecht der geistlichen vor der weltlichen Gewalt: »Ihm ist es erlaubt, Kaiser abzusetzen«.

Als Antwort auf das päpstliche Verbot der Laieninvestitur ließ König Heinrich IV. den Papst 1076 durch die Wormser Synode absetzen (Beginn des sogen. »Investiturstreits«). Der päpstliche Gegenschlag bestand in der Bannung des Kaisers. In diesem Augenblick erwies sich die Fragwürdigkeit des ottonischen Systems. Als die mächtigsten Stützen des Königs, die geistlichen Großen, wankend wurden, sah sich der Herrscher des kirchlichen Rückhalts beraubt und allein der partikularistischen Fürstenopposition gegenüber. Diese

verlangte von ihm auf dem Triburer Reichstag, sich entweder vom Bann zu lösen oder binnen Jahr und Tag auf die Krone zu verzichten. Sie zwangen also den König zur Entscheidung zwischen Kapitulation oder Bußfahrt – die Heinrich 1077 nach Canossa unternahm – und ermöglichten es damit dem Papst, die Schiedsrichterrolle zu spielen.

Gregor, der die kaiserliche Macht unterschätzte, überspannte jedoch den Bogen seiner Politik durch die zweite, viel unwirksamere Bannung von 1080. Vor den königlichen Heeren konnte er sich schließlich nur mit Hilfe seiner normannischen Verbündeten retten. In Robert Guiscards Regierungssitz Salerno starb er 1085 als Flüchtling. Er glaubte, den Kampf verloren zu haben, aber er hatte die Welt verwandelt, auch die Kirche. Die Stellung des Kaisertums, sein Ansehen im Abendland waren durch die Ereignisse schwer erschüttert. Die Brüchigkeit seiner inneren Machtposition war deutlich zutage getreten.

Gregors Nachfolger Urban II. (1088–1099) führte den Investiturstreit fort. Nach ihm aber wurde der zunächst völlig unzeitgemäße und ungeschichtliche Versuch unternommen, beide Gewalten aus ihrer Verzahnung miteinander zu lösen. Schließlich fanden sich Kaiser Heinrich V. (1106–1125) und Papst Calixtus II. zu einem Kompromiss im Wormser Konkordat von 1122 bereit. Demzufolge überließ der Kaiser »der heiligen katholischen Kirche die ganze Investitur durch Ring und Stab« (d.h. die *geistliche* Vollmacht der Bistümer wird fortan ausschließlich von der römischen Kirche verliehen), während der Papst dem Kaiser zugestand, dass der erwählte Bischof »die Regalien durch das Zepter von Dir empfangen« solle (d.h. der Bischof wurde hinsichtlich seiner *weltlichen* Herrschaft königlicher Lehnsträger). Damit war die Tendenz zur Entwicklung geistlicher Fürstentümer eingeleitet.

Die Schwächung der kaiserlichen Macht in Italien musste zwangsläufig zu erneuter Spannung zwischen beiden Gewalten führen, als der Staufer Friedrich Barbarossa im 12. Jahrhundert versuchte, seine Macht als deutscher König auf die alten Regalien (Königsrechte) und den Reichsbesitz in Italien zu stützen. Ihm trat auf der Seite der Kurie Papst Alexander III. als Gegenspieler gegenüber.

In Italien stieß Barbarossa auf den Widerstand der aufstrebenden Städte Oberitaliens, die Ansätze einer Selbstregierung entwickelten. In ihnen fand der Papst natürliche Verbündete. Im Rücken drohte dem Kaiser die Eigenwilligkeit der Fürsten, vor allem seines großen Welfengegners, Heinrichs des Löwen. So wurde er in einen Kampf nach drei Fronten hin verwickelt, der ihn auch dem Papst gegenüber zum Einlenken zwang. Hatte er 1157 noch auf dem Reichstag von Besançon die Machtansprüche des Papstes zurückgewiesen, der die Krone als Lehen aus seiner Hand bezeichnete, so musste er 1177 im Frieden von Venedig die Stellung des Papstes Alexanders III. (1159–1181) anerkennen. Die Aufstellung eines kaiserlichen Gegenpapstes (Viktor IV, 1159–1164) war wirkungslos geblieben.

Eine letzte Kampfesphase zwischen Reich und Kirche bildete die Auseinandersetzung zwischen dem Staufer Friedrich II. und den

121

Avignon mit dem Papstpalast. Miniatur aus einer französischen Handschrift. Von 1309 bis 1377 residierten hier die Päpste. Die von Zeitgenossen beklagte »babylonische Gefangenschaft« der Kirche auf französischem Boden hatte indes ihre entschiedenen Vorzüge. Teils entfalteten die Päpste in ihrem Palast an der Rhône eine üppige Hofhaltung, zugleich wurde jedoch ein Verwaltungssystem zur Eintreibung kirchlicher Gelder entwickelt, das an Gründlichkeit und Ausdehnung einzig dastand.

Rechte Seite: Mit Leo IX. ergriff der radikale Reformgeist der Cluniazenser das Papsttum. Der gebürtige Elsässer, von Kaiser Heinrich III. 1048 zum Papst ernannt, unternahm weite Reisen und erwies sich dabei als glänzender Werber für die römische Kirche. Ein Versuch, als Kommandeur von Reichstruppen die Normannen aus dem Fürstentum Benevent (Süditalien) zu vertreiben, schlug indes genauso fehl wie seine Bemühung, mit der Kirche von Byzanz wieder eine Einigung herzustellen. Ein Besuch seiner Gesandten in Konstantinopel, 1054 endete mit Fluch und Gegenfluch; danach gingen römisch-katholische und griechisch-orthodoxe Kirche endgültig eigene Wege.

Päpsten Gregor IX. und Innozenz IV. Beide Mächte richteten ihren Blick auf Unteritalien und Sizilien. Ihre Vereinigung mit dem Reich wollte die Kurie verhindern. Als sie den Staufern durch die Heirat Heinrichs VI. mit Konstanze, der Erbin des Normannenstaates in Unteritalien und Sizilien, dennoch gelungen (1184) und unter Heinrichs Sohn, Kaiser Friedrich II., machtpolitische Wirklichkeit geworden war, sah sich das Papsttum aufs höchste bedroht. Der Papst bediente sich des innerdeutschen Kampfes zwischen Welfen und

Staufern, um die Macht des Königs zu schwächen. Innozenz III. (1198–1216) entschied sich zunächst für den Welfen Otto IV. und erreichte den Verzicht des Kaisers auf die Besetzung der Bischofsstühle. Das Laterankonzil von 1215 demonstrierte die Machtfülle des Papsttums: Es beschloss die Ketzerverfolgung mit den Methoden der Inquisition und verkündete die päpstliche Lehnshoheit über England, Sizilien, Aragon, Portugal und Armenien. Bald nach dem Wechsel des Papsttums ins staufische Lager begann die Auseinandersetzung erneut. 1227 wurde Friedrich II. von Gregor IX. gebannt, weil er sein Kreuzzugsversprechen nicht einhielt. 1245 kam es zum Höhepunkt des Konflikts: Friedrich II., zuvor von Innozenz IV. abermals gebannt, wurde auf dem Konzil von Lyon als Kaiser abgesetzt; der Papst gab Sizilien als Lehen an Karl von Anjou.

Der Staufer Manfred versuchte, sein Erbe zu retten, fiel jedoch 1266 bei Benevent. Damit war die Epoche staufischer Herrschaft an ihr Ende gekommen. Die Anjous wurden durch den sizilianischen Aufstand von 1282 (Sizilianische Vesper) von der Insel vertrieben, konnten jedoch ihre Herrschaft in Neapel behaupten.

Das Ende der Staufer schien den endgültigen Triumph des Papsttums zu bedeuten. Der Niedergang des Reiches beraubte das Papsttum jedoch seiner weltlichen Stütze. Bald zeigte sich, dass die päpstliche Macht hauptsächlich auf der Schiedsrichterrolle zwischen den Gewalten beruht hatte, eine ausreichende weltliche Machtbasis war nicht vorhanden. Die päpstliche Lehnshoheit hatte in dieser Zeit mehr und mehr nur symbolische Bedeutung. Die Entwicklung zum Landesstaat, die gerade in der staufischen Epoche so deutlich wird, führte immer klarer zur inneren Aushöhlung des Lehnssystems. Als Bonifaz VIII. seine Herrschaftsansprüche mit der Bulle *Unam sanctam* von 1302 auch dem französischen König gegenüber behaupten wollte, kam es sehr schnell zur Niederlage des Papsttums. Schon 1309 musste Clemens V. den Sitz der Kurie nach Avignon verlegen und sich damit in die Hand Frankreichs begeben.

Die kaiserliche Gewalt der deutschen Herrscher verlor im Spätmittelalter ebenso an Bedeutung wie die des Papstes. Nutznießer innerhalb der Kirche wurde die Konzilsbewegung, die mit Hilfe Kaiser Sigismunds (1410–1437) dem Nebeneinander der Päpste von Avignon und Rom und damit der Kirchenspaltung (Schisma) ein Ende setzte (Konzil von Konstanz, 1414–1418).

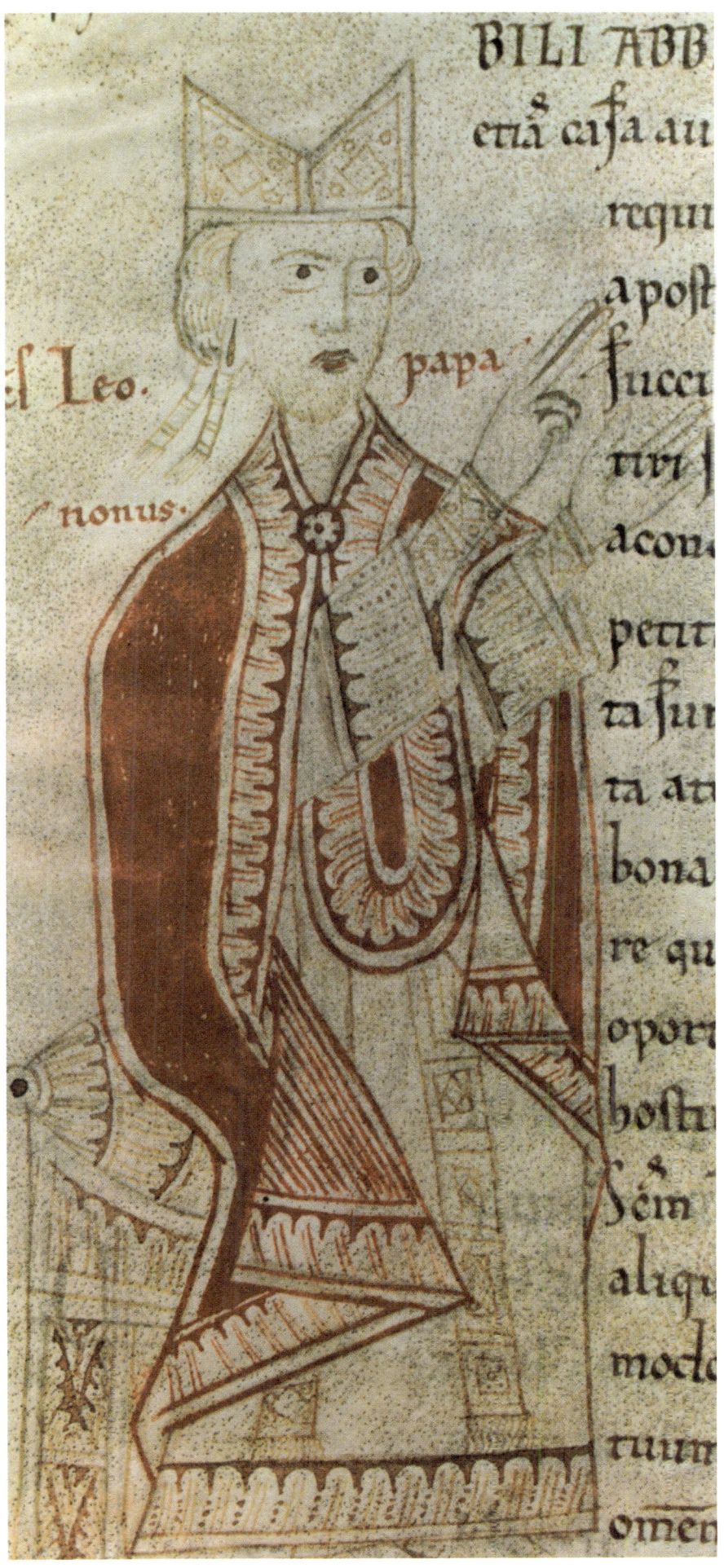

Gesellschaft, Wirtschaft und Kultur

Das Lehnswesen, das seit der Karolingerzeit in starker Entwicklung begriffen war, beruhte auf dem frühmittelalterlichen Wanderkönigtum, das sich zur Durchsetzung seiner Herrschaft auf Vasallen stützen musste, die mit Landbesitz ausgestattet waren. Mit der Erblichkeit des Lehens entwickelte sich auch die Grundherrschaft, die oft weit verstreute Gutsbezirke, eine Ansammlung verschiedenster Besitztitel, Abhängigkeits- und Herrschaftsverhältnisse in einer Hand vereinigte. Die weltlichen Hoheitsrechte, vor allem die Gerichtsbarkeit, wurden im Bereich des kirchlichen Besitzes von königlichen oder adligen Schutzherren, den Vögten wahrgenommen.

Städtisches Leben kannte das frühe Mittelalter nur in Anfängen. Wenn auch die ehe-

maligen Römerstädte, insbesondere in den Kerngebieten des römischen Imperiums, in Italien, Spanien und Frankreich, weiterlebten, so hatten sie doch ihre alte Funktion im Reichsorganismus verloren. Starke Wandlungen zeigten sich vor allem in den ostfränkischen (deutschen) Römerstädten, die von Garnisonsstädten, Verwaltungsmittelpunkten und Handelsmetropolen zu Ackerbürger-, Handwerker- und Kaufmannssiedlungen wurden. Die Wehrsiedlungen der ottonischen Zeit und die königlichen Pfalzen traten dann als neue Kristallisationspunkte städtischer Siedlungen in Deutschland hinzu. Aber auch kirchliche Sitze, wie die der Bischöfe und Erzbischöfe, spielten als Missions- und kirchliche Verwaltungszentren in der Stadtgeschichte des frühen

Weinernte. Von ländlicher Idylle, wie sie diese zeitgenössischen Malereien darstellen, konnte im späten Mittelalter nicht die Rede sein. Bauernaufstände in England, Frankreich und Deutschland erschütterten im 14. und 15. Jahrhundert das soziale Gefüge.

124

Mittelalters eine bedeutende Rolle. Dabei war die Stadt nördlich der Alpen nicht Adelssitz wie im Mittelmeerraum. Vielmehr entwickelte sich ihr »Bürgertum« als eigener, von Adel und Bauern abgegrenzter Stand aus der Unfreiheit.

Bei vorsichtiger Schätzung darf angenommen werden, dass es um 900 n. Chr. etwa 40 stadtähnliche Siedlungen in Deutschland gab, um 1200 waren es etwa 250. Im 13. Jahrhundert wurden etwa 800 Städte neu gegründet, um 1500 besaßen etwa 3000 Orte Stadtrecht.

Das starke Anwachsen der Bevölkerung in Deutschland konnte durch die äußere und innere Kolonisation aufgefangen werden. Sumpf- und Waldgebiete wurden gerodet und kultiviert, der grundherrschaftliche Eigenbesitz wurde aus der Selbstbewirtschaftung des Sallandes in die Zinsgüterwirtschaft bäuerlicher Pächter oder in die Form der Erbbestandsgüterwirtschaft überführt.

Klöster und Orden, vor allem der Zisterzienserorden, sind an den großen Leistungen der inneren Kolonisation stark beteiligt.

Bevölkerungsvermehrung, Ausdehnung des Handels und Aufblühen der Gewerbe hingen eng zusammen. Weberei und Färberei florierten vor allem in Flandern, das Metallgewerbe blühte im niederländisch-niederrheinischen Raum. Waren dieser Gewerbe verlangten nach Ausdehnung des Handels. Export und Fernhandel gewerblicher Erzeugnisse – daneben auch mit Wein, Gewürzen und Fischen – begannen seit dem 11. Jahrhundert eine größere Rolle zu spielen. Oberdeutschland, Italien und die Küstengebiete Nord- und Westeuropas

zeigten die früheste Blüte handwerklicher und künstlerischer Betätigung.

In Norden überwog dabei der Großhandel. Seine Träger gaben ihrem Lebensstil auch politischen Ausdruck in der patrizischen Stadtverfassung der Hafenstädte. Im Westen und Süden bestimmten Handwerk und Gewerbe das wirtschaftliche und politische Bild, für das die Zunftverfassung ausschlaggebend wurde. Die eigentliche Blütezeit der Stadtwirtschaft liegt im Spätmittelalter.

Zugleich aber trat den Städten ein gewichtiger Konkurrent gegenüber, der sich gleichfalls um wirtschaftliche Fragen zu kümmern begann: der aufstrebende Territorialstaat. Diese Entwicklung zeigt sich in Italien, wo viele Stadtstaaten, die zuvor die kaiserliche Macht mit Erfolg bekämpft hatten, nicht in der Lage waren, ihre Freiheit und Selbstverwaltung gegenüber Kräften zu behaupten, die eine größere Machtballung im Landesstaat anstrebten. Aber auch in den deutschen Ostgebieten ist diese Tendenz deutlich zu beobachten. Im übrigen Europa, wo die Entwicklung städtischer Freiheiten weniger weit gediehen war, ergab sich durch das Zusammenspiel von Königtum und Städten ein ausgewogenes Verhältnis zwischen lokaler und überlokaler Gewalt – alles dies jedoch in vielfachen Nuancen, die kaum auf einen gemeinsamen Nenner zu bringen sind. Bezeichnend ist in diesem Zusammenhang, dass der noch in der frühen Neuzeit unternommene Versuch hugenottisch geführter Städte in Frankreich, mit der Selbständigkeit der Stadt zugleich die religiöse und wirtschaftliche Freiheit zu sichern, an der längst kraftvoll gewor-

Ein Fischhändler erwartet Käufer. Französische Miniatur. Hering aus der Ostsee, von Hansekaufleuten durch Europa transportiert, war eines der Hauptnahrungsmittel – vor allem, wenn Fastengebote den Genuss von Fleisch untersagten.

denen Zentralgewalt scheiterte. Eine Sonderstellung innerhalb der deutschen Städtebünde nahm der größte und mächtigste unter ihnen, die Hanse, ein. Ihr Ziel war die Beherrschung des Handels in der Nord- und Ostsee; sie wandte ihre wirtschaftliche und politische Initiative also nach außen und vermied so den Konflikt mit den territorialstaatlichen Kräften in Deutschland. Statt dessen prallte sie mit den aufstrebenden Zentralgewalten der nordischen Staaten wie auch den Seefahrt treibenden Engländern und Niederländern zusammen. Dänemark konnte sie sich immerhin politisch und wirtschaftlich zeitweise gefügig machen. Ihr Einflussgebiet reichte von Brügge über London bis Bergen im Norden, bis Nowgorod und Krakau im Osten, und bezog Norddeutschland zwischen Rhein und dem Mittelgebirgsrand ein. Ihr Handel war vielseitig im Warensortiment, doch spielten Salz (Lüneburg) und Getreide (Danzig als Hauptort) eine besondere Rolle. Der Osten brachte eine Fülle von Waren aus einer extensiven, primitiven Wirtschaft. Pech, Teer, Holz, Felle, Häute, Wachs, Honig, Hanf und Flachs sind vor allem zu nennen. Ein großer Artikel aber wurde der Hering für den Handel der Hanse. Die Dänen fingen den Hering, die deutschen Händler kauften ihn – mit Lüneburger Salz haltbar gemacht und in Rostocker Tonnen vertrieben, war er für das fastenreiche Mittelalter ein wichtiges Grundnahrungsmittel.

Wirtschaftszentren eigener Prägung, die zumeist nur in loser Verbindung mit der Hanse standen, gab es in Kursachsen, in der Lausitz und in Schlesien. Für Sachsen wurden der Bergbau des Erzgebirges und die Leipziger Messe wichtige Wirtschaftsfaktoren; die Lausitz wurde zu einem Mittelpunkt der Tuchherstellung, und Breslau übernahm die führende Rolle im Handel mit der Ukraine, mit Galizien, Polen und den baltischen Ländern. Görlitz war berühmt durch sein Stapelrecht (1339) für die deutsche Indigopflanze, Waid genannt, die zum Blaufärben Verwendung fand.

Angeregt durch die mächtige Blüte der oberitalienischen Städtewirtschaft, entfalteten sich im Süden des Reiches wirtschaftliche Mittelpunkte wie Nürnberg, Augsburg, Wien und Prag, die den Warenaustausch zwischen Oberitalien und Deutschland besorgten. Auf diesem Weg fanden auch die Orienterzeugnisse über Venedig, Mailand und Florenz Eingang in die Regionen nördlich der Alpen. In Italien entstanden blühende deutsche Kaufmannsniederlassungen. Schon 1128 ist der Fondaco dei Tedeschi (das Kauf- und Lagerhaus der Deutschen) in Venedig nachweisbar. Süddeutsche, Wiener, Breslauer, Kölner und Lübecker Kaufleute trafen dort zusammen. Der westdeutsche Handel aber, vor allem der niederrheinische (Hauptort Köln) verlagerte mit der Zeit den Schwerpunkt seiner Tätigkeit vom Süden nach dem Westen Europas, wo er den Austausch mit dem berühmten Tucherzeugungsland Flandern, aber auch mit Frankreich pflegte.

Nach Warengruppen lassen sich bestimmte Hauptgebiete der Herstellung erkennen: Wolle und Tuche herrschten in Flandern vor, Barchent in Ulm und Augsburg, Messingwaren in Dinant und Aachen, Metallwaren in Nürnberg, Waid (die wichtigste Färbepflanze des Mittelalters) in Erfurt und Görlitz, Leinen in Oberdeutschland, Westfalen und Sachsen. Für alle diese Produkte spielte der Export eine größere Rolle als der Verbrauch im Binnenland.

Die wirtschaftliche Blüte wirkte auch auf das soziale Gefüge der Städte zurück. Das wohlhabende, oft schnell reich gewordene Handwerker- und Händlertum fand in den Zünften und Gilden nicht nur den Ausdruck seiner wirtschaftlichen, sondern zugleich das Instrumentarium seiner politischen Macht. Dabei übernahm der aus den reichen und alteingesessenen Familien gebildete Stadtadel, das Patriziat, die politische Führung, während die politischen Rechte der übrigen Bürger nach Stand und Einkommen abgestuft waren (Ehrbarkeit, Zunfthandwerker). Eine breite Masse ohne Bürgerrecht bildete eine Art vorproletarischer städtischer Unterschicht.

Im spätmittelalterlichen Verfassungsstaat Deutschland, den man – verengend – oft als Fürstenrepublik bezeichnet hat, gewannen die Städte Recht und Funktion der Reichsstandschaft und damit ein gewisses politisches Mitspracherecht. Innerhalb der starken ostdeutschen Territorien konnte sich freilich eine städtische Autonomie und Selbstverwaltung nie voll entfalten. Immerhin gaben auch dort die Fürsten den Städten, deren wirtschaftliche Blüte und finanzielle Stärke sie aus eigennützigen Interessen förderten, eine gewisse Bewegungsfreiheit.

So sehr sich die Städte auch um einen freiheitlichen Raum in Politik, Recht und Wirtschaft bemühten, galt ihr Bemühen doch immer der Gemeinschaft, nie dem Einzelnen. Wenn auch die persönliche Initiative in der Wirtschaft damals schon eine Rolle spielte – ihre Ergebnisse kamen zuerst der Gemeinschaft zugute und konnten nicht gegen deren Interessen ausgespielt werden. Im Markt- und Stapelrecht, im Zunftzwang und Gewerbemonopol, im Straßenzwang, in Zoll- und Münzordnung

hatten die Selbstverwaltungskörperschaften der Städte alle Instrumente einer strikten Wirtschaftspolitik in der Hand. Ihr Hauptanliegen war die Sicherung der ansässigen Bürgerschaft durch Vermeidung von Überproduktion und Konkurrenz. Damit hat auch die städtische Gesellschaft, trotz unverkennbar größerer Mobilität, letztlich die als gottgewollt empfundene ständische Ordnung beibehalten.

In der Stadt, auf dem Rathaus haben sich, seit die Papierfabrikation im 13. Jahrhundert in Deutschland einsetzte, Aktenwesen und Bürokratie entwickelt. Die königliche Kanzlei besaß zu dieser Zeit noch keine Registratur, kein Archiv. Die schriftliche Verwaltung und Aktenführung ist, wie der beginnende Kapitalismus, eine Errungenschaft der Stadt. Das im Mittelalter immer wieder erneuerte Zinsverbot wurde eigentlich von allen umgangen. Pfandleihe und Rentkauf dienten dazu, und der Rentbrief der Städte wurde zum ersten Inhaberpapier. Dass der Zinsfuß trotz des Ideals vom gerechten Preis fast immer ein Wucherzins war, entsprach dem hohen Risiko des Geldgebers.

Le chat au d

128

cautrenon

Die städtischen Bevölkerungszahlen entwickelten sich gegen Ende des Mittelalters rasant nach oben. Dennoch darf man nicht heutige Maßstäbe anlegen. Städte mit mehr als 5000 Einwohnern – wie Nördlingen und Regensburg – waren selten, Ausnahmen bildeten Köln, Nürnberg, Straßburg und Lübeck mit 20–30000 Einwohnern.

In Frankreich bremste der Hundertjährige Krieg mit England die Entfaltung des Städtewesens. Binnen- und Außenhandel blieben daher dem Umfang nach weit hinter den deutschen und italienischen Verhältnissen zurück. Troyes, Provins, Bar-sur-Aube und Lagny vermittelten den italienisch-englischen Handel auf dem Festlandsweg und wurden so zu wichtigen Messeorten, die auch mit Oberdeutschland in Verbindung standen. Seit dem 14. Jahrhundert wurden sie von Genf, Paris und Brügge überflügelt. Das königliche Interesse bemächtigte sich in dieser Zeit der Wirtschaftspolitik und begann mit einer Regelung des Wirtschaftslebens schon ganz im Sinne absolutistisch-merkantilistischer Vorstellungen des 17. Jahrhunderts. Daher blieb den Zünften und Gilden in Frankreich ein weit geringerer Spielraum für wirtschaftliche und politische Machtentfaltung als in Deutschland und Italien, wo starke Zentralgewalten fehlten. Die bedeutendsten französischen Häfen waren Bordeaux, La Rochelle und Rouen; in der Zeit der staatlichen Sonderentwicklung Burgunds traten die Messen von Lyon und Rouen an die Stelle derer von Genf und Brügge.

Ein Blick auf das soziale Gesamtbild des Landes zeigt jedoch ebenso wie in Mitteleuropa den Niedergang der lehnsrechtlichen Ordnung und der adlig-ritterlichen Gesellschaft, die auf ihr beruhte, zugunsten eines Aufstiegs von Bürgertum und Bauerntum.

In England lagen die Verhältnisse ähnlich. Zwar wurde die städtische Selbstverwaltung stärker ausgebildet als in Frankreich, aber die Kontrolle durch die starke Zunftgewalt verhinderte Erscheinungen wie die politisierenden Städtebünde in Italien und Deutschland. Die Rosenkriege (1455–1485) und die Pestwellen der beiden letzten Jahrhunderte des Mittelalters brachten noch größere Rückschläge als auf dem Festland.

Hauptbetätigungsfeld der englischen Stadtwirtschaft war der Überseehandel – hier kamen auch die ersten kolonisatorischen Impulse zur Wirkung, die von der Regierung bewusst gefördert und durch Schutzmaßnahmen gegen die italienische und deutsch-hansische Konkurrenz unterstützt wurden. Die Anfänge der britischen Weltreichspolitik lagen in der Ab-

Links: Das Schloss von Cautrenon. Wohnsitz des Grundherrn, bot die Burg den im Umland lebenden Menschen sicheren Aufenthalt in Zeiten der Gefahr. Das alte lehnsherrliche Prinzip vom Schutz, den der Herr als Gegenleistung für die Dienste des Bauern diesem gewährt, verfiel am Ende des Mittelalters. Die Schutzburg wurde oft zur Zwingburg des Adels gegen die Landbevölkerung, bis sie schließlich auch ihre militärische Funktion einbüßte: einen Kanonenbeschuss hielten ihre Mauern nicht aus.

Bearbeitung von Platten für die Dachdeckerei. Aus dem »Codex Heidelbergensis«. Die Baukunst trug im Mittelalter viele Züge einer Geheimlehre. Gesellschaftliche Abgrenzung, das Leben in den sogenannten Bauhütten und das eifersüchtige Hüten des technischen Wissens machten aus den Bauhandwerkern einen Berufsstand eigener Art.

wehr fremder Handelskonkurrenz und in der Sicherung der Handels- und Schifffahrtsstraßen; später folgte dann das aktive Ausgreifen. An Stelle der italienischen und deutschen traten nach der Entdeckung Amerikas die spanischen, portugiesischen und holländischen Seefahrer in scharfen Wettbewerb mit Englands Kaufleuten; diese konnten aber dank des stärkeren Rückhalts durch eine bewusst maritim denkende Staatsgewalt und im Schutz ihrer Insellage – unberührt von den religiösen und machtpolitischen Wirren auf dem Konti-

nent – im Laufe des 17. Jahrhunderts schließlich die Oberhand über alle Konkurrenten gewinnen.

Die mittelalterliche Kultur kennt zwar nationale Spielarten, aber von nationalen Kulturen kann kaum die Rede sein. Soweit die Literatur lateinisch ist, von Klerus und Mönchtum getragen und dem kirchlichen Auftrag verpflichtet, Geist und Lehre des Christentums zu verbreiten, ist sie nicht nur sprachlich, sondern auch inhaltlich über die Grenzen der Stämme und Nationen hinweg einheitlich.

Aber auch die ritterliche Kultur des Mittelalters, die ja nicht nur in der Dichtung, sondern vor allem auch in den Lebensgewohnheiten und der menschlich-ethischen Haltung zum Ausdruck kommt, hat in Grundgehalten und Formen abendländischen Charakter. Die Wiege des Rittertums waren die Höfe der großen französischen Herren, der Herzöge und Grafen, die die Ritterschaft der einzelnen Landschaften um sich versammelten. Sie prägten und entwickelten den ritterlichen Lebensstil, den Minnesang, ja die höfische Literatur überhaupt, die von hier aus auf das übrige Europa ausstrahlte.

Freilich wird man sagen dürfen, dass die ethische Vertiefung des ritterlich-christlichen Gedankenguts, das zur Einheit der beiden Komponenten strebt, nirgends so weit gedieh wie in Deutschland. Das übrige Abendland hat dem »Parzival«eines Wolfram von Eschenbach (1170–1220) nichts Gleichwertiges an die Seite zu stellen. Daneben ist Walther von der Vogelweide (1190–1230), der als politischer Spruchdichter im großen Kampf zwischen Kaisertum und Papsttum Partei genommen hat, im Reichtum seines lyrischen Werks, das von der hohen Formkunst höfischen Minnesangs bis zur tagesbezogenen Zeitdichtung reicht, von keinem europäischen Zeitgenossen übertroffen worden.

Das staufische Zeitalter mit seinen weitgespannten politischen und geistigen Horizonten bildet den Hintergrund auch der ritterlich-höfischen Dichtung des deutschen Mittelalters. Die einzelnen Sprach- und Kulturlandschaften Deutschlands lösen im Gang der hochmittelalterlichen Dichtungsgeschichte einander ab. Am Anfang stand Rheinfranken, daneben gab es den alemannisch-schwäbischen und den bayerisch-österreichischen Raum. Gegen Ende des 13. Jahrhunderts meldete sich nach dem thüringischen das böhmisch-meißnische Gebiet und das östliche Norddeutschland.

Das grundlegend Neue dieser Dichtung war: Der Geistliche tritt zurück, der ritterliche Dichter beherrscht das Bild. Mit seiner Dichtung wollte er, ähnlich dem Sänger des altgermanischen Heldenliedes, eine Welthaltung, einen bestimmten Lebensstil von vorbildhaftem Charakter gestalten und verkünden. Inhalt und ständig variiertes Thema war die »Hohe Minne«, die zwar Erfüllung fordernde, aber als unerfüllbar akzeptierte Liebesbeziehung zwischen dem dienenden Ritter und der – verheirateten – »frouwe«, der Herrin, die dem Minneherrn durch ein Zeichen ihrer »hulde« den »hohen muot« verleiht, die Hochstimmung, die

zu Heldentaten befähigt. Zwischen Liebe und Tat als Spannungspolen entfaltet sich die ritterliche Lebensform. Höfisch sein heißt für den ritterlichen Dichter, vorbildlich und vollkommen im Sinne eines schließlich zum Ritual erstarrenden ritterlichen Lebensideals den ganzen Menschen formen.

Die Baukunst zeigte in Deutschland wie im übrigen Abendland nördlich der Alpen den künstlerischen Schöpfungswillen der adligen Eigenkirche. In Deutschland aber war der romanische Kirchenbau darüber hinaus Ausdruck der deutschen Kaiseridee. An den großen Dombauten von Mainz, Speyer, Worms, Bamberg, Hildesheim und Magdeburg ist das besonders deutlich abzulesen.

Die hochmittelalterliche Gotik wiederum wurde zum Ausdruck der neuen geistigen und sozialen Kräfte einer späteren Epoche. Im wesentlichen vom hohen Klerus und vom Bürgertum getragen, weist sie in die bürgerliche Spätzeit, gehört sie in engen Zusammenhang mit der Entfaltung des bürgerlichen Profanbaus, der Pfalz- und Burgbauten überflügelt, so wie in der bildenden Kunst das Tafelbild die ältere Plastik verdrängt. Im 15. Jahrhundert kann man im Zuge des sich stetig verstärkenden Realismus deutlich das Wachstum nationaler Stile in der bildenden Kunst beobachten.

Es ist kein Zufall, dass nach dem Niedergang des von den Deutschen geführten abendländischen Imperiums Frankreich die Führung in der Architektur übernahm. Der Initiative des Abtes Suger von St. Denis verdankt die gotische Wölbungskunst ihren Ursprung. Reims, Chartres, Laon, Amiens und Rouen folgten seinen ersten Versuchen und prägten so für das gesamte christliche Abendland den Stil der Gotik, die von den Italienern freilich als germanisch-barbarisch, eben »gotisch« empfunden und benannt wurde.

Die divergierenden geistigen Strömungen des Spätmittelalters, die seelische Unruhe der Mystik, der deutlich erkennbare Aufbruch des Rationalismus und damit der beginnenden Skepsis gegenüber dem kirchlichen Dogmatismus konnten auf die Dauer auch von der Scholastik, die Glaube und Erkennen in einer höheren Einheit zu verschmelzen suchte, nicht gebannt werden. So bedeutend das Gedankengebäude etwa eines Thomas von Aquin (1224/25–1274) auch für seine Zeit gewesen sein mochte – die geistige Dynamik der Zeit, ihre tiefen revolutionären Kräfte konnte es nicht in Fesseln legen. In der Scholastik aber wurzeln die seit dem 13. Jahrhundert entstehenden Rechtsschulen und Universitäten (u. a. Paris, Bologna und Oxford noch vor

1200; Cambridge 1209; Padua 1222; Lissabon 1290; Prag 1348; Krakau 1364; Heidelberg 1386). Sie sind danach zu den eigentlichen Trägern der geistigen Revolution des Abendlandes geworden.

Die Zeit von 1300 bis zum Ende des 15. Jahrhunderts trägt deutlich den Charakter einer Übergangszeit. Altes brach zusammen; Neues drängte an die Oberfläche, fand aber keine feste Gestalt. Widerspruchsvolle Tendenzen standen unverbunden nebeneinander oder gingen die eigenartigsten Verbindungen miteinander ein. Es ist durchaus nicht so, dass das Hochmittelalter eine Zeit der klassischen Ruhe und vollendeten Form gewesen wäre. Unruhe war auch diesem Zeitalter schon zu eigen. Aber es kam doch zur Ausprägung klarer Ideen im weltanschaulichen Bereich, es formten sich feste soziale Formen und allgemeingültige Bindungen, die dieser Zeit ihr bestimmtes und unverkennbares Gepräge geben. Dies alles versank nun. In allen Lebensbereichen trafen die treibenden Mächte aus der Tiefe nicht mehr auf eine gestaltende und formende Kraft. Auf politischem Gebiet war das Kaisertum des Hochmittelalters, das unter den Staufern seine letzte universale Ausprägung gefunden hatte, zusammengestürzt. Die hochmittelalterliche Einheit Europas oder wenigstens Mitteleuropas ging verloren. Italien löste sich von Deutschland, das in eine Unzahl kleinerer geistlicher und weltlicher Herrschaftsgebiete zerfiel, die einander befehdeten.

Das Kaisertum war kaum mehr als eine Erinnerung; machtpolitisch galt es nur soviel, als ihm an Hausmacht eigen war. Das habsburgische Reich ist seinem Wesen nach mit dem hochmittelalterlichen Kaisertum durchaus nicht zu vergleichen. Letzteres war gegründet auf eine Idee, in der sich politische Realität mit weltanschaulichem Sendungsauftrag zu einer eigenartigen Einheit verflochten hatte. Das Habsburger Reich hingegen war ein Ergebnis moderner dynastischer Erb- und Hausmachtpolitik; die religiöse Einheit seiner Bürger bildete nur mehr die weltanschauliche Folie, war nicht mehr die gestaltende Idee. Der Sendungsgedanke des mittelalterlichen Reiches fehlt hier vollständig. Man hat Kaiser Maximilian I. (1493–1519) »das Musterbeispiel dynastischer Erbschaftspolitik« genannt, gewiss auch den »letzten Ritter«, aber er gehörte mehr in die neue Zeit. Sein Versuch, nach burgundischem Vorbild Reformen im Reich durchzuführen, scheiterte, doch die Zentralverwaltung der österreichischen Erblande gelang.

Aber auch das innere soziale und politische Gefüge änderte sich in jener Übergangszeit grundlegend. Die Welt des Feudalismus, des Lehnswesens, versank und mit ihr die ständische Gliederung in Gesellschaft und Staat. Der Ritterstand verlor mit dem Niedergang des Reiches und der alten ständischen Ordnung seine Lebensaufgabe und damit seine Daseinsberechtigung. Ohne eine politische Mission versank er in Landjunker- oder Raubrittertum. Die neue politische Ordnung des zunehmend absolutistisch regierten Territorialstaats zeichnete sich ab.

An die Stelle des funktionellen Staatsaufbaus des alten ständischen Systems, das den Boden nur einer bestimmten politischen Funktion, einem politischen Auftrag als Lehen zuordnete, trat nun der Besitz als Eigentum, traten Grund und Boden als politisch maßgebende und Recht setzende Wirklichkeiten.

Der Entwicklung des Territorialstaates im Bereich der alten führenden Feudalmächte entsprachen auf mittlerer Ebene die neuen politischen Realitäten des Städtewesens, des Stadtbürgertums. Auch hier erwuchs die politische Macht im grundlegenden Gegensatz zu den eigentlich mittelalterlichen Machtvorstellungen aus dem Besitz, der hier freilich weniger als Grundbesitz, sondern als Güterreichtum in Erscheinung tritt, der handwerklicher und händlerischer Betätigung entspringt.

Die Entwicklung dieses neuen Elementes staatlicher Wirklichkeit hat sich zuerst in Italien, schon unter Friedrich Barbarossa, angebahnt. Aber auch die Kirche, neben dem Reich der zweite tragende Grundpfeiler der hochmittelalterlichen Welt, musste am Ende des Mittelalters tiefe Wandlungen hinnehmen. Die Demütigung von Kaiser und Reich hatte sich als Pyrrhussieg der Kirche erwiesen. Der Zerfall der europäischen Einheit war der religiösen Einheit kaum förderlich, der Missionsgedanke musste erlahmen; die entfesselten partikularen Gewalten aber und die aufstrebenden nationalen Individualitäten waren noch weniger als vorher das Kaisertum geneigt, sich dem Machtspruch und der Vorherrschaft des Papsttums zu beugen.

Mit diesen Verhältnissen hängt der Verfall der klösterlichen Kultur, insbesondere der Literatur, aufs Engste zusammen. Da Organisation und Glaubensleben auseinander fielen, verloren die alten kirchlichen Lehren allmählich an Geltung und Macht. Neue Wege zu Gott wurden gesucht. Die einen versenkten sich in die Tiefen der Seele und gelangten zur Mystik, andere aber wurden vom Zweifel an der Richtigkeit der kirchlichen Überlieferung schlechthin ergriffen.

Rechte Seite: Kartäusermönche von Pavia auf einem Gemälde des 15. Jahrhunderts. Neben Missionsaufgaben erwarben sich die Mönchsorden des Mittelalters große Verdienste um Kultur und Wissenschaft. Sie bewahrten die Schriften der antiken Philosophen, führten Buch über die Geschehnisse der Gegenwart und erprobten neue Techniken der Landwirtschaft und des Gartenbaus.

AUSSEREUROPÄISCHE HOCHKULTUREN

China

Ohne irgendeinen nachhaltigen Wirkungszusammenhang mit den vorderasiatischen Hochkulturen hat sich die Hochkultur Chinas entfaltet. Ihr Ausgangspunkt war der mittlere Howangho.

Zwischen dem 6. und dem 2. Jahrtausend v. Chr. existierten in China verschiedene Steinzeitkulturen, die durch reichhaltige Funde (unter anderem bemalte Töpferware und schwarze Keramik) belegt sind. Nach und nach kristallisierten sich in den Regionen zwischen Jangtse und Hwangho kleinere frühfeudalistische Bauernstaaten heraus. Irgendwann im 3. Jahrtausend muss der Gedanke an eine zentrale Gewalt aufgetaucht sein. Jedenfalls erscheinen in den späteren Geschichtswerken die Namen legendärer Kaiser, und für die Zeit zwischen 2852 und 2205 ist in der Literatur eine erste Dynastie belegt – archäologische Zeugnisse für diese legendären Herrscher fehlen allerdings.

Im 18. Jahrhundert v. Chr. tritt dann die erste nachweisbare Dynastie in den Gang der Geschichte ein: die Schang. Sie sind Großkönige mit Priesterfunktionen. Doch noch immer rivalisieren einzelne Staaten um den Vorrang: Die Schang werden von den an der Westgrenze ihres Einflussbereichs lebenden Tschou in blutigen Kämpfen gestürzt und die Tschou-Dynastie (um 1122–256 v. Chr.) begründet.

Im Staatsaufbau gab es erhebliche Unterschiede zu den vorderasiatisch-ägyptischen Verhältnissen. Die Stellung des Herrschers als »Sohn des Himmels« ist noch am ehesten der des ägyptischen Pharao vergleichbar. Gänzlich andersartig aber ist das schon sehr früh ausgeprägte und den gesamten Ablauf der chinesischen Geschichte beherrschende Lehnssystem mit Lehnsfürsten von souveräner Machtstellung in ihren Teilreichen, der die Schwäche der Zentralgewalt entsprach.

Von Beginn an ist eine hohe materielle Kultur zu beobachten. Seide, Leinen, Pelze waren hochentwickelte Bekleidungsmaterialien; gleiches gilt für die schon sehr früh porzellanähnliche Keramik; Elfenbeinschnitzerei und feinste Bronzegusstechnik runden das Bild ab. Die gesellschaftliche Gliederung der frühen chinesischen Hochkultur ist nicht sicher erkennbar. Immerhin gab es sowohl Sklaven als auch relativ »freie« Bauern. Die chinesische Schrift ist von Anfang an eine Schrift, die Bild und Lautsymbol miteinander verbindet. Pferd und Streitwagen waren die Werkzeuge der politischen Überlegenheit und Herrschaft der Schang über ihre Nachbarn. Beide revolutionierten die Kriegführung, die der adligen Erobererschicht vorbehalten blieb. Als höchster Gott der vaterrechtlich organisierten adligen Sippenverbände waltete »Ti« als König des Himmels, umgeben von vergotteten Ahnen und Naturgöttern, Dämonen und Geistern, die überall dem Menschen begegnen und ihn gefährden, vor denen er sich schützen muss. Der chinesische Ahnenkult, in seiner Art wiederum original und ohne Vergleich mit ähnlichen Erscheinungen der übrigen Hochkulturen, ist in dieser frühen Epoche schon vollständig ausgeprägt. Der Familienvater ist als Priester dieses Kults ab der Tschou-Zeit nachweisbar. Er hat seine Rolle im geschichtlichen Schicksal Chinas bis in unsere Zeit hinein gespielt. Das Orakel hatte im chinesischen Kult bis hinauf zum Kaiser eine bedeutende Funktion.

Die Tschou-Dynastie bildete den Feudalstaat der Schang-Epoche aufs Feinste aus, fügte aber ein neues Element der Entwicklung hinzu: die Stadt. Sie war rechteckig angelegt, mit regelmäßigen Straßen und dem Palast als Verwaltungszentrum in der Mitte, der von einer Mauer umgeben war. Ihre Funktion war die einer Siedlung der adligen Herrenschicht und ihrer Diener. Ihre Versorgung erfolgte zuerst durch die Arbeit von Familien, die im Frühjahr vor die Tore zogen, Land der Umgebung rodeten und nach dem System der ursprünglich nomadischen Brandwirtschaft nutzten. Nach der Ernte zogen sie mit dem Ertrag zurück in die Stadt, wobei sie dem Lehnsfürsten als Stadtherrn ein Neuntel des Ertrags ablieferten.

Im Fortgang der Entwicklung übernahm dann der ansässige chinesische Bauer, der mit dem Pflug intensiver zu wirtschaften gelernt hatte, die Versorgung der Städte. Mit seiner Gemeinde aber blieb er autonom, nur einer örtlichen Selbstverwaltung unterworfen. Die Ausbildung der bäuerlichen Abhängigkeit ist eine viel spätere Erscheinung, die sich im Lichte der jüngeren chinesischen Geschichte vollzog. Ihre Parallele fand sie im Zerfall der Zentralgewalt und im

Aufstieg weniger, immer mächtiger werdender Teil-Lehnsstaaten, wie wir dies ähnlich auch in der deutschen Entwicklung beobachten können. Die Reformgedanken Kungfutses (Konfuzius) zielten darauf ab, einen strengen Sittenkodex zu sichern und durch Prägung eines neuen Ideals des »Edlen«, ausgezeichnet durch Haltung und nicht durch Geburt, dieser Auflösung der feudalen Staatsordnung entgegen zu treten. Auch andere Philosophen, wie Mo Ti oder Laotse, der Lehrer des Taoismus, haben versucht, dem chinesischen Menschen in den Zeiten des Verfalls eine neue Weltsicht und Lebensanschauung und damit eine neue Ordnung zu geben. Die mystische Lehre des Tao, des Ur-Einen, trat neben die Verehrung der Staatsgottheiten. Der Mensch, der die Verbindung mit dem Tao verloren hat, muss sie wiedersuchen. Wer sie sucht, wird tugendhaft sein. Besonders die Gedanken Kungfutses hatten großen Einfluss auf die spätere chinesische Staats- und Sozialordnung, konnten aber den Verfall der Zentralgewalt und die Auflösung des Reiches in absolutistische Einzelstaaten während der »Periode der kämpfenden Reiche« (480–249 v. Chr.) nicht verhindern.

Pferd, Kutsche, Wagenlenker und Würdenträger; Ausschnitt aus einem Grabrelief der Han-Zeit. Unter dieser Dynastie erreichte das »Reich der Mitte« neben einer wirtschaftlichen Blüte seine größte geografische Ausdehnung.

In der chinesischen Geschichte begann eine neue Epoche, als die Fürsten von Tsin, die Herrscher eines westlichen Teilstaates, das gesamte Reich unter ihrer Herrschaft einten (221). Der alte Feudalstaat wurde nun durch den absolutistischen Einheitsstaat abgelöst. Der Kaisertitel wurde eingeführt. Tsin-Schih-Huang-Ti, »erster erhabener Herrscher von Tsin« (221–209), trägt ihn zum ersten Mal. Der Zentralstaat stützte sich auf eine Beamtenschaft, in die auch Angehörige niedriger Stände nach Ablegung komplizierter Staatsprüfungen aufsteigen konnten. Die Wirtschaft wurde durch Vereinheitlichung von Maßen und Gewichten gefördert. Auch die Schriftzeichen wurden standardisiert. Ein einheitliches Recht für alle Landesteile löste allmählich das lokal gebundene Gewohnheitsrecht ab. Sozial bedeutete der Tsin-Absolutismus durch seine gegen die adligen Feudalgewalten gerichtete Bodenreform (Freigabe des Eigentums an Grund und Boden) zunächst einen gewissen Fortschritt. Dennoch blieb der Adel auch danach bestimmendes Element, wenn er sich auch vom alten Feudaladel allmählich zu einem Schwert- und Beamtenadel umbildete.

Die Anhänger der alten Ordnung, vor allem die konfuzianischen Gelehrten und Priester, sollten durch die vom Kaiser im Jahre 213 durchgeführte Bücherverbrennung entmachtet werden. Es wurden sogar 400 Gelehrte lebendig begraben, um jede Reaktion im Keime zu ersticken.

Der Tsin-Staat trieb zugleich eine imperialistische Ausdehnungspolitik. Die Stoßrichtung ging nach Süden, gegen Norden und Westen dagegen verhielt sich China defensiv, wie der Bau der Großen Mauer, gegen die benachbarten Nomaden, vor allem die Hunnen,

gerichtet, beweist. Die Mauer muss man sich ursprünglich gleich dem römischen Limes als einen befestigten Erdwall vorstellen, bevor dann durch den Bau und die Zusammenfassung einzelner befestigter Abschnitte die gewaltige Schutzanlage entstand.

Auf die Tsin- folgte die dem niederen Adel entstammende Han-Dynastie, unter deren Regiment das chinesische Reich eine Blütezeit erlebte. Ihre Herrschaft umfasste die Jahre 206 v. bis 220 n. Chr. Konfuzius und seine Lehre kamen wieder zu Ehren, der Konfuzianismus wurde Staatsideologie. Die Macht der Zentralgewalt war allerdings immer wieder durch Hofintrigen der einflussreichen, mit dem Kaiserhaus verwandten Hochadelssippen bedroht, die vor allem bei jedem Thronwechsel um ihren Einfluss kämpften. Unter Wu-ti (141–86 v. Chr.) wurde der Höhepunkt der Entwicklung erreicht. China dehnte sich bis nach Hinterindien und Korea aus. Überall herrschte der »chinesische Frieden« (»Pax Sinica«, vergleichbar der römischen »Pax Augusta«). Zur See und über die zentralasiatische Seidenstraße traten China und die römischgriechische Welt des Mittelmeeres in Beziehung zueinander. Waren wurden ausgetauscht, kulturelle Bindungen geknüpft. Aber noch kam es zu keinem echten weltpolitischen Zusammenhang. Ein chinesischrömisches Bündnis gegen die aus Innerasien hervorbrechenden, die Grenzräume Roms in Kleinasien ebenso wie die Chinas im Westen bedrohenden Parther lag sozusagen in der Luft, ist aber über die für damalige Vorstellung riesigen Entfernungen hinweg nicht zustande gekommen. Der Buddhismus drang seit dem 2. Jahrhundert n. Chr. langsam über Mittelasien nach China ein, daneben aber behauptete der Konfuzianismus seinen führenden Rang. Erst im Jahre 335 n. Chr. wurde Chinesen erlaubt, Mönch zu werden. Die Aufnahme des Buddhismus erfolgte um so leichter, als Taoismus und Buddhismus einander ergänzten.

Geldwirtschaft, Handel und Handwerk entwickelten sich in der Han-Epoche immer mehr. Dennoch blieb die Landwirtschaft das bestimmende Element. Zu große Ernten (angebaut wurden Hanf, Hirse, Reis, Weizen, Hülsenfrüchte; die Seidenraupenzucht und Seidengewinnung oblag den Frauen) gab es nicht, Missernten und häufige Naturkatastrophen führten zu Hungersnöten. Immer mehr aber schob sich, wie in der römischen Entwicklung, auch die auf der Grundlage der Sklavenhaltung entwickelte Latifundienwirtschaft in den Vordergrund. Agrarreformen – ähnlich der der Gracchen in Rom – versuchten die urtümliche Agrarverfassung des Brunnenfeldsystems wiederherzustellen. Das Brunnenfeld (benannt nach dem Schriftzeichen für Brunnen, d.h. vier rechtwinklig sich kreuzende parallele Linien, die neun gleichgroße Quadrate ergeben) war ein Staatsacker, der in Gemeinschaftsarbeit bestellt wurde und um den die bäuerlichen Eigenfelder gelagert waren. Die Reformversuche blieben aber auf die Dauer gesehen ohne Erfolg.

Die Gelehrten, aus deren Kreis auch die Beamten der Reichsverwaltung stammten, gewannen große Bedeutung im Staat. Die oberste Klasse bildeten die Mandarine. Sie gingen aus der neu sich formenden Großgrundbesitzerschicht hervor und lösten im Zeichen der Latifundienwirtschaft den alten Feudaladel ab.

Das Ende der Han-Dynastie brachte den Chinesen nicht nur die totale Auflösung des Reiches, sondern auch den Einbruch mongolischer Völker wie der Hunnen und deren Fremdherrschaft. Im 3. und 4. Jahrhundert n. Chr. gab es in Nordchina kurzlebige Dynastien und Reichsbildungen der Eindringlinge, zeitweilig sind 16 Staaten feststellbar, und nur der Süden hat noch ein einheimisches Herrscherhaus vorzuweisen.

Die Fremdherrschaft hinterließ bleibende Spuren im chinesischen Volkscharakter und Staatsleben, sie konnte jedoch die einheimische Kultur nicht von Grund auf verändern. Wie die romanischen Völker des zerfallenden Imperium romanum die Germanen aufgesogen haben, so auch die Chinesen ihre zeitweiligen politischen und militärischen Überwinder.

Eine Wende trat ein, als es der Sui-Dynastie 589 gelang, das Reich unter ihrer Herrschaft zusammenzufassen. Bis zu ihrem Ende (618) war der Buddhismus die wichtigste Religion in China geworden. Das Erbe der Sui-Kaiser wurde zu Beginn des 7. Jahrhunderts von der bedeutenden Tang-Dynastie angetreten. Abgesehen von der glänzenden Periode unter Kaiser Tai-tsung (627–649) erlebte aber auch das Tang-Reich ständige Palastwirren und Usurpationen, die seine innere Einheit ebenso schwächten wie seine Abwehrkraft nach außen. Dennoch kam es in der ersten Hälfte des 8. Jahrhunderts in einem Abschnitt verhältnismäßiger Ruhe zu einer kulturellen Blütezeit.

Nach dem Untergang der Tang-Dynastie im Jahre 907 folgte eine Periode erneuter Anarchie, die erst durch die Ausrufung eines Soldatenkaisers, des Generals Tschao Kangyin, im Jahre 960 beendet wurde. Die von ihm begründete Sung-Dynastie herrschte bis 1279, dem Jahr des großen Mongoleneinfalls über China. Der Außenhandel wurde belebt; das Land erlebte eine Wirtschaftsblüte. Im Norden musste jedoch die Herrschaft der Tungusen geduldet werden. Unter Dschingis-Chan (gest. 1227) und seinem ersten Nachfolger kam es zu einem Bündnis der Mongolen und der Sung-Herrscher gegen die Partikulargewalten im Norden, aber im Augenblick des Sieges über die Teilreiche des Nordens begann auch schon die Rivalität zwischen den Verbündeten.

Die Mongolendynastie der Yüan trat unter dem Groß-Chan Kubilai (1260 bis 1293) ihre Herrschaft über China an. Dieser Herrscher über das mongolische Großreich und über China hatte weitgesteckte Eroberungspläne.

Jang-ti aus der Sui-Dynastie promeniert mit seinen Damen im Garten. Sowohl die chinesischen Kaiser wie ihre Höflinge umgaben sich mit möglichst vielen Frauen und Konkubinen, auf deren gutes Benehmen besonderer Wert gelegt wurde. In einem der zahlreichen Ratgeber für Hofdamen heißt es: »Forme deinen Charakter wie mit der Axt, glätte ihn wie mit dem Meißel«.

Er eroberte Teile von Burma, scheiterte jedoch bei einem groß angelegten Unternehmen zur Eroberung Japans. Über sein Reich, das sich von Korea bis Persien, vom Südmeer bis zum Baikalsee erstreckte, hat schon der venezianische Reisende Marco Polo den staunenden Zeitgenossen berichtet. Unter seiner toleranten Herrschaft wurden die großen Religionen der Welt, Christentum, Islam und Buddhismus gleichermaßen geduldet. Die Grenzenlosigkeit des Reiches eröffnete Handel und Reiseverkehr großartige Möglichkeiten: Es kam zu einer wirtschaftlichen und kulturellen Blüte. Diese innere Erstarkung, durch geschickte diplomatische Zusammenarbeit der Unterworfenen mit den ausländischen Herrschern ermöglicht – wobei die Mongolen auf ihre sonst übliche Taktik der Verwüstung unterworfener Länder verzichteten –, legte den Grund für die schon 1348 ausbrechende Erhebung gegen die Fremdherrschaft, die mit deren Sturz und dem Sieg der einheimischen Ming-Dynastie im Jahre 1368 endete. Unter Yung-Lo (1403–1424) erlebte das Ming-Reich den Gipfel seiner Macht. Unter ihm begann, durch Forschungsreisen des Gelehrten Tscheng-Ho vorbereitet, der Strom der Auswanderer und Handelsreisenden Chinas in die Inselwelt Südostasiens zu fließen, der erst in der Ära Mao Tse-tungs zum Stillstand kommen sollte.

Die innere Entwicklung Chinas im Mittelalter zeigt trotz häufigen Wechsels von Perioden der Machtkonzentration und der Auflösung auf vielen Gebieten eine gewisse Stetigkeit. Die Feudalwelt versank, die Entwicklung eines Berufsbeamtenstandes, der sich durch gelehrte Bildung ausweisen musste, bestimmte zunehmend die politische Struktur; der ritterliche Grundherr wurde von dem wirtschaftlich führenden Stand des als Händler und Verpächter tätigen Unternehmers abgelöst. Zivil- und Militärverwaltung waren bereits seit der Sung-Dynastie getrennt.

Im Bereich der Wirtschaft konnte auch das Ming-Reich das alte Problem Chinas, den Ausgleich zwischen Jahren der Agrarüberschüsse und der Missernten, nicht lösen, trotz mancherlei Versuchen agrarischer Reformen. Der Steuerdruck und die Militärdienstpflicht lasteten weiterhin schwer auf dem Bauernstand – so gab es immer wieder Landflucht und die Bildung vagabundierender Menschengruppen, die sich revolutionären Bewegungen und militärischen Usurpationsversuchen da und dort zur Verfügung stellten, nachdem sie vorher dem Zwang des örtlichen Steuererfassungs- und Rekrutierungssystems durch die Wanderschaft entgangen waren. Den bedeutendsten

Aufschwung erlebte im mittelalterlichen China der Binnen- und Fernhandel, gestützt auf den Ausbau des Kanalsystems und einer Handelsflotte beachtlichen Ausmaßes. Die Überland- und Überseeverbindungen reichten bis nach Persien, Indien, Arabien, Japan und in die Inselwelt des malaiischen Archipels. Eine wichtige Mittlerrolle spielten dabei arabische Händler, die den Austausch der in China bis ins 5. Jahrhundert hinein begehrten Glaswaren gegen chinesische Produkte vermittelten, vor allem wurde das berühmte chinesische Papier in die Mittelmeerländer und nach Westeuropa gebracht. Später gelangten chinesische Erfindungen auf diesem Weg ins Abendland: Schießpulver, Raketen, die Anwendung von Salpeter und die Magnetnadel (11. Jahrhundert).

Die religiöse Entwicklung Chinas im Mittelalter vollzog sich unter der Vorherrschaft des Buddhismus, etwa der des Christentums in Europa vergleichbar. Der chinesische Buddhismus ist eine Synthese der ursprünglichen Lehre Buddhas mit der geistigen Tradition des Landes. Auch hierin zeigt sich die Parallelität zur religiösen Entwicklung im Abendland. Buddha hatte seine Religion als für alle Menschen gültige Lehre konzipiert. Sie war im wesentlichen Soziallehre, was ihr größtes Anziehungsvermögen auf die breite Masse der Armen und Entrechteten einbrachte.

Die buddhistischen Lehrer brachten indische Philosophie und ebenso mathematische und astronomische Kenntnisse nach China mit; tief reichte ihr Einfluss in das chinesische Geistesleben hinein, ebenso wie durch sie auch indische Kunstvorstellungen mit der religiösen Plastik, Malerei und dem Sakralbau in die chinesische Tradition einflossen. Stützpunkt des Buddhismus wurden vor allem die Klöster.

Anders als das Christentum im Abendland war der Buddhismus duldsam gegenüber anderen Religionen. Das Fehlen einer Hierarchie ließ es zu keiner Spannung zwischen Kirche und Staat kommen, wie sie das christliche Abendland im Mittelalter kennzeichnet. Seine offene innere Struktur war der dogmatischen Erstarrung abhold, ermöglichte eine stetige innere Fortentwicklung und Anpassung an die Bedürfnisse der Massen und verhinderte so die Gefahr der Spaltung in dogmatische Sonderrichtungen.

Neben den ursprünglichen chinesisch-buddhistischen Erlösungskult trat im Gang der religiösen Entwicklung die indische Yogalehre mit ihrem Streben nach ekstatischer Vereinigung der Einzel- und der Weltseele. Sie soll durch Konzentration und Meditation erreicht

Linke Seite: Mongolische Reiter im Kampf. Persische Miniatur. Nach der Eroberung Pekings (1215) durch die Truppen Tschingis-Chans nahm dessen Enkel Kublai-Chan die chinesische Kaiserwürde an und begründete die mongolische Yüan-Dynastie. Ob unter mächtigen Dynastien vereint, in einander bekriegende Teilstaaten zerfallen oder von fremden Herrschern unterworfen – immer behauptete sich China als kulturelle Einheit.

werden, die geistige Kräfte freimachen und den Yogi von seiner Umwelt loslösen sollen. Schließlich endete diese Weiterentwicklung des Buddhismus in der volkstümlichen Magie des Tantrismus, der durch Opfer, Gebet, Versenkung und Beschauung, durch sittliche Reinheit und Güte den Menschen in den Besitz übernatürlicher Kräfte bringen will, mit denen er selbst über den Gang der Natur triumphieren und ihre Gesetzmäßigkeiten überspielen kann. Der Tantrismus beeinflusst sehr stark auch den Lamaismus.

Der Buddhismus musste sich zu jeder Zeit mit volkstümlichen religiösen Traditionen, aber auch mit anderen Lehren ausländischer Herkunft, so mit der Lehre Zoroasters, mit dem Christentum und dem Islam auseinandersetzen. Daneben erwuchsen ihm in der einheimischen Philosophie bedeutsame Gegenströmungen. Fan Tschen (450–515) vertrat in seiner Abhandlung über die »Sterblichkeit der Seele« die Ansicht, dass Seele und Körper in funktionellem Zusammenhang stehen und gemeinsam mit dem Tod vergehen. In engerer Verbrüderung mit dem Buddhismus stand dagegen die scholastische Philosophie der Sung-Zeit, vor allem aber auch die Moralphilosophie Tschu-hsis (1125–1200). Die moralische Interpretation der Geschichte stand im Mittelpunkt seiner Werke.

Das chinesische Mittelalter hat aber auch in den Bereichen Dichtung, Geschichtsschreibung, der Literaturwissenschaft und der Geografie bedeutende Leistungen hervorgebracht. Religiöse und weltliche Motive bestimmten gleichberechtigt den Inhalt – etwa der bedeutenden frühmittelalterlichen Lyrik –, besondere Beachtung aber schenkte man der formalen Vollendung. Die Mongolenzeit hat in den Formen des Romans und des Dramas auch einer sicherlich längst in der mündlichen Überlieferung lebendigen Volksdichtung literarischen Rang verliehen. Historische, ritterliche Themen, Sittenschilderungen, allgemeine Lebensfragen bestimmten den Inhalt des mittelalterlichen chinesischen Romans. Tanz und Theater gab es bereits in der Han-Zeit, sie entwickelten sich über Possenspiele und gesungene Balladen zu Drama und einer Art Oper. Geschichte und Sage lieferten den Inhalt. In der Art, wie patriotische oder allgemein menschliche Heldentaten darin gestaltet werden, ergeben sich mancherlei Anklänge an das abendländische Barocktheater, wie auch die Gattungen des historischen, des bürgerlichen, des mythologischen und des Charakterdramas gewisse verwandte Züge mit der Schauspiel- und Operndichtung Europas aufzuweisen haben.

Seit Beginn der Neuzeit unterlag China immer mehr dem Einfluss europäischer Ideen und Mächte. Die Entwicklung begann mit dem Eindringen des europäischen Handels durch die Initiative der Portugiesen 1514 und 1516 (Kanton) und der Tätigkeit der Jesuitenmissionare seit den achtziger Jahren des 16. Jahrhunderts. Um diese Zeit hatte die Ming-Dynastie ihren Höhepunkt bereits überschritten. Günstlingswirtschaft bei Hofe, beständige Unruhen im Reich schwächten das Regime so, dass die Ch'ing oder Mandschu, Nachfahren der halbnomadischen Dschurdschen, die Macht an sich reißen und mit der Ch'ing-Dynastie (1644–1911) eine 268 Jahre währende Fremdherrschaft in China errichten konnten, die unter den Kaisern Kang-tsi (1662–1722) und Kien-lung (1739–96) ihre Höhepunkte erlebte. Aber nur vorübergehend gelang den Mandschus das Experiment, ein Riesenreich durch eine kleine Herrenschicht zu führen.

Straffe militärische Organisation, Beamtenhierarchie und konfuzianisches Dogma sollten die Säulen dieser Herrschaft sein und ihre Dauer garantieren. Unter der Decke des Gewaltregimes aber lebte der Volkswiderstand in politischen Geheimgesellschaften weiter, doch erst seit der Mitte des 19. Jahrhunderts konnten sie im Zusammenspiel mit den europäischen Eindringlingen, zu denen sich gegen Ende des Jahrhunderts auch die neue fernöstliche Macht Japan gesellte den Zusammenbruch der Reichsmacht herbeiführen. Diese Entwicklung wurde durch den Opiumkrieg von 1840 bis 1842 eingeleitet, durch den England und Frankreich die chinesische Regierung zwangen, ihre Gegenmaßnahmen gegen die verheerenden Auswirkungen des europäischen Opiumhandels wieder aufzugeben und im Vertrag von Nanking (1842) Hongkong abzutreten und fast alle wichtigen Häfen dem Europahandel zu öffnen.

Der Verfall des Reiches wurde durch die imperialistischen Bestrebungen der europäischen Großmächte, der USA und Japans beschleunigt. Das gewaltsame Eindringen imperialistischer Interessen führte zu einer extremen Steigerung des Fremdenhasses, wurde zur stärksten Antriebskraft des chinesischen Nationalismus. 1856–60 führte China Krieg gegen Großbritannien und Frankreich, 1894–95 gegen Japan. Ein von dem fremdenfeindlichen chinesischen Geheimbund der so genannten Boxer ausgelöster Aufstand veranlasste 1900 das Eingreifen Englands, Frankreichs, Russlands, Deutschlands, der USA und sechs weiterer Staaten. Deutsche und japanische Expeditionskorps er-

Basalt-Statue eines Bodhisattva, eines erleuchteten, heiligen Menschen und künftigen Buddhas, aus dem 12. Jahrhundert. Von Gautama Buddha begründet, wurde der Buddhismus zu einer der großen Weltreligionen. Er lehrt die Abkehr von den Leidenschaften der Welt, das Erlöschen des »Durstes der Sinne« und als Erlösung schließlich das Eingehen des Menschen ins Nirwana.

oberten Peking. Im »Boxerprotokoll« von 1911 wurde eine Reihe von Sanktionen gegen China verhängt. Die hiermit eingeleitete weitere Schwächung der zentralen Gewalt begünstigte den inneren Widerstand gegen das Kaisertum; im Jahre 1911 kam es zur Revolution gegen die kaiserliche Regierung und zur Ausrufung der Republik. Provisorischer Präsident wurde SunYat-sen. Sein Ziel:»Freiheit und Gleichberechtigung für China«.

Indien

Wie am Nil oder im Zweistromland ist die frühe indische Hochkultur im Einzugsgebiet eines großen Stromes, des Indus, entstanden,
der dem ganzen Subkontinent den Namen gegeben hat. Schon zu Beginn des 3. vorchristlichen Jahrtausends tauchen bei Mohenjo Daro
am Unterlauf und in Harappa im Gebiet der
Quellflüsse (Pandschab = Fünfstromland)
städtische Siedlungsformen auf. Sie erlebten
etwa von 2500 bis 1800 in der Harappa-Epo-
che ihre Blütezeit. Metallverarbeitung (Bronze) und Töpferscheibe waren bekannt. Die
Städte waren systematisch nach astrologischen
Gesichtspunkten angelegt, hatten mehrstöcki-
ge Häuser aus gebrannten Ziegeln mit Bädern
und Kanalisation.

Ob die Harappa-Kultur ohne äußere Einflüsse entstanden ist, lässt sich nicht schlüssig
beantworten. Ein gewisser Austausch mit den
mesopotamischen Kulturen ist jedoch nachweisbar. Im Zug der ersten indogermanischen
Wanderung stießen Streitwagen-Stämme zunächst nach dem Iran vor, spalteten dort einen Zweig nach Osten ab und drangen um
1500 v. Chr. durch die »Völkerpforte«, den
Khaiber-Pass, ins Pandschab ein.

Diese Einwanderung der Arier (Arya =
Edle), wie sich die Eroberer selbst nannten,
führte zum raschen Erlöschen der Induskul-
turen. An ihre Stelle trat das Hirtennoma-
dentum der Neuankömmlinge, die später auch
sesshaft wurden. Die Arier waren das geborene
Herrenvolk: Die Urbevölkerung, die Drawida, musste sich bedingungslos unterwerfen,
oder sie wurde vernichtet. Auf dem Gegensatz
zweier Rassen, den hellhäutigen Eroberern
und den dunkelhäutigeren Drawida, beruhte
bis in unser Jahrhundert hinein das Grundprin-
zip des indischen Kastensystems: Der arische
Adel bildete die höchste Kaste der Krieger,
in der zweiten Reihe stand die brahmanische
Priesterschaft, die dritte Kaste bildeten die
arischen Bauern, die keine Rassenmischung
eingegangen waren, und die vierte Kaste der
»Unberührbaren« oder Paria bestand aus den
Drawida und Ariern, die sich mit ihnen ver-
mischt hatten.

Von den Ariern waren die Veden, religiöse
Hymnen, mitgebracht worden. Sie bilden die
Grundlage der brahmanischen Religion.

Am Ende der Eroberungsperiode, der so
genannten frühvedischen Zeit, trat das Priestertum der Brahmanen vor dem Kriegeradel an
die erste Stelle in der sozialen Schichtung des
Volkes. Es hütete das Wissen um die heiligen
Dinge. Seine gelehrte Sprache war das Sansk-
rit; seit 800, in spätvedischer Zeit, wurde auch
eine nach semitischen Vorbildern entwickelte
Schrift gebraucht.

Nach der Brahmanenlehre ist »Rita«, die
Wahrheit, eine unpersönliche höchste Macht,
die aus dem Verborgenen heraus den gesamten Weltablauf regelt. Die gleiche Vorstellung
enthält das altiranische (altpersische) Avesta
unter dem Namen Asha, es erinnert zugleich
an die griechische »Moira«. Der Rita stehen
zahlreiche Göttergestalten gegenüber, die Na-
turerscheinungen verkörpern, wie etwa Ushas,
die Morgenröte, als verführerisches Weib dargestellt, oder Surya, der Sonnengott, ein Jüng-
ling, der auf seinem mit Flügelrossen bespann-
ten Wagen den Himmel durcheilt (das Bild der
Sonne!), oder Agni, der Feuergott. Eine Art
vergöttlichte Siegfriedgestalt ist Indra, der die
Dämonen, die Feinde der Götter, bekämpft
und den Urdrachen Vritra tötet, wodurch er die
himmlischen Wasser befreit, die auf der Erde
danach erst das Leben erwecken.

Die sich nach und nach entwickelnden re-
ligiös-philosophischen Ideen sind freilich
nicht mit der rationalen Denktechnik westlicher Welt zu vergleichen, sondern behielten
immer einen mystischen Charakter bei. Die
beiden Hauptvorstellungen des Brahmanis-
mus sind die Idee vom Urgrund der Welt, dem
Göttlichen, dem Brahman, und die Vorstellung
von Atman, der inneren Kraft der Einzelsee-
le. Ihre Vereinigung bringt erst die Erlösung
von allem irdischen Leid. Beide Kräfte stehen
in schöpferischer Spannung zueinander. Der
Begriff des Brahman aber ist doppelgesichtig.
Er meint in einen pantheistisch-atheistischen
Sinne »das Eine« des wesenlosen Kollektiven,
verbinde damit aber die monotheistische Vorstellung von »dem Einen«, das heißt von Gott.
Am Ende dieser religiösen Ideenentwicklung
steht die Vorstellungswelt der Upanishads, der
Fortsetzung der »Brahmanas« genannten theologischen Schriften in den Veden. Sie enthalten die Lehre vom ewigen Kreislauf, von der

Wiedergeburt und Wanderung der Seele, ein Geschehen, in das alle Menschen, aber auch Götter und Dämonen, ja alle Kreaturen einbezogen sind.

Das sittliche oder unsittliche Verhalten in einem Leben bestimmt Lust oder Qual des folgenden. Vielleicht spiegelt sich in diesen religiösen Ideen die seelische Entwicklung der Einwanderer in den fremdartigen tropischen Lebensraum. Die zupackend-optimistische Lebensanschauung der Frühzeit tritt zurück. Die Erlösungssehnsucht wird zur bestimmenden Daseinsmacht, ebenso der Glaube, aus dem ewigen, leiderfüllten Kreislauf durch das Aufgehen des Ich in ein leid- und todenthobenes Nicht-Ich, das große »Brahman«, entfliehen zu können.

Die politische Entwicklung im vedischen Indien wurde ebenfalls durch das erbitterte Ringen der Eroberer mit der einheimischen Bevölkerung bestimmt, aber auch der arabischen Einwandererstämme untereinander, die einzelne Teilreiche gründeten. So zeichnen sich verschiedene Völker und Herrscherpersönlichkeiten in dieser Epoche ab, etwa die Kurus mit der Ebene nördlich von Delhi als Stammland.

Südöstlich davon bildeten die Panchalas mit ihnen gemeinsam die Träger brahmanischer Kultur. Der Fluss Gandaki bildete die Grenze beider Staaten gegenüber weiter östlich gelegenen Reichen, unter denen der Staat Viheda mit seinem König Janaka hervorsticht. Er veranstaltete an seinem Hof große Redeturniere zwischen den Brahmanen des Westens und den Priestern seines Landes, in denen um tiefe religiöse Einsichten gerungen wurde.

Nur dunkel und mit mythenhaften Motiven durchsetzt ist das Bild, das die indischen

Heldenepen – gleich denen Homers für das heroische Zeitalter der Griechen – vom Heldenzeitalter der frühen indischen Stämme zeichnen. Geschichtlicher Kern ist aber sicherlich der große Kampf, den zwei Herrengeschlechter um das Reich der Kurus ausfochten. Man darf dieses Ereignis für die Zeit von 1000 bis 800 v. Chr. ansetzen. Darüber berichtet das Epos *Mahabhamta* in allen Einzelheiten, so wie Homer in seiner Ilias über den Trojanischen Krieg. Offenbar waren alle Völker Altindiens in dieses große Ringen verwickelt, das von dem Geschlecht der Pandavas im Triumph über ihre Gegner, die Kurus, gewonnen wurde.

Am Ende der vedischen Periode bahnte sich die geschilderte Erstarrung der Gesellschaftsordnung Indiens, des Kastenwesens an. Bis in die Gegenwart hinein hat es die Geschichte Indiens geprägt. Neben den vier obersten Kasten bildeten die einfachen Volksschichten viele Sonderkasten nach Berufsgruppen aus.

Eine neue Epoche politischer und religiöser Sammlung begann mit dem Zeitalter Buddhas (etwa 560–483). Die religiöse Vertiefung ging der politischen Konzentration voraus. Gautama Buddha (d.h. »der Erwachte«) verließ mit 29 Jahren seinen Geburtsstand, den fürstlichen Kriegeradel, und gründete eine Gemeinschaft, deren Anhänger den »mittleren Pfad« zwischen Lebensbejahung und Askese (Weltflucht) gehen lernten nach ihres Meisters Vorbild.

Buddha begab sich nach Benares, wo er seine über die Offenbarung der Veda hinweg gehende große Predigt hielt. Der Grundzug seiner Lehre ist die Sinn- und Wesenlosigkeit alles Irdischen. Ziel ist das in der Tiefe der Schöpfung, durch Versenkung in die Tiefen der Seele zu findende Nirwana.

Als fünf Grundregeln menschlichen Verhaltens gelten: Lebendige Dinge sollen nicht geschädigt werden, der geschlechtlichen Ausschweifung, der Falschheit und der berauschenden Getränke soll man sich enthalten und soll nichts nehmen, was nicht gegeben wird. Buddha predigte die tätige Nächstenliebe als sittlich-religiöse Pflicht. »Dies, ihr Mönche ist die heilige Wahrheit von dem Pfad zur Aufhebung des Leidens: Es ist der heilige achtgliedrige Pfad, der da heißt: rechter Glaube, rechtes Entschließen, rechtes Wort, rechte Tat, rechtes Leben, rechte Gedanken, rechtes sich Versenken.« Wer seiner Lehre und ihren Sittenregeln folgt, wird durch höhere Wiedergeburt als glücklicher Mensch oder Gott belohnt. Ins Extreme hinein wurde Buddhas Lehre durch Ma-

Junge indische Gesellschafts-
dame badet im Fluss. Wie
an die Hetären in Griechenland oder die Geishas in
Japan so wurden auch an
die indischen Freudenmäd-
chen hohe Anforderungen
gestellt. Dem »Kamasutra«
gemäß, dem Hauptwerk der
indischen Erotik, hatten sie
64 Künste zu beherrschen,
wozu nicht nur »Gesang, In-
strumentalmusik, Tanz und
Zeichnen« gehören, sondern
z. B. auch »die verschiedenen
Arten Kränze zu winden, die
Herstellung von Getränken,
Fruchtsäften, Würzen und
Likören, das Vorlesen von
Büchern, Kenntnis der Metrik
und das Würfelspiel«.

havira, seinen Zeitgenossen, weitergebildet. Askese bis zum Hungertod erscheint bei ihm als bester Weg ins Nirwana. Neben diesen Richtungen des Buddhismus aber hielt sich die mehr volkstümliche Bhagavata-Religion der Hindus, die in Vishnu einen persönlichen Gott anbetet, dessen erlösende Gnade dem zuteil wird, der ein sittlich gutes Leben führt. Als Buddha starb, war seine Lehre in Nordindien durch die von ihm gegründete Gemeinschaft weit verbreitet.

Entscheidend wurde für Indiens Geschichte, dass nach dem Zwischenspiel des Alexanderzuges, der im Indusraum seine Grenze fand, die politische Zersplitterung des größten Teils der Halbinsel durch die erste Großreichsbildung auf indischem Boden ihr Ende fand. Der Zusammenschluss war die Leistung der Maurya-Dynastie, aus der um 250 die vielleicht bedeutendste Königsgestalt der indischen Geschichte hervorging: König Ashoka. Unter ihm wurde der Buddhismus zur Hauptreligion Indiens.

Seine Geschichte ist aus zahlreichen Regierungserlassen bekannt, die auf Felsblöcken und Steinsäulen eingemeißelt sind. Darin fordert er von den Untertanen die Einhaltung der vier Hauptgebote: Milde, Mitleid, Wahrhaftigkeit und Freigebigkeit. Das Mitleid richtet sich auf Mensch und Tier, Milde soll sich ausdrücken im Gehorsam gegenüber Eltern, Lehrern und in der Ehrerbietung vor dem Alter, in Freundlichkeit gegenüber Dienern und Sklaven, die menschlich behandelt werden sollen. Die Wahrhaftigkeit aber soll ergänzt werden durch Selbstbeherrschung, damit Grausamkeit, Zorn und Hochmut vermieden werden. Ashoka machte selbst eine tiefgreifende Wandlung vom rücksichtslosen Eroberer zum entschiedenen Friedensfürsten durch, er betätigte sich innerhalb der buddhistischen Laienbewegung, verbrachte einige Zeit in einem Kloster, wo er wie ein Mönch lebte. Schließlich gab er auf einer Kirchenversammlung den Anstoß zu weitausgreifender Mission.

Unter seiner Regierung wurde das Straßennetz verbessert, Schatten spendende Bäume und Schöpfbrunnen wurden längs der Straßenzüge angelegt. Der Medizin, der Hygiene und dem Tierschutz galten besondere Bemühungen des Königs.

Die Sittenlehre Ashokas trennte Mönchs- und Laienmoral streng voneinander – das Streben nach dem Nirwana auf dem Weg der Askese ist nur dem Mönch aufgegeben. Der König hat auch die buddhistische Kunst bedeutend gefördert. Gewaltige Kuppelbauten (Stupas), Klosteranlagen und Höhlentempel zeugen für

Aktivität. Ornament und Relief mit religiösen Motiven ergänzen die Architektur. Ashokas Staat war durch eine straffe Gliederung des Verwaltungsaufbaus ausgezeichnet. Das Staatskerngebiet mit der Hauptstadt Pataliputra verwaltete der König selbst, vier Vizekönigtümer, von königlichen Prinzen geführt, beherrschten die anstoßenden Räume: das Fünfstromland im Nordwesten (Hauptstadt Taxila), Avanti im Westen (Ujjayini), Dekhan im Süden (Suvarnagiri, heute wahrscheinlich Kanakagiri in Haidarabad) und Kalinga im Osten (Tosali). In abhängigen Feudalstaaten des äußersten Südens und Nordwestens aber ließ sich der König durch seine Residenten vertreten.

Der Staat war in Provinzen mit Gouverneuren an der Spitze gegliedert, die den Weisungen des Königs und der hohen Beamten unterworfen waren. Die obersten Beamten der Zentral- und Provinzialregierungen führten den Titel »Hoher Rat«, sie waren in Regierungskollegien nach verschiedenen Aufgabengebieten zusammengefasst und unterstanden in den Vizekönigtümern ebenfalls unmittelbar der königlichen Weisung. Ashoka hat zum Beispiel, diese Ordnung seiner Vorgänger erweiternd, auch ein Kollegium der Räte zur Aufsicht über Zucht und Sitte sowie über die verschiedenen Religionsgemeinschaften und religiösen Orden geschaffen. Eine wichtige Rolle spielte der Hauptsteuereinnehmer, der mit Hilfe eines fein ausgebildeten Steuersystems die vielseitige wirtschaftliche Tätigkeit des Landes zu Leistungen an die Staatskasse heranzog. Goldsteuer und Naturalabgaben wurden nebeneinander erhoben. Es wurden Gewinne der Krongüter, Naturalsteuern aus dem Bodenertrag, Kirchensteuer, Binnenschifffahrtszölle, Schiffs-, Fähren-, Hafen-, Straßen- und Weidegebühren eingezogen. Städte entrichteten Einnahmen aus Zoll und richterlichen Strafen, Eich- und Passgebühren. Aus der Währungskontrolle, aus indirekten Steuern auf Herstellung und Verkauf von Likör, Öl, Butter, Schmalz und Zucker, ja sogar aus Lizenzen für gewerbliche und handwerkliche Unternehmer (Spielhölleninhaber!), flossen nicht geringe staatliche Einkünfte. So gab es Bezirks- und Revieraufseher (Revier = 5–10 Dörfer) als Unterorgane des Hauptsteuereinnehmers. Die besteuerbaren Werte in Dorf und Stadt waren in sehr genauen Verzeichnissen bis ins letzte festgelegt.

Das Reich Ashokas ist wie das Alexanders nach seinem Tode wieder zerfallen. Indien erlitt Einfälle der Heere hellenistischer Diadochenherrscher, aber auch benachbarter Nomaden, wie der Skythen und Parther, die auf seinem Boden Staaten mit indisch-nomadischhellenistischer Mischkultur errichteten. Eine griechisch-buddhistische Mischkultur entstand hier mit der Gandhara-Kunst. Die Buddhastatuen zeigen indische Haltung und indisches Antlitz, aber hellenische Gewand- und Haartracht.

Die große Kirchenversammlung in Pataliputra, an der über 1000 Mönche teilnahmen, beschloss und begann eine Missionstätigkeit größten Ausmaßes.

Während nun die buddhistische Mission Innerasien, China und Japan eroberte, wo sie freilich eine Wendung ins Volkstümliche nahm, erstarrte der Glaube in Indien selbst und wurde hier vom Hinduismus verdrängt. Kräfte vorarischer Volksreligiosität regten sich, von den Brahmanen unterstützt, wieder. Der Hinduismus erscheint als eine sehr offene Form von Religiosität. Er stützt sich auf die Veden, lehrt Wiedergeburt und Vergeltung, verlangt strenge Bindung an die Kaste, in deren Rahmen der Mensch seine irdischen und religiösen Pflichten erfüllen soll. Verletzt er sie, so verliert er seine Mitgliedschaft in seiner Kaste und stürzt aus der Höhe seiner gesellschaftlichen Stellung hinab in die verachtete Schicht der Parias, der »Unberührbaren«, der auch alle angehören, die einen ehrlosen Beruf ausüben. Die Göttergestalten des Vishnu und seines Gegenspielers, des vorarischen, bäuerlichen Fruchtbarkeitsgottes Shiwa, in dem zerstörende wie belebende Kräfte in gewaltiger Spannung vorhanden sind, wurden zu Hauptfiguren des Hinduismus. Shiwa wird oft tanzend dargestellt, ekstatische Tänze gehören in den Rahmen des ihm gewidmeten Kultes, seine Wesensart symbolisch zum Ausdruck bringend. Shiwas Gewalt wird ersehnt und gefürchtet zugleich. Über die von ihm ausgehenden zerstörerischen Kräfte Gewalt zu gewinnen, unternimmt der Anhänger der Yoga-Lehre auf dem Weg der Askese und der geistigen Konzentration.

Nachdem das Reich der skythischen Kuschan Anfang des 3. Jahrhunderts n. Chr. durch die persischen Sassaniden zerstört worden war, konnte sich zunächst in Nordindien wieder eine indische Dynastie, die Gupta, etablieren.

Die Inder sehen in der Gupta-Periode (4.– 6. Jahrhundert n. Chr.) ihr »goldenes Zeitalter«. Ihre Residenz war Pataliputra, wo einst auch Ashoka residierte. Die Gupta gründeten ein Reich, das Nordindien fast gänzlich, dann Zentralindien und Sudakarat umfasste. Der Einfluss Indiens auf das europäische Abendland wuchs in dieser Zeit durch friedliche Handelsbeziehungen. Schachspiel, Dezimalsystem, Märchen und Legenden gelangten aus Indien nach Europa. Die Wörter Zucker, Pfeffer, Reis, Ingwer sind indische Lehnwörter. Ceylon wurde zu einer frühindischen Kolonialgründung im Süden. Indische Kultur strahlte nach Hinterindien und auf die Inseln des Malaiischen Archipels aus und hob die Bildungsstufe der Einwohner so, dass sich dort Staaten und Kulturen entwickelten. Die Tempel von Angkor Vat (in Hinterindien) und Borobudur auf Java sind Zeugen der indischen Kolonialkultur. Die Gupta-Epoche gilt so als klassische Epoche Indiens wie das Zeitalter des Perikles für die Antike. Waren die Inschriften Ashokas kurze, einfache Sätze, so sind die der Gupta große literarische Leistungen, die von dem Mäzenatentum der Fürsten zeugen. Der große Poet Kalidasa schildert in dem Drama *Shakuntala* die Liebe eines Königs zu dem Mädchen gleichen Namens. Goethe schrieb in seiner Begeisterung für diese Dichtung: »Hier erscheint uns der Dichter in seiner höchsten Funktion als Repräsentant des natürlichen Zustandes, der feinsten Lebensweise, des reinsten, sittlichen Bestrebens, der würdigsten Majestät und der ernstesten Gottesbetrachtung.« Kalidasas Dichtungen waren für die Brüder Schlegel und für W. v. Humboldt Anlass zur Begründung der wissenschaftlichen Indologie in Deutschland.

Als Europa im 5. Jahrhundert von den Hunnen heimgesucht wurde, blieb auch Indien nicht verschont. Um 510 erlang- ten die »weißen Hunnen« für kurze Zeit die Oberherrschaft in Nordindien.

Die indische Geschichte vom 8. bis zum 10. Jahrhundert n. Chr. ist gekennzeichnet durch stetige Machtverschiebungen zwischen einzelnen bedeutenden Dynastien. Nordwest-, Nordost- und Mittelindien wurden dabei zu Schwerpunkten der Machtbildung. Daneben kam es zum ersten Einfall der Araber in Indien. Sie eroberten die Provinzen Sind und Multan, die sie islamisierten. Die beiden nordindischen Großmächte, die Gurjara-Pratiharas im Westen und die Pala-Könige in Bengalen, standen untereinander und mit den Rastrakutas im Dekhan im Ringen um die Vormacht über den Norden, wobei die südliche Dynastie die Herrschaft über die gesamte Halbinsel gewann. Neben diesen großen gab es noch eine Fülle kleinerer Dynastien, die das indische Land durch ihre dauernden Fehden in ständiger politischer Unruhe hielten. Dieses Bild, das Indien vom 8. bis zum 10. Jahrhundert n. Chr. bot, wurde noch bewegter, als im 10. Jahrhundert der Norden in eine Anzahl von Einzelreichen auseinander fiel. Gerade dort aber wäre die Ausbildung oder Erhaltung machtvoller, in sich ge-

festigter Staaten lebenswichtig für Indien gewesen. Hier drohte vom Westen her der Sturm der Mohammedaner. Mut und Kriegstüchtigkeit des stolzen nordindischen Adels genügten nicht, die fanatisierten Religionsheere aufzuhalten. Mahmud von Ghasna, ein türkischer Herrscher aus der Dynastie der Ghasnawiden, drang weit in Indien ein. Im 12. Jahrhundert erlag der Norden dann endgültig den moslemischen Heeren in kürzester Frist.

Mohammed von Ghor (1175–1206) schlug ein vereinigtes Inderheer. Sein Vizekönig begründete die erste Dynastie der Sultane von Delhi, die mit grausamer Strenge über die Hindu-Machthaber als Lehnsherren herrschten. Ala ud Din eroberte weite Gebiete auch Südindiens. Im Kampf gegen das islamische Sultanat entstand dort das Hindu-Reich von Widschajanagar, in dem die kolonisierenden Portugiesen landeten.

Im 9. und 10. Jahrhundert war die Führung in der islamischen Welt auf die Türken übergegangen, die arabische Religion und persische Bildung in ihrer Kultur verschmolzen hatten. Ihr Werk war neben der Errichtung des osmanischen Reichs auch die mohammedanische Eroberung Indiens. Wie gegenüber den blitzartig im 13. Jahrhundert über ganz Vorderasien hereinbrechenden Mongolen, die sich schließlich teilweise islamisieren und türkisieren, so bewiesen die Inder auch hier wiederum ihre großartige Fähigkeit der Anpassung und Einschmelzung gegenüber fremdem Volkstum. Indien wurde in weiten Teilen islamisch. Diese zweite islamische Epoche Indiens begann mit der Reichsgründung des Königs Babur von Kabul, der 1398/99 Nordindien ausplünderte. Babur eroberte 1526 Nordindien einschließlich Bengalens und begründete das Reich der Großmoguln.

In die Zeit des Entstehens des Mogulreiches fällt das zunehmende Auftreten der Europäer in Indien. Die Inder hatten sich also mit zwei Faktoren auseinanderzusetzen: dem Islam und den imperialistischen Bestrebungen der europäischen Mächte.

Das historisch-politische Schicksal Indiens bis in die jüngste Zeit wurde bestimmt durch die Tatsache, dass die eingedrungenen Mohammedaner Inder wurden und die vor allem in der Mogulzeit zum Islam Bekehrten im rassisch-völkischen Sinne, nicht aber im Bereich der Religion Inder blieben. Eine Verbindung mit dem bodenständigen Hinduismus oder seine Verschmelzung mit dem Islam blieb unmöglich, und so kam zur Fülle der sozialen, rassisch-völkischen und sprachlichen Probleme in Indien der große Gegensatz der beiden unversöhnbaren Religionen, Hinduismus und Islam, hinzu. Zwei Religionen, die gleichzeitig zwei Kulturen repräsentieren, stehen sich seit dem Mittelalter in Indien gegenüber, und nur in der Architektur gelang eine Verbindung von türkisch-persischer und altindischer Baukunst.

Für die Geschichte Indiens wurde das Eindringen der europäischen Kolonialmächte von schicksalhafter Bedeutung. Der indisch-europäische Handel hatte schon eine alte Tradition. In der römischen Kaiserzeit spielte der Import aus Indien eine große Rolle. Die Einfuhr der Gewürze, Perlen, Edelsteine, Elfenbein entzog dem Kaiserreich jährlich Unsummen von Geld. Als die Araber als Zwischenhändler den Handel erschwerten, kam es zu dem Wunsch, einen direkten Seeweg nach Indien zu entdecken.

Ihn fand nicht Kolumbus, sondern Vasco da Gama, der 1498 an der Südwestküste Indiens landete. Die europäische Invasion begann mit der Gründung von Handelsniederlassungen durch die Portugiesen an der Küste. Ihre Hauptstützpunkte wurden Goa – als letzte europäische Kolonie in Indien 1961 aufgegeben –, Bombay und Diu. Auch Ceylon wurde zu ihrem Operationsgebiet.

Die Portugiesen gerieten jedoch durch ihre religiöse Feindschaft gegenüber den Mohammedanern und den Konkurrenzkampf der Araber in Schwierigkeiten. Die Verschmelzung Portugals mit Spanien und der Untergang der Armada 1588 bedeuteten auch hier einen Wendepunkt. Den Portugiesen folgten die Holländer, Franzosen, Engländer.

Inzwischen gelangte das islamische Mogulreich zu hoher Blüte. Seit 1526 entwickelte es sich zu einem Machtfaktor Indiens, mit dem die europäischen Eindringlinge sich auseinanderzusetzen hatten. 1556–1605 regierte der bedeutende Großmogul Akbar. Er beherrschte auf dem Höhepunkt seiner Macht Hindustan in seinen nördlichen Provinzen, Kaschmir und das Indusgebiet. Bedeutende Leistungen vollbrachte er auf dem Gebiet der Wirtschaft. Ackerbau und Handel erlebten unter ihm eine höchste Blüte. Aber auch Kunst, Wissenschaft und religiösem Leben widmete er seine volle staatsmännische Aufmerksamkeit. Das schwierigste Problem seines Staates, den religiösen Gegensatz zwischen Hindus und Mohammedanern, überbrückte er durch religiöse Toleranz, die auch Parsen und Christen zugute kam. Die von den Sultanen von Delhi begonnene Bautätigkeit erreichte ihren Höhepunkt. Die Mogul-Miniaturmalerei gehört zu den Kostbarkeiten der Kunstgeschichte. Akbar ließ auch die Sanskrit-Epen ins Persische übersetzen.

Gestützt auf solche Erfolge, die eine innere Festigkeit seines Staates verbürgten, konnte Akbar auch mit den fremden europäischen Kaufleuten in Freundschaft auskommen. Sein Nachfolger setzte diese Politik der Interessenverbindung fort, als er der im Jahre 1600 von Elisabeth privilegierten Ostindischen Kompanie der Engländer 1613 die Errichtung einer Faktorei in Surat gestattete. So lange auch der Konkurrenzkampf der europäischen Kolonialmächte untereinander um den Einfluss in Indien tobte – wie er sich in der englisch-holländischen Seeschlacht von 1615 spiegelte –, war das Mogulreich von außen her nicht ernstlich bedroht. Sein Niedergang hatte innere Ursachen.

Unter Aurangzeb (1658–1707) ging zwar die Ausbreitung der Macht des Großmoguls auf den Dekhan, Kandahar und Kabul weiter, gleichzeitig aber kam es durch seine Politik der gewaltsamen Missionierung der Hindus zu schweren inneren Spannungen im Reich, die der Ostindischen Kompanie der Engländer gestatteten, in Madras 1639, in Bombay 1661 und im Gebiet der von ihr danach gegründeten Stadt Kalkutta im Sinne nicht nur wirtschaftlicher, sondern auch politischer Oberhoheit Fuß zu fassen. Das Mogulreich wurde im 18. Jahrhundert im Zeichen seines Zerfalls schließlich zum Kriegsschauplatz der europäischen Rivalen England und Frankreich. Die Fesselung der Franzosen im Siebenjährigen

Krieg führte dann zum Sieg der Engländer im Konflikt um die Herrschaft über Nordindien. Das 18. Jahrhundert ist in seiner zweiten Hälfte erfüllt von der englisch-französischen Auseinandersetzung in Südindien und der Vernichtung der südindischen Großmacht des Marathenstaates durch England. Robert Clive (1725–1774) und Warren Hastings waren die Sieger in diesem langjährigen Ringen. Warren Hastings wurde 1774 zum Generalgouverneur ernannt. Ihm unterstanden die »Präsidentenschaften« Bengalen, Madras und Bombay. Er veranlasste den Engländer Charles Wilkins zu Sanskritstudien. Während bisher alle Schriftdenkmäler auf dem Umweg über das Persische in die englische Sprache übertragen worden waren, wurde nun die *Bhagavadgita* direkt in eine europäische Sprache übersetzt (1785).

Das Ergebnis der Kämpfe war die englische Oberherrschaft über ganz Indien zu Beginn des 19. Jahrhunderts. Handel, Verkehr, politische Herrschaft und die Bildung der Oberschicht wurden mehr und mehr zu einer britischen Domäne. Aber dieser Prozess der Europäisierung spielte sich nur auf der Oberfläche ab. Die machtvollen mohammedanischen Staaten Haidarabad und Maisur, die Marathen bei Bombay, der Staat der Sikhs und das Bergvolk der Gurkha entzogen sich noch lange dem englischen Machtbereich. Das Jahr 1819 kann als Abschluss dieser ersten englischen Erobererzeit angesehen werden. Nepal blieb unabhängig. Das Fünfstromland wurde erst 1849 nach erbitterten Schlachten von den Engländern erobert. Noch einmal, 1857, kam es zum Aufstand, einer Militärrevolte indischer Soldaten. 1858 übernahm die englische Krone die Regierung Indiens (Regiment der Vizekönige), 1877 nahm die britische Königin den Titel »Kaiserin von Indien« an.

Die alten Ostindiendocks, eine Ansicht des Hafens von London um 1702. Gemälde von Samuel Scott. Ohne Rücksicht auf die einheimische, autarke Dorfwirtschaft wurde insbesondere das indische Baumwollgewerbe vernichtet. Die Kronkolonie hatte England Rohstoffe zu liefern und Fertigprodukte der britischen Industrie abzunehmen

Japan

Zahlreiche Keramikfunde beweisen, dass auf den japanischen Inseln bereits 4000 Jahre v. Chr. eine steinzeitliche Jäger- und Sammlerkultur existierte. Doch ist diese so genannte Jomonkultur nicht der Vorläufer späterer japanischer Staaten. Die Geschichte Japans begann um 700 v. Chr. mit der Einwanderung der Yayoi vom asiatischen Festland. Sie gründeten um 400 n. Chr. den Staat Yamato durch Zusammenschluss einiger Familien des Frühadels.

Führend wurde die Sippe des legendären Yamato Tenno, und Tenno wurde auch zur Bezeichnung für den japanischen Kaiser.

Bewässerungsanlagen wurden gebaut, Neuland durch Trockenlegung wurde gewonnen. Die Macht der kaiserlichen Familie beruhte nicht zuletzt auf dem Besitz weiter Ländereien, auf denen Leibeigene zu landwirtschaftlichen und handwerklichen Dienstleistungen verpflichtet waren. Im 4. Jahrhundert n. Chr. erfolgte durch Handelskontakte und Kriege bereits das erste Ausgreifen dieses in sich gefestigten Staatswesens nach Korea. Damit wurde Japan kontinentalen Kultureinflüssen geöffnet. Konfuzius und seine Lehre machten den Anfang. Seit der Mitte des 6. Jahrhunderts begann die Ausbreitung des chinesischen Buddhismus in Japan. Auch wirtschaftlich lernten die Japaner viel von China und Korea. Im 5. Jahrhundert wanderten bereits chinesische Weberinnen, Schneiderinnen, Töpfer und Zimmerleute ein und verbreiteten ihre Kunst überall in Japan.

Unter Kronprinz Shotoku (erste Hälfte des 7. Jahrhunderts) begann die systematische Verbreitung der Lehre Buddhas. Der Buddhismus wurde Staatsreligion. Shotoku wurde zugleich der endgültige Begründer der Zentralgewalt nach chinesischem Muster, die vom Tenno ausgeht, und überwand damit die Gefahr der Sippenkämpfe für die Reichseinheit. Aus diesen Ansätzen entfaltete sich unter chinesischem Einfluss der japanische Beamtenstaat, der von dem in unveräußerlichem göttlichem Auftrag handelnden und daher unantastbaren Tenno geleitet wurde. Shotokus »17 Artikel« stellen ein erstes japanisches Gesetzeswerk dar. 645 kam es auf der Grundlage dieser politischen Gedankenwelt zur Taik(w)a-Reform: Alles Privatland und die gesamte Bevölkerung wurden unter kaiserliche Verwaltung gestellt. Ein Zentral- und Mittelinstanzen-Verwaltungsapparat wurde aufgebaut, in dem jedoch der alte Adel weiterhin eine führende Rolle spielte. Die Bevölkerung fasste man in Hausregistern zusammen, richtete ein festes Steuersystem ein und löste mit einer Bodenreform die Frage des Landbedarfs, indem alle sechs Jahre Männer und Frauen mit einem bestimmten Landbesitz ausgestattet wurden. Kodices versuchten diese neue Ordnung gegen den Widerstand mächtiger Familien zu sichern und im Gesamtstaat durchzusetzen. Im altjapanischen Einheitsstaat wurde Nara zur prunkvollen Kaiserresidenz. Der Macht und dem Glanz des Kaisertums aber stand ein armes, von Steuern, Kriegsdienst und öffentlichen Dienstleistungen bedrücktes, mit viel zu geringem Boden in Eigennutzung (2 Tan = 16,4 Ar pro Mann) ausgestattetes Bauerntum gegenüber.

Die Dörfer, in denen die Familien die entscheidende Rolle spielten, wurden von Vorstehern unter Aufsicht der Provinz- und Kreisstatthalter geleitet. Unverheiratete, Verwandte und Leibeigene reicher Familien mussten in enger Anlehnung an die Familie leben.

Unter Shomu-Tenno (724–748) erreichte diese Lebens- und Staatsordnung ihre Hochblüte. Die Kultur war buddhistisch, viele Tempel entstanden im Land. Nach chinesischem Vorbild wurde das Erziehungssystem verbessert, chinesische Schrift und Literatur spielten als Bildungsgut der führenden Schichten eine ähnliche Rolle wie das Französische im europäischen Absolutismus. Gleichzeitig aber entfaltete sich ein japanisches Selbstbewusstsein, das sich in Topographien, in Sammlungen historischer Überlieferungen (Geschichtswerk *Nihon-shoki*) und in literarischen Sammlungen (Manyoshu-Sammlung von 4500 japanischen Gedichten) äußerte.

Dem wachsenden Einfluss der buddhistischen Priesterschaft trat Kaiser Kammu (737–806) erfolgreich entgegen. Er machte Heian zur Hauptstadt.

Im Zuge der innenpolitischen Entwicklung kam jedoch bald wieder Privatbesitz an Boden auf – die Landreform konnte nicht aufrecht erhalten werden. Adel und Tempel waren Nutz-

nießer dieser Entwicklung, die im 10. Jahrhundert abgeschlossen war. Es begann der Prozess der Bildung großer Lehnsgebiete unter Führung mächtiger Adliger oder der Tempel, die sich der Besteuerung entzogen, sodass den verbliebenen Bauern immer größere Lasten aufgebürdet werden mussten.

Vorherrschenden Einfluss gewann seit dem 9. Jahrhundert die Familie Fujiwara, die am Hofe die erste Rolle spielte, fast alle Beamtenstellen besetzte und die Gattin des jeweiligen Tenno stellte. In den Provinzen außerhalb der Hauptstadt kamen andere Geschlechter zu Macht und Einfluss, kriegerische Sippen, die sich große Ländereien gesichert hatten und die im 12. Jahrhundert die Macht der Fujiwara brechen konnten. Taira Kiyomori, das Oberhaupt der Taira-Familie, riss 1167 als Großkanzler die Herrschaft an sich. Seine raue Diktatur führte jedoch zu einem fünfjährigen

Bürgerkrieg, der mit dem Untergang der Taira endete.

Vom 12. bis zum 19. Jahrhundert lebte Japan in einer Feudalzeit, die deshalb als »japanisches Mittelalter« bezeichnet werden kann. Ende des 12. Jahrhunderts hatte eine neue Entwicklung eingesetzt, als die Samurai, Militäraristokraten aus den Provinzen, dominierenden Einfluss im Staat gewannen. Der Feldherr Minamoto Yoritomo, der Besieger der Taira, legte den Grund zu einem Feudalsystem, indem er alle Samurai zu Gokenin, d.h. zu Vasallen machte, die ihm in Gefolgschaftstreue verbunden und verpflichtet waren. Seit 1195 beherrschte er mit kaiserlicher Erlaubnis als Shogun (d.h. Kronfeldherr) die staatlichen Lehnsgebiete mit Hilfe von Landverwaltern (Jito) und Provinzstatthaltern (Shugo). Das so genannte Shogunat etablierte sich zunächst als eine Form der zentralen Militärverwaltung. Im 12. Jahrhundert festigte sich diese Form des Feudalsystems nach vergeblichen Versuchen des alten Hofadels, die Macht wieder zurückzugewinnen. Die Notlage der breiten bäuerlichen Massen begünstigte die Ausbreitung und Popularisierung des Buddhismus, wobei eine Paradiesvorstellung, die Idee des »Reinen Landes« der Jodo-Sekte, eine große Rolle spielte. Die Literatur der Samurai gipfelte im Hohen Lied ritterlichen Heldentums, dem Epos *Heike-Monogatari*. Es schildert den Untergang der ersten führenden Samurai-Familie, der Taira. Porträtmalerei (ein Porträt Yoritomos ist erhalten), Bildhauerkunst und die Kunst der Bildrollen (Geschichten auf Rollen, in Wort und Bild erzählt) erlebten damals eine hohe Blüte.

Das 13. und 14. Jahrhundert brachten neben der Abwehr zweier großer Mongoleneinfälle eine Bedrohung der Samuraiherrschaft durch ein neues Aufbegehren des Hofadels. Am Ende eines sechzigjährigen Bürgerkrieges (1392) stand jedoch das Feudalsystem gefestigt da. Hofadel und Tempel verloren ihren Grundbesitz an die Samurai, die somit zur herrschenden Klasse wurden, für ihre Territorien zunehmend Selbstverwaltung beanspruchten und treue Vasallen mit Grund und Boden weiter belehnten. Die neue Grundherrschaft führte im 15. Jahrhundert zu einer Reihe von Bauernaufständen.

Anders als in China oder Indien verlief in Japan die Auseinandersetzung mit dem westlichen Einfluss. Während der portugiesische Handel und die christliche Mission im 16. Jahrhundert dem europäischen Einfluss noch ungehindert den Weg bahnen konnten, kam es in der Epoche des Togukawa-Shogunats im ersten Drittel des 17. Jahrhunderts zu einer scharfen fremdenfeindlichen Reaktion, die das Christentum verbot und zum fast vollständigen Abschluss gegen europäischen Einfluss führte. Der Polizeistaat des Shoguns, der den Tenno entmachtete und auf die rein religiöse Sphäre beschränkte, kontrollierte auch den chinesisch-holländischen Handel über Nagasaki aufs Schärfste, indem er Kontingente für die Einfuhr festsetzte und ihre Einhaltung überwachte. So blieb Japan fast zweihundert Jahre lang die Eigenentwicklung seiner feudalen Staatlichkeit, Wirtschaft und Kultur erhalten, die sich auf religiösem Gebiet in einer hohen Blüte des Buddhismus und Shintoismus, auf künstlerischem in reichhaltiger sakraler Baukunst, Malerei, Farbholzschnitt und einem wertvollen Kunsthandwerk dokumentierte.

Das Land blieb vorwiegend naturalwirtschaftlich orientiert, wenn auch das Handwerk der Töpfer, Kunstschmiede, Elfenbeinschnitzer, Seiden- und Baumwollweber sowie die Porzellanmanufaktur beachtliche Leistungen aufzuweisen hatten. Die Welt des Feudaladels, des japanischen Rittertums der Zeit, wurde in Geist und Haltung durch ein 13-Artikel-Gesetz geprägt, dessen strenge Verbindlichkeit die Starrheit der Staatsordnung in seinem Bereich widerspiegelt und organischer Weiterentwicklung wenig Raum ließ. Diese Erstarrung begründete schließlich die Niederlage des Regimes angesichts der nordamerikanischen Machtdemonstration 1853/54, der gegenüber auch die von den Portugiesen übernommenen, aber nicht weiterentwickelten Feuerwaffen nutzlos waren.

1867 gab der letzte Shogun seine Macht wieder an den Tenno ab. Bildung eines zentralistischen Staatsaufbaus, Abschaffung der Feudallehen, Übergang von der Natural- zur Geldwirtschaft waren die ersten Schritte des Tenno auf dem Wege in die moderne Welt.

Es folgte die völlige Neugestaltung des Verkehrswesens und 1870 mit der Einführung des Telegrafen auch die Grundlegung neuzeitlicher Nachrichtenübermittlung, während die Schaffung einer Post europäischer Art erst einige Jahre später erfolgte. 1870 wurde auch die erste japanische Tageszeitung herausgebracht.

Die Presse war es schließlich, die den liberalen Ideen Europas und Amerikas in Japan Einfluss verschaffte und so auch der Einführung einer Verfassung im Jahre 1889 geistig den Boden bereitete. Gleichzeitig begann Japans Großmachtpolitik gegen China und Russland und die Annexion verschiedener Gebiete auf dem asiatischen Festland.

Altamerika

Zehntausende von Jahren, bevor Europäer Amerika entdeckten, noch bevor die jungmongoloiden Züge in Asien sich voll ausprägten, wanderten die Vorfahren jener Völkerstämme, die später irrtümlich Indianer genannt wurden, über die Beringstraße und durchdrangen von Norden nach Süden den amerikanischen Kontinent. Die Gesamtzahl der Indianer dürfte zur Zeit von Christoph Kolumbus etwa zwischen 40 und 45 Millionen gewesen sein. Der französische Ethnologe P. Rivet wies 123 verschiedene Sprachfamilien nach, die nicht durch verwandtschaftliche Beziehungen verknüpft sind. Wie die Sprachen der »Neuen Welt«, so zeigen auch die indianischen Kulturen zahlreiche Unterschiede im Niveau, unzählige Ausdrucksformen im sozialpolitischen Bereich, eine Vielfalt an Gesichtern sowie Formen und Techniken in Kunst und Architektur. Im Laufe der indianischen Geschichte kam es neben dem Gebiet der Zentral-Anden (Ecuador, Peru, Bolivien), wo die spanischen Eroberer 1532 auf das Imperium der Inka stießen, in Mittelamerika (Mexiko, Guatemala, Honduras und El Salvador) zur Ausbildung altamerikanischer Hochkulturen.

Im Norden Mittelamerikas waren die Azteken dabei, ähnlich wie die Inka, aufbauend auf zahlreichen älteren Kulturen, die Macht zu übernehmen und die anderen Völkerschaften tributpflichtig zu machen. Im Süden war die klassische Zeit der Maya-Kultur, als die ersten Europäer an den Küsten der Halbinsel Yucatán landeten, seit Jahrhunderten vorüber, und die rivalisierenden Stadtstaaten der nachklassischen Zeit stritten sich um die Vorherrschaft. Diesen indianischen Hochkulturen ist ein langwieriger Entwicklungsprozess gemeinsam: die Ablösung der egalitären Kulturstufe des Wildbeutertums, bedingt durch ertragreiche Anbaupflanzen wie Mais, Bohnen oder Kartoffeln; eine streng differenzierte, arbeitsteilige Klassengesellschaft mit Priestern, Adligen, Königen und, wie im Fall der Inka, mit einem absoluten Herrscher, dem »Sohn des Sonnengottes«, an der Spitze. Die Maya entwickelten eine Hieroglyphenschrift, die Azteken bedienten sich einer Bilderschrift, während das Reich der Inka nur über ein System von Knotenschnüren (Quipu) als Schriftersatz verfügte.

Bei Rekonstruktion der Ursprünge wie des weiteren Verlaufs der Entwicklungsstufen – die sich unabhängig von denen der Alten Welt heranbildeten – ist die Wissenschaft fast ausschließlich auf archäologisches Fundmaterial angewiesen. Das Bild, das die Funde aus Mittelamerika und dem zentralen Andenraum reflektieren, ist in seinen Grundzügen ähnlich. Auf der Basis agrarischer Dorfgemeinschaften entstand in Mexiko an der südlichen Golfküste und im nördlichen Hochland von Peru eine Elite, der es gelang, mit Hilfe eines eindrucksvol-

Statue der Azteken-Gottheit Xochipilli, des Herrn der Blumen, geschmückt mit Schmetterlingen und Blüten. Zum religiösen Kult der Azteken gehörte auch das Menschenopfer. Den zum Tode bestimmten Opfern wurde vor den Priestern bei lebendigem Leibe das Herz aus der Brust geschnitten.

*Rundtempel »Die Schnecke«,
wahrscheinlich das Observatorium der Kultstätte Chichén Itzá.*

len Kunststils ein »Götterbild« zu schaffen, das zugleich sowohl Furcht als auch Hoffnung zu erwecken verstand. In beiden Fällen, sowohl in der Kultur der Olmeken wie der von Chavín, stand am Anfang der religiösen göttlichen Verehrung der »Felide«, die vermenschlichte Raubkatze, und es entstanden Zeremonialstätten wie San Lorenzo (etwa 1200–800 v. Chr.), La Venta (800–400 v. Chr.) in Mexiko und Chavín de Huántar (ca. 800–400 v. Chr.) in Peru. Es waren keine urbanen Zentren mit großer Bevölkerungszahl; jedoch ein ungeheures Potential von Arbeitskräften und die Erstellung von ausreichender Nahrung war durch verbesserte Anbaupflanzen und Bewässerungsmethoden in großen benachbarten Gebieten gesichert. Religion, Kunst und Fernhandel lagen in der Hand einer Elite, die die Umverteilung der Güter vornahm und mit der Verbreitung ihres religiösen Weltbildes Macht und Einfluss zu vergrößern versuchte.

In Peru standen durch die geografischen Gegebenheiten – an der Küste zwischen fruchtbaren Flusstälern endlose Wüsten und im Gebirge Hochplateaus, getrennt durch die über 6000 Meter hohen Bergketten der Zentralanden – stets schwer zu überwindende Barrieren der Ausbreitung einer weltlichen Macht im Weg. Dazu kamen die unvergleichlich stärkeren We-

sensunterschiede zwischen den mehr lebensfroh veranlagten Menschen des Hochlandes und denen des Flachlandes, sodass sich immer wieder separatistische Strömungen zeigen, die sowohl in den gesellschaftlichen Strukturen als auch in einer Vielfalt von Kunststilen zum Ausdruck kommen. Erst wenige Generationen vor der Ankunft der Spanier gelang es einem kleinen Stamm der Quetchua-Indianer, die im Hochtal von Cuzco siedelten, mit Hilfe militärischer Macht die Vielzahl der Stämme zu unterjochen, ihre Sprache, das Quetchua, als die offizielle Amtssprache einzuführen und mit Hilfe eines gewaltigen Beamtenapparates das »Imperium der Inka« zu errichten und zu erhalten.

Der Begriff »Mutterkultur« ist im Zusammenhang mit der von Chavín, die am Anfang der kulturellen Entfaltung im zentralen Andenraum steht, nicht so zutreffend wie etwa für die Olmeken in Mittelamerika. Das Wort »olméca« ist aztekischen Ursprungs und bedeutet in freier Übersetzung etwa »die Leute aus dem Gummiland«. Damit wurden im vorspanischen Mexiko die Bewohner der südlichen Golfküste, der Heimat der Chico-Zapote-Bäume bezeichnet. Hier lag das Kernland der noch immer rätselhaften Olmeken mit ihren großen Zeremonialzentren wie San Loren-

zo, La Venta und Tres Zapotes. Anders als die Träger der Chavín-Kultur in Peru hinterließen sie neben der ersten zentralen Götterfigur, dem vermenschlichten Jaguar, auch eine Art »Ahnengalerie«. Unübersehbar sind die Monumentalköpfe, von denen ein Dutzend bisher bekannt ist und die nach dem Urteil des englischen Bildhauers Henry Moore »das großartigste Werk an Geist und Gestaltung« sind, das er »auf dieser Erde kenne«. Die Steinplastik, zu denen auch Stelen, Flachreliefs und kleine Jadearbeiten zählen und deren gekonnte und materialgerechte Bearbeitung offensichtlich von Berufskünstlern ausgeführt wurde, ist das bedeutendste Kennzeichen dieser Kultur. Die Kolossalköpfe sind ohne Nachfolge geblieben, während die Stelen am Anfang einer langen Entwicklungsreihe stehen, die bis zu den Großskulpturen der Tolteken und Azteken führt. Neben den religiösen Ideen, die das Fundament für alle weiteren Entwicklungen innerhalb des mittelamerikanischen Kulturkreises bilden, gehören noch das rituelle Ballspiel, die Entwicklung einer Kalenderwissenschaft und eines Schriftsystems zu den wesentlichen Merkmalen der Olmeken. (Eine Stele in Tres Zapotes verzeichnet ein Datum, das nach unserem Kalender 31 v. Chr. entspricht.) Die Kultur der Olmeken blieb nach deren schweigendem Ab-

gang bei den vielen Kulturen, die teils neben-, teils nacheinander die Bühne des alten Mexiko beherrschten, noch lange wirksam.

Den größten Teil vom Leib dieser »Mutterkultur« schnitten sich die Maya ab. Lange vor den Indern »erfanden« sie die abstrakte Ziffer Null. Sie kannten den Stellenwert, entwickelten als einzige Kultur eine Hieroglyphenschrift mit über 4000 verschiedenen Schriftzeichen, die aus mehr als 400 Grundelementen bestand, perfektionierten die Kalenderwissenschaft wie kein anderes Volk bis zum »technischen Zeitalter« und errechneten bis zu Millionen von Jahren zurück liegende fiktive Daten. Auf Stelen, Treppen und Mauern von Bauwerken sind Weihedaten in Stein gemeißelt oder in Stuck geformt. Hieroglyphen sind in Jadeplatten geschnitten, auf Fresken oder Keramiken der klassischen Zeit gemalt. Nur ein Teil, vorwiegend die auf den Kalender bezogenen Schriftzeichen, sind bis heute entziffert. Der Rest war bis heute nicht zu enträtseln. So kennen wir zwar eine lückenlose Folge von Weihedaten an Bauwerken, auf Stelen, von Grabbeigaben beginnend vom Jahr 292 bis zum Jahr 909 n. Chr. Die Namen der Würdenträger, die sie umgeben, kennen wir jedoch nicht, ebenso wenig die Namen von den kultischen Stätten mit ihren bis zu 70 Meter

»Gang der tausend Säulen« vor dem Tempel der Krieger in Chichén Itzá. Die Tempelstadt war vermutlich die größte Wallfahrtsstätte auf Yucatán während der nachklassischen Zeit. Die ältere Architektur ist im Puuc-Stil der Maya errichtet, während die jüngeren, etwa nach dem Jahr 1000 entstandenen Bauwerke die toltekischen Einflüsse, die ihren Ursprungsort in Tula, im etwa 1200 km entfernten Hochtal von Mexiko haben, deutlich erkennen lassen.

hohen Tempelpyramiden, die zwischen dem 8. und 9. Jahrhundert ihre Bedeutung verloren und vom tropischen Dschungel in den Tiefländern des südlichen Mexiko und des nördlichen Guatemala zurückerobert wurden und erst im letzten und in diesem Jahrhundert ihre Wiederentdeckung meist dem Zufall verdanken. Hinsichtlich der Ursachen für das Verlassen der kultischen Zentren im Maya-Tiefland sind viele, auch überzeugende Gründe angeführt worden: Erschöpfung des Bodens, Überforderung der Menschen durch die Priester-Elite und schließlich Revolten gegen die Machthaber, die sich mehr um die Gestirne als um den Menschen kümmerten und dadurch ihr eigenes Schicksal herausforderten.

Ein Blick auf die mexikanischen Kulturen zeigt, dass sich der Zusammenbruch der Theokratien, und damit das Ende der »klassischen Zeit« zwischen dem 8. und 9. Jahrhundert, nicht nur auf die Kultur der Maya beschränkt. Teotihuacán, im Hochtal von Mexiko, das größer war als das antike Athen oder das alte Rom, ging in Flammen auf; der heilige Berg

der Zapoteken, der Monte Albán in Oaxaca, verlor seine religiöse Funktion und wurde von den Mixteken, den nördlichen Nachbarn, als Begräbnisplatz ihrer Würdenträger benutzt. Auch das prächtige El Tajín an der mittleren Golfküste verwaiste. Archäologische Funde zeigen überall ein ähnliches Bild, eine Verlagerung der Machtverhältnisse von Priesterfürsten auf eine mehr weltlich orientierte, militante Führungsschicht.

Ausgelöst wurde dieses vermutliche Ende der Theokratien durch das Eindringen wilder, kriegerischer Stämme von Norden her. Tula, die neue Hauptstadt der Tolteken, wurde zur Metropole im zentralen Hochland von Mexiko. An den fast fünf Meter hohen Steinskulpturen der Krieger, die das Dach des Quetzalcóatl-Tempels trugen, lässt sich der neue Zeitgeist fast so gut ablesen, als wenn schriftliche Quellen vorhanden gewesen wären. Dieses Antlitz der ins Leere starrenden Kriegerfiguren – die ganz im Gegensatz zu den abstrakten wie zu den menschlichen Formen der Vegetationsgötter von Teotihuacán stehen – ist unverkennbar

Unten und rechte Seite: Ausschnitte aus den Maya-Fresken von Bonampak (Maya-Wort für »bemalte Wände«). Die erst 1946 entdeckten, über tausend Jahre alten Wandmalereien zeigen in farbenprächtigen Bildern Szenen aus dem Leben der Maya-Indianer in Mittelamerika.

und findet sich neben dem Symbol ihres zum Gott erhobenen Kriegerfürsten Quetzalcóatl, der »Gefiederten Schlange«, auch in den 1200 Kilometer entfernten »Städten« der nachklassischen Maya-Kultur auf der Halbinsel Yucatán, wohin sich der Schwerpunkt in der nachklassischen Periode (etwa 900–1540) verlagerte. Neben den unverkennbaren und übereinstimmenden Merkmalen in der Architektur zwischen Tula und Chichén Itzá geben uns die mündlichen Überlieferungen der Chilam Balam, der »Jaguar-Priester«, Auskunft, die zur Zeit der spanischen Eroberung noch lebendig waren und in lateinischen Lettern aufgezeichnet wurden.

Sie berichten von Hurrikans, von Seuchen, von entsetzlichen Bruderkriegen und davon, dass man fremde Söldner ins Land rief. Es waren die Tolteken, sie kamen und blieben. So trägt die letzte Phase der wohl blühendsten Hochkultur des alten Amerika zwei Gesichter, das der Maya und das einer toltekischen Gruppe, die aus dem Hochtal von Mexiko kam.

Diese Zeit der Unruhe, der »Völkerwanderung«, begann vermutlich mit den Tolteken und fand erst mit der spanischen Eroberung ihr Ende. Denn auch Tula wurde von »Barbaren«, die aus dem Norden kamen, im 12. Jahrhundert zerstört. Einer dieser kriegerischen Stämme nannte sich México oder Azteka. Sie brachten ihren Stammesgott Huitzilopochtli

mit sich. So wird es in einer Bilderschrift gezeigt, der auch zu entnehmen ist, dass sie sich auf Geheiß dort niederlassen sollten. Auf einer sumpfigen Insel im Texcoco-See erfüllte sich die Weissagung. Dort gründeten sie ihre Hauptstadt Tenochtitlan. Das war 1340 oder 1375.

In kurzer Zeit gelang es den Azteken, teils durch Bündnisse, teils durch Kriege zur führenden Macht aufzusteigen. Tenochtitlan wurde zur Metropole unter zahlreichen Stadtstaaten. Im Gegensatz zu den Inka in Peru, mit denen sie nicht nur die kurze Geschichte gemeinsam haben, führten sie keine Eroberungskriege, um ein »Imperium« zu errichten, sondern waren darauf bedacht, andere Völkerschaften zu unterwerfen, um von ihnen hohe Tributabgaben zu fordern oder auch um ihrem Gott Gefangene opfern zu können.

Dem Aufstieg der Azteken und ihrer Metropole schienen keine Grenzen gesetzt, bis 1519 Fernando Cortez mit 400 Spaniern dort erschien. Zwei Jahre später erhoben sich die Azteken gegen die europäischen Eindringlinge. Der Zeitpunkt war zu spät. Cortez und seine Leute, unterstützt von hunderttausenden der Azteken überdrüssig gewordener indianischer Hilfstruppen, vernichteten das aztekische Tenochtitlán. Auf seinen Trümmern errichteten die Spanier die heutige Hauptstadt von Mexiko.

DIE WELT
DER NEUZEIT

Europa von der Wende zur Neuzeit bis zum Ende des Dreißigjährigen Krieges

Entdeckungen und Erfindungen

Bei aller derb-sinnlichen Lebensfreude betrachtete und bewertete der mittelalterliche Mensch die Dinge der Welt *sub specie aeternitatis,* im Licht der Ewigkeit. In der zweiten Hälfte des Mittelalters werden zuerst vereinzelt, dann immer vielfältiger Stimmen einer subjektiven, zugleich aber auch an der Sache selbst orientierten Weltsicht laut. Italien und Burgund sind führend in der humanistischen Entdeckung der menschlichen wie der außermenschlichen Natur. Das Erfinden und Entdecken, das Forschen und die politisch-wirtschaftliche Expansion wurden zu Hauptzielen aller geistigen und materiellen Anstrengungen; und sie blieben von der Schwelle der Neuzeit bis zum heutigen Tag die entscheidenden Triebfedern für das politische Handeln des Menschen und die zentralen Leitlinien seiner Weltanschauung.

Diese »moderne« Haltung, die der mittelalterlich-religiösen, auf Dauer und Stetigkeit gerichteten Lebensauffassung ihrem Wesen nach diametral entgegengesetzt ist, musste zunehmend revolutionär wirken. Sie hat den Strom der Geschichte ungemein beschleunigt und auf allen Gebieten so grundlegende Umwälzungen gebracht, dass wenige Jahrzehnte neuzeitlicher Geschichte gestaltwandelnder wirkten als Jahrtausende gemächlicher Entwicklung in frühmenschlicher Zeit. Mit der Wende vom Mittelalter zur Neuzeit übernahm das Abendland die Führung in der Welt, bestrebt, die neuen Erkenntnisse und Ideen im gesamten Erdkreis zu verwirklichen. So steht die Neuzeit im Zeichen einer Europäisierung der Welt.

Der habsburgisch-spanischen Conquista in Mittel- und Südamerika folgte die Expansionspolitik der Engländer, Franzosen und Holländer unter der Parole des »Mare liberum«, der »Freiheit der Meere«. Sie lässt zugleich die führenden Kräfte dieser europäischen Ausbreitung erkennen: Im Gegensatz zu dem unzeitgemäßen Imperium Karls V., der die mittelalterliche Kaiserherrlichkeit noch einmal im Weltmaßstab erstehen lassen wollte, sind es jetzt die werdenden europäischen Nationalstaaten.

Die ersten Ansätze zur Ausweitung des geografischen Weltbilds lieferten die Araber. Ihr Handel, der die Seide Chinas und die Gewürze der Molukken, die Edelstein Indiens, Elfenbein und Sklaven afrikanischer Herkunft nach Europa brachte, knüpfte den ersten Kontakt zu den großen Kulturräumen und Völkern des Mittleren und Fernen Ostens. Die Venezianer, insbesondere die Polos übernahmen diese arabische Tradition. Der berühmteste Repräsentant dieser Kaufmannsfamilie, Marco Polo, verfasste um 1300 Reiseberichte.

Die Araber hatten die chinesische Kunst der Papierherstellung kennen gelernt und übermittelten sie über den Nahen Osten den Spaniern und Italienern. Inwieweit die koreanische Kunst des Buchdrucks mit beweglichen Buchstaben (Anfang des 15. Jh.s) auf die Erfindung des Mainzers Johann Gutenberg Einfluss hatte, ist von der Forschung noch nicht entschieden. Ungeklärt ist auch die Geschichte der beiden wichtigsten Erfindungen dieser Epoche, des Kompasses und des Schießpulvers. Man sieht die Zusammenhänge wohl richtig, wenn man bedenkt, dass erst die Zeit des Umbruchs die geistigen Voraussetzungen für die Wiederaufnahme und praktische Auswertung älteren Wissen schuf; epochemachende Erfindungen konnten jetzt erst zur Geltung kommen. Es ist gleichgültig, ob chinesische, persische, antike oder wikingische Überlieferungen dabei Pate standen oder nicht (Schwefel, Kohle Salpeter im chinesischen Schießpulver, chinesische Magnetsteine, schwimmender Magnetstein des wikingischen Holzbüchsen Kompasses).

Die innerafrikanischen Waren – Elfenbein, Ebenholz, Straußenfedern und die Sklaven des schwarzen Erdteils – zogen neben den arabischen Händlern vor allem die Portugiesen an. Der portugiesische Prinz Heinrich der Seefahrer brachte System in alle diese Unternehmungen. Die in seinen Auftrag 1445/46 unternommenen Erkundungsreisen, die in die tropische Zone Westafrikas führten, stützten sich auf eine sorgfältige geografische und nautische Vorbereitung, die ein Stab von Fachleuten unter Leitung des Prinzen getroffen hatte. Die antiken und mittelalterlichen Vorurteile und Irrlehren über den Atlantik und über die Tropen wurden widerlegt.

Rechte Seite: Aufklappbarer Quadrant mit eingebautem Kompass aus deutscher Fabrikation (17. Jh.). Gute nautische Instrumente waren die unabdingbaren Voraussetzungen für alle großen Entdeckungsreisen.

164

LISSBONA

Lissabon zu Beginn des 16. Jahrhunderts. Die portugiesische Hafenstadt war u. a. Ausgangspunkt der Entdeckungsfahrten von Bartolomeo Diaz, Vasco da Gama und Fernão Magalhães.

Nach dem Türkeneinbruch im Nahen Osten, der bald den europäischen Osthandel auf den traditionellen Handelsstraßen völlig lahm legte, fiel den Portugiesen die Initiative zu Entdeckungsreisen zu. Im letzten Drittel des 15. Jahrhunderts unternahmen – gestützt auf die Erkenntnisse Martin Behaims – Bartolomeo Diaz und Vasco da Gama ihre großangelegten Fahrten in königlichem Auftrag. Vasco da Gama umsegelte 1498 das Kap der Guten Hoffnung und gelangte in 24 Tagen nach Indien (Calicut). 1502 wiederholte er seine Reise und zwang indische Fürsten zum Abschluss von Bündnissen mit Portugal. 1510 wurde Goa die Hauptstadt des portugiesischen Besitzes in Indien, 1513 eroberten die Portugiesen die Insel vor Kanton und knüpften Handelsbeziehungen mit China. Doch erst nach den Entdeckungen des Christoph Kolumbus (1451–1506) wurden die portugiesischen Fahrten durch die Weltumseglung des Fernao de Magalhaes abgeschlossen, der 1520 auf den Philippinen starb, während sein Expeditionsschiff 1523 mit stark dezimierter Mannschaft nach Portugal zurückkehrte.

Spanien konnte erst nach Abschluss der Reconquista (der »Wiedereroberung« der arabischen Besitzungen in Spanien, die mit dem Fall Granadas 1492 beendet war) und nach seiner Einigung durch Isabella von Kastilien und Ferdinand von Aragon (1479) mit voller Kraft in den Wettbewerb um koloniale Schätze eintreten. In Ferdinands Auftrag unternahm der Genuese Christoph Kolumbus das Wagnis, den Seeweg nach Indien auf der Westroute zu suchen. Er kannte die neuesten geografischen Theorien der Portugiesen, die schon in Brasilien gelandet waren, aber auch die arabische Lehre von der Kugelgestalt der Erde und den Globus des Nürnbergers Martin Behaim, der das geografische Wissen seiner Zeit anschaulich spiegelt.

Dass Kolumbus auf seiner zwischen dem 3. August und dem 12. Oktober 1492 mit drei Schiffen unternommenen »Indienreise« einen neuen Kontinent entdeckte, ist ihm selber nicht bewusst geworden. Mit den Geografen seiner Zeit hatte er zwar die Kugelgestalt der Erde richtig erkannt, ihren Umfang aber wesentlich unterschätzt. Er musste glauben, mit Guanahani (San Salvador) eine indische Insel gefunden zu haben; nach seiner zweiten Reise, wobei er Dominica, Puerto Rico und Jamaica entdeckte, ließ er die Nachricht von der Auffindung »Westindiens« in Flugzetteln verbreiten, und auch seine Entdeckung des Orinoco-Gebiets auf der dritten Reise in Südamerika konnte seine Vorstellungen nicht ändern. Erst das tiefere Eindringen in den Kontinent durch die spanischen und portugiesischen Eroberer (Fernando Cortez, Francisco Pizarro, Vasco Baiboa und Francisco de Cortoba) und die Auseinandersetzung mit den Hochkulturen der Maya, Azteken und Inka sowie die Entdeckung der Südsee (Baiboa) ließen Klarheit gewinnen über das Wesen des neuen Kontinents. Seinen Namen erhielt er von dem Italiener Amerigo Vespucci (1451–1512), der in seinen Reiseberichten die Neue Welt in Ansätzen systematisch zu schildern versuchte.

Wirtschaftliche und soziale Kräfte der Zeit

Die wirtschaftlichen Rückwirkungen dieser Entdeckungen auf Mitteleuropa sowie die Unterbrechung der nahöstlichen Handelswege beendeten die Handelsherrschaft der großen italienischen Stadtrepubliken am Mittelmeer und führten zur Verödung der alten Nord-Süd-Handelswege. Sie trugen auch zum Niedergang der Hanse bei und rückten die Anrainer des Atlantiks, die iberische Halbinsel, Frankreich, Holland und England in den Vordergrund.

Das Einströmen neuer Produkte erhöhte den Warenumsatz beträchtlich. Der Zufluss des überseeischen Edelmetalls löste in Europa eine Inflation aus und beeinflusste auch dadurch die bisherigen handels- und wirtschaftspolitischen Verhältnisse in höchstem Maße. Der Ausbau dieser wirtschaftlichen Möglichkeiten war noch im späten Mittelalter erfolgt, bedeutete aber eine immer deutlicher werdende Absage an die mittelalterliche Wirtschaftsgesinnung. Der spätmittelalterliche Geburtsadel verschmolz mit dem Großbürgertum der Handelsmetropolen zu einer neuen Handelsaristokratie und es entstand allmählich der Unternehmertyp der Bankherren und Großkaufleute. Die kapitalistische Wirtschaftsweise von Familienunternehmungen oder genossenschaftlichen Organisationen aber (die Florentiner Medici waren Bankiers der Kurie, die Augsburger Fugger wurden Bankiers der Habsburger; Fugger und Welser gewannen Reichtum als Inhaber des Bergbaumonopols auf Kupfer und Silber) beseitigte die Reste der mittelalterlichen Naturalwirtschaft und untergrub auch die nach Zünften geordnete handwerklich-gewerbliche Wirtschaft.

Dass man im Volk, in den Kreisen der Bauern und der verarmten Junker den Reichtum der wenigen Großbürger als eine Art Teufelswerk ansah, ist verständlich. Auch Luther urteilte so. Da der gesamte Kapitalvorrat noch gering war, wirkte sich größerer Geldbesitz in dieser frühkapitalistischen Zeit um so stärker aus. Schon gab es Syndikate, um den Preis hochzuhalten, wie das Kupfersyndikat der Augsburger Firmen (1488) und die Handelsgewinne betrugen meist über 50 Prozent. Wurde der Besitz der Medici um 1450 auf 500 000 Goldgulden geschätzt, so geboten die Fugger 100 Jahre später über ein Vermögen von etwa 4,5 Millionen Gulden (in heutiger Währung rund 80 bis 100 Millionen Euro). Der Dreißigjährige Krieg hat den Fortgang dieser Entwicklung in Deutschland weithin jäh unterbrochen. In Westeuropa jedoch ging sie weiter bis zum Vorabend der industriellen Revolution im 18. Jahrhundert.

Die soziale Unruhe der alten Schichten: Bauern – Ritter – Bürger

Die Ablösung vom mittelalterlichen Weltbild und die gleichzeitige Verlagerung der Gewichte in der Struktur der Gesellschaft, hatten eine starke Beunruhigung der alten Schichten des Bauerntums, der Ritterschaft und des in Zünften organisierten Bürgertums zur Folge. Vielerlei Anlässe lösten Entladungen dieser Unruhe aus. Ebenso vielfältig waren die Tenden-

Fernando Cortez in der Schlacht von Otumba (Mexiko). Innere Wirren der aztekischen Führungsschicht wie auch die Gleichgültigkeit der Bevölkerung, der die alten Herren nicht mehr bedeuteten als die neuen, halfen den Spaniern bei der Eroberung Mexikos. Das eigentlich Fabelhafte an dem Unternehmen lag daher nicht so sehr in der militärischen Leistung, sondern eher in der unerschütterlichen Zuversicht, mit der die 1300 Mann des Fernando Cortez in das unbekannte Aztekenreich eindrangen.

zen, die darin zum Ausdruck kamen. Wenn in der Mitte des 14. Jahrhunderts in Frankreich die Pariser Zünfte unter Führung des Etienne Marcel rebellierten oder wenn unter Führung des Jacques Bonhomme die französischen Bauern (Jacquerie; 1358) sich erhoben, so wandten sich beide ebenso gegen wirtschaftliche Missstände wie gegen Herrschaftsansprüche des Königtums. Die englischen Bauernunruhen unter Wat Tyler (1381) waren gegen Feudallasten und Grundherrschaft gerichtet. Erstmalig wurden hier gleiches Recht und gleiche Freiheit für alle gefordert. 1493 kam es im Elsass erstmals zur Bewegung des »Bundschuh«.

Auf dem Kontinent zeigt die Hussitenbewegung das Zusammenfließen religiöser, sozialer, wirtschaftlicher und nationalistischer Tendenzen in einer Bewegung, die tschechische Bürger und Bauern in Opposition gegen die Herrschaft des deutschen Adels in Böhmen vereinte. Nach der Verbrennung des als Ketzer vom Konstanzer Konzil (1414–1418) verurteilten Johannes Hus (um 1370–1415 in Konstanz) führt dies zu jahrelangem Aufruhr in Böhmen (1419–1434), ja schließlich zu einer Gefährdung für den Bestand des Reichs.

Starke soziale Kräfte wurden in den Bauernunruhen um 1500 und in den Bauernkriegen von 1524/25 lebendig – auch unter dem Eindruck der lutherischen Lehre, die in den Schriften des Reformators, z.B. *An den christlichen Adel deutscher Nation* und *Von der Freiheit eines Christenmenschen* formuliert war. Zugleich aber waren sie ein Abwehrkampf gegen wirtschaftliche und soziale Gefahren.

Die Vermehrung der Edelmetallvorräte bei gleichbleibendem Sozialprodukt führte zur Geldentwertung, die den bäuerlichen Wohlstand bedrohte. Das römische Recht drang im Zug der Ablösung der lehensstaatlichen Ordnung des Mittelalters ein und verschärfte durch seine Ordnung der Rechtsverhältnisse die persönliche Abhängigkeit der Bauern, engte ihre Freiheit ein. Die Herrn, deren Lebenshaltungsansprüche stiegen, erzwangen eine starke Erhöhung der Abgaben. Die Nutzung der »Allmende« (des gemeindlichen Besitzes) an Weide, Wald und Wasser wurde den Bauern meist gewaltsam verwehrt; ebenso blieben Jagd und Fischerei dem Adels- oder Landesherrn vorbehalten. Dazu stieg die Rechtsunsicherheit.

Diese wirtschaftlichen und sozialen Vorgänge trafen auch das deutsche Bürgertum und die Ritterschaft, soweit sie vom Landesherrn abhängig waren. Das macht ihr teilweises Zusammengehen mit den Bauern verständlich. Den kleinen Reichsritter bedrohten die kapitalistische Wirtschaftsentwicklung und der Fürstenstaat ebenso in seiner Existenz wie den Handwerker der Stadt, dem die mittelalterliche Zunftordnung bis dahin gerechte Preise und bürgerliches Auskommen gesichert hatte. Die kapitalistisch-monopolistische Wirtschaftsform hingegen gefährdete die soziale und wirtschaftliche Sicherheit der Handwerker. Von Land zu Land, innerhalb Deutschlands sogar von Landschaft zu Landschaft, war freilich die soziale und wirtschaftliche Lage sehr unterschiedlich; deshalb erreichte auch die Unruhe nicht überall die gleiche Intensität. Auch überwogen hier diese, dort wieder jene Motive, sodass sich kein einheitliches Bild der Ursachen und des Ablaufs ergibt. Die Gefahren der neuen Entwicklung wurden auch oft überschätzt; die Reaktion war daher vielfach stärker, als die Lage es gefordert hätte. Gemeinsam war aber allen diesen Bewegungen das tiefe Unbehagen angesichts der Auflösung der herkömmlichen sozialen und wirtschaftlichen Ordnung und ihrer religiösen Grundlage. Wo die Reaktion auf die Krise eine neue Ordnung anstrebte, entwickelte sich ein verklärendes Bild der Vergangenheit, beim Bauern etwa die Vorstellung einer Frühzeit ohne Adels- und Grundherrschaft, die in dem Spottvers zum Ausdruck kommt: »Als Adam grub und Eva spann, wer war da der Edelmann?« Es kam zu radikalen »Lösungen« der Probleme wie im kommunistischen Bauern- und Bergmannsstaat des thüringischen Theologen Thomas Müntzer (um 1490–1525) in Thüringen und Sachsen und bei den Wiedertäufern in Münster (1534/35). Religiöse, soziale und wirtschaftliche Forderungen bildeten in diesen Bewegungen ein untrennbares Ganzes.

Weltanschaulicher Umbruch – die Renaissance

Die Entwicklung zerstörte jedoch nicht nur die mittelalterliche universale Ordnung, sondern prägte auch neue Menschentypen wie den Unternehmer, den Erfinder oder den Entdecker. Sie setzte im höchsten Maße kulturschöpferische Impulse frei. Besonders deutlich wird dies am Beispiel der ober- und mittelitalienischen Stadtstaaten. Nachdem sie die politische Autonomie gegenüber Kaiser und Feudalherren errungen hatten, wurden sie auch zu Trägern einer neuen weltzugewandten Kultur, die man mit den Begriffen Humanismus und Renaissance zu kennzeichnen pflegt. Schon der italienische Maler, Architekt und Kunstschriftsteller Giorgio Vasari (1511–1574) hat das 14. und 15. Jahrhundert als einheitliche

Rechte Seite: Cosimo de Medici (1389-1464), im Bankgeschäft zu großem Reichtum gelangt, begründete mit der Unterstützung des Volkes die Herrschaft der Medici in Florenz. Dennoch blieb die Regierungsgewalt trotz des von ihm geschaffenen »Rates der Einhundert« nach wie vor in der Hand einer Clique begüterter Familien.

COSM MED
ICES · P · P

TEMPLA DOMVM EXPOSITIS·VICOS·FORA·MOENIA·PONTES·
  VIRGINEAM·TRIVII·QVOD·REPARARIS·AQVAM·
PRISCA·LICET·NAVTIS·STATVAS·DARE·COMMODA·PORTVS·
  ET·VATICANVM·CINGERE·SIXTE·IVGVM·
PLVS·TAMEN·VRBS·DEBET·NAM·QVAE·SQVALORE·LATEBAT·

Epoche angesehen und sie im Hinblick auf die Wiedergeburt der Antike mit dem (kunsthistorisch gemeinten) Begriff der *rinascita* charakterisiert. In der Beschäftigung mit der Antike, mit dem Wesen des antiken Menschen und seines Staats suchte und fand man eine historische Bestätigung der angestrebten neuen politischen und sozialen Lebensform. Die griechische Polis erschien als Urbild der autonomen Stadtrepublik, die Begegnung mit den griechischen Klassikern, insbesondere den Philosophen, vermittelte ein Weltbild, das frei von religiöser Bevormundung gleichsam »selbstverständlich« zu sein schien. Griechisches Denken verschmolz mit dem Selbstverständnis und Lebensgefühl des emanzipierten Bürgers und prägte das neuzeitliche Ideal der autonomen Persönlichkeit, deren Gesinnung und Weltanschauung im Humanismus zum Ausdruck kam.

Die Weltzugewandtheit der Renaissancemenschen Italiens zeigt sich auf allen Gebieten des kulturellen Lebens. In der Baukunst wurde die transzendentale Vertikale der Gotik von der erdnahen Horizontalen der Renaissancearchitektur abgelöst. Diese Tendenz erfasste auch den Sakralbau; in der Peterskirche, geschaffen von Bramante (gestorben 1514), Raffael (1483–1520) und Michelangelo (1475–1564), gipfelte die baukünstlerische Leistung der Epoche. Die Profanarchitektur setzte nun das breit dahin gelagerte Schloss an die Stelle der gotischen Burg. Die Plastik und Malerei zeigten das Streben zu naturgetreuer Wiedergabe vor allem in der Beachtung der Proportionen und der Perspektive.

Das neue Persönlichkeitsideal gab den Anstoß zur Entwicklung der Porträtmalerei. Auch die Entdeckung der Landschaft für die Wandmalerei (Fresko, d.h. mit Wasserfarben auf frischem Verputz) gehört in diesen Zusammenhang. Religiöse Themen stehen im Schaffen der Großen der Zeit neben den antiken Stoffen, so bei Raffael, Michelangelo, Leonardo da Vinci (1452–1519) und Tizian (gestorben 1576). Leonardo erscheint gleichsam als Typus des Renaissancemenschen. Wissenschaftlicher Erkenntnisdrang (Abhandlungen »Über die Malerei« und die »Anatomie des Menschen«) verbindet sich bei ihm mit schöpferischer Gestaltungskraft und naturwissenschaftlich-technischer Experimentierlust (Erfindung der Pumpe, der Drehbank, der hydraulischen Presse; Versuche mit Flugmaschinen). Die großen bildenden Künstler der deutschen Renaissance wie Albrecht Dürer, Hans Holbein d. Jüngere und Albrecht Altdorfer waren durch die italienische Kunst aufs stärkste beeinflusst.

In der Literatur der italienischen Renaissance regte sich der neue Geist der Wissenschaft in Quellenforschung und Quellenkritik; die Ausbildung der philologisch-historischen Methode hat hier ihre Wurzel. Geschichtsschreibung und Biografie begannen ihren Weg als von innen her völlig erneuerte, der Wahrheitssuche verpflichtete literarische Gattungen. Die Philosophie der Antike, vor allem Plato, rückte in den Mittelpunkt des humanistischen Interesses. Die großen Denker der Platonischen Akademie zu Florenz, Marsilio Ficino (1433–1499) und Giovanni Pico della Mirandola (1463–1494), entwickelten die Idee der autonomen, selbstherrlichen Persönlichkeit als Mittelpunkt der Schöpfung. Pico della Mirandola zeigte die Ambivalenz der menschlichen Natur auf, den Spannungsbogen ihrer Möglichkeiten zwischen Bestialität und Gottähnlichkeit.

Der literarische Humanismus hatte in Italien, in Vorformen schon bei Dante Alighieri (1265–1321) und Francesco Petrarca (1304–1374), eingesetzt. In den wenigen Jahrzehnten zwischen der Ankunft griechischer Gelehrter, die nach der Einnahme Konstantinopels (1453) vor den Türken geflohen waren, und der Eroberung Roms durch habsburgische Truppen (1527) entfaltete sich der Humanismus zur Hochblüte.

Seine Wirkung erstreckte sich auf das gesamte Abendland, vor allem auf England, Frankreich und Deutschland. Er eroberte die Universitäten und verdrängte die Scholastik; das Wirken des Universitätslehrers Rudolf Agricola (1443–1485) in Heidelberg, Konrad Celtis (1459–1508) in Ingolstadt und Wien, Johann Reuchlins (1455–1522) in Heidelberg, Florenz und Paris und des Erasmus von Rotterdam (1469?-1536) in Paris, Oxford und Basel (nach burgundischen und italienischen Wanderjahren) zeigt das deutlich. Der Italiener Dante Alighieri, der an der Wurzel der humanistischen Bewegung in seiner »Göttlichen Komödie« das antike Weltbild mit dem mittelalterlichen hatte vereinen wollen, fand eine ins Gelehrtenhaft-Rationale gewandte Bestätigung durch das Christusbild des Erasmus, in das dieser antike Tugend und klassisches Persönlichkeitsmaß hineinprojizierte. Erasmus stand so im bewussten Gegensatz zum revolutionären Wirken Luthers. Aber Erasmus führte auch aus dem Nationalismus der Frührenaissance heraus zum Ideal eines Weltbürgertums.

Das brachte ihn in scharfe Gegnerschaft zum politischen Humanismus eines Jakob Wimpfeling (1450–1528, Vertreter des

Linke Seite: Papst Sixtus IV – neben ihm stehend seine Neffen Pietro Riario und Giuliano della Rovere, der spätere Papst Julius II. – ernennt den Humanisten Bartolomeo da Piadena (in der Mitte kniend) zum Leiter der Bibliothek. Wie die Künstler, so waren auch die Männer des Geistes hochangesehen an den Fürstenhöfen der Renaissance.

tismus des Landesherrn. Aber zunächst kam es zu einem Kompromiss zwischen Fürstenmacht und Ständerecht im dualistischen Ständestaat. Das übrige Europa durchstand unterdessen den Kampf zwischen den Ständen und dem Königtum. Während in England die Stände siegten und in der Glorreichen Revolution von 1688 das Königtum auf die Verfassungsstruktur einer zunächst aristokratisch-großbürgerlich beherrschten Demokratie verpflichteten, setzte sich auf dem Festland unter Führung der spanischen Habsburger und des französischen Königtums der Absolutismus durch.

Der religiöse Akzent der politischen Entwicklung in Deutschland gewann Durchschlagskraft, als Martin Luther (1483–1546), Augustinermönch und Seelsorger der Wittenberger Stadtkirche, eine brennende Zeitfrage aufgriff: den Ablasshandel. Dieser wurde vor allem durch den Dominikanermönch Johann Tetzel in Mitteldeutschland propagiert. Die Einnahmen aus diesem Ablass sollten zur einen Hälfte dem Erzbischof von Magdeburg und Mainz, zur anderen der Kurie zufließen, die für den Ausbau der Peterskirche größere Geldmittel brauchte.

Mit seinen 95 Thesen gegen den Ablasshandel, einer theologischen Streitschrift, die er (nach einer heute umstrittenen Überlieferung) am 31. Oktober 1517 an die Tür der Schlosskirche zu Wittenberg schlug, jedenfalls aber im Herbst des genannten Jahres versandte, forderte Luther in lateinischer Sprache zu einer gelehrten Disputation über den Ablass auf. Er wollte vor allem beweisen, dass mit Geldopfern allein keine Buße gewonnen werden könne. Den starken Widerhall, den die durch Übersetzung und Druck rasch verbreiteten Thesen fanden, hatte Luther weder gewollt noch vorausgesehen. Er zeigte jedoch, welche religiöse Hochspannung und Unruhe im Land herrschten. Eine Lawine kam ins Rollen, die Luther ebenso mitriss wie seine Gegenspieler. Vergleichsversuche und Drohungen der Kurie – sie begannen mit der Disputation Luthers mit dem an der Universität zu Ingolstadt lehrenden Theologen Johannes Eck (1520) und gipfelten in der Androhung des Kirchenbannes – führten nur zur Verhärtung der Fronten. 1520 verbrannte Luther die päpstliche Bulle und ein Exemplar des *Corpus iuris canonici*. Das bedeutete den Bruch mit der Kirche. Die Lutherschriften dieses Jahres – *An den christlichen Adel deutscher Nation, Von der babylonischen Gefangenschaft der Kirche* und *Von der Freiheit eines Christenmenschen* – prägten das lutherische Bekenntnis mit seinen Kernforderungen: Laienpriester-

Niccolò Machiavelli diente der Republik Florenz 14 Jahre lang als Staatssekretär. Danach mit den Regierenden überworfen, zog er sich auf sein Landgut zurück, wo er »Il Principe«, die erste grundlegende politische Theorie der Neuzeit verfasste.

Rechte Seite: Die Alexanderschlacht von Albrecht Altdorfer, entstanden 1528 – eines der Hauptwerke der deutschen Renaissance.

Deutschtums im Elsass) oder eines Ulrich von Hütten (1488–1523).

Der große Staatstheoretiker der italienischen Renaissance, Niccolo Machiavelli (1469–1527), ergänzte die Vorstellung vom selbstherrlichen Menschen durch die Theorie des autonomen Staats und des absoluten Fürsten (in seinem Werk *Il principe*, »Vom Fürsten«, erschienen 1532). So ist die Renaissance zur Wiege des modernen Europas mit seiner auf Nationalstaaten gründenden Kultur geworden.

Reformation, Glaubenskämpfe und europäische Politik

In Deutschland bestimmte die Verbindung religiöser, ständischer und wirtschaftlicher Kämpfe die Verfassungsentwicklung. Der aufstrebende Territorialstaat wurde durch die Verbindung mit den reformatorischen oder den gegenreformatorischen Kräften auf Kosten des Reichs und der Kaisermacht gestärkt. Ziel der Entwicklung wurde der unbeschränkte Absolu-

ALEXANDER M DARIVM VLT SVPERAT
CA SIS IN ACIE PERSAR PEDIT C M EQVIT
VERO X M INTERFECTIS MATRE QVOQVE
CONIVGE LIBERIS DARII REGIS CVM M HAVD
AMPLIVS EQVITIB FVGA DILAPSI CAPTIS

173

IN SILENCIO ET SPE ERIT   M · L   FORTITVDO VESTRA.

tum, Beschränkung der Sakramente auf Taufe und Abendmahl, Rückgriff auf die Heilige Schrift als entscheidende Instanz in allen Glaubensfragen. In Luthers Glaubenswelt liegt die Erlösung des Menschen allein im Glauben an Christus; er belässt zwar den Menschen in seiner Sündhaftigkeit, rettet ihn aber vor der Verdammung und nimmt seiner Existenz so die Ur- und Weltangst. Auf dem Reichstag zu Worms im Frühjahr 1521 zeigte sich die Unvereinbarkeit der Anschauungen. Luther forderte, man müsse ihn durch klare Vernunft oder aus der Heiligen Schrift widerlegen. Der Versuch eines Ausgleichs endete mit der Ächtung Luthers, die freilich durch Schutzmaßnahmen Friedrichs des Weisen von Sachsen unwirksam blieb. Luthers Wittenberger Predigt gegen die Extremisten unter den Anhängern seiner Lehre – die Schwarmgeister und Bilderstürmer –, aber auch seine Bibelübersetzung, die 1534 abgeschlossen wurde, legten den Grund für das Überleben seines Bekenntnisses. Er sicherte zudem seine Lehre durch das politische Bündnis mit dem aufstrebenden Landesfürstentum, indem er innerhalb der ihm anhängenden Territorialstaaten die monarchisch geführte Landeskirche schuf. Dieser Schritt hatte für die deutsche Geschichte nicht nur religiöse, sondern auch weittragende politische Folgen. Er half mit, die Entmachtung der Reichsgewalt weiter voranzutreiben.

Dennoch kann man noch nicht von einem aktiven politischen Protestantismus reden. Ein solcher entstand erst mit der Lehre des Schweizers Ulrich Zwingli (1484–1531). Bei ihm flossen religiöse und politische Aktion zusammen. Er erstrebte in kriegerischer Auseinandersetzung mit den katholischen Kantonen der Schweiz die Errichtung eines protestantischen Gesamtstaats. Als die katholischen Kantone von Habsburg unterstützt wurden, versuchte Zwingli vergeblich, eine außenpolitische Allianz seiner Kantone Basel, Bern und Zürich mit dem europäischen Protestantismus zu Stande zu bringen. 1531 fiel er in der Schlacht bei Kappel. Auch seine religiöse Lehre war in ihrem moralisch-sittlichen Rigorismus radikaler als die Luthers und mehr auf eine Reform staatlichen Handelns (unter Befolgung der Heiligen Schrift) als auf die Erneuerung des Glaubens gerichtet; sein Marburger Religionsgespräch mit dem deutschen Reformator im Jahre 1529 musste daher am Gegensatz der Abendmahllehre scheitern. Während nach Luthers Überzeugung Leib und Blut Christi im Abendmahl tatsächlich gegenwärtig sind (»Realpräsenz«), bedeutete es für Zwingli lediglich eine symbolische Vergegenwärtigung des letzten Abend-

mahls, eine Gedächtnisfeier der Gemeinde. Insofern war Zwingli ein typischer Repräsentant des humanistischen Rationalismus, ein früher Vorläufer der »Entmythologisierung« des Christentums.

Weltgeschichtlichen Rang gewann der von Zwingli begründete politische Protestantismus dann durch das Wirken Johann Calvins (1509–1564). Er stellte den Prädestinationsgedanken in den Mittelpunkt seiner Lehre. Danach sind alle Menschen der Erbsünde verfallen und unfähig, von sich aus zu ihrem Ursprung in Gott zurückzukehren. In unbegreiflicher Barmherzigkeit hat Gott aber einige Menschen begnadet und als seine Werkzeuge auserwählt. Dass ein Mensch zu den vorherbestimmten Auserwählten des Gottesreichs gehört, beweist der wahre Erfolg – nicht nur ein äußeres Glück, sondern die sichtbare Mehrung der Werke Gottes als Frucht harter Arbeit und strenger Selbstzucht. Jeder hat daran zu arbeiten, damit Gottes Ruhm sichtbar wird. Auch bei Calvin spielt wie in Luthers Vorstellungswelt die Kraft des Glaubens eine zentrale Rolle. In Calvins Theologie aber bewirkt der Glaube noch mehr: Gott zieht in seiner Gnade den Menschen, ihn heiligend, zu sich heran. Calvins politische und religiöse Ideen, die in seinem Genfer Wirkungsbereich durch praktische Erfahrung im Kampf gegen katholische Landesherrn – die Herzöge von Savoyen – geprägt wurden, verschmolzen zum Ideal eines ständisch-demokratischen protestantischen Staats, eines reformierten Kirchenstaats. Er versuchte ihn auf dem Weg einer strengen theokratischen Staatsführung zu erreichen. Mit Hilfe eines Konsistoriums als oberster Kirchenbehörde von Genf spielte Calvin die Rolle eines politischen und geistlichen Diktators zugleich. Mit dem Übergreifen auf Teile Deutschlands, Frankreich, die Niederlande und England gewann seine Gedankenwelt eine bedeutsame Rolle in der europäischen Politik. Darüber hinaus wurde der Calvinismus später zur Grundlage der meisten protestantischen Religionsformen in den Vereinigten Staaten von Amerika.

Die Auseinandersetzung zwischen Frankreich und Habsburg um die Vormachtstellung in Europa hatte schon in den Zeiten Kaiser Maximilians I. begonnen. Nach dessen Tod (1519) nahm ganz Europa Anteil an der Kaiserwahl. Der französische König Franz I. (1515–1547) hatte seinem Land durch die Eroberung Oberitaliens eine europäische Stellung gesichert. Er galt als großer Kriegsheld und besaß in ganz Europa den Ruf eines »ersten Ritters der Christenheit«. Neben ihm standen Heinrich VIII. von England und der Enkel

Linke Seite: Martin Luther. Gemälde von Lucas Cranach (1529). Der Sohn eines Bergmanns wurde Augustinermönch und Professor der Theologie und gelangte als etwa 22jähriger zu seiner religiösen Schlüsselerkenntnis: Der Mensch wird gerecht nicht durch Werke, sondern allein durch den Glauben, indem Gott ihn gnädig annimmt. Damit war die Frontstellung zur Papstkirche mit ihrem Prunk, ihrem Ablasshandel und ihren weltlichen Ambitionen gegeben.

Maximilians, Karl, zur Wahl. Gewählt wurde der Habsburger Karl (als Kaiser Karl V., 1519–1556). Den Ausschlag gab das Geld der Fugger, von dem der Kaiser in der Auseinandersetzung mit seinen Gegnern abhängig blieb.

Der zweite Reichstag von Speyer 1529 verbot die Wiedertäufer, erklärte sich aber auch gegen die Reformation. Gegen diese Beschlüsse erhoben die evangelischen Stände mit der berühmten »Protestation« vom 19. April 1529 Einspruch, die dem Protestantismus den Namen gab. Auch der Augsburger Reichstag von 1530 brachte nur eine Versteifung der Fronten, die in der »Confessio Augustana« der evangelischen Stände und der katholischen »Widerlegung« *(Confutatio)* zum Ausdruck kam, obwohl Philipp Melanchthon als Verfasser der protestantischen Grundsätze weit über das von Luther gewünschte Maß hinaus Konzessionen an die alte Lehre gemacht hatte.

Die Unnachgiebigkeit der kaiserlichen Politik wurde 1531 mit der Gründung des Schmalkaldischen Bunds der Protestanten (unter Beteiligung Kursachsens, Hessens, Lüneburgs und mehrerer protestantischer Reichsstädte) beantwortet. Aber erst 1546/47 entlud sich der konfessionelle und politische Gegensatz zwischen Reichsführung und Protestantismus im Schmalkaldischen Krieg. Denn erst jetzt hatte Karl V. durch seine militärischen Erfolge im Kampf mit seinen europäischen Gegnern die Hände frei für die Abrechnung mit seinen Widersachern in Deutschland. Auch hier war der Kaiser, nachdem Herzog Moritz von Sachsen sich zur Neutralität verpflichtet und damit den Schmalkaldischen Bund entscheidend geschwächt hatte, militärisch erfolgreich und konnte daher auf dem »geharnischten Reichstag« zu Augsburg 1548 im so genannten kirchenpolitischen Interim seine Bedingungen diktieren: Von kleinen Zugeständnissen wie Laienkelch und Priesterehe abgesehen, liefen sie auf eine Restauration der alten Lehre hinaus.

Die damit gewonnene Machtstellung des Kaisers hätte wahrscheinlich die endgültige Niederlage des Protestantismus zur Folge gehabt, wenn sie nicht auch den Argwohn der katholischen Fürsten geweckt hätte. Als Karl V. schließlich seinen Sohn Philipp von Spanien als seinen Nachfolger durchsetzen wollte, kam es zum Aufstand der Fürstenopposition. Im Vertrag von Chambord 1552 und unter Führung des wieder zur protestantischen Gegenpartei des Kaisers übergegangenen Kurfürsten Moritz von Sachsen verbündete sie sich (zur Wiedererringung der Freiheit Deutschlands), »pro Germaniae libertate recuperanda«, mit

Frankreich und sicherte sich gegen die Überlassung des Reichsvikariats über Metz, Toul und Verdun die Hilfe des französischen Thrones gegen den Kaiser.

Der Kampf für die »deutschen Libertäten« endete mit der Flucht des Kaisers von Innsbruck nach Villach in Kärnten (1552) und dem völligen Zusammenbruch seiner Politik. Die Regierung in Deutschland wurde seinem Bruder Ferdinand übertragen (den Karl V. bereits 1530, nach seiner Kaiserkrönung, zum Römischen König hatte wählen und krönen lassen) während sein Sohn Philipp die Herrschaft über die Gebiete von Neapel, die Niederlande, Burgund und Spanien bekam. Ferdinand erhielt schließlich auch die Kaiserwürde (als Ferdinand I., 1556–1564), und alle Rechte in Österreich. Kaiser Karl V. trat im September 1556 ab und verbrachte die letzten beiden Jahre seines Lebens im spanischen Kloster San Jeronimo de Yuste. Er starb 1558.

Das politische und religionsgeschichtliche Ergebnis dieser Niederlage Karls V. war einerseits der endgültige Zusammenbruch einer universalen kaiserlichen Macht, wie sie dieser Herrscher wohl noch einmal verwirklichen wollte, andererseits aber die Gleichberechtigung der protestantischen Stände, wie sie in den Bestimmungen des Augsburger Religionsfriedens von 1555 festgelegt wurde. Damit war die konfessionelle Spaltung endgültig zu einer auch institutionell sanktionierten historischen Tatsache geworden. Dass hier nicht die Glaubensfreiheit des Einzelnen gesiegt hatte, sondern die protestantischen Landesherrn und Reichsstände, zeigt aufs deutlichste der Augsburger Grundsatz »Cuius regio, eius religio« (Wer die Herrschaft hat, bestimmt die Religion).

Die verfassungsgeschichtlichen Auswirkungen der Reformation lagen in einer Komplizierung der Entwicklung. Sie beschleunigte im Reich den Prozess der Aushöhlung der kaiserlichen Machtposition, sodass die Spannung auf dieser Ebene schwand, andererseits verlangsamte sie die analoge Entwicklung innerhalb der Territorien. Das Landesfürstentum zeigte sich noch nicht stark genug, die Idee des absolutistischen Staats den Landständen gegenüber durchzusetzen. Bis ins 17. Jahrhundert hinein dauerte der Zustand eines Gleichgewichts- und Vertragsverhältnisses zwischen beiden Gewalten in Deutschland. In Westeuropa – von der Sonderentwicklung in Russland zu schweigen – hatte sich zu dieser Zeit die neue Staatsform längst durchgesetzt. Frankreich jedoch hatte die Macht, »die deutschen Angelegenheiten unter der Hand in den

Rechte Seite: Karl V. in der Schlacht von Mühlberg (1547). Gemälde von Tizian. Die Truppen des Kaisers erfochten hier einen glänzenden Sieg über die protestantische Koalition unter Johann Friedrich von Sachsen.

Die Seeschlacht von Lepanto am 7. Oktober 1571 beendete die türkische Vorherrschaft im Mittelmeer. Mehr als zweihundert Schiffe hatten Spanien, Venedig und der Papst aufgeboten; die Schlacht wurde dabei weniger durch taktisches Geschick des Oberbefehlshabers Don Juan d'Austria, als vielmehr durch besseres Stehvermögen der christlichen Entermannschaften in den grauenhaften Metzeleien auf den Decks der Schiffe entschieden.

größtmöglichen Schwierigkeiten zu halten« (Marillac).

Traten in Deutschland die Landesfürsten das Erbe der kaiserlichen Machtstellung an, so war es in Europa das Spanien Philipps II. (1556–1598). Anders als sein Vater Karl, der in Wesen und Haltung burgundische Aristokratie verkörpert hatte, vertrat Philipp spanische Nationalität und Katholizität. Er wurde der erste Repräsentant des Absolutismus in Europa. In seinem Staat wurden zum ersten Mal die ständischen Organisationen ihres politischen Einflusses beraubt: Die kastilischen Cortes (die Ständeversammlungen) sanken zu königlichen Befehlsempfängern herab. Der Hochadel wurde in die Rolle eines politisch machtlosen Hofadels gedrängt; dem niederen Adel blieb die Möglichkeit, sich in Offiziers- und Beamtenstellen zu betätigen. Gestützt auf ein Heer und eine Flotte aus Söldnern, auf einen zentralistisch ausgerichteten Beamtenapparat und auf einen allgegenwärtigen Spionagedienst, beherrschte der Souverän die Kronländer ebenso absolut wie die Kolonien. Die Untertanen waren zwar ohne Einfluss, erfreuten sich aber des Schutzes einer sauberen Rechtspflege und Verwaltung und der wirtschaftlichen Förderung durch eine staatlich gelenkte Produktions- und Monopolwirtschaft. In den Kolonien wurde die Ablösung der alten Ausbeuterpraxis der Konquistadoren durch eine geordnete Kolonialverwaltung besonders wohltuend empfunden. Gleichzeitig aber erlebte Spanien unter Philipp II. einen traurigen Höhepunkt des religiösen Fanatismus. Er offenbart sich im Kampf gegen jegliche Form der Ketzerei mit dem Instrument der Inquisition ebenso wie in der Ausrottung der Reste der arabischen Bevölkerung in Spanien (Moriscos, 1568–1571) und in der Vertreibungspolitik gegenüber den Juden.

Nach Siegen über Frankreich und die Türkei (Seeschlacht von Lepanto 1571) befand sich Spanien auf dem Höhepunkt seiner Macht. Jedoch setzte schon bald im Kampf mit den Niederlanden der Abstieg ein.

Philipp scheiterte hier bei dem Versuch, das ständische Mitbestimmungsrecht zu beseitigen und den Protestantismus zu unterdrücken. Angesichts der Brutalität des königlichen Statthalters, des Herzogs von Alba, wuchs der Widerstandswille von Adel und Bürgertum, geführt von Wilhelm von Nassau-Oranien (1553–1584). Ergebnis des Kriegs war die Loslösung Hollands und Seelands von Spanien im Jahre 1575; im Jahre 1576 bildeten sie die erste niederländische Republik. 1579 schlossen sich in der Utrechter Union auch die übrigen nördlichen Provinzen an; nur die südlichen, katholisch gebliebenen Provinzen mit wallonischer Bevölkerung hielten sich nach ihrem Friedensschluss mit dem König dem Bündnis fern. Mit Hilfe Englands, das 1588, unterstützt von Sturm und Unwetter, die mächtige spanische Hochseeflotte (Armada) in einer Reihe von Seegefechten vernichtete, gelang den Bundesgenossen nach wechselvollen Kämpfen im Waffenstillstand des Jahres 1609 die endgültige Loslösung von Spanien. Damit hatten die Niederländer die volle politische Unabhängigkeit und die wirtschaftliche und religiöse Freiheit gewonnen.

Neben den innenpolitisch-deutschen und den außenpolitisch-europäischen Folgen der Reformation sind die religiösen Tiefenwirkungen bedeutsam. Die Reformation bestimmte nun das kirchliche Leben in weiten Teilen Deutschlands und zwang auch ihre Gegner zur Überprüfung ihres ethischen Standorts und zur Besinnung auf frühere Reformbestrebungen. Die Folgen zeigen sich in den katholischen Reformbemühungen des Konzils von Trient und in der Entstehung und Entfaltung des Jesuitenordens. Das Konzil von Trient (1545–1563), auch »Tridentinum« genannt, leistete Bedeutendes auf dem Gebiet der inneren Kirchenreform. Das verweltlichte Bischofsamt wurde wieder auf seine geistlichen Pflichten zurückgeführt, die gründliche Erziehung und Ausbildung des Priesternachwuchses in Konvikten und Seminaren wurde geregelt und der Missbrauch des Ablasses verboten. Doch die entscheidenden protestantischen Forderungen nach Aufhebung der Klöster, Priesterehe und Laienkelch lehnte das Tridentinum unnachgiebig ab. Der Katechismus, den es entwarf, vertiefte daher die Kluft zwischen beiden Lagern und trug zur Ausprägung echter gegensätzlicher Konfessionen wesentlich bei. Das Konzil bekannte sich auch zur Tradition der Scholastik und stärkte durch seine Forderung nach Gehorsam gegenüber den kirchlichen Oberen bis hinauf zum Papst die Machtstellung der Hierarchie.

Die Festigung der Standpunkte der beiden konfessionellen Lager und ihre politische und militärische Aufrüstung mussten naturgemäß die Spannung erhöhen. Diese entlud sich schließlich im 30jährigen Krieg. Das Kaisertum aber verfolgte im Verlauf des Kampfs beiden Lagern gegenüber das Ziel, durch Ausschaltung der ständischen Machtpositionen einen imperialen Absolutismus zu errichten. Hier lag auch der Ansatzpunkt für die Interventionen ausländischer Mächte, vor allem Schwedens und Frankreichs.

Einen völlig anderen Verlauf nahmen die konfessionellen Auseinandersetzungen in Frankreich und England. Aber auch hier waren sie eng verknüpft mit der innen- und außenpolitischen Entwicklung.

In Frankreich musste sich der von außen her eindringende Protestantismus mit einer bereits gefestigten Zentralgewalt auseinandersetzen. Calvins Lehre stieß schon unter Heinrich II. (1547–1559), der rücksichtslos gegen die Waldenser vorging, auf heftigsten Widerstand. Erst als Teile des hohen Adels wie die Bourbonen sich der neuen Lehre zuwandten und als diese in dem Admiral Coligny einen bedeutenden Führer fand, wurde sie zu einer Gefahr für die religiöse und politische Einheit Frankreichs.

1557 wurden die Generalstände wieder einberufen; sie sollten die Mittel für den Zweifrontenkrieg bewilligen. Als Heinrich II. kurz vor seinem Tode zu einer Verständigung mit

Festaufzug im Freien aus Anlass des Waffenstillstands zwischen den Niederlanden und Spanien. Gemälde von Pietersz van de Venne. 1609 beendeten die Parteien ihre kriegerischen Auseinandersetzungen. Die Unabhängigkeit der niederländischen Republik wurde allerdings erst im Westfälischen Frieden von 1648 anerkannt.

Spanien gelangte und ihm gegenüber seine Ansprüche aufgab, sicherte er sich zugleich den Besitz von Calais – ein kühner Handstreich vertrieb die Engländer – und der Bistümer Metz, Toul und Verdun. Damit lenkte er den Expansionsdrang Frankreichs vom Süden auf den Osten um. Heinrich II. starb beim Turnier; sein Gegner stieß ihm die Lanze ins Auge. Die Hugenotten – der Name leitet sich ab von »Eidgenossen«, spielt also auf die Schweizer Herkunft des Protestantismus an – fanden nun in dem Herzog Franz von Guise ihren erbitterten Gegner. Als politischer Berater des minderjährigen Heinrichs III., des letzten männlichen Sprosses des Hauses Valois, und der Regentenmutter Katharina von Medici war er – neben den Jesuiten – der Hauptverantwortliche für die Massenverfolgungen der Protestanten in Toulon und Orleans im Jahre 1562, die den Bürgerkrieg in Frankreich auslösten.

Drei Jahrzehnte tobte das Ringen um die Macht im Staat. Verschärft wurde der Kampf durch das Eintreten der Hugenotten für den Freiheitskampf der Niederlande gegen Spanien. Truppen der Spanier und der Kurie fochten auf Seiten der katholischen Partei, protestantische Söldner aus der Pfalz im hugenottischen Lager. Der Höhepunkt des Bürgerkriegs war 1572 die Bartholomäusnacht: Anlässlich der Hochzeit Heinrichs von Nassau mit Margarethe von Valois wurden Admiral Coligny und viele hohe Führer der Hugenotten planmäßig ermordet. Ein blutiges Gemetzel, ein grauenhafter, fanatisierter Kampf aller gegen alle war die Folge. Ein Ende gab es erst, als der Bourbone Heinrich IV., der in der Bartholomäusnacht mit knapper Not vor seinen Mördern in sein kleines Reich Navarra hatte flüchten können, zum Katholizismus zurückkehrte und mit seinen Worten »Paris ist eine Messe wert« die Staatsraison über die religiöse Treue stellte.

Das Toleranzedikt von Nantes (1598) zu Gunsten der Protestanten brachte eine Zeit der inneren Beruhigung, die freilich mit der Ermordung Heinrichs (1610) wieder jäh in Frage gestellt war. Das drohende Chaos wurde jedoch gebannt, als Ludwig XIII. Kardinal Richelieu (1624–1642) zum Leiter der französischen Politik berief.

Der Kardinal, einer der bedeutendsten Politiker der französischen und europäischen Geschichte überhaupt, entstammte einer verarmten Adelsfamilie, die ihn mehr aus finanziellem als aus religiösem Interesse die geistliche Laufbahn hatte einschlagen lassen. So war auch das persönliche Fühlen und Denken Richelieus mehr national und politisch-realistisch ausgerichtet als christlich oder gar kirchlich. Ein stark rationaler Grundzug beherrschte sein Wesen. 1624 wurde er Vorsitzender des Ministeriums, 1629 Erster Minister der königlichen Regierung. Richelieu musste sich ebenso mit den Mitspracheansprüchen einer hohen Adelsclique am Hof auseinandersetzen, die ihre konfessionellen Zwistigkeiten in die Regierungspolitik hineintrug, wie mit dem Aufsichtsrecht der obersten Gerichtshöfe – Parlamente genannt, jedoch nicht mit den gleichnamigen demokratischen Institutionen zu vergleichen –, die danach strebten, das Mitbestimmungsrecht der Generalstände an sich zu ziehen und auch in Frankreich einen bürgerlich kontrollierten, auf bürgerliche Privilegien gestützten Ständestaat zu entwickeln.

Richelieu setzte den Parlamenten außerordentliche Königsgerichte entgegen, um ihre Macht zu brechen. Mit den Intendanturen richtete er Organe der Zentralgewalt auf den Gebieten des Polizei-, des Gerichts- und des Finanzwesens ein, die allmählich die Provinz im Sinne der königlichen Politik zu beherrschen verstanden. Alle der Zentralgewalt abträglichen politischen Sonderrechte des Adels, so auch jene aus dem Edikt von Nantes, beseitigte der Kardinal; den Ansätzen zur Bildung von Staaten im Staat machte er damit ein Ende. Besondere Aufmerksamkeit widmete Richelieu dem Heer und der Flotte als den wichtigsten Trägern der königlichen Macht. Er verlangte den Dienst für Staat und Krone unter Hintansetzung aller partikularen Interessen, seien sie persönlicher oder konfessioneller Natur. Mit der Gründung überseeischer Handelsgesellschaften setzte er die merkantilistische Wirtschaftspolitik fort. Mit all diesen Maßnahmen wurde er zum Begründer der Autonomie des modernen Staats. Sein Nachfolger, von ihm selbst herangebildet und empfohlen, war Kardinal Mazarin (1643–1661). Im erbitterten Kampf mit den Gegnern des neuen Kurses, die sich in der aufständischen »Fronde« gesammelt hatten, oft nahe am Zusammenbruch seiner Politik, rettete er das Erbe Richelieus in die Ära Ludwigs XIV. hinüber. Seiner Zähigkeit, vor allem aber der Schlagkraft des von Richelieu geschaffenen stehenden Heers, war der endgültige Triumph der absolutistischen Staatsordnung in Frankreich zu verdanken.

Von weltpolitischer Bedeutung war es, dass die Verknüpfung religiöser und politischer Entwicklung in England zu einem von der deutschen und französischen Geschichte gänzlich abweichenden Ergebnis führte. War in Frankreich der autonome Staat, geführt vom absoluten König, Sieger in den innen- und außenpolitischen Kämpfen geworden, in Deutsch-

Rechte Seite: Heinrich VIII. von England. Gemälde von Hans Holbein d.J. Der britische Monarch war ein großzügiger Mäzen der Künste in seiner Jugend und die große Hoffung der Humanisten; im Laufe seiner Regierungszeit wurde er jedoch zum bösartigen Tyrannen, der die Staatsfinanzen strapazierte, Gesinnungsterror übte und seinen Ratgeber Thomas Morus wie seine Ehefrau Anna Boleyn aufs Schafott schickte.

land das Landesfürstentum, das gleichfalls auf das Ziel einer absoluten Gewalt hinsteuerte, so war in England die Parlamentsherrschaft und damit – wenigstens in grundlegenden Anfängen – die demokratische Staatsform das Ergebnis der großen epochalen Auseinandersetzungen. Mit der »Suprematsakte« machte sich Heinrich VIII. 1534 selbst zum Oberhaupt der englischen Kirche und trennte sich damit von Rom, das ihm die Scheidung von seiner ersten Gemahlin verweigert hatte. Durch Annahme protestantischer Glaubenselemente entwickelte sich im Folgenden die englische High Church.

Die Regierungszeit Elisabeths I. (1558–1603) zeigt wieder das für die Epoche typische ineinander greifen der religiösen, innenpolitischen und außenpolitischen Entwicklung. Gegen die schottische Königin Maria Stuart festigte sie ihre persönliche, im Grunde illegitime Stellung als Trägerin der Krone ebenso wie das nationale Königtum, das sich auf die neue Kirche stützte. Maria fand Rückhalt in Spanien und den katholischen Kräften Frankreichs. Aber gefährlich war sie auch durch die Wirkung ihrer Persönlichkeit. 19 Jahre verbrachte sie in Haft; dann wurde sie nach Elisabeths Willen Opfer eines Hochverratsprozesses und 1587 hingerichtet.

Der Widerstand gegen die spanische Einmischung in die inneren Verhältnisse Englands wurde auch durch die wachsende Rivalität im Bereich kolonialer Unternehmungen genährt. Königin Elisabeth I. verstand es meisterhaft, ihren Gegner über die wahren Absichten Englands zu täuschen, während sie im Geheimen die Unternehmungen der bedeutenden Seefahrer der Nation, allen voran Francis Drake und Walter Raleigh, großzügig unterstützte. Raleigh brachte ihr mit dem ihr zu Ehren benannten Land Virginia den ersten englischen Besitz in Nordamerika ein. Als 1587 Maria hingerichtet wurde und Elisabeth den Aufstand der Niederländer nach besten Kräften unterstützte, lief die spanische Armada gegen England aus. Sie wurde 1588 von den kleinen, aber seetüchtigeren und artilleristisch überlegenen Schiffen der Engländer im Kanal zerstreut und an einer Invasion der Insel gehindert. Ein Sturm vernichtete schließlich die Flotte auf der Rückfahrt bis auf kümmerliche Reste. Dieses Ereignis war weltpolitisch folgenreich. Es festigte das englische Staatswesen im Inneren und leitete den Aufstieg Englands zur führenden See- und Kolonialmacht Europas ein. Dieser wurde nur durch die Loslösung der USA am Ende des absolutistischen Zeitalters unterbrochen und führte bis zum

Ende des Ersten Weltkriegs steil nach oben. Es entstand ein Imperium, das mit dem römischen Weltreich an Kraft und geschichtlicher Auswirkung vergleichbar ist.

Die Thronfolge des schottischen Stuarts Jakobs I. (1603–1625) vereinte zwar die Insel, brach aber mit der elisabethanischen Entwicklung durch den Versuch, ein absolutistisches Regime im Land zu errichten. 1628 hatte Jakobs Sohn Karl I. in der »Petition of right« das Steuerbewilligungsrecht des Parlaments anerkennen und die Sicherheit gegen willkürliche Verhaftungen bestätigen müssen. Als er 1642 versuchte, fünf führende oppositionelle Abgeordnete verhaften zu lassen, kam es in London zum Aufruhr. Der König stützte sich nach seiner Flucht auf Adel, Katholiken und Bischofsstädte, das Parlament auf Puritaner, Independenten (eine puritanische Religionspartei, die jede Kirchenherrschaft ablehnte und die volle Unabhängigkeit der Einzelgemeinde anstrebte) und Schotten. Das von Oliver Cromwell (1599–1658) geführte Reiterheer des Parlaments (Ironsides) siegte bei Marston Moor und Naseby und erzwang die Auslieferung des Königs.

Karl I. wurde 1649 hingerichtet, die Independenten unter Cromwell rissen die Gewalt in England an sich und riefen die Republik aus. Ihr religiöses Programm lehnte die anglikanische Kirche ebenso ab wie die puritanische Presbyterialkirche in Schottland; es verurteilte jeglichen Glaubenszwang und erklärte sich für ein allgemeines Priestertum der Gläubigen. Aber bald vergaßen die Independenten ihre Toleranzforderungen und erhoben ihre Lehre zur allein gültigen Doktrin. Die katholisch gebliebenen Iren wurden brutal unterworfen, ein Aufstand der Schotten niedergeschlagen, ein royalistischer Invasionsversuch unterbunden. Zugleich wurde im ersten englisch-holländischen Seekrieg die Vormachtstellung der Niederländer gebrochen.

1653 stürzte Cromwell in einem Staatsstreich das Parlament und ließ sich zum »Lord Protektor von England, Schottland und Irland« ernennen. Als solcher regierte er diktatorisch, zwar unter weitgehender religiöser Toleranz, aber mit wachsendem Druck auf die politische Opposition.

Cromwell hat England an die Spitze der protestantischen Mächte Europas geführt, aber sein eigentliches Ziel, nämlich die Wiederherstellung eines verfassungsmäßigen Staats, verfehlt. Dennoch wirkte seine Regierung tief und bleibend auf den englischen Volkscharakter ein, dem er die calvinistischen Tugenden der Selbstprüfung, der Selbstbeherr-

ANO · ÆTATIS ·   · SVÆ · XLI

183

Hinrichtung Karls I. in Whitehall (1649). Gemälde von Gonzales Coques. Der König war 1647 von den Schotten an das englische Parlament ausgeliefert worden. Nachdem der Führer der radikalen Independenten-Partei, Oliver Cromwell, das Unterhaus von allen gemäßigten Kräften hatte säubern lassen, zeigte das »Rumpfparlament« keine Bedenken, den König wegen Hochverrats und anderer Staatsverbrechen zu verurteilen.

schung, der Arbeitsfreude und des Gemeinsinns einprägte.

Nach dem Tod Cromwells (1658) brachte ein Parlamentsbeschluss 1660 die Restauration der Stuart-Monarchie. Die Sympathie Karls II. für den Katholizismus bewirkte im Parlament eine restriktive Religionsgesetzgebung zu Gunsten der anglikanischen Kirche. Dadurch wurde eine Auswanderungswelle der puritanischen »Dissenters« in die Kolonien ausgelöst. Mit der Testakte von 1673, in der allen Offizieren und Staatsbeamten zur Pflicht gemacht wurde, der katholischen Abendmahlslehre abzuschwören, und mit der »Habeas Corpus«-Akte von 1679, die persönliche Freiheit und Rechtssicherheit gegenüber königlicher Willkür garantieren sollte, versuchte das Parlament, allen absolutistischen Tendenzen entgegenzuwirken.

Als Jakob II. (1685–1688), selbst katholisch, den Versuch unternahm, mit der Indulgenz-Akte Katholiken und Dissenters den Zugang zu öffentlichen Ämtern zu öffnen und sich selbst damit die Möglichkeit der Restauration zu verschaffen, erhob sich das Parlament in der »Glorreichen Revolution« von 1688/89 gegen den Stuart, stürzte ihn und berief seine protestantische Schwester Maria und deren Gemahl, Wilhelm III. von Oranien, auf den englischen Thron. Das neue Regime war in seiner Macht durch die Parlamentsrechte, die in der »Declaration of Rights« von 1689 zusammengefasst wurden, von vornherein eingeschränkt. Damit begann ein neuer Abschnitt der inneren und äußeren Geschichte Englands und zugleich der Weltpolitik. Die innere Entwicklung sollte

von einem ständisch-parlamentarisch kontrollierten, von den Mitbestimmungsrechten des Adels und des Großbürgertums beschränkten Königsregime zum modernen demokratischen Staatswesen führen; außenpolitisch führte der Weg durch die konsequente Anwendung des oranischen Prinzips der Balance-of-Power-Politik des europäischen und damit globalen Gleichgewichts zur Sicherung des britischen Imperiums. Hatte das Eindringen des Protestantismus in Frankreich und England innere Wirren ausgelöst, so wurde die schwedische Krone durch den Übertritt zum neuen Glauben erheblich gefestigt und gewann damit die Kraft zu beachtlicher außenpolitischer Aktivität. Unter Gustav I. Wasa (1523–1560) wurde Schweden reformiert. Als 1561 der Ordensstaat in Kurland, Livland und Estland aufgelöst wurde, begann der Wettbewerb der Polen, Russen und Schweden um diese Gebiete. Er machte die Schweden zunächst zu Herren in Estland, unter Gustav II. Adolf (1611–1632) im Krieg gegen Russland auch in Karelien und Ingermanland und schließlich nach dem Sieg über Polen auch in Livland (1629), in Memel, Pillau, Elbing und in Teilen des Danziger Werders. So entstand das schwedische *Dominium maris Baltici,* die schwedische Ostseeherrschaft. Der innere Zerfall Polens, das 1572 Wahlreich wurde, schien diesen Zustand zu garantieren. Aber der Aufstieg Russlands unter Iwan IV., dem Schrecklichen (1533–1584) und danach unter dem Hause Romanow (seit 1613), ließ Gefahren am osteuropäischen Horizont aufziehen, die sich zunächst in der Ostsee, bald aber auch im gesamten europäischen Raum und damit im Rahmen der Weltpolitik auswirkten.

Die politische Situation Deutschlands war in der zweiten Hälfte des 16. Jahrhunderts wenig erfreulich. Das gilt für alle Bereiche des Lebens. Frankreich, England und die Niederlande führten in der Wissenschaft – trotz Behaim, Kepler und Kopernikus. Der spanische Roman, die französische Lyrik und das englische Drama dominierten. Engländer und Niederländer bemächtigten sich der Handelsgebiete, die vordem der Hanse offengestanden hatten. Wie die Hanse, so zerfiel auch der Reichtum der oberdeutschen Städte. Die neuen Seewege berührten Deutschland nicht und im Südosten regierten die Türken. An die Stelle der bürgerlichen Kultur trat in Deutschland die Residenzkultur, deren bevorzugte Künstler nicht die einheimischen Meister, sondern Italiener oder Niederländer waren.

Der Dreißigjährige Krieg

In der Regierungszeit der beiden Kaiser Ferdinand I. (1555–1564) und Maximilian II. (1564–1576) herrschte eine Atmosphäre des Ausgleichs zwischen den konfessionellen Parteien. Anders wurde es, als mit Rudolf II. (1576–1612) ein von spanischen Jesuiten erzogener Herrscher den Thron bestieg. Die Ausbreitung des Protestantismus erreichte in diesen Jahren ihren Höhepunkt. Hatten Ferdinand I. und Maximilian nichts gegen diese Entwicklung getan, so ließ Rudolf II., selbst mehr an Naturwissenschaft als an Politik interessiert, den Behörden freie Hand, im Sinn der Gegenreformation zu wirken. Der Protestantismus versuchte vergeblich, das kurfürstliche Erzbistum Köln und das Bistum Straßburg in sein Lager herüberzuziehen. Als die evangelische Mehrheit der Bürger von Donauwörth eine Prozession alten Stils verhindern wollte, verhängte Rudolf die Reichsacht über die Stadt und beauftragte Herzog Maximilian von Bayern mit der Vollstreckung. Maximilian gliederte die Stadt seinem Land ein und erzwang, gestützt auf den Buchstaben des Augsburger Religionsfriedens, ihre Rückkehr zum alten Glauben. Die Folge war eine Spaltung der Reichsstände. Unter Führung der Pfalz sammelten sich die Protestanten 1608 in der »Union«, ihr Oberhaupt wurde Kurfürst Friedrich IV. von der Pfalz. 1609 kam auf die Initiative Herzog Maximilians von Bayern die katholische »Liga« zu Stande.

Im Zeichen dieser politischen und militärischen Sammlung der feindlichen Lager begann der Kaiser mit dem Versuch, die Gebiete von Kleve, Mark, Ravensberg, Jülich und Berg als erledigte Reichslehen zu Gunsten der Krone einzuziehen. Die Gefahr einer bedeutenden Stärkung der kaiserlichen Stellung rief Frankreich auf den Plan. Aber König Heinrich IV. wurde ermordet. England und Holland verlangten nun die Aufgabe der kaiserlichen Absichten; im Vertrag von Xanten 1614 setzten sie ihren Standpunkt durch – Kleve, Mark und Ravensberg kamen an Brandenburg, Jülich und Berg an die katholische Linie Pfalz-Neuburg. Das Zurückweichen des Kaisers hatte in letzter Minute den Ausbruch eines großen europäischen Krieges verhindert.

Der schwache Nachfolger Rudolfs, Kaiser Matthias (1612–1619), wurde durch Erzherzog Ferdinand von der Steiermark, der schon seit 1617 Landesherr in Böhmen und Ungarn war, in der Reichsführung abgelöst. Ferdinand II. war kein Mann der Güte und des Ausgleichs. Er verlangte von den protestantischen Ständen Böhmens die Einstellung aller reformatorischen Bestrebungen auf katholischem Herrschaftsgebiet und unterstützte die gegenreformatorischen Maßnahmen des katholischen Klerus. Erbitterte Adlige warfen in Prag einige Räte des Kaisers aus dem Fenster des Schlosses und bildeten eine provisorische Regierung. Diese Rebellion in Böhmen allein hätte freilich nicht genügt, die große Auseinandersetzung zu entfesseln, wäre nicht Ferdinand, längst vorbereitet durch sein Bündnis mit Philipp III. von Spanien und Herzog Maximilian von Bayern, entschlossen gewesen, den Waffengang bis zum Sieg des Katholizismus und der Wiederherstellung der Kaisermacht in Deutschland zu wagen. 1617 war zwischen ihm und Philipp ein Vertrag abgeschlossen worden, der Spanien gegen Überlassung aller Rechte in den übrigen österreichischen Erblanden und der Vormacht im deutschen Reich einen Anspruch auf das Elsass, Hagenau und die Ortenau einräumte.

Die erste Etappe des Dreißigjährigen Krieges, der böhmisch-pfälzische Krieg von 1618–1622, begann, als sich die protestantischen Stände Böhmens von Kaiser Ferdinand lossagten und eine Wahlmonarchie in Böhmen begründeten, an deren Spitze sie Friedrich von der Pfalz beriefen. Aber das protestantische Lager war weder von niederländischem Kampfgeist beseelt, noch besaß es Männer vom Range des Oraniers. Ihm stand die festgefügte, durch kaiserlich-spanische Machtmittel verstärkte katholische Liga gegenüber mit den bedeutenden Feldherren Johann von Tilly und Ambrogio Spinola.

Die Schlacht am Weißen Berge 1620 brachte den Sieg der Liga und damit den Sieg der Gegenreformation in Böhmen. Der österreichisch-habsburgische Absolutismus siegte ebenso über die ständische Verfassung wie über den deutschen Calvinismus. Die Niederwerfung der Pfalz und Badens folgte. Der pfälzische Kurfürst, spöttisch »Winterkönig« genannt, suchte Zuflucht in den Niederlanden. Maximilian von Bayern gewann die Kurwürde des geflohenen Landesherrn, als 1622 der Feldzug mit der Kapitulation Mannheims und Heidelbergs endete.

Damit hätte der Krieg zu Ende sein können. Statt dessen weitete er sich aus. Ein militärisches und ein politisches Motiv waren dafür ausschlaggebend. Das erstere lag in den Operationen Tillys gegen die norddeutschen Verbündeten des Pfälzer Kurfürsten, gegen Ernst von Mansfeld und Christian von Halberstadt, das zweite in der Entschlossenheit des Kaisers, die säkularisierten geistlichen Territorien religiös und politisch zu restaurieren.

Die Antwort darauf war das Bündnis der protestantischen Stände Niedersachsens mit dem Herzog von Holstein und König von Dänemark, Christian IV. Der Kaiser parierte diesen Zug mit der Aufstellung eines eigenen, kaiserlichen Söldnerheers unter Albrecht von Wallenstein (1583–1634), einem böhmischen Hochadeligen und Fürsten von Friedland von Kaisers Gnaden. Heiratspolitik und der Anschluss an das kaiserliche Lager brachten diesem Abtrünnigen der hussitischen Bewegung großen Reichtum und Landbesitz aus der Konfiskationsmasse von 1621 ein.

Im niedersächsisch-dänischen Krieg von 1625–1630 wurde Ernst von Mansfeld 1626 an der Dessauer Eibbrücke von Wallenstein vernichtend geschlagen; kurz danach erlitt der dänische König bei Lutter am Barenberg eine Niederlage durch Tillys Heer. Wallenstein erhielt vom Kaiser Mecklenburg und Sagan und wurde damit Reichsfürst. Aber sein Versuch einer kaiserlichen Flotten- und Kolonialpolitik scheiterte am Widerstand der Hansestädte; Stralsund verteidigte sich, unterstützt von Dänemark und Schweden, erfolgreich gegen ihn. Dennoch war Wallensteins Sieg und damit der des Kaisers von größter Wirkung. 1629 wurde der Lübecker Frieden geschlossen; Dänemark musste auf weitere Interventionen in Deutschland verzichten. Außerdem erließ der Kaiser ohne Mitwirkung des Reichstags das Restitutionsedikt, das die Rückgabe säkularisierter geistlicher Gebiete Norddeutschlands an ihre ehemaligen katholischen Herren vorsah und die Calvinisten vom Religionsfrieden ausschloss.

Wiederum bestimmten zwei eng miteinander verknüpfte Umstände auch in diesem weltgeschichtlichen Augenblick das deutsche und europäische Schicksal: Der Hass der deutschen Fürsten, auch der katholischen, gegen Wallenstein, geschürt von Abgesandten des Kardinals Richelieu, führte zu einer Intervention beim Kaiser. In völliger Verkennung seiner Lage entließ dieser den Feldherrn. Frankreich aber, das auf keinen Fall eine Steigerung der kaiserlichen Macht wünschte, schloss 1630 mit Schweden den Bündnisvertrag von Bärenwalde an der Oder. Damit war der Fortgang des großen Ringens beschlossene Sache.

Der schwedische Krieg (1630–1634) begann mit Gustav Adolfs Landung auf Usedom. Der Schwedenkönig handelte sowohl aus religiösen wie aus machtpolitischen Motiven. Er wollte der Gegenreformation in Norddeutschland Einhalt gebieten, zugleich aber auch Land und Einfluss im niederdeutschen Raum gewinnen, um seinem Land gegenüber den dänischen, polnischen und russischen Nebenbuhlern die Herrschaft über die Ostsee zu sichern.

Gustav Adolfs Erfolge zwangen Brandenburg und Kursachsen, die sich ebenfalls durch Tillys Eroberung von Magdeburg bedroht fühlten, auf seine Seite. Es folgte der Siegeszug des Königs nach dem Süden. Die kaiserliche Machtposition, wie auch die der katholischen Landesfürsten, war in höchster Gefahr. Diese Notlage zwang den Kaiser zur erneuten Berufung Wallensteins. Dessen Forderung nach weitgehender militärischer und politischer Handlungsfreiheit musste Ferdinand II. wohl oder übel erfüllen. Aber seine operativen Erfolge gegenüber dem Schwedenkönig nutzten dem Feldherrn nicht. Wallenstein zwang ihn zum Rückzug aus Süddeutschland, musste aber 1632 in Lützen auch eine Niederlage durch das schwedische Heer einstecken.

Die Eigenmächtigkeit seines politischen Vorgehens, die sicher aus egoistischen machtpolitischen Absichten heraus geführten Verhandlungen mit Schweden und Frankreich trugen Wallenstein den Verdacht des Verrats ein. Alsbald begann das Kesseltreiben des Kaisers und der katholischen Fürsten gegen ihn. Nach dem Abfall der meisten seiner Truppenführer wurde er in Eger ermordet. Aber sein Ausfall wie zuvor der Tod Tillys in der Lechfeldschlacht (1632) gegen Gustav Adolf wurden wettgemacht durch die Rückkehr der schwedischen Politik unter Kanzler Oxenstierna zu einer Linie der Defensive und Beschränkung der Kriegsziele. Die schwedischen Truppen und

ihre deutschen Verbündeten unterlagen alsbald bei Nördlingen den kaiserlichen und spanischen Kräften. Im Frieden von Prag 1635 versuchte der Kaiser einen Ausgleich mit seinen protestantischen Gegnern. Er kam den ehemaligen norddeutschen Verbündeten Schwedens großzügig entgegen, gab die Lausitz an Kursachsen und verlangte lediglich in den ehemals geistigen Territorien die Restitution nach dem Stand von 1627.

Doch wieder wurde das Ende des Krieges durch französische Einmischung vereitelt. Diesmal wagte Richelieu, der nach Wallensteins Fall Lothringen und einige Plätze im Elsass, wie Hagenau und Zabern, schließlich auch Philippsburg für Frankreich gewonnen hatte, die offene Intervention. Sie veranlasste auch Schweden wieder zu einer aktiveren Beteiligung. Richelieus Pläne waren weniger auf konkrete Eroberungen gerichtet, als auf eine entscheidende Schwächung des Hauses Habsburg, das Frankreich von allen Seiten umklammerte und letztlich auf eine Auseinandersetzung mit den Habsburgern um die Hegemonie in Europa.

Der Westfälische Frieden von 1648 brachte den Durchbruch zur religiösen Toleranz und beendete vorläufig den Machtkampf zwischen Habsburg, Schweden und Frankreich. Das Streben nach einem absoluten kaiserlichen Regiment im Reich war ohne Erfolg geblieben. Die Reichsverfassung schützte die völlige Souveränität der Landesfürsten. Die schwedisch-französische Garantie dieser Verfassung bedeutete für Europa die politische und militärische Hegemonie Frankreichs. Die territorialen Veränderungen in Deutschland waren, an diesen Ergebnissen gemessen, von zweitrangiger Bedeutung. Die Pfalz wurde wiederhergestellt, die Oberpfalz kam an Bayern, Brandenburg erhielt Hinterpommern und die Bistümer Kammin, Minden und Halberstadt sowie die Anwartschaft auf Magdeburg, das schließlich 1680 preußisch wurde. Schweden gewann Vorpommern mit Usedom und Wollin, ferner Bremen und Verden. Frankreich aber wurde praktisch Herr im Elsass, im Sundgau, in Breisach und Philippsburg. So konnte der Nachfolger Richelieus (gestorben 1642), Kardinal Mazarin, die Früchte der genialen Politik seines Vorgängers einheimsen. Auch Lothringen wurde durch die Abtretung von Metz, Toul und Verdun französisches Machtgebiet. Die Niederlande und die Schweiz aber schieden aus dem Reichsverband staatsrechtlich aus.

Spanische und niederländische Gesandte leisten den Friedensschwur im Rathaus von Münster. Gemälde von Gerard Terborch. Eines der Ergebnisse des Westfälischen Friedens war die Anerkennung der Niederland als selbstständiger Staat.

Das Zeitalter des Absolutismus

Wirtschaft, Gesellschaft und Kultur im Zeitalter des Absolutismus

Die Wurzeln des Wirtschaftssystems, das als Merkantilsystem in die Wirtschaftsgeschichte eingegangen ist, liegen in der politischen Entwicklung zur Staatsautonomie, die bereits im Spätmittelalter einsetzte. Die erstarkende Staatsgewalt nahm in steigendem Maße Einfluss auf das wirtschaftliche Geschehen. In den Hof-, Landes- und Polizeiordnungen, den Bergbau- und Forstbestimmungen finden wir seit der Renaissancezeit wirtschaftspolitische Reglementierungen. Aber erst im Zeitalter des Absolutismus kam es zu einer staatlichen Konzeption des gesamten Wirtschaftsgeschehens. Dieses wirtschaftspolitische Programm strebte nach Autarkie, wünschte die Einfuhr auf das Notwendigste zu beschränken, vor allem auf die unerlässlichen Rohstoffe. Alle benötigten Waren sollten im Land selbst erzeugt werden; eine starke Ausfuhr sollte eine aktive Handelsbilanz und den Zustrom von Geld und Edelmetallen sichern. Aus diesen Gründen förderten die Regierungen Handel und Gewerbe, gründeten Manufakturen, holten sich, auch unter Ausnutzung der politischen und religiösen Emigration, handwerkliche und Manufaktur-Facharbeiter heran und strebten nach dem Erwerb rohstoffreicher Kolonien. Letzter Zweck war jedoch nicht die wirtschaftliche Blüte zur Steigerung des Lebensstandards der Bevölkerung, sondern der Reichtum des Staats, die Finanzierung von Heers, Verwaltung und Hofhaltung. In Deutschland vollzog sich diese Entwicklung nach dem Niedergang der Zentralgewalt in den Teilstaaten, wobei nur die größeren das Merkantilsystem wirklich zur Entfaltung bringen konnten.

In Preußen und Österreich wurde das merkantilistische Programm mit Erfolg angewandt, wenn auch die Bemühungen um koloniale Rohstoffgebiete scheiterten. Die kolonialen Gründungen des Großen Kurfürsten waren ebenso Episode wie die Förderungsmaßnahmen Karls VI. für die Ostindische und die Orientalische Handelskompanie seines Landes. Nur der Ausbau Triests zu einer bedeutenden Hafenstadt blieb als Zeugnis dieser österreichischen Politik. Im Preußen Friedrich Wilhelms I. und Friedrichs des Großen hatte die konsequente merkantilistische Wirtschaftspolitik auch weitreichende soziale Auswirkungen: Sie wies dem Adel als Ausgleich für die nahezu aufgehobenen Ständerechte die Rolle eines Reservoirs für den Offiziersstand und die höchsten Verwaltungsstellen zu. Aus dem erbuntertänigen Bauernstand rekrutierte sich das Heer; das Bürgertum wurde zum politisch bedeutungslosen Träger von Handwerk, Gewerbe und Industrie.

Gestützt auf den Reichtum ihrer Kolonien konnten Spanien und Portugal lange Zeit ein Monopol des Kolonialhandels aufrechterhalten. Infolge materieller Erschöpfung ging jedoch schon gegen Ende der Regierungszeit Philipps II. die weltwirtschaftliche Führung an Holland und England über. Der Konkurrenzkampf zwischen diesen beiden Ländern begann mit dem wirtschaftlichen Kampfgesetz der Navigationsakte von 1651 – mit dem England den holländischen Zwischenhandel verbot – und endete etwa um die Mitte des 18. Jahrhunderts mit dem endgültigen Triumph Englands. Dennoch blieb Holland auch weiterhin eine bedeutende Seehandels- und Kolonialmacht. Seine 1602 gegründete Ostindienkompanie wurde zum Vorbild aller späteren Handels- und Aktiengesellschaften.

Der im Handel erzielte Reichtum machte zunächst Holland, später England zur führenden Kapitalmacht der Weltwirtschaft. Schiffbau, Textilmanufaktur, Zuckerfabrikation und Brauereiwesen profitierten von diesem Reichtum. Die Städte wuchsen und ihr Wachsen zog die Intensivierung der Landwirtschaft nach sich, deren Aufgabe es war, die zunehmende Bevölkerung zu ernähren. In England wurden Handel und Gewerbe schon frühzeitig vom Staat kontrolliert und gefördert. Deutsche Bergleute und belgische Weber wurden angeworben, die »abenteuernden Kaufleute« wurden zu Schrittmachern einer staatlichen Kolonialpolitik. Die Glorreiche Revolution von 1688 beseitigte Staatsaufsicht, Gewerbemonopole und Grundherrschaft und brachte damit ein freiheitliches Moment in die merkantile Entwicklung des Inselreichs. Die *Declaration of Rights* (1689) brachte die Ablösung des Absolutismus durch die konstitutionelle Monarchie. Das freie Unternehmertum des Lands zeigte seine wirtschaftliche Initiative durch Gründung von Aktiengesellschaften und veranlasste Wilhelm III. zur Gründung der Bank von England als einer staatlichen Kreditbank. Die Kolonien lieferten der mutterländischen Industrie billige Rohstoffe und Halbfabrikate. Gleichzeitig dienten sie als Absatzmärkte für fertige Industrieprodukte. Gegenüber Frankreich, der führenden Wirtschaftsmacht der Epoche, schloss sich England durch Schutzzölle ab; für den ausfallenden Markt suchte es Ersatz in Deutschland, Russland und im Mittelmeerraum, vor allem in Portugal, das durch den Methuen-Vertrag von 1703 wirtschafts- und handelspolitisch abhängig wurde.

In Frankreich entwickelte der Finanzminister Jean Baptiste Colbert die klassische Form des kontinentalen Merkantilsystems. Colbert führte eine zentral gelenkte Nationalwirtschaft mit statistischer Haushaltsplanung ein, beseitigte viele Binnenzölle, ordnete das Finanzwesen und baute Land- und Wasserwege aus. Er strebte nach einem einheitlichen Wirtschaftsgebiet, ohne es freilich völlig zu erreichen. Durch solche Maßnahmen blühten Marseille als Hauptort des Levante-Handels und Lyon als Exportindustriezentrum auf. Vereinheitlichung des Zunftrechts, Schutzzölle und Handelsmonopole dienten der Förderung von Manufakturen und dem Aufbau einer bedeutenden Handelsflotte. Daneben trieb er die Überseepolitik voran. Kolonien in Vorderindien, Indochina, Madagaskar und Nordamerika machten das französische Kolonialreich zum zweitgrößten der Welt. Schwere Rückschläge erlitt die wirtschaftliche Entwicklung des Lands jedoch durch die religiösen Auseinandersetzungen und die Vertreibung der Hugenotten. Schließlich verursachte die Überspannung der Kräfte unter Ludwig XIV., der durch hohe Kriegskosten, Verschwendung am Hofe, Steuerdruck und Finanzexperimente das Land an den Rand des finanziellen Zusammenbruchs führte, den Verfall der zuvor erreichten Wirtschaftsblüte.

Am wenigsten ausgebildet wurde das Merkantilsystem in Russland. Peter der Große (1682–1725) ließ zwar zahlreiche Manufakturbetriebe errichten, Häfen und Kanäle bauen, aber es fehlte an einer geistig und wirtschaftlich tragenden einheimischen Bürgerschicht. Die Adelsherrschaft dominierte in Form der Grundherrschaft, die den Bauern in Abhängigkeit hielt und den vorwiegend agrarischen Charakter des Lands bestimmte. Meist waren es ausländische Kaufleute, darunter viele deutsche, die den russischen Handel beherrschten.

Die bedeutsamste politische Auswirkung des Merkantilsystems in Kontinentaleuropa, Russland ausgenommen, war der wirtschaftliche und damit verbunden der geistig-kulturelle Aufstieg des Bürgertums, dessen Forderung nach politischer Mitbestimmung zur treibenden Kraft der Epochenwende des ausgehenden 18. Jahrhunderts werden sollte. Die besonderen Verhältnisse in Frankreich wiesen dem Land die Rolle zu, Ursprungsland der Revolution und damit einer neuen, bürgerlichen Epoche zu werden.

Wie Politik und Wirtschaft, so verdanken auch Wissenschaft und Künste dem neuen Staats- und Fürstentyp entscheidende Impulse. Zahlreiche Schlösser entstanden; Park- und Stadtanlagen, Lust- und Jagdhäuser dienten der höfischen Repräsentation. Charakteristisch für die Epoche ist das Aufkommen des Kunsthandwerks als einer neuen Form künstlerischer Betätigung, die sich in Möbeln, Tapeten und Schmuck entfaltete. Das wissenschaftliche und das Sammlerinteresse vieler Herrscher ließen den Typ des Hofgelehrten und Gelehrte Gesellschaften, die Akademien, entstehen. Eng verbunden damit entstanden außerdem wertvolle Sammlungen und Bibliotheken, die zur Grundlage unserer modernen wissenschaftlichen Institute wurden. Frankreich wurde in vielerlei Hinsicht zum kulturell führenden Land. Richelieu hatte schon 1635, mitten im großen europäischen Krieg, mit der Einrichtung der »Academie française« den Grundstein für die geistige Vormachtstellung Frankreichs gelegt. Durch ihr Wirken wurde die französische Sprache als Nachfolgerin des Lateins zum europäischen Verständigungsmittel in Diplomatie, Philosophie, Dichtung und Wissenschaft und zur Sprache der gebildeten europäischen Gesellschaft des absolutistischen Zeitalters überhaupt. Das Schloss von Versailles jedoch setzte einen Maßstab für die barocke Architektur Europas.

Stilistisch ist das Barock – der Name war ähnlich wie »Gotik« ursprünglich ein Schimpfwort – eine Weiterentwicklung des Renaissancestils. Ihn belebt es durch stärkere Dynamik und Bewegtheit, durch Affektgeladenheit, wie sie auch die menschliche Haltung der Epoche kennzeichnet. Die ständige Bedrohung durch den Krieg, insbesondere zu Beginn des Zeitalters, ließ die Menschen der Zeit zu einem stoischen Heroismus hinstreben, der auch in Pest- und Kriegsnot menschliche Würde bewahren wollte. Diese Haltung spiegelt sich auch weithin in der Baukunst der Zeit. Die Profanarchitektur verherrlicht Größe, Glanz und Macht des Herrschertums. Wille und Geist der von den Jesuiten geführten Gegenreformation sind im Kirchenbau der Epoche deutlich spürbar. Das Gefühl neuer religiöser Kraft und Inbrunst kam in der Dynamik des Sakralbaus zum Ausdruck, für den Il Gesu in Rom zum Vorbild wurde. Besonders in Österreich und Süddeutschland hat der katholische barocke Kirchenbau durch Meister wie Balthasar Neumann, Johann Dientzenhofer und die Brüder Asam Höchstleistungen hervorgebracht. Ihnen stehen die profanen Schöpfungen der Johann Fischer von Erlach, Lukas von Hildebrandt, Pöppelmann und Schlüter würdig zur Seite.

In der Musik entwickeln sich neue repräsentative Gattungen. Das Oratorium findet seine höchste Ausformung in Georg Friedrich Händel, die Passion in Heinrich Schütz und Johann Sebastian Bach ihre größten Meister. Italien wird zum Ursprungsland der Oper (Cavalli, Scarlatti, Monteverdi), die bald einen Triumphzug durch ganz Europa antrat.

Die Literatur des Barock weist starke nationale Unterschiede und gattungsmäßige Differenzierungen auf. Neben den eigenständigen Traditionen Englands (Shakespeare) und Spaniens (Calderon, Cervantes) entstehen vor allem in Frankreich bedeutende Werke (Corneille, Racine, Moliere). In Deutschland schafft Martin Opitz mit dem *Buch von der deutschen Poeterey* ein literarisches Regelwerk.

Im Bereich von Philosophie und Wissenschaft ist das europäische Barockzeitalter eine Epoche des Übergangs. In der stillen Welt der Gelehrtenstuben wuchsen die Ideen heran, die alsbald die Vorherrschaft religiös gebundener Weltanschauung beseitigen sollten. Der philosophische Rationalismus fand seine Begründer und Entfalter in René Descartes, Blaise Pascal und Baruch Spinoza wie auch im englischen Empirismus von Francis Bacon und John Locke. Die Summe dieses europäischen Denkens zog der Deutsche Gottfried Wilhelm Leibniz in seinem philosophischen Werk.

Zugleich gaben die barocken Denker einzelnen naturwissenschaftlichen Disziplinen wesentliche Impulse. Als Mathematiker leistete René Descartes mit neuen Lösungsmethoden für Gleichungen vierten Grades, der Grundlegung der analytischen Geometrie und der Potenzlehre Bedeutendes. Neue Wege auf dem Gebiet der Physik bahnte der Engländer Isaac Newton mit der exakten Bestimmung der Planetenbahnen wie mit seinen Beiträgen zu den Bewegungsgesetzen. Auf Grund letzterer entwickelte Johann Bernoulli in Basel ein System der Mechanik.

Der schwedische Arzt Carl von Linne be-

Tabakpflanzung mit indianischen Sklavenarbeitern. Aus den »Lebenden Bildern und Gebräuchen eines Teils von Amerika, genannt Virginia« des Jaques de Mayne. Die britische Kolonie Virginia (so benannt zu Ehren der »jungfräulichen« Königin Elisabeth I.) wurde von dem Seefahrer Walter Raleigh 1584 gegründet. Sklavenarbeit auf den Plantagen, später von importierten Negern geleistet, war bis zum Bürgerkrieg 1861–65 wichtigster Wirtschaftsfaktor.

gründete ein typisch aufklärerisch-rationales System der Pflanzen- und Tierwelt. Auch im Bereich der Medizin bahnten sich neue Erkenntnisse ihren Weg in die Praxis, so vor allem die Blutkreislauf- und Übertragungslehre (Harvey, Leeuwenhoek).

Schließlich begann am Ende der Epoche durch Auswertung der wissenschaftlichen Lehren auch das Zeitalter der Technik: Neue Steinkohlenverhüttungsverfahren der Hochöfen, Walzblechherstellung und Derbys Verkokungstechnik (1735) wurden entwickelt.

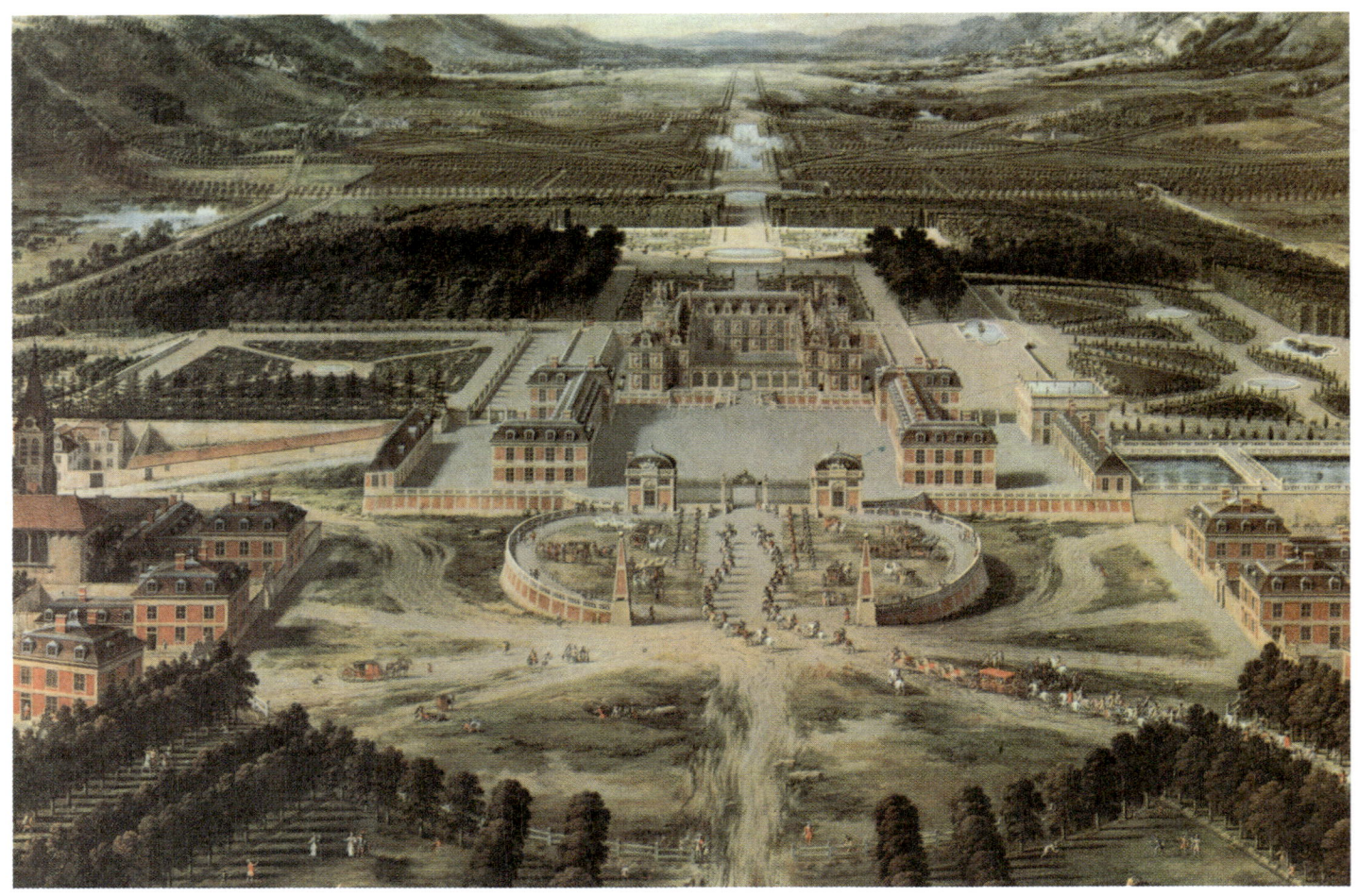

Europa im Kampf gegen die Vor-macht Frankreichs

Ludwig XIV., der Sonnenkönig (1661–1715), vollendete den von Richelieu und Mazarin vorbereiteten absolutistischen Staat. Seine Auffassung des Königtums wurde im Jugend-alter durch den Einfluss seiner Mutter und des Kardinals Mazarin geprägt. Sie erzogen ihn in der spanisch-katholischen, universalistischen Vorstellung von der Würde und Heiligkeit des Herrschers (Gotteskönigtum). 1659 vermählte man den Thronfolger mit Maria Theresia von Spanien, der ältesten Tochter Karls IV., was zu einer weiteren Verfestigung seines absolutisti-schen Selbstverständnisses führte. In Haltung, Gesinnung und Hofetikette, ja im gesamten ar-chitektonischen und kulturellen Rahmen, den der König sich in Versailles schuf, kam diese Haltung zum Ausdruck.

Die zeitgenössischen, aber auch die späte-ren politischen und religiösen Gegner des Kö-nigs, die Hugenotten und die Revolutionäre von 1789, haben ein Zerrbild Ludwigs als ei-nes maßlosen, persönlicher Willkür folgenden Despoten entworfen und ihm das nie ausge-sprochene Wort »l'etat c'est moi« zugeschrie-ben. Ludwig aber war von starken religiösen und sittlichen Bindungen getragen, er glaubte, mit seiner Politik Volk und Staat würdig und gerecht zu dienen, wobei er weniger an persön-lichen Ruhm oder Reichtum dachte. Aber auch die zeitgenössischen und späteren Lobredner haben den König verkannt, sein Bild bewusst verzeichnet. Viele der ihm zugeschobenen Er-folge waren seinen Mitarbeitern zu verdan-ken, so auf dem Gebiet des Heereswesens Le Tellier und Louvois, in der Außenpolitik de Lionne und Pomponne, im Finanzwesen, der Wirtschaft und dem Bereich der Flotte dem Minister Colbert. Diese sachkundigen Bera-ter des Königs, die im Grunde die Funktion von Fachministern ausübten, verstanden es zu-meist, ihre Ideen in den Kabinettsberatungen dem König so annehmbar zu machen, dass er sich schließlich damit identifizierte und später der Meinung war, sie seien von ihm selbst aus-gegangen. Was Ludwig mangelte, war die Ur-teilskraft, vor allem der selbstkritische Blick. So widersetzte er sich den Reformvorschlä-gen des genialen Colbert – zum Schaden einer organischen Fortentwicklung des absolutis-tischen Systems. Auch die großen schöpferi-schen Wirtschaftspläne des Ministers blieben zum größten Teil Programm; freilich versag-ten sich Colbert auch das wenig wagemutige Besitzbürgertum und der Adel, die zu sehr auf wirtschaftliche Sicherheit bedacht waren.

Als unter Ludwig XIV. die letzten Reste provinzieller und städtischer politischer Selbstständigkeit beseitigt wurden, war das Zeitalter des Ständestaats mittelalterlicher Herkunft in Frankreich zu Ende. Es gehört zu den inneren Widersprüchen des absolutistischen Systems, dass das ständische System als Sozial- und Wirtschaftsordnung dennoch in ihm weiterbestand, sich sogar noch festigte. In der sozialen Rangordnung führte der geistliche und weltliche Adel. Festgelegte Umgangs- und Lebensformen zeichneten diese wirtschaftlich und sozial privilegierte, aber politisch machtlose Schicht aus. Ihr fühlte sich auch Ludwig sozial zugehörig, im Sinn eines »Ersten unter Gleichen«. Die Kirche wurde eine der tragenden Säulen des Staates. Sie betonte das Gottesgnadentum des Herrschers und forderte ihm gegenüber ebenso Gehorsam wie gegenüber Hierarchie und Dogma. Damit verbunden war die Herausbildung des gallikanischen Kirchensystems, einer staatshörigen, zu Rom nur in losem Abhängigkeitsverhältnis stehenden Nationalkirche, die abweichende Lehren mit Hilfe des Staats unterdrückte. Wirtschaftlich waren geistlicher und weltlicher Adel durch fast völlige Steuerfreiheit in höchstem Maße bevorzugt, riesiger Grundbesitz mit weitgehenden Rechten gegenüber den bäuerlichen Hintersassen war Grundlage ihrer wirtschaftlichen Macht. Dem weltlichen Adel bot sich außerdem die Offizierslaufbahn im stehenden Heer, die ihm als Privileg zustand. Schließlich gab es für den Adel das Leben am Hof.

Den wirtschaftlich produktivsten Stand bildete das Bürgertum. Dieses hatte unter Colberts merkantilistischer Politik die Grundlagen seiner Betätigung in Gewerbe, Handel und Manufaktur gefunden und kam wirtschaftlich vorwärts.

Eine vermögende Oberschicht (Kaufleute, Bankiers, »Industrielle«) war im Wesentlichen steuerfrei und konnte durch Ämterkauf zum (Dienst-)Adel *(Noblesse de robe)* aufsteigen. Die große Masse der Bürger, der niedere Klerus und die Bauern wurden als dritter Stand *(tiers etat)* zusammengefasst. Sie trugen die größte Steuerlast, insbesondere die empfindliche Verbrauchersteuer. Politische Rechte besaßen sie nicht.

Am schlechtesten war die wirtschaftliche Lage der Bauern. Ihnen widmete die staatliche Wirtschaftspolitik nur insoweit Interesse, als sie zu Rohstofflieferanten der Manufaktur werden konnten, wie das Beispiel der Seidenraupenzucht zeigt. Die eigentliche landwirtschaftliche Erzeugung war in Methoden und Ergebnissen kaum über mittelalterliche Verhältnisse hinausgekommen. Sie wurde jedoch mit immensen Abgaben belastet, die durch königliche Steuerpächter rücksichtslos eingetrieben wurden. Viel zu hoch war die »Taille«, die

Ludwig XIV vor Dünkirchen 1658. Französischer Gobelin. Eine Episode aus dem jahrzehntelangen Krieg Frankreichs gegen Spanien, den der »Sonnenkönig« sozusagen von seinen Vorgängern geerbt hatte und im Pyrenäenfrieden von 1659 zu Ende brachte.

Grundsteuer. Das starre Festhalten der Regierung an ihr und den Methoden ihrer Eintreibung war ein Hauptgrund für die spontane Beteiligung des an sich konservativen französischen Bauerntums an den revolutionären Vorgängen von 1789. Infolge der Auswanderung der Hugenotten nach der Aufhebung des Toleranzediktes von Nantes im Jahr 1685 kam es zu schweren Schädigungen der Merkantilwirtschaft. Eine Heerschar wirtschaftlich überaus aktiver Kräfte, ausgestattet mit hervorragenden Fertigkeiten und Fachkenntnissen, verließ das Land, dessen Wohlstand sie durch beharrlichen Fleiß, rastlose Arbeit und Sparsamkeit beträchtlich vermehrt hatte. Die Polizeischikanen der Regierung trieben fast 500 000 Menschen ins Ausland. Mit Freuden wurden sie in anderen europäischen Ländern, vor allem in den Niederlanden, England und Brandenburg aufgenommen, wo sie nicht unwesentlich zum wirtschaftlichen Aufbau beitrugen.

Ludwig XIV. strebte nach der Hegemonie in Europa und suchte mit allen Mitteln, auch durch Rechtsbruch, Gewalt und Krieg, die reichen spanischen Niederlande und die Rheingrenze zu gewinnen. Diese Aggressivität rief die gemeinsame Abwehr der meisten westlichen Staaten Europas hervor – unter Führung Englands, wo Wilhelm III. als König die antifranzösische Politik seiner niederländischen Heimat fortsetzte, und Österreichs. Wilhelm schuf sich in der Bank von England 1694 ein Instrument der Kriegsfinanzierung durch Heranziehung von Privatkapital. Ludwig stürzte Frankreich in eine Folge von Kriegen. Im Devolutionskrieg, den Kriegen gegen die Niederlande und die Pfalz, mit der Brandschatzung dieses Lands im Spanischen Erbfolgekrieg

und in den Kämpfen um die Reunionen erzielte er Teilerfolge (Eroberung der niederländischer Grenzstädte wie Lilie, Valenciennes und Ypern, Annexion von Städten und Dörfern im Elsass und in Lothringen), mutete aber Frankreich schwere Opfer zu und erschöpfte vor allem seine wirtschaftlichen Kräfte.

Verhängnisvoll wurde die Inbesitznahme der alten deutschen Reichsstadt Straßburg (1681) für das deutsch-französische Verhältnis der nächsten Jahrhunderte. Mit allem Pomp feierte Ludwig den Einzug in die preisgegebene Stadt. »Ciausa Germanis Gallia« (Verschlossen ist Frankreich den Deutschen) stand auf der Gedenkmünze zu lesen, die er prägen ließ. Am selben Tag eroberte sein Heer Casale am Po. »An einem Tag hat der König, größer als Cäsar, den Rhein und den Po unterworfen«, schmeichelte ihm ein französischer Pamphletist.

Seit dem Friedensschluss in Rijswijk 1697, der den pfälzischen Krieg beendete, wurde die Vormachtstellung Frankreichs durch ein Mächtegleichgewicht in Europa abgelöst, da sich in diesem Krieg die Große Allianz der Seemächte England und Holland mit den deutschen Reichsfürsten, Österreich, Spanien, Schweden und Savoyen sich als gleichstarker Gegner erwiesen hatte. Bei Höchstädt unterlagen die verbündeten Franzosen und Bayern den Truppen der Großen Allianz unter Führung von Prinz Eugen und Marlborough. Östlich von Cherbourg, bei La Hague, unterlag die französische Flotte. Die beabsichtigte Invasion in England war vereitelt. Das Ereignis hatte für Frankreich die gleiche Bedeutung wie der Untergang der Armada für Spanien.

Mit dem Frieden von Utrecht (1713), der den Spanischen Erbfolgekrieg abschloss, löste Eng-

Gründung von Quebec am St. Lorenz-Strom 1608. Frankreichs Kolonie in Nordamerika brauchte lange, bis sie in Blüte kam: Noch 1663 lebten in Kanada nur 2500 Franzosen, davon 800 in Quebec. Glücksritter waren auch dabei. »Zwischen manchen anständigen Leuten kommt auch das schrecklichste Gesindel hierher«, schrieb die Vorsteherin des Ursulinen-Klosters in Quebec.

Das christliche Entsatzheer, gebildet aus österreichischer und polnischen Truppen und Kontingenten des Reiches, besiegt die Türken unter den Mauern vor Wien (12. September 1683). Anonymes Gemälde aus dem 17. Jh. Im Vordergrund reitet König Johann Sobieski von Polen mit gezogenem Säbel, gefolgt von polnischen Husaren. In der Bildmitte ist eine Gruppe bayerischer Kürassiere zu erkennen, die mit Karabinern auf die Türken feuert. Hinter ihnen sprengt Kurfürst Max Emanuel von Bayern heran

land Frankreich als führende Macht in Europa ab. Gleichzeitig erweiterte es seine koloniale Einflusssphäre. Frankreich musste Gebiete im späteren Dominion Kanada abtreten. Die Eroberung Gibraltars und Menorcas sicherte England die Vormacht im Mittelmeer. Spanien musste sich die Beteiligung englischer Schiffe am Sklavenhandel gefallen lassen und der Portugalhandel blieb, im Methuen-Vertrag von 1703 festgelegt, englisches Monopol. Die englische Diplomatie (Bolingbroke) verstand es, der neuen Lage den Anschein des europäischen Gleichgewichts zu geben, indem sie geflissentlich die Weltinteressen ihres Landes betonte und vorgab, auf dem europäischen Festland nur die Rolle des Mittlers und Friedensgaranten zu spielen.

Zwischen 1713 und 1740 tritt auf den europäischen Schlachtfeldern vorübergehend Ruhe ein. Die kurze Friedenszeit ist gekennzeichnet durch den Ausgleich der französisch-britischen, bzw. französisch-österreichischen Gegensätze durch Konvenienz (Übereinkunft der Kabinette).

Der durch den Einmarsch Friedrichs II. in Schlesien ausgelöste Österreichische Erbfolgekrieg (1740–1748) und der Siebenjährige Krieg (1756–1763) leiten den Niedergang des absolutistischen Frankreichs ein. Außenpolitisch ist es so geschwächt, dass 1772 fast widerstandslos die Erste Teilung Polens hingenommen werden muss, im Innern droht Staatsbankrott. Im Bereich der Kolonialpolitik mussten erneut schwere Einbußen hingenommen werden. Seit 1739 lag England in Nordamerika im Kampf mit Spanien, seit 1744 auch mit Frankreich. Seit 1754 ging es um den Besitz Kanadas. Im Frieden von Paris (1763) verzichtete Frankreich praktisch auf seine nordamerikanische Position, während der Besitz seines großen Rivalen England nunmehr von der Hudson-Bay bis zum Mississippi reichte. Aber auch in Indien begann England mit der Inbesitznahme bengalischen Gebiets Frankreich zu überflügeln. Clive erfocht dort seine Siege für England. Amerika und Indien, so konnte der leitende englische Minister, William Pitt d. Ältere, mit Recht dem Parlament erklären, waren als Eckpfeiler des britischen Imperiums auf den kontinentalen Schlachtfeldern des Siebenjährigen Krieges gewonnen worden. Frankreich und Spanien schieden als Seemächte von Rang aus der weltgeschichtlichen Entwicklung aus.

Das wirtschaftlich und gesellschaftlich aufsteigende Bürgertum Frankreichs, vom absolutistischen Wirtschaftssystem des Merkantilismus großgezogen, war in der geistigen Welt der Aufklärung selbstbewusst geworden und sah die unerfreuliche Lage des Lands in aller Schärfe. Es gab alle Schuld dem Regime und der Oberschicht, die ihm die politische Mitwirkung versagten. Als Ludwig XVI. (1774–1792) und seine Minister Turgot und Necker sich schließlich, zögernd und viel zu spät, zu Reformmaßnahmen entschlossen, war der Gang der Ereignisse nicht mehr aufzuhalten. Die Reformen blieben zu oberflächlich; nur wirkliche Eingriffe hätten helfen können. Aber selbst diese bescheidenen Versuche scheiterten am Widerstand der Aristokratie. Ihr Fehlschlagen löste die Französische Revolution von 1789 aus, die nicht nur in Frankreich, sondern in Europa die Epoche des Absolutismus beendete.

Die Kämpfe der europäischen Verbündeten gegen die französische Vorherrschaft waren eng mit der Geschichte der Donaumonarchie und vor allem deren Abwehrkampf im Südosten gegen die Türken 1683–1699 verknüpft. Die Türken brachten den Habsburgerstaat zeitweise in höchste Gefahr. Die osmanischen Verbündeten Ludwigs standen vor Wien und nur durch Zusammenfassung der Streitkräfte des Reichs, Österreichs und Polens gelang die Rettung der Hauptstadt. Die glückliche Wendung im Kriegsgeschehen machte Österreich schließlich zum Herrn in Ungarn und in Teilen der ehemals türkischen Balkangebiete und damit zur neuen Vormacht in Südosteuropa. Unter der von staatsmännischer Weisheit und militärischer Genialität getragenen Staatsführung des Prinzen Eugen von Savoyen (1663–1736, seit 1683 in österreichischen Diensten), erfüllte Österreich seine doppelte europäische Aufgabe als Verteidiger der deutschen Westgrenze gegen die französische Expansion und der europäischen Kultur- und Zivilisationsgrenze im Südosten des Kontinents. So konnte es im Einvernehmen mit England eine geraume Zeit die Rolle einer europäischen Vormacht an Stelle Frankreichs übernehmen. Erst als sich durch den Aufstieg Preußens und Russlands die Lage wandelte und die Donaumonarchie im Kampf gegen Preußen den Umsturz des Großmächtesystems in Europa herbeiführte, ging ihr mit Schlesien und der Freundschaft Englands auch seine führende europäische Stellung verloren.

Der Aufstieg Russlands und Osteuropas

Der Aufstieg Russlands in den Kreis der europäischen Großmächte vollzog sich im Rahmen seiner planmäßigen Ausbreitung nach Süden, Norden und Westen in Kämpfen gegen die Türkei, Schweden und Polen.

Schon unter Iwan IV., dem Schrecklichen (1533–1584), war der russische Absolutismus begründet worden. Sein Regierungssystem war zentralistisch und unbeschränkt absolutistisch. Der Herrscher war einziger Rechtsschöpfer des Staats, aller Boden war praktisch sein Eigentum, über das er nach Belieben verfügen konnte. So wurden die großen Latifundien des Bojaren-Adels zu Gunsten der Krone enteignet; die Bauern aber sahen im Zaren einen gottähnlichen Herrscher, dem man Verehrung und unbedingten Gehorsam schuldete. Wer sich dem

Druck nicht beugen wollte, floh nach Sibirien, wodurch der russische Siedlungsraum seit dem 16. Jahrhundert nach Osten wesentlich erweitert wurde. Auch der Kosakenstaat, eine Gründung russischer Wehrbauern an Dnjepr und Don, entstand aus dieser Abwanderungsbewegung. Er verlor aber unter Katharina II. seine Selbstständigkeit. Die Hauptstoßrichtung der russischen Ausdehnung ging jedoch nach Süden, gegen die Türken, und nach Westen, gegen Polen. Konflikte mit den anderen europäischen Mächten waren damit vorprogrammiert. 1667 wurde die Ukraine westlich des Dnjepr gewonnen, 1677 eroberte Russland im ersten Aufeinandertreffen mit dem Osmanischen Reich die Gebiete am Unterlauf des Dnjepr. Damit waren die Grundlagen für die russische Politik unter Peter dem Großen (1689–1725) geschaffen.

Peter bahnte sich den Weg zum Thron durch Beteiligung am Sturz seiner Schwester Sophia. Diese hatte außer ihm auch seinen geistesschwachen Bruder Iwan krönen lassen und hielt unter dessen Namen die tatsächliche Macht in Händen. Bis zu seinem Tod im Jahr 1696 blieb Iwan formell Mitkaiser. Peter, der jahrelang dem Hof ferngehalten worden war, hatte im Umgang mit den einfachen Menschen seines Volkes eine Erziehung genossen, die Gesundheit, Kraft und Selbstvertrauen, aber auch Gottesfurcht vermittelte. Sein starkes Bildungsstreben führte ihn in Moskau zur feinen Kultur der deutschen Bürgerkolonie, ihrer aufgeklärten, weltbürgerlichen und religiös toleranten, der Zeit weit vorauseilenden Haltung. Hier reifte in Peter auch der Entschluss, sein Land durch Reformen in den Bereich der westlichen, europäischen Kultur und Politik hineinzuführen. So sandte er bald nach seinem Regierungsantritt junge Adelige an europäische Höfe. Er selbst unternahm 1697 eine erste Europareise, um einen Einblick in die politische und wirtschaftliche Praxis und Methode Europas zu gewinnen. Seine zweite größere Reise 1717 hatte auch außenpolitische Ziele: Der Zar bemühte sich um ein russisch-französisches Bündnis.

Als er 1698 von der Reise zurückkehrte, lässt er einen bereits niedergeschlagenen Aufstand der Strelitzenregimenter durch grausame Verhöre und Massenhinrichtungen rächen. Zur Festigung des Staats baute Peter die Armee nach europäischem Muster auf und erhöhte ihren Mannschaftsstand allmählich auf etwa 200 000 Soldaten. Sein besonderes Interesse galt jedoch der Flotte, die er im Lauf der Zeit auf 32 Linienschiffe, 16 Fregatten und 800 Galeeren brachte, sodass sie die bedeutendste Streitmacht in der Ostsee darstellte. In der Verwaltung richtete sich Peter ebenfalls nach westlichen Vorbildern. Er schuf ein Regierungskollegium von Fachministern und teilte das Reich in acht Gouvernementbezirke ein.

Es zeigte sich jedoch immer wieder, dass auf Grund von Korruption keine geordnete Verwaltung errichtet werden konnte. Auch die Heranführung des Adels an zivile, militärische und wirtschaftliche Aufgaben mit Hilfe von Dienstpflicht- und Rangtabellengesetzen gelang nicht in dem Maß, wie der Zar es wünschte. Eine große Rolle wurde dabei dem Adel deutscher Abstammung zugemessen, den Peter wegen seiner Zuverlässigkeit besonders schätzte.

Im Merkantilsystem gab der Zar auch dem Stadtbürgertum neue Aufgaben, deren Bewältigung er durch eine Zunft- und Magistratsverfassung fördern wollte. Manufakturen wurden errichtet, deren Arbeit im wesentlichen der Heeres- und Flottenversorgung diente. Textilmanufakturen herrschten vor, Flachs- und Hanfanbau nahmen zu, die Forstwirtschaft wurde systematisch ausgebaut, Baupläne für Verkehrs- und Wasserstraßen wurden entworfen und zum Teil verwirklicht.

In den Rahmen dieser Bemühungen gehört auch die Gründung der neuen Hauptstadt Petersburg, die ein »Fenster nach dem Westen« werden sollte. Dem Bildungswesen widmete der Zar besondere Aufmerksamkeit. Es entstanden Fachschulen für Ingenieurwesen, Schifffahrt, Medizin und Mathematik und 1724 auch die Akademie der Wissenschaften, die nach Plänen des deutschen Philosophen Gottfried Wilhelm Leibniz gestaltet wurde. Um Mode und Tracht und ihre Reform im westlichen Sinn war der Zar gleichfalls bemüht. Die Vollendung seines absolutistischen Staatssystems suchte Peter in der Führung des Heiligen Synod, womit er an der Spitze der höchsten Geistlichkeit zum Herrn der Kirche wurde. In dieser Form des Cäsaropapismus vereinte Peter die höchste kirchliche und staatliche Führungsgewalt in seiner Hand.

Peters Reformwille und Wirken erfasste jedoch nur eine dünne Oberschicht. Die meisten Adligen und das Volk sahen in seinen Maßnahmen einen Verrat an der russischen Tradition und bezichtigten den Zaren des Antichristentums und der Liebedienerei gegenüber den Deutschen. Man beugte sich seiner brutalen Entschlossenheit, mit der er jeden Widerstand unterdrückte. Dennoch genügte die Straffung im Innern, um das außenpolitische Ziel, die Ostseeherrschaft, zu verwirklichen. Die Entscheidung fiel im Nordischen Krieg

(1700–1721). Als Dänemark seine Herrschaft auf Schleswig-Holstein auszudehnen suchte, griff Karl XII. von Schweden zu Gunsten des Holsteiner Herzogs ein. August der Starke von Sachsen verbündete sich mit den Dänen, um den Schweden Livland zu entreißen. In diesem Augenblick griff Peter im Baltikum ein, erlitt jedoch 1700 bei Narwa eine Niederlage. Das Kriegsglück wendete sich 1709 bei Poltawa. Karl XII., der im Aufstand der Dnjepr-Kosaken eine Möglichkeit zum Sturz der neuen russischen Militärmacht gesehen hatte, verlor in dieser Schlacht den größten Teil seiner Streitkräfte und entkam nur mit Mühe an der Spitze einer kleinen Truppe in die verbündete Türkei. Der Zar eroberte große Gebiete an der Ostsee und damit die Vorrangstellung in diesem Raum. Auf Peters Wirken aber fällt zum Ende der tiefe Schatten der Ermordung seines Sohns und Nachfolgers Alexei, der sich der altrussischen Reaktion gegen den westlichen Kurs des Vaters angeschlossen hatte und für kurze Zeit nach Italien geflohen war. Die Unbeugsamkeit

Iwan IV. »der Schreckliche«. Ikone der Moskauer Schule aus dem 16. Jahrhundert. Über das Selbstverständnis seiner Herrschaft, über die russische Art zu regieren, schreibt der Zar: »Bedenke dies und überlege: Wer sich gegen die Staatsgewalt erhebt, erhebt sich gegen Gott, und wer sich gegen Gott erhebt, ist ein Abtrünniger, was die größte Sünde ist«.

*Reiterportrait Peter des Gro-
ßen. Die Regierungszeit des
pflichteifrigen und begab-
ten, aber auch ungezügelten
und grausamen Monarchen
bedeutete einen tiefen Ein-
schnitt in der Geschichte
Russlands. Nach dem Motte
»Die Russen muss man zwingen!« vollzog der Zar mit Gewalt den ökonomischen und
kulturellen Anschluss seines
Reiches an Europa.*

und grausame Willenshärte des Zaren leuch-
ten in dieser Tragödie noch einmal auf.

Die Periode der
»Palastrevolutionen«

Die kaiserliche Autokratie in Russland hatte
ein Ukas (Erlass) des Zaren con 1722 gekrönt,
wonach der Herrscher seinen Nachfolger nach
freiem Gutdünken bestimmen konnte. Doch
Peter selbst hatte vor seinem Tode keine entsprechende Verfügung erlassen. Sein Enkel
Peter (ein Sohn Alexejs) war erst zehnjährig,
seine Töchter im Ausland verlobt oder min-
derjährig. so trat seine zweite Gemahlin, die
1724 zur Kaiserin gekrönte Katharina, deren
Herkunft als litauische Bauernmagd im Dun-
keln liegt, in den Vordergrund. Sie gewann den
Thron freilich nicht so sehr ihrer ehelichen
Rechte wegen als durch das Eingreifen ihres

Günstlings, des Fürsten Alexander Menschi-
kow, der Peters Garderegimenter für sie eintreten ließ. Tatsächlich wurden danach Garde
und Günstlinge bestimmend für die ungeklärte Thronfolge und auch für die Politik im allgemeinen in der ersten Hälfte des 18. Jahrhunderts. Katharina I. (1725–1727) überlebte ihren
Gatten nur um zwei Jahre.

Sie hatte auf den Rat Menschikows rechtzeitig ihren Stiefenkel Peter Alexejewitsch
zum Nachfolger eingesetzt, dem als Peter II.
(1727–1730) auch nur eine kurze Frist beschieden war. Ihm folgte die Zarin Anna Iwanow-
na, Tochter von Peters I. Halbbruder Iwan V.,
die den Bojaren genehm war. Als Witwe des
Herzogs von Kurland brachte sie ihren Günstling Ernst Johann von Biron aus einem kur-
ländischen Adelsgeschlecht, das ursprünglich
aus Westphalen (Bühren) stammte, an den Za-
renhof.

Unter Biron begann die eigentliche »Ausländerherrschaft« in Moskau, an der auch der als Pastorensohn in Bochum geborene Heinrich Ostermann teilhatte. Dieser war bereits in Peters des Großen Diensten aufgerückt und fungierte nun als Außenminister. Er war gewiss nicht ohne Verdienste, doch Birons geringe Fähigkeiten erregten die russische Abneigung gegen die Ausländer nur aufs neue.

Als dann Zarin Anna 1740 starb, verjagte der unter ihr bis zum Feldmarschall aufgerückte frühere General Peters des Großen, Burchard Christoph Münnich, den Rivalen Biron. Doch das regelte nicht die Thronfolge, für die der eben erst geborene Iwan VI., Katharinas Großneffe aus dem Hause Braunschweig-Wolfenbüttel, unter der Regentschaft seiner Mutter Anna Leopoldowna vorgesehen war. Jetzt aber brachte sich Peters I. Tochter Elisabeth gegen »die fremden Eindringlinge« ins Spiel und rief ihrerseits die Garde zu Hilfe. Ein Staatsstreich brachte sie 1741 an die Macht, wobei mit Biron auch Ostermann sein Amt verlor und in Sibirien sterben musste. Während der Herrschaft Elisabeths (1741–1762) verschlimmerte sich die Lage der Bauern immer mehr; per Ukas (1760) wurden sie nicht nur an die Scholle, sondern auch an die Person des Adligen gebunden. Die uneingeschränkte Leibeigenschaft war angebrochen.

An dieser Entwicklung änderten alle europäischen Einflüsse nichts. Die russische Staatsallmacht erwies sich gegenüber aller westlichen Aufklärung und allen Humanisierungstendenzen als stärker. Westliche Bildung, die sich durch ausländische Lehrer an der 1724 gegründeten Akademie der Wissenschaften in Petersburg einen ersten Durchbruch zu bahnen suchte, erreichte nur eine dünne Oberschicht von Aristokraten und Diplomaten. Diese waren zumeist durch Privatlehrer vorgebildet worden, da sich ein Volksschulwesen in dem immer riesiger werdenden Reich der Russen kaum zu entwickeln vermochte. Das galt bald auch für die 1755 in Moskau errichtete Universität, die übrigens in die alte Hauptstadt verlegt wurde, weil dort keine Konkurrenz militärischer Bildungsanstalten wie in Petersburg bestand. Auch jetzt noch hatte das militärische Bildungssystem das Übergewicht; die Moskauer Universität konnte sich ohnehin im 18. Jahrhundert noch keineswegs mit den Hochschulen des übrigen Europas messen.

Elisabeths Nachfolger Peter III. verkündete am 18. Februar 1762 eines der berühmtesten Manifeste des kaiserlichen Russland, in dem es darum ging, den Adelsdienst in den historischen Rahmen der petrinischen Reform zu stellen. Dann wird – so heisst es in der Präambel – »dem ganzen russischen Adel Freiheit und Ungebundenheit für alle Zeiten und Generationen« gewährt und gar seinen Angehörigen gestattet, sich in den Dienst anderer Herrscher zu begeben.

Peter III. selbst konnte sich des Erfolges kaum mehr erfreuen, er lebte nur noch ein knappes halbes Jahr, jedoch auf längere Sicht zahlte sich der Erlass für Russland aus. Das Befreiungsmanifest erreichte mehr oder weniger sein offensichtliches Ziel, das Selbstwert-

Der Winterpalast in St. Petersburg, im Auftrag der Zarin Elisabeth 1754-1762 von dem italienischen Architekten Rastrelli erbaut. Mit dem Schloss verknüpft sich Weltgeschichte: Die Besetzung des Winterpalastes durch aufrührerische Truppen im Februar 1917 war das Signal für den Untergang des Zarenreiches. Die Erstürmung durch Rotgardisten im Oktober des gleichen Jahres wurde zum Signal für den Sieg der bolschewistischen Revolution.

gefühl des Adesl zu erhöhen und seine Möglichkeiten zu erweitern, wobei aber auch eine gewisse moralische Verpflichtung für die Gesellschaft zu leisten und den Nachwuchs zu erziehen, erhalten blieb. Wenn der Adel nun auch weiterhin seinem Dienst nachkam, geschah es aus einer neuen Position der Stärke und Enscheidungsfreiheit. Das Manifest befruchtete das Leben in der Provinz und die Landwirtschaft, da sich jetzt mehr Grundbesitzer in allen Teilen Russlands niederließen.

Außenpolitisch wandte Russland in der Epoche Peters des Großen und seiner Nachfolger seine Stoßrichtung zur Ägäis und zum Balkan. Die damit aufgeworfenen Fragen bestimmten als Erbe des absolutistischen Zeitalters die europäische und die Weltpolitik im 19. Jahrhundert, die orientalische Frage auch noch im 20. Jahrhundert.

Dem Aufstieg Russlands aber fiel schließlich die staatliche Selbstständigkeit des innerlich schwachen und zerrissenen Polens zum Opfer. Polen blieb die absolutistische Ausgestaltung seines Staatswesens und die damit verbundene innere Festigung vorenthalten. Mit dem *Liberum veto* von 1652 setzte sich hier die unbeschränkte Adelsherrschaft durch. Unter den Wahlkönigen aus dem Hause Wasa bildete sich Polen in eine Adelsrepublik um, in der das Mitregierungsrecht des Adels die Zentralgewalt lahm legte. Auch die wettinischen Wahlkönige konnten diesen Zustand nicht ändern. Schließlich wurde Polen durch die Wahl Stanislaus' I. Leszczynski in die Machtkämpfe der europäischen Großmächte verwickelt, da Stanislaus, Repräsentant der schwedisch-französischen Machtgruppe, als Gegenspieler des österreichisch-russischen Kandidaten Friedrich August von Sachsen auftrat. Auf diese Weise wurde das Land in den Nordischen Krieg hineingezogen und musste in den Wirren des Polnischen Erbfolgekriegs (1733–1735) erneut schwer leiden. Auch der Sieg des österreichischen Kandidaten Friedrich August, der im Frieden von Wien 1738 als August III. zum Herrscher erhoben wurde, konnte keinen echten Wiederaufstieg des Lands herbeiführen. Die politische und militärische Ohnmacht Polens zeigte sich deutlich im Siebenjährigen Krieg (1756–1763), wo es trotz offizieller Neutralität zum Operationsgebiet russischer Truppen gegen Preußen wurde. So kam es am Ende der Epoche nach einem kurzen Zwischenspiel der Regierung eines russischen Thronprätendenten, Stanislaus II. Poniatowski, zum Verlust der staatlichen Selbstständigkeit und der Aufteilung des Lands unter Österreich, Preußen und Russland, die mit der ersten polnischen Teilung von 1772 begonnen wurde. Der Reichstag beugte sich, teils bestochen, teils vom militärischen Übergewicht der Teilungsmächte eingeschüchtert. Im Volk aber riefen die Vorgänge tiefen Nationalhass gegen Preußen und Russen hervor.

Katharina II. und die Reaktion in Russland

In Russland war Katharina II. (1762–1796), nicht ohne Zutun Friedrichs des Großen, Gemahlin des Zaren Peters III. geworden. Sie stammte aus Anhalt-Zerbst. Nachdem sie ihrem gewaltsam beseitigten Gatten auf dem Thron gefolgt war, lebte sie mit ihren Liebhabern in den Formen und Vorstellungen des barocken Versailler Hofs, ohne dass unter ihrer Genuss- und Zerstreuungssucht die Regierungsgeschäfte gelitten hätten. Letzteren widmete sie sich mit größter Gewissenhaftigkeit und Energie. Während sie es verstand, dem russischen Adel und Volk das Bild einer tief gläubigen orthodoxen Christin vorzuspiegeln, lebte sie im Grunde in der Welt der westeuropäischen Aufklärung. In ihrer eigenen Schriftstellerei – sie verfasste Dramen, Novellen, Märchen und Fabeln – kommt diese Geisteshaltung deutlich zum Ausdruck. Sie betätigte sich als Mäzenatin der Kunst, besonders der Architektur, ließ die Hauptstadt mit einer Reihe barocker Bauten ausschmücken, sammelte Bücher und zeigte sich in ihrer vielseitigen Korrespondenz auf der Höhe des Zeitgeists.

Auch das politische Reformwerk Katharinas spiegelt die aufklärerische Haltung wider. Ihre Rechtskodifikation, die sich in einem allgemeinen, von ihr persönlich bearbeiteten Gesetzbuch niederschlug, zeigt sie sogar über die Vorstellungswelt des aufgeklärten Absolutismus hinaus bereits offen für die vorrevolutionären Ideen eines Montesquieu, dessen Rezepte sie durch Trennung der richterlichen und gesetzgebenden Gewalt zum Teil verwirklichte. Eine Reform des Strafprozessverfahrens zeugt gleichfalls vom aufgeklärt-humanitären Geist der Zarin. Die geplante Reform des Regierungssystems blieb jedoch in den Anfängen stecken. Sie scheiterte am Widerstand der konservativen Mitglieder der Reformkommission, aber auch an der Tatsache, dass die Zarin trotz aller liberaler Tendenzen doch am autokratischen Regime festzuhalten gedachte. Die Alleinherrschaft wurde nun allerdings nicht mehr religiös, sondern rationalistisch mit den geografischen Gegebenheiten Russlands begründet. So blieben von hochfliegenden Plänen nur Einzelmaßnahmen in der Neugliederung

Linke Seite: Peter III. mit seinem Sohn Paul und seiner Ehefrau, der Prinzessin Sophie von Anhalt-Zerbst. 1762 auf den Thron gelangt, wurde der Zar noch im gleichen Jahr durch eine Palastrevolution abgesetzt und – möglicherweise auf Veranlassung oder mit Wissen seiner Gattin – ermordet. Diese ließ sich als Katharina II. zur Zarin krönen. Ihre Regierungszeit reichte von 1762 bis zu ihrem Tod 1796. »Ich wollte Russin sein, um von den Russen geliebt zu werden«, schrieb Katharina, der die Nachwelt den Beinamen »die Große« verlieh, in ihren Erinnerungen.

der Verwaltung der Finanzen und der Rechtsprechung sowie Maßnahmen wirtschaftlicher Förderung im Geist der physiokratischen Lehre übrig.

1755 war die Universität Moskau gegründet worden; die Zarin richtete Volksschulen und Gymnasien ein. Deutsche Bauern wurden an der Wolga und auf der Krim angesiedelt. Das absolutistische Gesellschaftsgefüge, das in Russland noch besonders altertümliche Elemente aufwies, wurde durch diese Teilreformen kaum verändert. Großen Widerstand gegen die als westliches Teufelswerk verdammten Reformen leisteten der Adel und die orthodoxe Geistlichkeit, aber auch in den breiten Bevölkerungsschichten regte sich Unzufriedenheit.

Die Verworrenheit der inneren Lage zeigte sich am deutlichsten im Zusammenfließen einer Sozialrevolutionären Bauernbewegung mit dem Kosakenaufstand des Pugatschow (1773/74), die beide völlig verschiedene Ziele verfolgten, schließlich aber gemeinsam durch die Truppen der Zarin niedergeschlagen wurden. Die Ruhe wurde nach der Hinrichtung des Führers 1775 wiederhergestellt, aber echte soziale Reformen unterblieben. Die Leibeigenschaft der Bauern und ihre schwere Belastung durch hohe Abgaben beherrschten weiterhin das Gesamtbild Russlands.

Der außenpolitische Ehrgeiz Katharinas brachte erneut Unruhe in das europäische Mächtesystem. Ihr Versuch, Polen durch ihren Günstling Stanislaus Poniatowski indirekt zu beherrschen, scheiterte an dessen Eigenwilligkeit. Poniatowski wollte ein absolutistisches Regiment gegen den Adel durchsetzen. Da verbündete sich Katharina gegen ihren einstigen Protege und steuerte auf die direkte Inbesitznahme Polens hin. Sie erreichte 1772 eine Verständigung mit Preußen zur Aufteilung Polens und ein Abkommen der beiden Mächte mit Österreich, das auch der Donaumonarchie einen Anteil gewährte. Preußen erhielt das alte Pommerellen, später Westpreußen genannt, Ermland und den Netzedistrikt, Russland das westliche Livland, die Gebiete östlich von Düna und Dnjepr während Österreich Galizien und Lodomerien mit den wichtigen Städten Tarnopol und Lemberg bekam.

So entstand am Ausgang der Epoche des Absolutismus mit dieser ersten Teilung Polens in Osteuropa ein neuer Unruheherd, der die europäische und weltpolitische Entwicklung bis in die heutige Zeit hinein immer wieder ungünstig beeinflusst hat. Innenpolitisch aber hatten in Russland die reaktionären Kräfte gesiegt, der Fortschrittswille Katharinas war überwunden, sodass ihr Staat in die Epoche

der Revolutionen als Repräsentant des alten Europas einging.

Wandlung Mitteleuropas: Preußen und Österreich

Die tiefsten Wandlungen erfuhr Deutschland im Zeitalter des Absolutismus. Während des Dreißigjährigen Krieges waren weite Teile verwüstet worden. Ehemals blühende Städte und die aufstrebende Wirtschaft waren schwer getroffen, die Bevölkerungszahl auf etwa die Hälfte zurückgegangen. Politisch war das Reich als Ganzes nach dem Verlust wertvoller Grenzräume im Westen – Niederlande, Schweiz – ständig durch die französische Politik im Elsass, in Lothringen und am Ober- und Mittelrhein bedroht. Die politische Gewalt lag im Deutschland nach 1648 praktisch bei den Landesstaaten, die in ihrer überwiegenden Mehrzahl zu klein und zersplittert waren, um neben Österreich einen außenpolitischen Faktor von Bedeutung darzustellen.

Um so bedeutsamer wurde es daher für die deutsche Entwicklung, dass sich in der absolutistischen Epoche durch den Aufbau moderner Verwaltungen und Militärorganisationen in den Ländern Bayern, Württemberg, Baden, Hessen-Kassel, Braunschweig-Lüneburg, Sachsen und Brandenburg-Preußen Machtzentren herausbildeten. Preußen wurde zum bedeutenden europäischen Machtfaktor neben dem Kaiserstaat Österreich. Sachsen, zeitweise verbunden mit Polen, und Braunschweig-Lüneburg, zum Kurstaat Hannover erhoben, konnten in der europäischen Politik eine Rolle spielen, das Haus Hannover durch seine Personalunion mit England. Kursachsen, das durch seine Größe, seine in Bergbau, Handel und Manufaktur blühende Wirtschaft und seine straffe Verwaltung bisher die führende Macht in Norddeutschland gewesen war, wurde nun durch die Entwicklung Brandenburg-Preußens überflügelt.

Mit dem Erwerb des Herzogtums Preußen als polnisches Lehen waren die Kurfürsten von Brandenburg in die Reihe der bedeutenden Fürsten Europas eingetreten. Der Westfälische Frieden hatte ihnen beachtliche Gewinne eingebracht; nun war ihr Streben auf die Abrundung und Vereinigung ihres zwischen Memel und Niederrhein weit gestreuten Besitzes gerichtet. Friedrich Wilhelm, der Große Kurfürst (1640–1688), verfolgte dieses Ziel systematisch, unter geschickter Ausnutzung aller, oft wechselnder Bündnischancen. Er schweißte die nach Rechtstradition und Kulturniveau sehr unterschiedlichen Bestandteile des branden-

burgisch-preußischen Staats zu einer Einheit
zusammen. Zugleich brach er die Selbstherr-
lichkeit der Stände und nahm ihnen das Mitspracherecht, wobei er je nach den Umständen
hart oder behutsam zugriff. So musste er den
selbstbewussten niederrheinischen Ständen
noch manches Privileg belassen, wie das der
Steuerverwaltung und der landeseigenen Be-
amtenberufung, während er im Kernland das
absolutistische Fürstenregiment durchsetzte.
Die Außenpolitik freilich nahm er völlig in
die Hand. Deshalb wurde der Widerstand der
ostpreußischen Landstände brutal gebrochen,
die Rückhalt bei der polnischen Krone gesucht
hatten. 1675 begann mit dem Sieg über Schweden in der Schlacht bei Fehrbellin der Aufstieg
Preußens zur militärischen Großmacht. Alle
diese Erfolge waren nur möglich durch die
Schaffung eines stehenden Heeres von anfangs
8000 und schließlich 23 000 Mann.

Der landesfürstliche Absolutismus stützte
sich auf die von Friedrich Wilhelm geschaffene Zentralverwaltung mit dem Geheimen
Rat an der Spitze. Durch Trennung von Hof-
und Staatshaushalt, durch Einführung der direkten Kopf- und Grundsteuer und der indirekten städtischen Steuer (Akzise genannt)
brachte der Fürst auch die Finanzen des Staats
in Ordnung. Am besten kam dabei der Adel
weg, der mit fast völliger Steuerfreiheit und
weitgehenden Patrimonialgerichtsbefugnissen
für den Verlust seines politischen Mitbestim-
mungsrechts entschädigt wurde. Die Aufnahme der hugenottischen Handwerker brachte
schließlich auch neue Impulse für das im Merkantilsystem wirtschaftlich geförderte Bürgertum. Straßen, Deich-, Kanalbauten verbesserten die Verkehrs- und Wirtschaftslage. Die
Bauern standen – soweit sie Hintersassen und
Leibeigene der adligen Grundherrschaft waren – wirtschaftlich und gesellschaftlich auf
der untersten Stufe der sozialen Hierarchie.
Aber auch ihnen gegenüber bewies der Große
Kurfürst Verständnis, indem er den auf Staats-
domänen eingesetzten Bauern durch Hilfe mit
Gerät, Saatgut und Gespannen die Notlage
nach dem Dreißigjährigen Krieg überwinden
half; so entwickelten sich mit der Zeit staatliche Musterwirtschaften.

Die Versuche des Kurfürsten, an der afrikanischen Goldküste (Fort Großfriedrichsburg)
Kolonien zu erwerben, blieben freilich nur eine
Episode der preußischen Politik. In der stürmischen Aufwärtsentwicklung Preußens bedeutete die Regierungszeit Friedrichs I. (1688–
1713) eine Art Ruhepause. Er erwarb durch
die Königsberger Krönung 1701 seinem Hause den Königstitel, der zunächst zwar auf das

Herzogtum Preußen beschränkt blieb, durch
Gewohnheit aber allmählich für das gesamte
Staatsgebiet Geltung gewann. Friedrich I. und
besonders seine Gemahlin Sophie Charlotte
wollten ihre Residenz zum Kulturmittelpunkt
entwickeln und gründeten, beraten von Leibniz, die Akademie der Wissenschaften. Sie
förderten mit dem Baumeister Andreas Schlüter die barocke Architektur und die Ausgestaltung der neugegründeten Universität Halle zur
Hochburg der norddeutschen Aufklärung.

Eine Rückkehr zum Primat der Politik brachte die Regierungszeit Friedrich Wilhelms I.
(1713–1740), des Vaters und Vorgängers Friedrichs II., des Großen. Der finanziellen Notlage
des Staats trug Friedrich Wilhelm mit strenger
Sparsamkeit der Hofhaltung Rechnung. Alle
Staatsausgaben wurden eingeschränkt; das Verwaltungssystem wurde durch Ausbildung von

*Die Große Galerie in Schloss
Schönbrunn bei Wien, erbaut
um 1760, mit Deckenmalerei-
en, die die Armee Maria Theresias verherrlichen.*

Bescherung zum Nikolaustag. Die Miniatur zeigt das Kaiserpaar Maria Theresia und Franz von Lothringen im Nachtgewand; das Mädchen mit der Puppe ist Marie Antoinette, die später als Königin von Frankreich auf dem Schafott enden sollte.

Rechte Seite: Friedrich der Große. Altersporträt von Anton Graff. Als Kronprinz noch musisch interessiert und von den Ideen des Rechts und der Humanität erfüllt, schlug der Preußenkönig nach seiner Thronbesteigung (1740) rasch die Bahn einer Eroberungspolitik nach dem Vorbild Ludwigs XIV. ein. In drei schweren Kriegen sicherte er sich den Besitz der reichen Provinz Schlesien. Der Machtpolitik nach außen steht jedoch ein segensreiches innenpolitisches Wirken gegenüber. Als »erster Diener seines Staates« schuf er aus dem absolutistischen Obrigkeitsstaat auf preußischem Boden den ersten deutschen Rechtsstaat.

Ressorts verfeinert, denen seit 1722 eine oberste Verwaltungsbehörde, das Generaldirektorium, übergeordnet war. Vier Provinzialdepartments, von Ministern geleitet, waren für die einzelnen Provinzen zuständig; die unteren Verwaltungsbehörden bildeten die Kriegs- und Domänenkammern, denen wiederum die Kreisdirektoren (Landräte) unterstanden.

Der Fürst persönlich, in großen Zügen Sachkenner der militärischen und zivilen Aufgaben, war die oberste Entscheidungsinstanz, deren Anordnungen von einem zu Pflichtbewusstsein und unbedingtem Gehorsam erzogenen Berufsbeamtentum peinlichst beachtet wurden. Der Adel wurde im Offizierskorps eines nach hartem Exerzierreglement ausgebildeten, schlagkräftigen Heers eingesetzt. Mit dem Zugang zu den oberen Verwaltungsstellen fand der Adel auch eine neue staatspolitische Bedeutung. Durch systematische Anwendung merkantilistischer Planwirtschaftsmethoden förderte Friedrich Wilhelm I. die bürgerliche Wirtschaft wie die bäuerliche Siedlung, vor allem im kriegs- und pestgeplagten Ostpreußen. Die Urbarmachung ungenutzter Landstriche, der großen Bruchlandschaften und die Wiederbesiedlung entvölkerter Landesteile nahm dann Friedrich der Große in den Friedensjahren nach dem Siebenjährigen Krieg erneut auf und führte sie erfolgreich zu Ende.

Auf festen Fundamenten ruhte der preußische Staat, als Friedrich der Große 1740 die Zügel der Staatsführung in die Hand nahm. Der gleichzeitige Regierungsantritt Maria Theresias löste eine schwere politische Krise aus, da eine Reihe europäischer und deutscher Mächte sich über ihr früheres Zugeständnis ei-

ner weiblichen Erbfolge in Österreich, wie es in der Pragmatischen Sanktion (1713) festgelegt war, rücksichtslos hinwegsetzten und bayerischen und sächsischen Erbansprüchen Gehör schenkten. Friedrich gedachte die günstige Situation auszunützen. Unter dem Vorwand von Erbverträgen mit den Piasten aus dem Jahre 1537 erhob er Anspruch auf die strategisch und wirtschaftlich bedeutsamen schlesischen Herzogtümer Liegnitz, Brieg, Wohlau und Jägerndorf. Als Gegenleistung bot er Maria Theresia Waffenhilfe gegen ihre Widersacher in der Erbfolgefrage an. Marias Ablehnung führte zum ersten Schlesischen Krieg von 1740–1742. Frankreich, Spanien, Sachsen und Bayern traten auf Preußens Seite. Damit weitete sich der Konflikt zum *Erbfolgekrieg* (1740–1748) aus. Um den Rücken frei zu bekommen, trat Maria Theresia im Breslauer Frieden von 1742 Schlesien an Preußen ab, das daraufhin den Krieg einstellte. Nun wandte sie sich, inzwischen von Ungarn, England, Sachsen und Holland unterstützt, ihren Hauptgegnern Bayern und Frankreich zu.

Das Kriegsglück wendete sich bald zu Gunsten Maria Theresias. Bayern war bereits besetzt, als Friedrich, aus Furcht um das eben gewonnene Land, erneut eingriff und im zweiten Schlesischen Krieg (1744/1745) die Gegnerin zum Frieden von Dresden (1745) zwang, dem der Aachener Friede mit den übrigen Mächten (1748) folgte. Der Ausgang der Kämpfe hatte Maria Theresia die Anerkennung in der österreichischen Erbfolge gebracht und ihr Gemahl, Franz I., wurde als deutscher Kaiser gleichfalls anerkannt. Schmerzlich war freilich der Verlust einer so blühenden Provinz wie Schlesien. Friedrich aber erreichte damit die organische Abrundung seines Staats im Osten. Seit 1768 beauftragte er ein neugeschaffenes Bergwerksdepartment mit der wirtschaftlichen Entwicklung des neugewonnenen Großraumes.

Der Verlust Schlesiens ließ Maria Theresia nicht ruhen. Sie betraute ihren Staatskanzler, den Grafen Kaunitz, mit der Bildung einer antipreußischen Koalition zur Vorbereitung eines erneuten Kriegs gegen Friedrich, den sie als »königlichen Räuber« bezeichnete. Kaunitz erfüllte meisterhaft die gestellte Aufgabe. 1746 schon brachte er ein geheimes Defensivbündnis mit Russland zu Stande. Seine größte Leistung bestand jedoch darin, Frankreich aus seiner alten antihabsburgischen Frontstellung herauszuführen und als Bundesgenossen Österreichs zu gewinnen. Er erreichte dies durch Zusagen hinsichtlich der österreichischen Niederlande, die der Schwiegersohn Ludwigs XV. gegen unbedeutende Zugeständnisse in Italien erhalten sollte. Friedrich war die Wandlung der Lage nicht entgangen. Er parierte die diplomatische Entwicklung mit dem Westminsterabkommen von 1756, das England-Hannover auf seine Seite führte. Die wachsende, kolonialpolitisch bedingte Spannung zwischen Frankreich und England wirkte sich damit auch in Europa aus – ganz abgesehen davon, dass es der englischen *balance of power* entsprach, dem neuen österreichisch-französisch-russischen Block an der Seite des schwächeren Preußen entgegenzutreten.

Friedrich hatte gehofft, mit dem Westminstervertrag die Lage ins Gleichgewicht zu bringen und einen langwierigen Waffengang zu verhindern. Dies misslang: Er trieb Frankreich in das Kriegsbündnis mit Österreich (im Vertrag von 1757) erst hinein und vereitelte so seine Absicht, durch den im August 1756 begonnenen Präventivkrieg (Einfall in Sachsen) eine schnelle Entscheidung zu seinen Gunsten herbeizuführen. So begannen die großen Kämpfe der Jahre 1757–1760, die in einem Auf und Ab von Erfolgen und Niederlagen (Siege von Prag, Roßbach und Leuthen 1757, Niederlagen von Kolin 1757, von Hochkirch 1758 und Kunersdorf 1759, Erfolge von Liegnitz und Torgau 1760) Friedrichs große strategische und taktische Kunst, zugleich aber auch die Unterlegenheit seines Staats gegenüber der feindlichen Koalition offenbarten.

Nur die mangelhafte politische und militärische Zusammenarbeit seiner Gegner und schließlich der Tod der Zarin Elisabeth retteten den König, den England schon 1761 im Stich gelassen hatte. Neben dem Thronwechsel in Russland 1762 kam ihm aber auch die Kriegsmüdigkeit Frankreichs zugute. Maria Theresia musste angesichts großer Finanznöte und der zerfallenden Koalition auf ihre ursprünglichen Ziele verzichten und fand sich im 1763 abgeschlossenen Frieden von Hubertusburg mit dem Vorkriegszustand ab.

Als die bisher führende Macht im Reich war Österreich damit weitgehend aus Deutschland zurückgedrängt; aber das Bündnis mit Frankreich und Russland, das trotz aller Schwankungen bis zur Französischen Revolution erhalten blieb, sicherte Österreich die Stellung als mitteleuropäische Großmacht. Seine Interessen verlagerten sich in der Folgezeit nach Osten und Süden, was später weltpolitische Auswirkungen haben sollte. Die Bedeutung des Siebenjährigen Kriegs lag jedoch zunächst in der kontinentalen Bindung Frankreichs als des großen kolonialen Gegners Englands, der in dem parallelen Seekrieg mit England die entscheidende Niederlage einstecken musste.

Schloss Sanssouci (»Sorgenfrei«) bei Potsdam, nach Plänen Friedrichs des Großen 1545-47 von Georg Wenzeslaus von Knobelsdorff erbaut, war die Sommerresidenz des Preußenkönigs. Hier traf er sich mit dem Philosophen Voltaire und hielt seine berühmten Tafelrunden.

Im Siebenjährigen Krieg hatten Preußen und Österreich ohne Gewinn für sich selbst den Entscheidungen der Weltpolitik gedient und dabei ihre Kräfte überfordert. So mussten ihre Fürsten nach dem Friedensschluss erst einmal daran gehen, die inneren Schäden des Kriegs zu heilen. Friedrich legte großes Gewicht auf die innere Kolonisation, der Warthe-, Oder- und Netzebruch wurden trockengelegt, Straßen und Kanäle gebaut, etwa 900 Dörfer neu errichtet und an die 300 000 Kolonisten angesiedelt. Neben landwirtschaftlichen Förderungsmaßnahmen (Fruchtwechsel, Kartoffelanbau, Verbesserungen in der Viehzucht, Baum- und Forstpflege) trieb er auch die Industrialisierung des Lands voran (Seidenindustrie, Leinenwebereien, Porzellan-, Glasmanufakturen). Eine konsequente Steuerpolitik (Erhebung der Verbrauchssteuer) und die Errichtung eines Tabak- und Kaffeemonopols brachten die Konsolidierung der Staatsfinanzen. Die vielleicht wichtigste und folgenreichste Neuerung aber war die Umorganisation der

Verwaltung nach dem Departementsystem (Einteilung nach Sachgebieten).

Zu großen sozialreformerischen Anstrengungen kam es nicht. Die Bauernbefreiung blieb auf die königlichen Domänen beschränkt. Eine spürbare Erleichterung brachte indes das Verbot des Bauernlegens und die Milderung der Frondienste. Die bevorzugte Stellung des Adels als Träger der Staatsgesinnung in Heer und Verwaltung blieb bestehen. Letztlich beschränkte sich Friedrich auf wirtschaftliche Förderungsmaßnahmen unter Bewahrung der alten Untertanenverhältnisse, schuf aber in Fortsetzung der von Justizminister Heinrich Cocceji eingeleiteten Rechtsreform auch die Voraussetzung für eine rechtsstaatliche Entwicklung mit grundsätzlicher Anerkennung freier Rechtsprechung. Diese fand 1795 im Preußischen Landrecht ihren Niederschlag. Selten haben Erlebnisse der Jugend Persönlichkeit und Weltanschauung eines Menschen so nachhaltig bestimmt wie im Fall Friedrichs II. Er lebte in scharfem Wi-

derspruch zum strenggläubig protestantischen Vater, durch dessen brutale Erziehungsmethoden er an den Rand der Katastrophe getrieben wurde. Sein Fluchtplan, seine Gefangennahme und die Hinrichtung seines Vertrauten Hans Hermann von Katte (1730) haben seine Entwicklung entscheidend geprägt. So wurde Friedrich früh in eine Haltung der beherrschten Rationalität, der Irreligiosität und der Menschenverachtung hineingedrängt. Sie ließ ihn in der aufgezwungenen Ehegemeinschaft mit Elisabeth Christine von Braunschweig-Bevern auch menschlich versagen. Jedoch verhinderte dies nicht den Durchbruch zu einer Verantwortungsfreudigkeit und einer Unabhängigkeit des Denkens, die sich in einer streng rationalen, von Skrupeln unbeeinflussten Beweglichkeit des innen- und außenpolitischen Planens und Handelns offenbarten. Die Rezeption der Werke englischer und französischer Philosophen und Staatsdenker wie Morus, Bodin, Descartes, Hobbes, Locke und Voltaire, sowie – auf dem Umweg über die klassische französische Literatur der Zeit Ludwigs XIV. – der Gedankenwelt der Antike, ließ Friedrich zum Repräsentanten eines aufgeklärten Humanismus werden. Antike, calvinistische und französisch-englische Aufklärungselemente verbanden sich in seinem Denken zu einer weltanschaulichen Einheit. Friedrich glaubte zeitlebens an das Wirken einer göttlichen Weltintelligenz oder Weltvernunft, die das Weltgetriebe nach immanenter Gesetzlichkeit leite, sodass von echter persönlicher Handlungsfreiheit keine Rede sein könne.

Die Aufgabe des Herrschers sah Friedrich als eine schicksalhafte Verpflichtung, den großen kulturellen und politischen Aufgaben der Epoche für seinen Staat gerecht zu werden und dabei die humanitären Ideale seines aufgeklärten Vernunftglaubens in die politische Praxis umzusetzen. Die strikte Ausrichtung aller Maßnahmen auf Nutzen und Machtzuwachs des Staats indes ließen Friedrich von einer Verwirklichung seiner Aufklärungsideale weit entfernt bleiben.

Völlig anders waren Weg und Wesen Maria Theresias geartet. Obwohl ihre Erziehung im Familienkreis das spanische Hofzeremoniell betont hatte, war sie erfüllt von echter Menschlichkeit und Herzenswärme. Auch in der Wahl des Gatten durfte Maria Theresia ihrer Neigung folgen; 1736 heiratete sie ihren Jugendfreund Franz I. Stephan von Lothringen. Aus dieser Ehe gingen 16 Kinder hervor. Bei Maria Theresia verbanden sich tiefe Gläubigkeit mit Lebensfreude und Weltoffenheit. Bis in die späten Lebensjahre hinein liebte sie Spiel, Tanz und Musik und verströmte eine Herzlichkeit, die bald die strenge Etikette lockerte. Mit weiblicher Instinktsicherheit wusste sie Menschen und Situationen oft besser zu beurteilen als ihre Ratgeber, die von einem gewissen schablonenhaften Denken barocker Prägung nicht loskamen. Ihr politisches Selbstverständnis war verankert in der habsburgisch-katholischen Reichstradition. Aufklärerische Ideen lagen ihr fern. Sie sah in der Monarchie eine gottgesetzte Ordnung und verstand ihre Aufgabe religiös. Wo sie mit rationaler Planung die Vereinheitlichung ihres Staats betrieb und mit Hilfe einer fachlich gegliederten Zentralverwaltung das Auseinanderstreben der verschiedenartigen Reichsteile zu überwinden suchte, handelte sie aus reinen Zweckmäßigkeitserwägungen. Humanitären Gesichtspunkten entsprangen ihre Bemühungen um eine rechtliche und soziale Besserstellung der Bauern; die Aufhebung der Leibeigenschaft konnte sie allerdings nur auf den Krongütern erreichen. Mit der Gründung von Volksschulen erstrebte Maria Theresia eine Hebung der Volksbildung, mit der Einrichtung einer Wirtschaftsbehörde, dem Kommerzdirektorium, suchte sie in merkantilistisch-physiokratischem Sinn die Entfaltung von Industrie und Handel voranzutreiben. Die Abschaffung des kirchlichen und adligen Privilegs der Steuerfreiheit passte ganz in den Rahmen ihrer volksnahen, humanitären Staatsreform und war nicht nur durch die permanenten Finanznöte des Wiener Hofes motiviert. Auch zur Kodifizierung des herrschenden Landrechts hat Maria Theresia einen entscheidenden Schritt getan; 1768 erließ sie ein gemeinsames Strafgesetz für alle Erb-Länder, die »Nemesis Theresiana«.

Diese rege reformerische Tätigkeit der Kaiserin hat mit Recht hohe Anerkennung gefunden. Einzig ihre starre Haltung in Fragen der religiösen Toleranz wirft einen Schatten auf das Bild der großen Regentin.

Um so fragwürdiger, umstrittener blieb das Bild ihres großen Gegners Friedrichs II. Das friderizianische Preußen erschien den einen als vollendeter Idealstaat, den andern als unmenschliche politische Zwangsanstalt. Ebenso schwankend ist auch das Urteil über den großen König – von seinem ersten großen Bewunderer Mirabeau bis zu den Kritikern der Nachkriegsepoche seit 1945, die in Friedrich den Anfang einer zur Katastrophe führenden preußisch-deutschen Aggressionspolitik sahen. Im konservativ-romantischen wie im liberalen Lager meldeten sich schon im 19. Jahrhundert kritische Stimmen zur Person und zum Werk Friedrichs – so etwa Novalis, Arndt, Hegel, Stein, Stadion, Clausewitz, Boyen und Gneisenau. Viele von ihnen versuchten freilich, dennoch der persönlichen Größe des Herrschers gerecht zu werden. Die kleindeutsche Geschichtsschreibung der Johann Gustav Droysen und Heinrich von Treitschke beging dann den Fehler der Heroisierung Friedrichs des Großen zum nationalen und liberalen Volkshelden.

Aufklärung und Reaktion in Österreich

Die von Maria Theresia vorsichtig eingeleitete und unter Kaiser Joseph II. (1780–1790) fortgeführte Epoche der Aufklärung in Österreich blieb Episode, der ein reaktionärer Rückschlag folgte. Lediglich die zentralistischen Maßnahmen Josephs, die Toleranzgesetzgebung, die Beseitigung der letzten ständischen Rechte und die ungarische Grafschaftsverfassung waren von Dauer. Joseph, der katholische Gläubigkeit mit aufklärerischem Denken vereinte, unternahm geradezu revolutionäre Veränderungen. Er überstürzte Maßnahmen, die er gegen Ende seiner Regierungszeit unter dem Druck der klerikalen, aristokratischen und antideutschen Nationalitätenopposition zum größten Teil wieder rückgängig machen musste.

Zu seinen Reformen gehörten die Aufhebung der Leibeigenschaft und des Zunftzwangs, die Einführung der Rechtsgleichheit und die kirchenpolitischen Maßnahmen, die in der Bildung eines staatskirchlichen Systems und der Säkularisation vieler Klöster gipfelten, verbunden mit der Verkündigung der Glaubensfreiheit im Toleranzpatent von 1781, sowie Bestimmungen zur Judenemanzipation. Der Kaiser reformierte die Besoldung der Pfarrer und errichtete neue Schulen und Kirchen. Dem Steuerwesen widmete er sich mit besonderer Aufmerksamkeit. Nach physiokratischen Grundsätzen gründete er 1785 eine Hofkommission für Landesvermessung und Katasterbildung, deren Arbeit überhaupt erst eine systematische Veranlagung zur Grundsteuer möglich machte; 1789 wurde dann ein

allgemeines Steuerregulierungspatent verkündet. Das Schutzzollgesetz von 1784 beseitigte die Binnenzölle und ließ einen nach außen abgegrenzten geschlossenen Wirtschaftsraum entstehen. Joseph II. förderte den wirtschaftlichen Aufschwung in seinem Staat zugleich durch die Errichtung von Volksschulen, Gymnasien und Universitäten, die eine den modernen Anforderungen entsprechende bürgerlich-bäuerliche Bildungsschicht heranziehen sollten. Bahnbrechend war auch seine Fabrikgesetzgebung von 1786, mit der die Kinderarbeit in den Manufakturen weitgehend verboten oder wenigstens eingeschränkt wurde. Die soziale Volksfürsorge Josephs fand auch in der Errichtung von Blinden- und Taubstummenheimen und Krankenhäusern ihren Ausdruck. Mit diesen Maßnahmen wies die Politik des Kaisers in die Zukunft.

Am Ende der Epoche standen die beiden Mächte im zunächst friedlichen Wettbewerb um die politische, geistige und kulturelle Führung im deutschsprachigen Raum. Das Preußen Friedrichs des Großen und das Österreich Josephs II. wurden mit ihrer Regierungsform des aufgeklärten Absolutismus Vorbild für ganz Deutschland. Zur selbstgewählten Rolle des Landesherrn gehörte es, als »erster Diener des Staates« (so Friedrich der Große in seinem *Antimacchiavell*) geeignete Maßnahmen zur Pflege des wirtschaftlichen Wohlergehens seiner Untertanen zu treffen, Landwirtschaft, Handel und Gewerbe zu fördern, eine gerechte und sachgetreue Verwaltung und Justiz zu sichern und das Bildungswesen im Geist religiöser Duldung zu pflegen. Der absolutistische Staat wurde beibehalten, seine Strenge jedoch gemildert. Im Grund war er aufnahmefähig gemacht für die Forderungen der Untertanen nach Mitbestimmung und Mitregierung. In beiden Ländern, aber auch in kleineren deutschen Staaten entstanden Verhältnisse, die einer organischen Weiterentwicklung offen gewesen wären. Die soziale Reaktion verhinderte jedoch diese Weiterentwicklung und nährte damit ein bedrohliches revolutionäres Potenzial. Die Kluft zwischen Regierung und Volk vertiefte sich: legitimistische und revolutionäre Fronten standen sich auch in Deutschland verhängnisvoll unversöhnlich gegenüber.

Joseph II. am Kindbett seiner Frau. Miniatur der Erzherzogin Maria Christina. Der Sohn Maria Theresias versuchte mit Zentralverwaltung und deutscher Amtssprache, Aufhebung der Leibeigenschaft und des Zunftzwangs, Einführung der Zivilehe und eines Staatskirchentums den habsburgischen Vielvölkerstaat zu vereinheitlichen. Die hastig und radikal eingeleiteten Reformen mussten allerdings später zum großen Teil, einige sogar schon durch den Kaiser selbst, rückgängig gemacht werden.

Die Entstehung der Vereinigten Staaten von Amerika

Soldaten von Washingtons Revolutionsarmee in weißen Uniformen. Auch im amerikanischen Unabhängigkeitskrieg wurde kein Wert auf Tarnung gelegt; die Unterscheidung von Freund und Feind (die Engländer trugen rot) in Pulverdampf und Kampfgewühl war wichtiger.

Wie ein Vorspiel der späteren weltpolitischen Auseinandersetzungen zwischen Nordamerika und Europa seit dem Ersten Weltkrieg muten die Vorgänge an, die zur Entstehung der USA führten. Der französisch-russisch-österreichischen Koalition gegen Friedrich den Großen stand der britische Unterstützungsvertrag für Preußen gegenüber. Die Absicht der Briten war, die Fesselung Frankreichs in Europa zu nutzen, um dessen nordamerikanisches Kolonialgebiet an sich zu reißen.

Der Pariser Friede von 1763 hatte für die englischen Siedler Amerikas die Gefahr einer französischen Umschnürung beseitigt, und gleichzeitig war ihr Selbstbewusstsein in den jahrelangen Kämpfen erheblich gewachsen. Durch die zentralistische Politik der »King's Friends«, einer von Georg III. abhängigen Parlamentsgruppe, kam es in der Folgezeit zu starken Spannungen mit dem Mutterland. London

wollte den Kolonien den selbständigen Handel untersagen sowie die Siedlungen westlich der Appalachen unterbinden. Die Erhebung direkter Abgaben und Einfuhrzölle rief die Opposition der auf ihren freien Status bedachten Kolonisten hervor.

Gemäß der demokratischen Tradition des Puritanismus forderten sie Mitbestimmung im Londoner Parlament (»No taxation without representation«). Daraufhin hob England die Sonderabgaben auf und ließ zum Zeichen des grundsätzlichen Besteuerungsrechts nur den Teezoll bestehen. Er war wirtschaftlich bedeutungslos, die Amerikaner aber betrachteten ihn als politische Kampfansage.

1773 wurden im Hafen von Boston 342 Kisten Tee der Ostindien-Kompanie aus Protest gegen die Zollhoheit dieser Handelsgesellschaft versenkt, woraufhin die britische Regierung den Hafen sperrte und den Ausnahmezustand verhängte.

Der Erste Kontinentalkongress (1774) der 13 Neuenglandstaaten Massachusetts, New Jersey, New York, Rhode Island, Connecticut, New Hampshire, Pennsylvania, Delaware, Virginia, Maryland, North Carolina, South Carolina und Georgia antwortete darauf mit der Einstellung des England-Handels. Ein Zusammenstoß zwischen amerikanischer Miliz und britischen Truppen bei Lexington (18.4.1775) weitete sich schließlich zum Unabhängigkeitskrieg (1775–83) aus.

Schon 1776 erklärten die 13 Staaten ihre Unabhängigkeit vom Mutterland. Sie verbanden damit die Menschenrechtserklärung (»life, liberty and the pursuit of happiness«) von Thomas Jefferson. Doch die Kolonialmilizen unter George Washington hätten auf die Dauer keine Siegeschancen gegen die britische Kolonialarmee, die englandtreuen Amerikaner (»Loyalists«) und die mit London verbündeten Indianerstämme gehabt (darunter 17000 Söldner aus Kurhessen und Braunschweig, die von ihren Landesherren verkauft worden waren), wenn nicht die Franzosen und andere Länder Europas Freiwillige und Kriegsmaterial zur Unterstützung der Kolonialarmee in die USA geschickt hätten.

Der Pole Tadeusz Kościuszko, der Franzose Marquis de la Fayette und der preußische

General Friedrich Wilhelm von Steuben spielten in diesem Zusammenhang eine bedeutende Rolle.

Frankreich (1778) und Spanien (1779) traten bald offiziell in den Kampf gegen England ein; auch vor Gibraltar, den Balearen und in Westindien wurde gekämpft.

Die Briten wollten mithilfe eines Kaperkriegs den aufständischen Kolonien die Zufuhr sperren. Dagegen schlossen Russland, Spanien, Frankreich, Holland, Schweden, Dänemark, Österreich und Preußen im Jahre 1780 einen Bund der »Bewaffneten Seeneutralität«. 1783 kam es zum Frieden von Versailles. Die Briten verloren außer Kanada ihren gesamten nordamerikanischen Besitz, Tobago/Westindien und Senegambien kamen zu Frankreich, Menorca und Florida fielen an Spanien zurück.

Die befreiten amerikanischen Staaten gaben sich Verfassungen demokratischen Charakters, wobei die berühmte *Virginia Bill of Rights* (das Gesetz der Menschenrechte für Virginia) Pate stand. In Philadelphia wurden 1787 schließlich die »Vereinigten Staaten von Amerika« gegründet.

Ihre Verfassung beruht auf den Prinzipien der Gewaltenteilung, der Volkssouveränität (Repräsentationssystem) und dem Bundesstaatsprinzip. Der Kongress, bestehend aus Repräsentantenhaus (direkt gewählte Volksvertreter) und Senat (Vertretung der Bundesstaaten) bildet die Legislative. Der Präsident ist exekutives Organ, er wird vom Volk über Wahlmänner gewählt, ernennt die Beamten und führt die Kongressbeschlüsse aus. Dem Obersten Gerichtshof (Supreme Court) obliegt die Rechtsaufsicht über Verfassung und Gesetzgebung. Zusatzartikel (1789), die sog. *Bill of Rights,* garantieren Presse- und Versammlungsfreiheit, die Unverletzlichkeit von Person, Wohnung und Eigentum.

Damit gab sich die weiße Bevölkerung Amerikas die erste demokratische Verfassung der Welt. Die Sklaverei und die Unterdrückung der indianischen Ureinwohner blieben allerdings davon unberührt.

Indianische Bogenschützen Aus den »Jagden in Nordamerika« des G. Catlin. Die Kolonialmächte warben für ihre Auseinandersetzungen eingeborene Hilfstruppen an: Im englisch-französischen Krieg um Kanada 1754-1763 kämpften Indianer auf beiden Seiten, gegen die amerikanische Unabhängigkeitsbewegung auf englischer Seite. Vorteile brachte es ihnen nicht da die Zahl der weißen Männer in Nordamerika nur immer größer und der indianische Lebensraum immer kleiner wurde, bis in den sogenannten Indianerkriegen um 1880 die Urbevölkerung fast ganz ausgerottet wurde.

Das Zeitalter der Französischen Revolution und Napoleons I.

Geistige Grundlagen

Die Aufklärung des 18. Jahrhunderts war der Höhepunkt der bereits im Spätmittelalter einsetzenden Säkularisierungs- und Rationalisierungsprozesse. In ihr fand die wirtschaftliche und politische Emanzipationsbewegung des Bürgertums ihren unmittelbaren Ausdruck – und obwohl die Bourgeoisie stets nur auf seine eigene Emanzipation, nie auf die des ganzen Volkes abzielte, so konnten sich mit ihren Zielen auch die unteren Klassen identifizieren: Überwindung kirchlicher und monarchischer Autorität, geistige und religiöse Freiheit, Aufhebung der festgefügten ständischen Ordnung, Verbrüderung der Menschheit und Erlangung persönlichen Glücks und Wohlfahrt aller Menschen. Das neue bürgerliche Selbstbewusstsein fand seinen Niederschlag in allen kulturellen Bereichen. Die Künste lösten sich aus ihrer Bindung an Hof und Adel; es entstanden das bürgerliche Trauerspiel (George Lillo, Denis Diderot, Gotthold Ephraim Lessing) und die Symphonie als musikalische Gattung des Bürgertums schlechthin.

Das Rechts- und Staatsleben sollte auf das Fundament des »natürlichen Rechts« gestellt und dem aufklärerischen Vernunft- und Fortschrittsdenken verpflichtet werden.

Der Holländer Hugo Grotius stellte in seinem 1625 veröffentlichten Werk *De jure belli ac pacis* (Kriegs- und Friedensrecht) fest, dass es unveränderliche, durch die Vernunft erfassbare Rechte des Menschen auf Leben, Freiheit und Eigentum gebe. Zusammenfassend bezeichnete er sie als Naturrecht. Der Staat ist danach ein Bündnis der Individuen zu ihrem Schutz durch Recht und Gerichtsbarkeit und durch Wehr und Verteidigung.

Zentrale Gestalt der englischen Aufklärung war John Locke (1632–1704). In seinen Abhandlungen *Two treatises of government* bezeichnete er die Gewaltenteilung als Ideal der staatlichen Verfassung. Die Trennung von ausführender (Exekutive) und gesetzgebender Gewalt (Legislative) begründet er naturrechtlich. Eine freiheitliche Verfassung sei eine Forderung des gesunden Menschenverstandes, heißt es in seiner Schrift *An Essay concerning human Understanding* (Untersuchung über den menschlichen Verstand). Die erste Verwirklichung bürgerlicher Rechte auf verfassungsmäßiger Grundlage geschah 1689 in der *Declaration of Rights* (Erklärung der Rechte). Die Gesetzgebung (Legislative) und das alleinige Steuerbewilligungsrecht wurden dem (noch nicht regelmäßig tagenden) Parlament übertragen. Ein Verbot königlicher Sonderrechte und Gerichte wurde ausgesprochen, und in der damit verbundenen Toleranzakte wurde eine noch beschränkte Glaubensfreiheit gewährt. Dies bedeutete die verfassungsmäßige Sicherung der Errungenschaften der »Glorious Revolution« von 1688.

Das freiheitliche Gedankengut der englischen Staatstheorie und Verfassungspraxis war die geistige Grundlage des Freiheitskampfes der nordamerikanischen Kolonien. Das Naturrecht diente den Kolonisten zur Legitimation der Verteidigung ihrer Eigenrechte und Unabhängigkeit im Kampf gegen die Ausbeutungsabsichten des Mutterlandes. In England selbst gab es aus der freiheitlichen Verfassungstradition heraus viele Befürworter der kolonialen Forderungen. Der Londoner Daniel Dulaney unterstützte 1766 mit seinen *Considerations on the Propriety of imposing taxes* (Betrachtungen über das Recht der Zoll- und Steuererhebung) die Kolonisten in ihrer Ablehnung der königlichen Sonderbesteuerungspraxis. Im Unabhängigkeitskrieg meldete sich Thomas Paine mit seiner Schrift *Common Sense, addressed to the inhabitants of America* (Gesunder Menschenverstand, an die Einwohner Amerikas gerichtet) zu Wort. Paine nahm auch an den revolutionären Ereignissen in Frankreich teil und entwickelte sich zum radikalen Demokraten; er scheiterte jedoch ebenso wie sein Freund Joseph Priestley bei dem Versuch, nach seiner Rückkehr auch in den neugegründeten USA radikalfreiheitliche Formen einzuführen. Den Höhepunkt der nordamerikanischen Kampfpublizistik bildete Thomas Jeffersons *Declaration of Independence* (Unabhängigkeitserklärung) vom Juli 1776, die auch eine kurz gefasste Menschenrechtserklärung enthält. Mit der *Virginia Bill of Rights* (Urkunde der Menschenrechte für Virginia) von 1776 wurden erstmals die Menschenrechte in einem Verfassungstext

Der Philosoph François Marie Arouet, genannt Voltaire, verlässt diktierend das Nachtlager – ein Zeugnis für den ungeheuerlichen Arbeitseifer, der die Intellektuellen der Aufklärungszeit beseelte. Man schrieb Bücher, Abhandlungen, Streitschriften, Theaterstücke, Romane, sowie historische Werke und wechselte Briefe mit anderen Gelehrten in ganz Europa Voltaire selbst hinterließ ein Gesamtwerk von 163 Bänden.

verankert; die Begründung ging von mutterländischen und kontinentalen Naturrechtsauffassungen aus.

In Frankreich wurde die Kritik am absolutistischen Saat von Montesquieu in seinen *Lettres persanes* (1721) und von Voltaire in den *Lettres sur les Anglais* (1733) mit dem Lob der englischen Verfassung zum Höhepunkt geführt. Montesquieu forderte 1748 in seinem Buch *De l'esprit des lois* (Vom Geist der Gesetze) die Gewaltenteilung in Legislative, Exekutive und Jurisdiktion (Rechtsprechung, richterliche Gewalt). Die unter der Leitung von Diderot und d'Alembert entstandene *Encyclopédie* (1751–1780) aufklärerischen Denkens trug maßgeblich zur Verbreitung der neuen Weltanschauung bei. Eine noch radikalere Staatsanschauung vertrat Rousseau in seinem *Contrat social* (Gesellschaftsvertrag) von 1762: Alle Gewalt sollte ungeteilt in die Hände des sich unmittelbar zu Wort meldenden Volkes gelegt werden; die uneingeschränkte Volkssouveränität bekundet sich in der »Volonté générale« (gemeinsamer Wille der Nation), der auf das Beste aller abzielt, also immer richtig und damit letztlich mit dem Einzelwillen identisch ist.

Die Vorgänge in Amerika hatten die innenpolitische Entwicklung Frankreichs maßgeblich beeinflusst. Die Revolution wurde hierdurch zwar nicht ausgelöst, wohl aber ermutigt und in ihrer Richtung mitbestimmt. Die französische Formulierung der Menschenrechte, die *Déclaration des droits de l'homme et du citoyen* von 1789 folgte der nordamerikanischen teilweise sogar in wörtlichen Übereinstimmungen.

Das vorrevolutionäre Frankreich war gekennzeichnet durch den rapiden Zerfall der inneren Ordnung. Verlustreiche außenpolitische Abenteuer und die immensen Kosten für Hof, Heer und Verwaltung hatten ein riesiges Staatsdefizit erzeugt; die Verwaltung war ein anarchisches Gewirr lokaler und zentralistischer Kompetenzen, von adligen und kirchlichen Privilegien und einander teils widersprechender Verordnungen. Die veraltete Feudalordnung weckte in allen Schichten Unzufriedenheit und verschärfte die sozialen Spannungen.

Von dem anhaltenden wirtschaftlichen Aufschwung profitierten im Wesentlichen die großbürgerlichen Kräfte, die zunehmend die Aufhebung der politischen und gesellschaftlichen Privilegien des Adels forderten. Der Handwerkerstand in den Städten verfiel und sank zum industriellen Proletariat herab. Die bäuerlichen Kleinpächter verarmten und ver-

*Der Ballhausschwur.
Kopie eines Gemäldes von
J.-L. David. Am 20. Juni 1789
fanden die Abgeordneten der
französischen Nationalversammlung ihren Sitzungssaal
geschlossen vor. Daraufhin
zogen sie ins Ballhaus, die
Sporthalle des Schlosses,
und schworen, nicht eher
auseinander zugehen, als bis
sie dem Land eine Verfassung
gegeben hätten.*

größerten die Schicht der besitzlosen Landarbeiter, die bald über 50 Prozent der Bevölkerung ausmachte.

Hinzu kam, dass die in mittelalterlichen Verhältnissen stecken gebliebene zünftlerische Wirtschaftsverfassung der Expansion der wirtschaftlichen Kräfte nicht mehr gemäß war. So entwickelte sich bei den Physiokraten Quesney, Mirabeau und Turgot und bei dem Engländer Adam Smith die Idee der Freiheit der wirtschaftlichen Betätigung und gesellte sich als Forderung sinngemäß zu den politischen Freiheitstendenzen des Zeitalters. Der mittelalterliche Zwang, aber auch die merkantilistischen Reglementierungs- und Privilegierungsmethoden sollten der freien Betätigung des wirtschaftenden Individuums weichen.

Als das Königtum sich unfähig zeigte die Probleme zu meistern, übernahmen ab 1788 die revolutionären Kräfte die Initiative. Dabei verbanden sich trotz unterschiedlichster Zielsetzung die liberalen Träger des Aufklärungsgedankens aus Adel und Bürgertum mit dem städtischen Proletariat und den verarmten bäuerlichen Schichten zu jener Massenbewegung, deren jede Revolution bedarf.

Der Gang der revolutionären Ereignisse

Vor 1789 unternahm Ludwig XVI. den Versuch, Korruption und Finanzkrise mit Hilfe der Physiokraten in Einzelreformen zu beseitigen. Diese Bemühungen blieben erfolglos. So kam es 1789 zur Einberufung der Generalstände.

Der dritte Stand (Bürgertum) unter Führung Mirabeaus erklärte sich zur »Nationalversammlung«, niederer Adel und Klerus schlossen sich an und bildeten die »Verfassunggebende Versammlung« (Konstituante 1789–1791). Als sich die Nachricht von der Entlassung des Reformministers Necker verbreitete, stürmten am 14. Juli 1789 Pariser Volksmassen die Bastille, das Symbol der königlichen Willkürjustiz. Es folgten Bauernaufstände gegen Adelsschlösser, Klöster und bürgerlichen Großbesitz in der Provinz und die durch Gerüchte von einem Aristokraten-Komplott ausgelöste Panikwelle der »Grande Peur«. Damit begann die alte Staats- und Gesellschaftsordnung sich aufzulösen; der Verwaltungsapparat war weitgehend stillgelegt. Diesen Ereignissen sollte die Erklärung der Menschen- und Bürgerrechte durch die Nationalversammlung entgegenwirken. Am 4. August 1789 verzichten Adel und Klerus auf ihre Privilegien. Die Versammlung proklamierte die Gleichheit des Zugangs zu Staats- und Kirchenämtern sowie im Heer, ferner Steuergleichheit und Beseitigung der bäuerlichen Hörigkeit. Am 26. August 1789 folgte die Erklärung des Rechts auf individuelle Freizügigkeit und der Aufhebung der wirtschaftlichen Bindung (Zünfte usw.) in den Menschen- und Bürgerrechten.

Dann begannen die Ereignisse sich zu überstürzen. Der König und seine Familie wurden am 5. Oktober 1789 gezwungen, nach Paris überzusiedeln. Die Verfassung der Konstituante vom September 1791 verwirklichte in gemäßigter Form die Ideale der revolutionären

Staatstheorie. Sie brachte die konstitutionelle Monarchie, Gewaltenteilung, Volkssouveränität, persönliche Freiheit, Rechtsgleichheit und eine Gesellschaftsgliederung nach Besitz. Der Verwaltungsaufbau sah 83 Departements und 44000 Gemeinden mit Selbstverwaltung vor. Zur Verfügung des Parlaments wurde die Nationalgarde gebildet, das Kirchengut wurde eingezogen. Das Wahlrecht stützte sich auf einen Zensus; der Besitzstand bestimmte den politischen Einfluss.

Am 1. Oktober 1791 trat auf Grund der Verfassung die Gesetzgebende Versammlung (Legislative) zusammen. Aber sehr bald ging die politische Führung von den konstitutionellen Monarchisten auf die Girondisten (Führer Roland und Brissot aus der Gironde) und schließlich auf die radikalen Jakobiner über (benannt nach dem Versammlungslokal, einem ehemaligen Jakobinerkloster; Führer Robespierre, St. Just, Marat). Letztere stützten sich auf das Pariser Kleinbürgertum und Proletariat.

Die Entwicklung wurde beschleunigt durch die Kriegserklärung an Preußen und Österreich vom 20. April 1792. Ursache war das antirevolutionäre Bündnis der beiden legitimistischen deutschen Großmächte und das Streben des Gironde-Ministeriums nach Ablenkung von den inneren Schwierigkeiten in Frankreich. 1793 trat England der Koalition gegen Frankreich bei. Als die Verbündeten in einem von französischen Emigranten redigierten Manifest des alliierten Oberbefehlshabers, des Herzogs von Braunschweig, die Vernichtung von Paris androhten, falls dem König etwas geschehe, riss Danton, ein Mann der Mitte zwischen Jakobinern und Girondisten, am 10. August 1792 die Macht in Paris an sich und setzte den König in Haft. Die erste Terrorwelle, die »Septembermorde« an Priestern und Adligen, begann. Nach der Kanonade von Valmy und dem Rückzug der Verbündeten trat der Nationalkonvent zusammen (21. September 1792). Die Republik wurde ausgerufen, die Jakobiner unter Robespierre ergriffen die Macht und vernichteten alle wirklichen und vermeintlichen Gegner durch Massenmord mit der Guillotine. Der König wurde 1793 hingerichtet.

Diese Radikalisierung fand verfassungsmäßigen Ausdruck in der Gewaltenkonzentration im Wohlfahrtsausschuss, die nach außen durch die »Levée en masse« mit der Aufstellung eines Volksheeres durch Carnot eine erfolgreiche Abwehr ermöglichte. Praktisch war damit auch die demokratische Verfassung des Konvents vom 25. Juni 1793 außer Kraft gesetzt, die zum ersten Mal auf ein Klassenwahlrecht verzichtet hatte. Da aber Robespierre in seinem Radikalismus auch ehemalige Freunde und Anhänger der Revolution bedrohte, wurde er von ihnen gestürzt und am 27. Juli 1794 hingerichtet. Damit war der Weg frei für die Rückkehr der gemäßigten großbürgerlichen Richtung, der Girondisten, zur Macht (1795). Sie schlugen mit Hilfe des jungen Generals Napoleon Bonaparte den Pariser Royalistenaufstand nieder und zwangen den Konvent zum Erlass einer neuen Verfassung und zur Selbstauflösung.

Die von 1795 bis 1799 gültige Direktorialverfassung brachte erneut Gewaltenteilung und Zensuswahlrecht (Ausschaltung des Proletariats), legte die Exekutive in die Hände eines fünfköpfigen Direktoriums und übertrug die Legislative dem »Rat der Alten« (Senat) und dem »Rat der 500« (Parlament). Gegen das Bandenunwesen, den Hunger, die Inflation, die Arbeitslosigkeit und die Korruption kämpfte die Direktorialregierung jedoch vergeblich. Auf wirtschaftlichem Gebiet versagte sie ebenso vollständig wie schon Robespierre und seine Mitregenten. Wo eine planmäßig vom Staat gelenkte Versorgungswirtschaft hätte eingerichtet werden müssen, blieben beide in wirkungsloser Improvisation stecken, die das totale Chaos in Handel, Verkehr und Geldwesen nicht zu beheben vermochte. In dieser allgemeinen Unruhe und Unsicherheit versuchten nacheinander Royalisten, Jakobiner und frühkommunistische Kräfte (unter Babeuf) durch Staatsstreich an die Macht zu kommen.

Außenpolitisch aber war die Regierung erfolgreich. Im Frieden von Basel mit Preußen (1795) gewann Frankreich das linke Rheinufer. Preußen verzichtete in Scheinklauseln auf den Schutz dieser deutschen Gebiete, um dafür im Osten seine Gebietserweiterungen zu sichern. Napoleon Bonaparte besiegte Österreich im Italien-Feldzug in den Schlachten bei Arcole, Rivoli und Mantua (1796/97).

Im Friedensvertrag von Campo Formio 1797 trat Österreich die Niederlande, Luxemburg und Mailand an Frankreich ab und erkannte die Rheingrenze an. Englands unnachgiebige Haltung vereitelte jedoch die Sicherung des Friedens. Um der inneren Schwierigkeiten Herr zu werden und den Kampf gegen England erfolgreich zu Ende zu führen, unternahm Napoleon Bonaparte am 9. November 1799 einen Staatsstreich und machte sich mit dem Titel »Erster Konsul« zum Diktator Frankreichs. So endete die Direktorialverfassung. 1804 erklärte Napoleon sich zum »Kaiser der Franzosen«; noch im gleichen Jahr wurde er in Paris in Gegenwart des Papstes gekrönt.

England und die europäischen Mächte im Zeitalter Napoleons

Mit Napoleons Staatsstreich war die innere revolutionäre Entwicklung abgeschlossen. Die außenpolitischen Fragen blieben jedoch ungelöst. Nach dem unglücklichen Feldzug in Ägypten (1798/99), in dessen Verlauf der britische Admiral Horatio Nelson die französische Flotte im Mittelmeer (Abukir) vernichtete, kam es 1799 zum Zweiten Koalitionskrieg gegen Frankreich. Nach anfänglichen Erfolgen der österreichisch-russischen Truppen (Erzherzog Karl und General Suworow) siegte Napoleon nach seiner Rückkehr aus Ägypten bei Marengo und Hohenlinden. Im Frieden von Lunéville zwischen Österreich und Frankreich (1801) wurden die Campo Formio-Bedingungen bestätigt.

1802 schloss Napoleon I. mit England nach der Räumung Ägyptens den Frieden von Amiens. Großbritannien verzichtete bis auf Trinidad und Ceylon auf seine überseeischen Eroberungen. Neue Spannungen ergaben sich aus Versuchen zur Erneuerung des französischen Kolonialreiches und der Besetzung Hannovers.

Napoleons Vorbereitungen zur Invasion in England führen zum Dritten Koalitionskrieg. Bei Trafalgar vernichtete Nelson 1805 die spanisch-französische Flotte und sicherte damit die britische Seeherrschaft. Napoleon erreichte 1805 die Kapitulation der österreichischen Armee bei Ulm und nach der Niederlage der österreichisch-russischen Streitkräfte bei Austerlitz auch den Abzug der Russen. Im Frieden von Preßburg (1805) mit Österreich kamen Tirol, Vorarlberg und Lindau an Bayern, das Bodenseegebiet an Baden, Oberschwaben an Württemberg und Venetien an Italien. Bayern und Württemberg wurden Königreiche, Baden Großherzogtum. Damit wurde die »Napoleonische Flurbereinigung« in Deutschland abgeschlossen, die 1803 mit dem Reichsdeputationshauptschluss des Reichstags durch die Aufhebung der geistlichen und der kleineren weltlichen Fürstentümer begonnen worden war. Habsburgs Vormacht in Deutschland war vernichtet.

Den Kampf gegen England setzte Napoleon durch die Kontinentalsperre mit den Mitteln des Wirtschaftskrieges fort, indem er die Ein- und Ausfuhr von Wirtschaftsgütern von und nach England unterband. Die deutschen Mittelstaaten schlossen mit Napoleon den so genannten Rheinbund und vergrößerten sich 1806 mit seinem Einverständnis durch die Einverleibung kleinerer weltlicher Fürstentümer. Unter dem Druck eines Ultimatums Napoleons musste Franz II. die deutsche Kaiserkrone niederlegen. Damit endet die Geschichte des Heiligen Römischen Reichs Deutscher Nation. 1806/07 griff Napoleon I. das bisher neutrale Preußen an (Vierter Koalitionskrieg), das sich 1805 mit Russland verbündet hatte.

In den Schlachten von Jena und Auerstedt gelang ihm die Vernichtung der preußischen Armee (1806); in Ostpreußen siegte er über russisch-preußische Truppen. 1807 diktierte Napoleon dem besiegten Preußen den Unterwerfungsfrieden von Tilsit und erreichte einen Ausgleich mit Russland. Preußen musste seine Besitzungen westlich der Elbe abtreten und verlor die meisten der nach 1772 von Polen gewonnenen Gebiete an das neu gegründete Herzogtum Warschau. Damit war Napoleon auf dem Höhepunkt seiner Macht. Russland aber gewann türkische (Bessarabien und die Donaumündung) und schwedische Gebiete (Finnland) als Gegenleistung.

Vergeblich blieben Aufstände gegen die französische Besatzung in Hessen (Dörnberg), Preußen (Schul), Tirol (Hofer), Österreich (Erzherzog Karl) und Spanien. Doch nach Erzherzog Karls Sieg bei Aspern 1809 – der ersten Niederlage Napoleons – lebte die nationale Bewegung in Deutschland wie- der auf, ja in dieser Stunde wurde der Freiheitswille im Lande überhaupt erst lebendig. Eine neue Epoche der deutschen Geschichte hatte begonnen.

1812 brach der französisch-russische Krieg aus. Napoleons Annexion der deutschen Nordseeküste und Hollands, seine Forderung an Russland, sich der Kontinentalsperre anzuschließen, aber auch das wachsende Misstrauen Russlands gegenüber der Macht Frankreichs waren die Ursachen. Ein russisch-englisch-schwedisches Bündnis gegen Frankreich kam zustande. Napoleons Niederlage im russischen Feldzug (1812) löste die Befreiungskriege aus (1813/14), deren entscheidende Wende die Völkerschlacht bei Leipzig (16.-18. Oktober 1813) brachte. Napoleon unterlag den preußisch-russisch-österreichischen Truppen, die Rheinbundstaaten fielen von ihm ab. 1814 folgte der siegreiche Frankreichfeldzug der Alliierten; Napoleon wurde zur Abdankung und zum Rückzug auf die ihm als Besitz zugesprochene Insel Elba gezwungen. Auch das Abenteuer der »Hundert Tage« (1815) des aus Elba zurückgekehrten Napoleon konnte seine Stellung nicht mehr retten.

Der Wiener Kongress brachte schließlich 1815 die Wiederherstellung der alten Mächtekonstellation auf dem Kontinent. Frankreich wurde auf den Besitzstand von 1792 festgelegt, wobei die außenpolitische Kunst Talleyrands die Rivalität der Alliierten geschickt zugunsten Frankreichs ausnutzte. Russland erhielt Polen außer Posen, Preußen dagegen Westpreußen und Posen, Teile Sachsens, Vorpommern (vorher schwedisch), Westfalen und das Rheinland. Schweden erhielt Norwegen, Österreich die Lombardei und Venetien, Holland und Belgien wurden zum Königreich der Vereinigten Niederlande zusammengeschlossen. England aber war der eigentliche Gewinner des Kampfes: Malta, Ceylon und das Kapland blieben ihm als Besitz. Die Niederwerfung des stärksten Kontinentalstaates hatte England schwer erschütterte Stellung als führende Weltmacht erneut gesichert.

Wie im Dreißigjährigen Krieg gab es auch in diesen Kämpfen eine Wandlung der Kriegsziele und -motive. Die Festlandskriege der französischen Revolutionszeit begannen als Zusammenstoß des revolutionären Frankreich mit den alten konservativen Mächten, die auf die Erhaltung der absolutistischen Staatsform bedacht waren. Bald aber wurden sie durch Englands Eingreifen zur machtpolitischen Auseinandersetzung um die Führung in Europa. Napoleon I. erstrebte ein geeintes Europa unter Frankreichs Vorherrschaft, wobei er das Bürgertum durch Beibehaltung revolutionärer Errungenschaften – man denke an den *Code Civil* und seine Wirkung im linksrheinischen Deutschland – zu gewinnen hoffte. Durch Schonung der europäischen Dynastien und durch Heirat (Marie-Louise von Österreich) wollte er die Festlandsmächte an sich binden. Mit Russland suchte er einen Ausgleich dadurch, dass er die russischen Expansionsgelüste im Ostseeraum und in Richtung auf das Mittelmeer unterstützte. Sein Hauptgegner blieb England, das in einem geeinten Europa den gefährlichsten Feind seiner Kolonial- und Seemachtstellung sah, ganz im Sinne der oranischen *Balance of power*-Politik. Als Seemacht gelang es England, Napoleon auf dem Kontinent zu isolieren. Das Mittel des Wirtschaftskrieges aber gewann keine entscheidende Wirkung, weil die zweite kontinentale Randmacht, Russland, nicht mitspielte. So zeigte sich die Überlegenheit der führenden Seemacht gegenüber jeder kleineuropäischen Koalition.

Wenn je das Charakterbild einer großen Gestalt der Weltgeschichte umstritten geblieben ist, dann sicherlich das Napoleons I. Weder Zeitgenossen noch Nachfahren, ja nicht einmal die unbeteiligten wissenschaftlichen Kritiker späterer Zeiten konnten sich auf eine übereinstimmende Beurteilung des großen Korsen einigen. Zu viel Gegensätzliches ist in seinem Wesen lebendig: Leidenschaft und kältester Intellekt, Instinktsicherheit und nüchternste Berechnung, eiskalte Brutalität und sentimentale Gefühlsseligkeit stehen krass nebeneinander. Erstaunlich bleibt, wie er ein ihm innerlich fremdes, dazu extrem widersprüchliches geschichtliches Erbe – die nationalen Überlieferungen Frankreichs und den Auftrag der Revolution – in seinem politischen Handeln repräsentierte, indem er als Überwinder wie als Vollstrecker der Revolution tief in die europäische Geschichte eingriff.

Rückzug der Franzosen aus Russland 1812. Kolorierter Stich von Klein. Von den 600 000 Mann, die Napoleon für seinen Feldzug gegen den Zaren aufgeboten hatte, erreichten kaum 5000 die Grenze nach Preußen. »Mit Mann und Ross und Wagen hat sie der Herr geschlagen«, jubelten die deutschen Patrioten, für die der Untergang der »Grande Armée« das Signal zur Erhebung gegen den Korsen war. Das Bulletin der Großen Armee aber meldete zum 3. Dezember 1812, eine Woche, nachdem beim Übergang über die Berisina tausende seiner Soldaten ertrunken oder erfroren waren: »Die Gesundheit seiner Majestät war nie besser«.

Europäische Revolution und Restauration

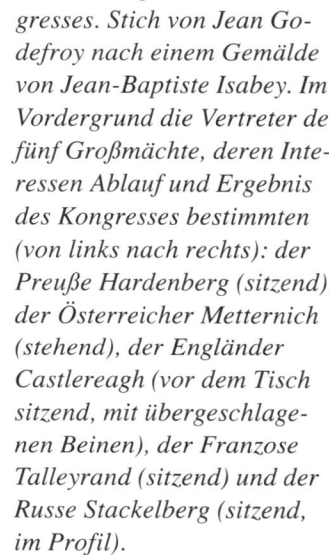

Eine Sitzung des Wiener Kongresses. Stich von Jean Godefroy nach einem Gemälde von Jean-Baptiste Isabey. Im Vordergrund die Vertreter der fünf Großmächte, deren Interessen Ablauf und Ergebnis des Kongresses bestimmten (von links nach rechts): der Preuße Hardenberg (sitzend), der Österreicher Metternich (stehend), der Engländer Castlereagh (vor dem Tisch sitzend, mit übergeschlagenen Beinen), der Franzose Talleyrand (sitzend) und der Russe Stackelberg (sitzend, im Profil).

Geistige Grundlagen der Befreiungskriege

Die konservativen Gegenkräfte gegen die Französische Revolution fanden ihre erste theoretische Formulierung in Edmund Burkes *Reflections on the Revolution in France* (1790). Er entwickelte darin einen organischen Staatsbegriff gegenüber dem rationalistischen der Revolution. Die Frühromantik, beeinflusst vom englischen Irrationalismus und dem deutschen »Sturm und Drang«, entwickelte um 1800 einen neuen Sinn für das geschichtlich Gewordene. Sie würdigte im Gegensatz zur Aufklärung die mittelalterliche Weltordnung. Obwohl stark abhängig von der Aufklärung, lehnte die deutsche Klassik (Goethe, Schiller) die extremen Erscheinungsformen der Französischen Revolution gleichfalls ab und wirkte trotz ihres weltbürgerlichen Denkens eher national, da sie die Einheit der Nation durch überkonfessionelles Denken im deutschen Idealismus (Fichte, Schelling) suchte und fand.

Die Spätromantik entwickelte durch Savignys historische Rechtsschule und im Staats- und Wirtschaftsdenken Adam Müllers den romantischen Staatsbegriff auf geschichtlicher Grundlage. Auch die Heidelberger Romantik (Arnim, Brentano, Eichendorff, Görres) trug zur Ausgestaltung des romantisch-konservativen Staatsbewusstsein bei, mit ihrem Volkstumsbegriff, der Vorstellung vom Volk als geschichtlichem Organismus, der in Sprache, Dichtung, Sitte, Brauchtum und Religion zum Ausdruck kommt. Mit Friedrich und August Wilhelm Schlegel, mit den Brüdern Grimm als wissenschaftlichen Sammlern und Theoretikern wurden Sprache und Dichtung der germanischen und deutschen Vergangenheit neu entdeckt und bildeten allmählich einen neuen Bewusstseins- und Bildungsgehalt der Nation im Gegensatz zum klassischen, von der Antike ausgehenden Kulturbild. Bei Ernst Moritz Arndt *(Geist der Zeit)*, Friedrich Ludwig (dem »Turnvater«) Jahn *(Deutsches Volkstum)* und Heinrich von Kleist (nationale Dramen) fanden diese Ideen ihre politische Ausprägung. Die unterschiedlichen nationalen Vorstellungen (geistige Kulturgemeinschaft – völkischer Schicksalsbund – politische Gemeinschaft freier Bürger) wurden zunächst dem gemeinsamen Ziel, Überwindung der französischen Fremdherrschaft, untergeordnet; erst nach Napoleons Sturz brachen die politischen Gegensätze in aller Schärfe auf.

Reform und Befreiung (1805–1815)

Durch die Deutsche Bewegung in Österreich, in der Reichsgraf Johann Philipp Stadion und sein Bruder Friedrich Lothar liberale, nationale und konservativ-österreichische Gedanken verbanden, wurde der nationale Widerstandswille gegen die napoleonische Fremdherrschaft geweckt. Erstmals gewann die Presse mit ihrer propagandistischen Wirkung tatsächlichen Einfluss. Erzherzog Karl und Erzherzog Johann modernisierten mit Hilfe der Generäle Karl Philipp zu Schwarzenberg und Josef Wenzel von Radetzky das Heer. Reservebataillone wurden geschaffen. Sie stellten eine Konzession an die liberalen und nationalen Vorstellungen eines Volksheeres dar. Ausgesprochen national und liberal war die von Johann eingerichtete Landwehr.

Zu tief greifenden Veränderungen kam es in Preußen. Nach den Niederlagen von Jena und Auerstedt und dem folgenden Zusammenbruch steigerte sich die Kritik leitender Beamter am friderizianischen Staatssystem. Sie propagierten eine »Revolution von oben«,

die Weckung von Selbsttätigkeit, Verantwortungsbewusstsein und Bürgersinn als Voraussetzung für die Abschüttelung der französischen Fremdherrschaft. Die Männer der Reform, allen voran Stein, aber auch Hardenberg, Humboldt, Scharnhorst und Gneisenau erkannten: nicht stummer Gehorsam, sondern nur tätige Mitarbeit konnte Preußen retten. Karl vom und zum Steins (1757–1831) liberale Auffassungen wurzelten nicht in der Aufklärung obwohl er von dem Vorbild der französischen Revolutionsverfassungen und von der französischen Staatsidee (Montesquieu) beeinflusst war. Die eigentlichen Grundlagen seiner Vorstellungen über Selbstverwaltung lagen im ständischen Denken des Reichsritters und im Vorbild des germanischen Genossenschaftsrechts, wie er es in der westfälischen Überlieferung (er war in der Verwaltung Westfalen tätig) kennen gelernt hatte. Auch der Volkstumsgedanke Herders und die Ideenwelt des Engländers Burke waren ihm vertraut.

Steins politische Ideen fanden ihren Niederschlag in dem Edikt zur Bauernbefreiung (1807, Aufhebung der Erbuntertänigkeit, Garantie der Freiheit der Person, des Besitzes, des Berufes und der Rechtsgleichheit) und der Städteordnung von 1808, die den Gemeinden Selbstverwaltung auf den Gebieten des Finanz- und Steuerwesens, der Schule, der Polizei und der Armenbetreuung brachte. Nunmehr wählten die Bürger ihre Stadtverordneten, diese wieder den Magistrat, die eigentliche Stadtregierung. Noch im gleichen Jahr folgte das Edikt über die Neuordnung und Vereinheitlichung der Staatsbehörden. Ein Ministerium (statt Generaldirektorium) mit 5 Abteilungen (Ressorts) als Grundlage der späteren selbstverantwortlichen Fachministerien wurde gebildet; das Gesamtstaatsgebiet wurde in drei Provinzen mit Regierungsbezirken als Untergliederungen eingeteilt. Durch die Verselbständigung von Justiz und Verwaltung, die vorher verbunden waren, erreichte Stein eine Art Gewaltentrennung. Die Bildung einer Volksvertretung wurde durch den Sturz Steins (24. November 1808) nicht mehr verwirklicht; überhaupt ist sein Werk größtenteils Programm geblieben.

Zur echten Bauernbefreiung kam es erst nach 1867. Die Fortsetzung der Reformen durch Karl August Freiherr von Hardenberg (1750–1822), den Nachfolger Steins, geschah in betont westlich-liberalem Sinne und unter Bevorzugung städtisch-bürgerlicher Interessen (1810 Edikt über Finanzen, 1811 Gewerbefreiheit, 1812 Emanzipation der Juden, 1812 Schaffung der Gendarmerie).

Wilhelm von Humboldt und Hardenberg betrieben eine Bildungsreform in neuhumanistischem Geist. 1810 wurde die Berliner Universität als eine Stätte »akademischer Freiheit« und der »Einheit des Forschens, Lehrens und Lernens« gegründet; zwei Jahre später eine staatliche Gymnasialordnung erlassen und die Volksschule im Sinne Pestalozzis reformiert.

Auch in Preußen kam es schließlich (wie in Österreich) zur Heeresreform durch Scharnhorst unter Mitwirkung von Gneisenau, Boyen, Clausewitz und Grolman. Gerhard Johann David von Scharnhorst (1755–1813) stammte aus Hannover; seit 1801 stand er in preußischen Diensten. Vor 1805 hatte man auf seine Ratschläge nicht gehört, ab 1807 aber wurde er vom König an die Spitze einer »Militärkommission« berufen. Sein Programm war die Modernisierung des Heeres, die Abschaffung der Prügelstrafe, die Zulassung Bürgerlicher zur Offizierslaufbahn und die Einführung der kurzfristigen Rekrutenausbildung zur Gewinnung größerer Reserven. Sein Ziel, das Volksheer mit der Gliederung in Linie, Landwehr und Landsturm, konnte jedoch erst nach der russischen Katastrophe Napoleons I. verwirklicht werden.

Restauration und Revolution (1815–1848)

Die eigentlichen Sieger über Napoleon waren die alten absolutistischen Machthaber. Sie erstrebten unter der geistigen und diplomatischen Führung des österreichischen Staatskanzlers Fürst Clemens von Metternich (1773–1859, seit 1809 Außenminister, seit 1821 Staatskanzler) auf dem Wiener Kongress von 1815 die Restauration der vorrevolutionären absolutistischen Staatsordnung in Europa. Metternichs Idee des Gleichgewichts unter autonomen Großmächten machte ihn zum außenpolitischen Verbündeten der Engländer (Castlereagh), die in dieser Übereinstimmung einen wichtigeren Faktor ihrer Politik sahen als etwa in der Liberalisierung Europas und Deutschlands. Metternich wurde so zum Gegner der nationalen und liberalen deutschen Bewegung, die er auch im Interesse des Zusammenhalts des österreichischen Nationalitätenstaates unterdrückte. Wie wenig man in Wien auf echte nationale Anliegen Rücksicht nehmen wollte, zeigt die Tatsache, dass es erst heftiger Proteste der Einwohner Saarbrückens bedurfte um die Rückkehr der Saar zu Preußen, also einem deutschen Lande zu erzwingen. Der Deutsche Bund (1815) wurde daher nur eine Föderation praktisch souveräner deutscher Fürstenstaaten.

Der Bundestag in Frankfurt war ein Gesandtenkongress, keine Volksvertretung. Der Artikel 13 der Bundesakte (Einführung von Landständen, also Volksvertretungen in den Mitgliedstaaten) blieb vorerst nur Programm.

Die reaktionären Kräfte Europas fanden sich im Bündnis der Heiligen Allianz (1815), dem Zusammenschluss Alexanders I. von Russland, Franz I. von Österreich und Friedrich Wilhelms III. von Preußen. Ihr Ziel nach innen war die Wiederherstellung der absolutistisch-patriarchalischen und christlichen Staatsordnung gegen die revolutionären Kräfte der Zeit, die bürgerlich-liberalen ebenso wie die in ersten Anfängen sich entwickelnden sozialistischen und die nationalen. Der »Deutsche Bund« wurde zum Instrument österreichischer Machtpolitik statt zur staatlichen Zusammenfassung aller Deutschen im Sinne der Bewegung der »Jungdeutschen«.

Außenpolitisch diente die Allianz der Wahrung des europäischen Friedens als Garant dieser inneren Ordnung. So wurde die Heilige Allianz, ursprünglich vom Zaren als Instrument der russischen Führungsrolle in Europa gedacht, dank Metternichs kluger Diplomatie zum Instrument seiner inneren und äußeren Gleichgewichtspolitik. Der Staatstheoretiker Karl Ludwig von Haller aus Bern gab 1816 in seinem Buch *Die Restauration der Staatswissenschaften* dem Zeitalter seinen Namen. In Preußen wirkte Friedrich Julius Stahl als Vertreter der konservativ-christlichen Staatsidee (*Der christliche Staat,* 1847).

Die Zeit zwischen 1815 und 1848 war erfüllt vom Kampf zwischen dem »System Metternich« und den revolutionären Kräften. 1815 wurde die Burschenschaft in Jena gegründet. Sie setzte die Ziele der »Deutschen Bewegung« der Befreiungszeit fort und erstrebte unter ihrer Fahne Schwarz-Rot-Gold ein konstitutionelles, christliches deutsches Reich. Die Stärke dieser Bewegung zeigte sich 1817 bei dem Wartburgfest der Burschenschaftler mit seiner Erinnerungsfeier an die Reformation und die Schlacht bei Leipzig. Es kam zur Verbrennung der Bundesakte, reaktionärer Schriften und Symbole. Aber nur in einzelnen deutschen Mittelstaaten (1816 in Sachsen-Weimar, 1818 in Bayern und Baden, 1819 in Württemberg) kam es zur Verkündung von Verfassungen.

Als 1819 der Komödiendichter August von Kotzebue, ein angeblicher russischer Agent der Heiligen Allianz, von dem Burschenschaftler Karl Ludwig Sand ermordet wurde, berief Metternich mit Hilfe des Bundes einen Kongress nach Karlsbad und setzte im Sinne der Heiligen Allianz die »Karlsbader Beschlüsse«

durch. Sie brachten ein Verbot der Burschenschaft, verhängten Polizeiaufsicht über die Universitäten und errichteten die Zentraluntersuchungskommission in Mainz zur Verfolgung so genannter »Demagogen«. Arndt und Jahn wurden ihrer Ämter enthoben und verhaftet.

Auf den Monarchenkongressen von Troppau und Laibach (1820/21) beschlossen Russland, Österreich und Preußen, allen Fürsten Beistand gegen revolutionäre Aufstände zu leisten und übertrugen Österreich die Aufgabe gegen die Nationalrevolutionäre in Neapel (»Carbonari«) und Sardinien vorzugehen. In Piemont wollten Nationalisten die einzige einheimische Dynastie der italischen Teilstaaten zum nationalen Einigungskampf zwingen. Die Aufstände von 1821 und 1831 in Italien hatten das doppelte Ziel, den dynastischen Absolutismus zu beseitigen und die Fremdherrschaft in Italien auszuschalten. Auf dem Kongress von Verona (1822/23) erhielt Frankreich von der Heiligen Allianz den Auftrag, die liberale Bewegung in Spanien und Portugal niederzukämpfen, was auch gelang. Jedoch lösten sich die südamerikanischen Kolonien mit Unterstützung Englands und Amerikas vom Mutterland.

Der Präsident der USA, James Monroe (1817–1823), verkündete in diesem Zusammenhang die nach ihm benannte »Monroedoktrin« gegen europäische Kolonisation und politische Einmischung europäischer Staaten in amerikanische Angelegenheiten (1823). Während des Aufstandes der Nationalisten in Griechenland gegen die türkische Herrschaft (1821–1829) war Metternichs Politik protürkisch, Russland aber trat wegen seiner Nahostinteressen an die Seite Englands und Frankreichs gegen die Türken. In Deutschland unterstützte die philhellenische Bewegung die Sache der Griechen. Victor Hugo, Lord Byron und Wilhelm Müller (der sog. Griechenmüller) besangen den griechischen Freiheitskampf. So brachten die divergierenden außenpolitischen Interessen eine erste Erschütterung des Systems der Heiligen Allianz.

Diese Erschütterung wirkte zurück auf die innenpolitische Lage. Während in Russland Zar Nikolaus I. (1825–1855) den liberalen Offiziersaufstand der Dezembermänner (Dekabristen) im Dezember 1825 niederwarf, hatten die liberalen Aufstände in Belgien und Polen sehr unterschiedliche Ergebnisse. Belgien löste sich von den Niederlanden und wurde selbständiges Königreich. Die belgische Verfassung von 1831 brachte ausgedehnte Freiheitsrechte (Vereinsfreiheit, Freiheit der Kirchen im Staat, Pressefreiheit usw.) und weitgehende Selbstverwaltung; sie diente später als

Muster für die Verfassungen deutscher Staaten, z.B. Preußens. Die von den Großmächten garantierte und Belgien auferlegte Neutralisierung sollte das europäische Gleichgewichtssystem sichern. Polen aber wurde russische Provinz; eine Welle polnischer Emigranten brach daraufhin über Europa herein. Der polnische Aufstand war beeinflusst von der französischen Julirevolution von 1830. In Frankreich war die liberale Verfassung von 1814 (Ludwig XVIII.) wegen ihres strengen Wahlzensus der bürgerlichen Kritik ausgesetzt. Reaktionäre Bestrebungen des Königs (Karl X., seit 1824) und des Adels zielten sogar auf eine Wiederherstellung der Adelsprivilegien ab. Am 26. Juli 1830 wurde die Pressefreiheit aufgehoben, die Kammer aufgelöst und ein neues Wahlgesetz verkündet, das nur noch Großgrundbesitzern das Wahlrecht ließ. Dies führte zum Aufstand der Studenten und Arbeiter in Paris und zur Flucht des Königs. Bürgerliche Kräfte aber verhinderten die Ausrufung der Republik. Louis Philippe, Herzog von Orléans, wurde zum »roi bourgeois« (Bürgerkönig) erhoben; er regierte von 1830 bis 1848 im Sinne einer konstitutionellen, aber weiterhin autoritären Monarchie.

In Italien verband der des Landes verwiesene Rechtsanwalt Giuseppe Mazzini (1805–1872), ein großer Propagandist der vaterländischen Einheit (»Risorgimento«) Liberalismus, Nationalismus und die Ideen eines revolutionären Europa in dem 1834 in Bern von ihm gegründeten Bund »Das junge Europa«. In Deutschland wurden unter dem Eindruck der Julirevolution liberale Verfassungen in Hannover, Braunschweig, Hessen-Kassel und Sachsen gegeben.

Die Unruhe in Deutschland hielt an. Ihre geistige Führung lag bei der Schriftstellergruppe des »Jungen Deutschland«. Heinrich Laube, Karl Gutzkow, Heine, Borne und Georg Büchner vertraten weltbürgerliche und republikanische Ideen. Das Hambacher Fest von 1832 brachte die erste liberale Volksversammlung. Hier zeigte sich die fortschreitende Organisation der bürgerlich-liberalen und der revolutionären Kräfte in Süddeutschland. Einheit, Freiheit und Deutsche Republik waren ihre Parolen. Im Frankfurter Wachensturm von 1833 wollten Studenten mit dem Angriff auf die Hauptwache eine allgemeine Volkserhebung einleiten. Auf Veranlassung Metternichs wurde daraufhin eine neue Untersuchungskommission zur Demagogenverfolgung durch den Deutschen Bund eingesetzt.

Nach Auflösung der Personalunion zwischen Großbritannien und Hannover erkannte der neue Landesherr von Hannover, Ernst August (Onkel der Königin Viktoria), 1837 die

Verfassung von 1831 nicht mehr an. Das wachsende Selbstbewusstsein der liberalen Bewegung zeigte sich alsbald im Protest der »Göttinger Sieben«, der Professoren F. C. Dahlmann, G. G. Gervinus, Wilhelm und Jacob Grimm, W. Albrecht, H. Ewald und Wilhelm Weber, die daraufhin entlassen wurden. Nicht nur die akademische Jugend (Burschenschaft), sondern auch die Professorenschaft dachte überwiegend liberal.

In der Schweiz besiegten im Jahre 1847 die liberal und unitarisch gesinnten protestantischen Kantone im Sonderbundskrieg die katholischen Kantone, die eine konservative und partikularistische Politik durchsetzen wollten. Der Schweizer Staatenbund von 1815 wurde durch einen modernen, liberalen, parlamentarisch regierten Bundesstaat ersetzt, dessen Verfassung noch heute gültig ist. Diese Vorgänge gaben das Signal zur Revolution von 1848/49.

Die Revolution von 1848/49

In der Februarrevolution in Paris (22.-24. Februar 1848) erzwangen sozialistische und kleinbürgerliche Kräfte das allgemeine, gleiche Wahlrecht und die Republik. Das Bürgertum riss bald unter Führung des Neffen Napoleons I., Louis Napoleon (1853–1870 Kaiser Napoleon III.), die Kontrolle über die revolutionären Vorgänge an sich. Louis Napoleon wurde (zunächst) Präsident der Republik. Im März 1848 folgten Erhebungen in ganz Deutschland, in Wien wurde Metternich gestürzt. Überall bildeten sich liberale Ministerien. In Preußen versprach der konservativ-romantisch gesinnte Friedrich Wilhelm IV. Verfassung und Bundesreform.

Am 31. März 1848 trat in Frankfurt ein »Vorparlament« zur späteren Nationalversammlung zusammen. Diese Nationalversammlung wurde am 18. Mai in Frankfurt eröffnet; sie tagte

Straßenkampf in Frankfurt, September 1848. Zeitgenössische kolorierte Lithographie. Die deutsche Nationalversammlung hatte sich des ständigen Drucks durch außerparlamentarische Kräfte zu erwehren. Zu einem offenen Aufstand kam es im September 1848, als Schleswig-Holstein an Dänemark geopfert wurde. Die Abgeordneten der Paulskirche forderten zu ihrem Schutz Militär an – ein Vorgang, der das Ansehen der Nationalversammlung untergrub und der Reaktion Auftrieb gab.

in der Paulskirche. Erzherzog Johann von Österreich wurde zum Reichsverweser gewählt und berief ein Reichsministerium. Johann, der Bruder Erzherzog Karls und Freund Stadions, vereinigte in seiner politischen Vorstellungswelt Karls liberale Ideen von den sozialen Pflichten des Staates und den Rechten des Volkes mit Stadions konservativem Begriff von der organischen Entwicklung nationaler Tradition. Den Zeitgenossen galt er als Repräsentant deutscher Gesinnung und Art. Aber die Nationalversammlung scheiterte bei ihrem Versuch, einen deutschen Gesamtstaat zu schaffen, weil die Revolution in den großen Einzelstaaten die Monarchie nicht ernstlich erschüttern konnte. Entscheidend blieben in diesem Zusammenhang die Ereignisse in Preußen und Österreich. Der Regierung von Österreich gelang es, zum Teil mit russischer Hilfe, unter Radetzky und Windischgrätz die nationalen und liberalen Erhebungen in Böhmen, Ungarn (Kossuth) und Italien militärisch niederzuschlagen. Auch lähmten Spaltungen innerhalb der revolutionären Kräfte die Nationalversammlung.

Die kleindeutsche Gruppe wollte ein Reich unter Preußens Führung ohne Österreich. Die Großdeutschen verlangten dagegen den Einschluss Österreichs oder gar (nach der Forderung des Nachfolgers Metternichs, des Fürsten Felix Schwarzenberg) der gesamten Donaumonarchie in ein neues deutsches Großreich. Die bürgerlich-liberale Gruppe erstrebte die konstitutionelle Monarchie, die republikanisch-radikale wollte dagegen die Republik; die Liberalen waren mit vielen Konservativen für eine föderalistische, bundesstaatliche Lösung, die Radikalen für den Einheitsstaat. Alle diese Fronten überschnitten sich vielfach. Die Paulskirchenversammlung musste aber schon deshalb scheitern, weil sie ohne Verwaltung, Heer, feste Einnahmen politisch machtlos war und vom Ausland nicht anerkannt wurde.

Dazu zeigte sich im Verlauf der Ereignisse, dass die Gründung eines deutschen Reiches auch ein außenpolitisches Problem war. Die Westmächte, vor allem Frankreich, waren nicht an der deutschen Einheit interessiert; Russland drohte einem liberalen Deutschen Reich von vornherein den Krieg an und half Österreich im Sinne der Heiligen Allianz, den ungarischen Aufstand niederzuwerfen.

Die allgemeine Auseinandersetzung zwischen den Nationalitäten erfasste auch die dänische Monarchie; es kam zu einem Streit zwischen Dänen und Deutschen. Erbrechtliche, konstitutionelle und nationale Forderungen verflochten sich. Die Schwäche der Reichsregierung zeigte sich deutlich, als Dänemark die Wirren benutzte, um den Status seiner Personalunion mit Schleswig-Holstein gewaltsam durch Einverleibung Schleswigs zu ändern. Der Widerstand der Deutschen in Schleswig-Holstein wurde im Auftrag der Paulskirche und des Deutschen Bundes von Preußen militärisch unterstützt. Russland und England zwangen Preußen jedoch durch Kriegsdrohung zu dem Waffenstillstand von Malmö vom 26. August 1848. Im Londoner Protokoll von 1852 stellten die Großmächte den alten Zustand wieder her. Die völlige Machtlosigkeit der Paulskirche war auch außenpolitisch offenbar geworden.

Hinzu kam, dass radikale Aufstände in Süddeutschland (Bauernrebellion in Baden unter Friedrich Hecker und Gustav von Struve) sowie in Berlin im März und Oktober in Wien den alten Kräften den Vorwand lieferten, die Revolution moralisch zu verdammen und auszulöschen. Der Oktoberaufstand in Wien (6. Oktober 1848) unter radikaler Führung gegen die Militärpolitik des Kriegsministers Latour, der die Unterdrückungsmaßnahmen gegen Ungarn und Italien militärisch organisierte, begann mit der Ermordung Latours und endete mit dem Sieg von Windischgrätz über die revolutionären Wiener, die vergeblich auf ungarische Hilfe gehofft hatten.

Die letzten Gründe des Scheiterns der Paulskirche lagen in dem Versagen Preußens. Preußen erwies sich als nicht stark genug, gegen drohende außenpolitische Gefahren den Auftrag der Paulskirche auszuführen und ein deutsches Reich unter preußischer Führung zu schaffen. Dies zeigt der Ablauf der Ereignisse deutlich. Im März 1849 wurde Friedrich Wilhelm IV. zum Deutschen Kaiser gewählt, lehnte aber ab, weil er kein »revolutionärer« Herrscher sein wollte. Radikale Aufstände in Baden und in der Pfalz wurden durch preußische Truppen niedergeworfen. Der Versuch des preußischen Königs, die Reichseinheit aus eigener Machtvollkommenheit herzustellen (Unionspolitik), scheiterte am entschlossenen Widerstand Österreichs sowie außenpolitisch am diplomatischen Druck Russlands. So kam es zum Verzicht Preußens in der Konvention von Olmütz zwischen Preußen und Österreich und zur Wiederherstellung des Deutschen Bundes von 1815 im Mai 1851.

Damit begann eine neue Epoche der Reaktion (1850–1871) in Europa. Der Bürger erhielt nur begrenzte konstitutionelle Rechte in »oktroyierten« (aufgezwungenen) Verfassungen. Unterdessen ging in den USA und in England der Prozess der fortschreitenden Demokratisierung weiter.

Das Konzert der europäischen Mächte im 19. Jahrhundert

England

Im frühen 19. Jahrhundert wurde die innere Geschichte Englands durch den stetigen Prozess der Demokratisierung bestimmt. Die Wahlreform von 1832 brachte die politische Gleichberechtigung der städtischen Mittelschichten mit der grundbesitzenden alten politischen Elite. Dadurch blieben England die Erschütterungen der vierziger Jahre erspart. Die schwerwiegenden sozialen Nöte, die durch die industrielle Revolution ans Tageslicht gekommen waren, harrten freilich auch hier noch der Lösung.

Die Chartistenbewegung suchte durch die Radikalisierung des Industrieproletariats ihre Forderungen nach politischer und sozialer Besserstellung durchzusetzen und zwang die Regierung zu einer Reihe von Reformmaßnahmen. 1833 wurde die Arbeitszeit für Jugendliche auf 12, für Kinder auf 9 Stunden begrenzt – im gleichen Jahr erfolgte auch die Abschaffung der Sklavenhaltung im britischen Empire. 1850 verfügte die Regierung den 10-Stunden-Tag und setzte Fabrikinspektoren ein. Frauen- und Kinderarbeit im Bergwerk wurde verboten. 1867 erhielten alle städtischen, 1884 auch die ländlichen Wohnungsbesitzer das Stimmrecht. Mit diesen Reformgesetzen hatte das herrschende Bürgertum dem klassenkämpferischen Sozialismus die Hauptangriffspunkte genommen und ihn dadurch überwunden. Durch einen friedlichen Wirtschaftskampf ihrer Organisation, der Gewerkschaften *(Trade unions)* und Genossenschaften verbesserten die Arbeiter allmählich auch ihre wirtschaftliche Lage.

In dieser Epoche verwandelten sich auch die alten historischen Parteien der Whigs und Tories. Am Ende dieses Prozesses standen die großen Massenparteien der Liberalen und Konservativen, zu denen nach dem Ersten Weltkrieg die Labour Party trat, die das Erbe der dahinschwindenden Liberalen übernahm.

Zu Fortschritten kam es auch in der Frage der rechtlichen Gleichstellung der Frau. Zwar wurde John Stuart Mills' Antrag zur Einführung des Frauenstimmrechts 1867 mit 186 zu 73 Stimmen abgelehnt; 1869 erhielten die Frauen jedoch das Gemeindewahlrecht, die

Universitäten wurden ihnen geöffnet und 1876 wurden sie zum Arztberuf zugelassen. Dies waren Meilensteine auf dem Wege zur Gleichberechtigung. Auch für die wachsende Macht der öffentlichen Meinung in England gibt es eindrucksvolle Zeugnisse. Im Jahr 1835 existierten bereits 397 englische Zeitungen, darunter 71 in London. War schon 1693 die Zensur beseitigt worden, hatte 1772 die Parlamentsberichterstattung begonnen, so fiel 1855 die Sondersteuer für die Zeitungen, die der Entwicklung der »Penny-Presse«, den Massenauflagen für die ärmere Bevölkerung, den Weg bahnte.

In der ersten Hälfte des Viktorianischen Zeitalters entwickelte sich England unter dem Einfluss der liberalistischen Ideen Adam Smiths (Inquiry into the Nature and Causes of the Wealth of Nations, 1776) und John Stuart Mills' (On Liberty, 1859) zur ersten Handels-, Industrie- und Wirtschaftsmacht der Erde. Seine globale Überlegenheit führte folgerichtig zum Freihandel (1846 Aufhebung der Kornzölle). In der Außenpolitik verfolgte England eine Politik der Friedenssicherung (Ausnahme: Opiumkrieg 1840–42 und Krimkrieg 1853–56), der Bündnisfreiheit und der *splendid isolation*. Die wirtschaftliche Stagnation ab den 1870er Jahren bewirkte dann den Übergang zur Politik des Imperialismus.

Frankreich

Ein weniger günstiges Bild zeigt die innere Entwicklung Frankreichs im 19. Jahrhundert. Die 48er Demokratie musste dem persönlichen Regiment Napoleons III. weichen, der sich unfähig erwies, die großen anstehenden inneren Fragen des sozialen Ausgleichs wie die der Außenpolitik zu lösen. Er stützte sich auf Volksabstimmungen, überging die parlamentarischen Institutionen und regierte als »plebiszitärer« Monarch. Zug um Zug machte er liberale Zugeständnisse: 1864 räumte er das Streikrecht ein, 1868 erlaubte er die Bildung von Gewerkschaften und gewährte freies Versammlungsrecht und ein liberales Pressegesetz. Aber erst der Sturz Napoleons III. (1870) verwandelte Frankreich in eine echte Demokratie. Die Verfassungsgesetze von 1875 blieben bis 1940 gültig. Sie brachten das Zwei-

Rechte Seite: Königin Viktoria von England in den letzten Jahren ihrer Regierungszeit. Gemälde von Bertha Müller. Der Begriff »Viktorianisches Zeitalter«, mit dem man ihre Regierungsepoche (1837–1901) bezeichnet, steht für wirtschaftlichen Aufschwung Großbritanniens, festgefügte Moralprinzipien, Popularität der konstitutionellen Monarchie und ausgreifend imperialistische Politik. Eine zahlreiche Nachkommenschaft gab der Gemahlin des Prinzen Albert von Sachsen-Coburg-Gotha Einfluss auf die europäischen Fürstenhäuser und machte sie zur dynastischen Zentralfigur des ausgehenden 19. Jahrhunderts.

224

kammersystem (Senat und Deputiertenkammer) in der Staatsform der Republik, an deren Spitze ein Staatspräsident steht.

Aber auch die Republik, die aus der Niederlage Napoleons 1870 geboren wurde, versagte im inneren Bereich. Die Radikalisierung des französischen Sozialismus, die nach dem Ersten Weltkrieg in der wachsenden Stärke der Kommunisten zum Ausdruck kommen sollte, die Spannung zwischen Kirche und Staat, die Zersplitterung des bürgerlichen Lagers – all dieser negativen Erscheinungen ist die französische Demokratie nicht Herr geworden. Die Außenpolitik aber, durch Folgerichtigkeit ausgezeichnet und gestützt auf eine meisterhafte Diplomatie, krankte doch an der fehlenden Einsicht, dass die Kräfte des Staates nicht ausreichen, die Vorherrschaftspolitik auf dem Kontinent erfolgreich weiterzuführen. Der Erste, vollends aber der Zweite Weltkrieg haben den Beweis dafür geliefert.

Russland

Gleich Frankreich war auch Russland im europäischen wie im weltpolitischen Spiel gefesselt. Innenpolitisch hielt es an den absolutistischen Traditionen fest. Das Übergewicht außenpolitischer Probleme spielte dabei eine maßgebliche Rolle. Diese Entwicklung begann schon unter dem großen Gegenspieler Napoleons I., dem Zaren Alexander I. (1801–1825). Die Politik seines Vaters und Vorgängers Pauls I. verleugnend, vollzog er die Wendung zur antifranzösischen Koalition und enttäuschte zugleich bitter die Hoffnungen seiner liberalen Freunde. Den Frieden von Tilsit (1807) schloss er aus reinem Opportunismus. An der mangelnden Bereitschaft Russlands, sich an der Kontinentalsperre gegen England zu beteiligen, ging sehr bald das russisch-französische Bündnis in die Brüche. Entgegen seinen Bestimmungen beteiligten sich 1809 keine russischen Truppen am Krieg Napoleons gegen Österreich. Der Entschluss Napoleons, die Lage durch einen Angriff auf Russland zu klären, brachte dann den angesammelten Zündstoff zur Explosion. Das russische Interesse an Polen spielte bei der Verfeindung mit Napoleon eine wichtige Rolle. Es kam auch in den Gegensätzen zwischen den russischen und den preußisch-österreichischen Wünschen auf dem Wiener Kongress zum Ausdruck. Als ein Kompromiss gefunden war, zeigte sich schnell das gemeinsame Interesse Russlands und der übrigen europäischen Mächte in der Heiligen Allianz von 1815 gegen die liberalen und nationalen Tendenzen der Zeit. Dennoch erlebte

auch das reaktionäre Russland die wirtschaftlichen Veränderungen des Westens. Industrialisierung, Entstehung eines Industrieproletariats und Ausbildung eines modernen Bank- und Finanzwesens waren die Kennzeichen der neuen Zeit. Die Bauernschaft Russlands wurde als Stiefkind behandelt. Es kam nicht einmal zur Aufhebung der Leibeigenschaft. 1825 scheiterte der Aufstand der Dekabristen, einer Gruppe von westlich gesinnten liberalen Adligen, Offizieren, Professoren und Studenten, die das Steuer in Russland herumwerfen wollten. Darauf folgte für Russland unter Nikolaus I. eine Epoche verschärfter Reaktion mit dem Aufbau eines bürokratischen Polizei- und Überwachungssystems im Innern, der Unterdrückung revolutionärer Bewegungen (Polen, Ungarn, Deutschland) und einer Expansion im mittleren Osten in der Außenpolitik.

Nach 1848 bildeten sich in Russlands geistiger Elite zwei einander feindlich gesinnte Gruppen heraus, die Anhänger westlicher liberaler und sozialistischer Ideen und die Slawophilen, die eine slawisch-nationale Tradition zu entwickeln versuchten. Ihre das russische Volkstum idealisierende Ideologie wandelte sich in der zweiten Jahrhunderthälfte zu einem expansiven Nationalismus (Panslawismus). Großen Einfluss auf die öffentliche Meinung gewann Alexander Herzens Emigrationszeitschrift »Kolokol«. Herzen vertrat die Auffassung, dass Russland durch sein Gemeinde-(Mir-) System zur Verwirklichung einer idealen Gesellschaftsordnung prädestiniert sei.

Als der Krimkrieg 1853–1856 das System der Heiligen Allianz zerbrechen ließ und der russischen Außenpolitik militärisch und diplomatisch eine schwere Niederlage einbrachte, entschloss sich Alexander II. (1855–1881) zu inneren Reformen, um die geistige, wirtschaftliche und militärische Wehrkraft Russlands zu erhöhen. 1861 wurde nach gründlicher Vorbereitung die Bauernbefreiung verwirklicht. Die erhoffte soziale Entspannung blieb allerdings aus. Die Bauern litten unter der unzureichenden Landverteilung und der hohen Verschuldung an ihre Feudalherrn, zudem mangelte es ihnen an der Fähigkeit zu selbstständiger Wirtschaftsführung. So hinterließ die Reform bei den Beschenkten wie bei den betroffenen Grundbesitzern Unzufriedenheit.

Neuerungen im Erziehungs- und Gerichtswesen sowie in der Verwaltung folgten. Nach der Ermordung Alexanders II. (1881) kam es unter seinem Nachfolger Alexander III. (1881–1894) zu einer Politik der verstärkten Reaktion und einer rücksichtslosen Russifizierung in den Grenzgebieten. Die starken inneren Span-

nungen, die sich angesichts des erneuten Miss-
erfolgs Russlands während des russisch-tür-
kischen Krieges von 1877/78 geäußert hatten,
nahmen zu. Die allgemeine Unzufriedenheit
entlud sich in zahlreichen Pogromen und politischen Morden. Die radikalisierte Intelligenz
formierte sich in anarchistischen (Bakunin)
und nihilistischen Gruppen und bekämpfte
den Staat mit terroristischen Methoden, während die Narodniki (Volkstümler) durch Bil-
dungs- und Aufklärungsarbeit eine Politisie-
rung der Massen zu erreichen suchten. Für die
weitere Geschichte Russlands war die Epoche
Alexanders III. aber in einem anderen Sinne
entscheidend. Es entwickelten sich die politischen Parteien, so die der Sozialrevolutionäre
und der Konstitutionellen. Die Sozialdemokratie, 1883 durch Georgij Plechanow gegründet,
spaltete sich 1903 auf dem Kongress in Brüssel
und London in die radikalere Partei der Bol-
schewiken unter Führung Wladimir Uljanows

(Lenin), der die Diktatur des Proletariats durch
eine Elite-Partei durchsetzen wollte, und die
Partei der Menschewiken (Trotzki), die den
Weg der Evolution zu gehen gedachten.

Unter Nikolaus II. (1894–1917) erlebte das
Haus Romanow und mit ihm das Zarenreich
den letzten Akt seiner Geschichte. Nikolaus II.
glaubte, man könne wirtschaftliche Modernisierung mit einem konservativ-autokratischen
politischen Kurs verbinden. Als sich Russland
unter ihm erneut in ein erfolgloses militärisches
Abenteuer, den Krieg gegen Japan (1904/05),
einließ, hielten die Reformparteien den günstigen Augenblick für gekommen, um ihre Forderungen durchzusetzen. Die Aufstände des Jahres 1905 zwangen den Zaren, eine Verfassung
zu bewilligen. Die Liberalen waren befriedigt
und die Revolutionsräte (Sowjets) sahen sich
isoliert. Der Generalstreik und der Dezember-
aufstand in Moskau wurden durch das Militär gebrochen. In der 1. Duma von 1906 be-

*Ausrufung der Republik im
Hof des Palais-Bourbon,
4. Mai 1848. Zeitgenössi-
sches Gemälde. Im Grunde
war die Feier überflüssig,
denn die Republik hatte bereits auf den Barrikaden des
22.-24. Februar gesiegt, und
der 4. Mai war nur der erste
Sitzungstag des neugewählten
Parlaments. Aber es kam den
neugewählten, zumeist bürgerlichen Abgeordneten darauf an, sich von den sozialistischen Kräften abzusetzen,
denen die Februarrevolution
hauptsächlich zu danken war.*

227

saßen die liberalen und konservativen Kräfte die Oberhand (Bolschewiki und Menschewiki hatten nicht kandidiert). Trotz einer Reihe von Agrarreformen (1906/10, Auflösung des Mir-Systems, Flurbereinigung, Siedlungsprojekte) wuchs das ländliche Proletariat und verstärkte die sozialistischen Kräfte. Als deren Einfluss in der 2. Duma anwuchs, verfügte der Kaiser eine Wahlrechtsänderung und sicherte damit eine konservative Mehrheit.

Die Entwicklung der Endphase des Zarenreiches, die zur bolschewistischen Revolution von 1917 führte, wurde durch zwei grundlegende Faktoren bestimmt. Der eine lag in der willkürlichen Handhabung der Verfassung durch den Zaren, der die Duma nach Gutdünken auflöste oder wieder einberief, der andere in der schweren Niederlage Russlands im Ersten Weltkrieg. Es kann kaum Zweifel darüber herrschen, dass Russland bei einem ehrlichen konstitutionellen Regime des Zaren im Innern und bei vorsichtiger Politik nach außen den organischen Weg der friedlichen Evolution gegangen wäre. So aber ist das alte Russland in der Feuerprobe des Ersten Weltkrieges seiner inneren Struktur wie seiner äußeren, europäischen und weltpolitischen Funktionen nach endgültig untergegangen.

Deutschland

Die »Deutsche Verfassunggebende Nationalversammlung« war keine revolutionäre *assemblée nationale*. Viel eher empfanden sich die Abgeordneten, die voll Stolz und mit hohen Idealen unter einem Meer von schwarz-rot-goldenen Fahnen am 18. Mai 1848 feierlich in die Frankfurter Paulskirche einzogen, als legitime Volksvertreter für das ganze deutsche Bundesgebiet.

Fast alle entstammten dem gebildeten, besitzenden Bürgertum, das schon in der Erhebungszeit die Nation aufgerufen hatte. Unter den rund 800 Abgeordneten gab es keinen Arbeiter und nur wenige Handwerker; neben 60 Gutsbesitzern nur einen einzigen Kleinbauern. Drei Viertel der Abgeordneten waren Akademiker, wobei die Juristen überwogen (230). Unter den Abgeordneten sah man viele bekannte Persönlichkeiten: Ernst Moritz Arndt und den »Turnvater« Jahn, Jacob Grimm, den schwäbischen Dichter Ludwig Uhland, die Historiker Friedrich Christoph Dahlmann, Georg Waitz und Johann Gustav Droysen, den Gelehrten F. Th. Vischer, den katholischen Theologen Ignaz Döllinger und den späteren Bischof von Mainz, Wilhelm Emanuel v. Ketteler. Den hessischen Märzminister und Burschenschaf-

ter Heinrich v. Gagern wählte die Nationalversammlung zu ihrem Präsidenten.

Schnell bildeten sich parteimäßige Strukturen heraus. Die konservative Rechte (Schwerin, v. Radowitz) betonte den föderalistischen Gedanken, die gemäßigte liberale Mittelgruppe war gespalten in ein rechtes Zentrum (Dahlmann, Droysen), das einen gemäßigten Konstitutionalismus und einen dualistischen deutschen Bundesstaat (unter Einschluss Preußens *und* Österreichs) forderte und die Linke (v. Mohl), die parlamentarisch-unitarisch, »kleindeutsch« eingestellt war. Die Republikaner (Blum, Ruge) schließlich erstrebten eine zentralistische deutsche Republik und lehnten jede Vereinbarung mit den bestehenden Regierungen ab.

Die Nationalversammlung scheiterte letztlich an der ihr gestellten Doppelaufgabe einer Staats- und Verfassungsschöpfung. Während es in den konstitutionellen (Gewaltenteilung zwischen Reichstag und Erbkaisertum) und bundesstaatlichen (Zentralgewalt für Außenpolitik, Heer, Gesetzgebung unter Schonung der einzelstaatlichen Interessen) Kontroversen zu tragbaren Kompromissen kam, standen sich in der Nationalitätenfrage die Befürworter der groß- und kleindeutschen Lösung unversöhnlich gegenüber. Nach dem Scheitern der kleindeutschen Richtung (Friedrich Wilhelm lehnte 1849 die ihm angetragene Kaiserwürde ab) traten die meisten Abgeordneten aus der Nationalversammlung aus oder wurden von ihren Regierungen abberufen. Das Rumpfparlament siedelte nach Stuttgart über, wo es im Juni 1849 durch württembergisches Militär aufgelöst wurde. In der Pfalz, in Baden, Sachsen und in Teilen der preußischen Rheinprovinz erhoben sich die radikalen Linken für die Durchführung der Verfassung, wurden aber vor allem durch preußische Truppen – unter Führung des Prinzen Wilhelm – niedergeworfen. Preußen erstrebte in der Folgezeit eine Einigung der Territorialfürsten (*Unions-Politik*) und die Errichtung eines kleindeutschen Bundesstaates unter seiner Führung. Nach dem Vertrag von Olmütz, der einen drohenden Konflikt mit Österreich in letzter Minute verhinderte (November 1850), musste es seine Pläne begraben und der Erneuerung des alten, unter österreichischem Vorsitz tagenden Bundestages zustimmen. Sowohl der revolutionäre als auch der mit den Mächten der alten Legitimität unternommene Versuch, ein deutsches Reich zu gründen, war gescheitert. Die Reaktion hatte gesiegt, allenthalben war das alte Regime mehr oder minder gewaltsam wiederhergestellt worden. In Österreich hob Schwar-

Otto von Bismarck führte zwischen 1862 bis 1890 die Regierung Preußens, wie auch, ab 1871, die des Deutschen Reiches. Gemälde von Franz von Lenbach. In einer Selbstcharakteristik aus den 80er Jahren schrieb er: »Ich bin als Junker geboren, aber meine Politik war keine Junkerpolitik. Ich bin Royalist in erster Linie, dann ein Preuße und ein Deutscher. Ich will meinen König, das Königtum verteidigen gegen die Revolution, die offene und die schleichende, und ich will ein gesundes, starkes Deutschland herstellen und hinterlassen«.

zenberg 1851 die Verfassung von 1849 auf und stellte Absolutismus und Zentralismus in der Donaumonarchie wieder her. Erst 1860/61, nach der Niederlage in Italien, kam es zur Einführung einer konstitutionellen Monarchie.

Preußens oktroyierte Verfassung von 1848 (seit 31. Januar 1850 in Kraft) war ganz im konservativen Sinne abgefasst. Ein Dreiklassenwahlrecht verwandelte die Erste Kammer in ein Herrenhaus. Auch die Regierungsübernahme durch den Prinzregenten Wilhelm (den späteren deutschen Kaiser Wilhelm I.), von dem man liberale Reformen erhoffte, änderte daran nichts. Mit Wilhelm begann eine »Neue Ära« gemäßigt liberaler Politik (1858). Dennoch brach 1862 infolge der Heeresreformforderungen der Krone ein Verfassungskonflikt aus. Das Parlament verlangte eine starke Berücksichtigung der auf demokratischen Prinzipien beruhenden Landwehr. Die Krone dagegen wünschte die Überführung der jüngeren Jahrgänge der Landwehr in die Reserve, also in das aktive Heer (Linie und Reserve), das als Stütze der Monarchie galt. 1861 wurde Wilhelm I. König. Durch seine starke Betonung des »Gottesgnadentums« verschärfte er die parlamentarische Opposition der »Fort-

schrittspartei«. 1862 brachten Neuwahlen eine erhebliche Stärkung der liberalen Gruppe im Abgeordnetenhaus. Sie lehnte die Heeresreformpläne ab und verweigerte die Bewilligung der Geldmittel. In dieser Lage veranlasste Kriegsminister Roon den zur Abdankung bereiten König zu einem letzten Versuch mit einem »starken Mann«. Nur aus diesem Grunde wurde der frühere konservative Abgeordnete, Otto von Bismarck, seinerzeit Gesandter in Paris, auf den Posten des Ministerpräsidenten berufen (September 1862).

Bismarck hatte nach dem Besuch der höheren Schule Rechtswissenschaft studiert und war Regierungsreferendar geworden. Nach seinem Ausscheiden aus dem Verwaltungsdienst, der ihm nicht behagte, widmete er sich dem elterlichen Rittergut; 1847 wurde er Abgeordneter im Vereinigten Landtag als Repräsentant der Ritterschaft für die Altmark. Dort zeigte er eine starre konservative Haltung und gab sich betont als Feind der Revolution von 1848. 1851 begann seine diplomatische Laufbahn. Von Friedrich Wilhelm IV. wurde er zum Dank für seine Verteidigung der Konvention von Olmütz zum Bundestagsgesandten in Frankfurt am Main ernannt. Es folgte 1859 seine Tätigkeit als Gesandter in Petersburg und schließlich 1862 in Paris. Am 22. September 1862 erklärte er sich in einer entscheidenden Unterredung mit König Wilhelm bereit, als Ministerpräsident die Heeresreform auch gegen das Parlament durchzusetzen, und so wurde er auf diesen Posten berufen. Bismarck regierte ohne Zustimmung des Parlaments. Er bekämpfte rücksichtslos die Opposition (Pressegesetz vom 1. Mai 1863), die jedoch aus den Neuwahlen vom Oktober 1863 abermals gestärkt hervorging. Als Dänemark im November 1863 durch die Einführung einer »Gesamtstaatsverfassung« und die Einverleibung Schleswigs seine Verpflichtungen gegenüber Österreich und Preußen gröblich verletzte, beschloss der Bund die Bundesexekution gegen Dänemark (Dezember 1863). So kam es 1864 zum preußisch-österreichischen Feldzug gegen die Dänen. Im Wiener Frieden (Oktober 1864) musste Dänemark Schleswig/Holstein und Lauenburg an Preußen und Österreich abtreten.

Während der schleswig-holsteinischen Krise herrschten die widersprechendsten politischen Tendenzen. Die öffentliche Meinung in Deutschland wollte Schleswig zu einem deutschen Bundesstaat unter dem Herzog von Augustenburg machen, der Erbansprüche stellen konnte. Österreich schwankte zwischen diesem Ziel und dem der Wiederherstellung des Londoner Protokolls (Personalunion, aber nicht Einverleibung). Bismarck erstrebte dagegen die Annexion der Herzogtümer an Preußen. Nach außen vertrat er jedoch die Forderung, das Londoner Protokoll wiederherzustellen, weil er nur so den Großmächten den Wind aus den Segeln nehmen, Österreich auf seine Seite ziehen und die Entstehung eines weiteren deutschen Kleinstaates mit antipreußischen Interessen verhindern konnte. Dies war das erste Meisterstück der Bismarckschen Außenpolitik, die sich alle Möglichkeiten offen zu halten und die Situation auszunutzen verstand. Dänemark spielte Bismarck in seiner nationalen Erregung, mit der er gerechnet hatte, alle Trümpfe in die Hand. Er erreichte sein verdecktes Ziel schrittweise: die gemeinsame Annexion 1864 im Wiener Frieden, 1865 dann im Vertrag von Gastein die Teilung der Verwaltung: Holstein fiel an Österreich, Schleswig an Preußen, das auch Lauenburg kaufte. Damit wurde der schon damals drohende preußisch-österreichische Krieg vermieden. Erst 1866 gelang Preußen die völlige Einverleibung Schleswig-Holsteins.

Das zweite Meisterstück der Bismarckschen Außenpolitik war die Lösung des deutsch-österreichischen Dualismus durch Niederwerfung Österreichs. Zunächst versuchte Bismarck, Österreich nach dem Beispiel von Schleswig-Holstein für eine Teilung der Machtsphären in Deutschland zu gewinnen. Dieser friedliche Weg scheiterte am Schwanken und an der Ziellosigkeit der österreichischen Politik, aber auch an Bismarcks Taktik des »Offenhaltens aller Möglichkeiten«. So kam es zum Krieg zwischen dem mit Italien verbündeten Preußen und dem von Österreich geführten Deutschen Bund im Jahr 1866. Napoleon III. hatte das Bündnis Preußens mit Italien vermittelt. Er hoffte auf einen längeren Erschöpfungskrieg der deutschen Mächte und auf Kompensationen für seine etwaige Friedensvermittlerrolle. Den Kriegsanlass lieferte Bismarcks Antrag zur Bildung eines deutschen Bundesparlaments vom 9. April 1866. Österreich beantwortete diesen Antrag, indem es die schleswig-holsteinische Streitfrage vorbrachte, Preußen wertete das als Bruch des Gasteiner Vertrages und besetzte Holstein. Österreich und der Bund mobilisierten, es kam zum Krieg. Die diplomatische Kunst Bismarcks vereitelte die drohende Einmischung Frankreichs, das einen Kongress der Großmächte anstrebte. Er verstand es, den französischen Botschafter Benedetti mit Versprechungen hinzuhalten und gegen den Willen des Königs und der Generalität einen schnellen Frieden mit Österreich zu schließen. Die Kampfhandlungen en-

deten am 26. Juli 1866 mit dem Waffenstillstand von Nikolsburg. Im Frieden von Prag und Wien musste Österreich Venetien an Italien abtreten und seine Zustimmung zur Annexion Hannovers, Kurhessens, Nassaus und Frankfurts durch Preußen und zur Gründung des »Norddeutschen Bundes« geben. Durch die Neubildung des Zollvereins wurden auch die süddeutschen Staaten eng an Preußen gebunden.

Bismarck konnte 1866 und später auf die wohlwollende Neutralität Russlands zählen, die er sich durch seine Tätigkeit in Petersburg und durch die Unterstützung Russlands während der polnischen Unruhen 1862/63 gesichert hatte. Die englische Regierung misstraute zwar seiner Politik, duldete sie aber, was ihr Bismarck durch seine Rücksichtnahme auf internationale Abmachungen wie das Londoner Protokoll erleichterte.

Die Woge der nationalen Begeisterung erfasste nach der Niederlage Frankreichs weite Teile des deutschen Volkes. Zum ersten Mal seit 1806 im Grunde seit Ausgang des Mittelalters, war Deutschland wieder als Reich in Erscheinung getreten, als eine aus dem Bund von Einzelstaaten geeinigte Großmacht. Offizielle Verlautbarungen wie diese »Depesche vom Kriegsschauplatz« waren ständig in halbreligiösem Jubelton gehalten.

Als man in den westeuropäischen Großmächten das Militär noch eher als notwendiges Übel betrachtete, wurde es nach den Einigungskriegen in Preußen-Deutschland zum höchsten Stolz der Nation. Militärflugblätter fanden reißenden Absatz. Die lorbeerumkränzten Kaiser Wilhelm I., Friedrich III. und Wilhelm II., Reichsgründer Bismarck und Schlachtenlenker von Moltke, kriegerische Szenen, Reichsgründung im Spiegelsaal von Versailles und Niederwald-Denkmal, Fahnen, Waffen und Orden dienten deutschen Patrioten als heroischer Wandschmuck deutscher Patrioten.

Französisches Prestigedenken und die Angst vor dem preußisch-deutschen Hegemonialstreben führten zum Deutsch-Französischen Krieg von 1870/71. Die Kandidatur eines Hohenzollernprinzen für den spanischen Thron war nur äußerer Anlass. Der Krieg brach aus, als Napoleon III. den formellen unwiderruflichen Verzicht der Hohenzollern auf die spanische Krone erzwingen wollte und Botschafter Benedetti bei Wilhelm I. in Bad Ems eine Zurückwei-sung erfuhr, die durch Manipulationen Bismarcks (»Emser Depesche«) einen für Frankreich demütigenden Charakter erhielt. Die früheren Ansprüche Napoleons auf deutsche Grenzgebiete (Saar, Pfalz usw.) und auf Belgien, die Bismarck zum geeigneten Zeitpunkt veröffentlichte, brachten die süddeutschen Staaten auf die Seite Preußens, verhinderten ein österreichisch-französisches Bündnis und ließen in England eine antifranzösische Stimmung aufkommen. Der schnelle, für Deutschland erfolgreiche Waffengang verhinderte eine Kriegsausweitung und führte zur Gründung des zweiten Deutschen Reiches. 1871 wurde König Wilhelm I. zum Deutschen Kaiser ausgerufen. Es entstand ein Bundesstaat nach dem Modell des Norddeutschen Bundes unter preußischer Führung. Der Kaiser vertrat das Reich nach außen, führte den Oberbefehl über das Militär, ernannte den Kanzler und berief den Reichstag. Der Kanzler hatte den Vorsitz im Bundesrat (Vertretung der Bundesstaaten mit Gesetzgebungs-, Verordnungs- und Aufsichtsrechten) und war Vorgesetzter der Staatssekretäre und Reichsbeamten. Der Reichstag besaß nur begrenzte Befugnisse, am wichtigsten war das Budgetrecht.

Die Struktur des Reiches zeigt die innenpolitische Mäßigung Bismarcks, aber auch den Kompromiss des konservativen Staatsmannes mit den liberalen und nationalen Kräften in der Schaffung einer konstitutionellen Monarchie. Die Einführung des allgemeinen, gleichen, direkten und geheimen Wahlrechts bedeutete allerdings für Bismarck weniger eine Konzession an die Demokratie als ein Instrument zur Stärkung der bundesstaatlichen Führungsgewalt. Auf der gleichen Linie lagen auch die starke Position des Kaisers und die preußische Hegemonialstellung aufgrund der Verfassung. So kam es nachträglich auch zu einer Lösung des Konflikts zwischen Parlament und Regierung.

Das dritte Meisterstück gelang Bismarck mit der Wahrung des europäischen Friedens durch sein kunstvolles »Spiel mit den fünf Bällen«, worunter die europäischen Großmächte zu verstehen sind. Sein Ziel war, in situationsgerechten außenpolitischen Bündniskombinationen (Dreikaiserabkommen mit Russland und Österreich 1873, Zweibund mit Österreich 1879 und Dreibund unter Einbeziehung Italiens 1882) den jeweils gefährlichsten Gegner Deutschlands zu isolieren. Das war zumeist Frankreich, zeitweise aber auch Russland. Dabei durfte er noch nicht einmal auf die wohlwollende Unterstützung Englands rechnen, obwohl er dessen Interessen (europäisches Gleichgewicht) wahrte. Die Bündnissicherung erlaubte den gefahrlosen Erwerb von Kolonien (Togo, Kamerun, ostafrikanische Schutzgebiete, Kaiser-Wilhelm-Land).

Mit dem Aufkommen nationalistischer und imperialistischer Tendenzen in Europa wurde dieses Spiel freilich immer schwieriger. Zuletzt konnte es sich nur noch notdürftiger Aushilfen (Rückversicherungsvertrag mit Russland) statt echter Lösungen bedienen. Diese Tendenzen widersprachen der Ansicht Bismarcks, dass das gemeinsame wohlverstandene Interesse der europäischen Großmächte auf Stabilisierung der inneren (möglichst konservativ gefärbten) und äußeren Struktur Europas hinauslaufen müsse. Das Friedensinteresse Bismarcks wuchs auch aus der Erkenntnis, dass sich das 1871 geschaffene Deutsche Reich innerlich erst festigen müsse. Um dieser Festigung willen setzte er sich in seiner wenig erfolgreichen Innenpolitik mit den politischen Kräften des Katholizismus und der Sozialdemokratie, aber auch zuweilen mit dem extremen Liberalismus auseinander.

Der Wunsch Bismarcks nach einer Neuregelung des Verhältnisses von Staat und Kirche zugunsten des staatlichen Machtanspruchs führte ab etwa 1870 zu einem sich verschärfenden Interessenkonflikt, der vor allem in Preußen mit harten gesetzgeberischen Maßnahmen ausgetragen wurde. Dieser »Kulturkampf« sah die liberalen Kräfte an der Seite des Kanzlers, während sich die katholische Seite in der Zentrumspartei organisierte. Es kam zum offenen Konflikt mit der Kirche, als der Staat die an sich unbedeutende dissidentische »Altkatholische« Bewegung unterstützte, die das Unfehlbarkeitsdogma von 1870 ablehnte und von Rom unabhängig bleiben wollte. Die Religionslehrer dieser Richtung verweigerten den Widerruf und wurden vom Staat gestützt. Bischof Ketteler von Mainz wurde der Führer auf Seiten der Kirche. Bismarck lehnte eine außenpolitische Intervention zur Rettung des Kirchenstaates ab. Das Zentrum aber bezog eine betont partikularistische Stellung und kam in den Ruf der Reichsfeindlichkeit. Da verband sich Bismarck mit den Nationalliberalen. Er führte den Kampf mit Hilfe des »Kanzelparagraphen«, der eine Freiheitsstrafe für Geistliche androhte, die von der Kanzel herab »Angelegenheiten des Staates in einer den öffentlichen Frieden gefährdenden Weise erörtern«, mit der Jesuitenausweisung und der Einführung der Zivilehe (1873). Es folgten die »Maigesetze« in Preußen, die die staatliche Oberaufsicht über die Priesterausbildung und -anstellung brachten. Es kam zu Polizeimaßnahmen und Verhaftungen, selbst von Bischöfen. Als die Reglementierungen erfolglos blieben, strebte Bismarck einen Ausgleich an, der durch die entgegenkommende Haltung Papst Leos XIII. erleichtert wurde; die Ausdehnung der staatlichen Macht blieb jedoch durch Fortgeltung wesentlicher Gesetze erhalten.

Durch den Abbau des Kulturkampfes verlor Bismarck schließlich die Unterstützung der Liberalen. Er fand sie statt dessen bei Zentrum und Konservativen. Mit ihnen brach er 1878/79 die liberale, freihändlerische Handelspolitik ab. Er erhöhte zum Schutz der deutschen Getreideproduktion den Zoll auf das billigere russische und argentinische Getreide, das zusätzlich eingeführt werden musste. Auf gleiche Weise schützte er die deutsche Eisenindustrie gegen das billige englische Eisen. Auch auf Holz und Vieh wurden Schutzzölle eingeführt, dazu »Finanzzölle« auf Kaffee, Tee und Wein und eine hohe Tabaksteuer. Damit erreichte Bismarck eine Stärkung der Reichsfinanzen. Dabei wurden Zoll- und Tabaksteuererträge, die eine gewisse Höhe überstiegen, auf Wunsch des Zentrums an die Bundesstaaten überwiesen (Franckensteinsche Klausel). Diese Politik bewirkte eine Stützung des Kapitalismus und der Industrialisierung, verteuerte aber die Lebenshaltung für die breite Masse. Sie trug dadurch wesentlich zur Verschärfung der sozialen Frage bei.

Während Bismarck mit den bürgerlichen Kräften und Parteien immer wieder ein Stück Wegs gemeinsam ging, wurde die Sozialdemokratie von Anfang an heftig bekämpft. Zwei Attentate auf den Kaiser legte er, trotz fehlender Verbindung, der SPD zur Last und drängte den Reichstag zur Annahme des »Sozialistengesetzes« im Oktober 1878, dem so genannten »Gesetz gegen die gemeingefährlichen Bestrebungen der Sozialdemokratie«, das ein Verbot sozialistischer Vereine, Versammlungen, Druckschriften und die Ausweisung sozialdemokratischer Führer vorsah. In dieser Entwicklungsphase wurde der Staatssozialismus Ferdinand Lassalles (1863 »Allgemeiner Deutscher Arbeiterverein«) durch die marxistische Richtung verdrängt. Karl Marx (1818–1883), Sohn des 1824 protestantisch gewordenen Juden Heinrich Marx, hatte sich ideologisch durch die Berührung mit den Franzosen Saint-Simon und Fourier und durch die Freundschaft mit Friedrich Engels vom Hegelianer zum Kommunisten entwickelt, der das demokratische Ideal der politischen Gleichheit zu dem der wirtschaftlich-gesellschaftlichen Gleichheit erweiterte. Frucht seiner volkswirtschaftlichen Studien ist bereits das *Kommunistische Manifest* von 1848; gekrönt wurden sie durch das unvollendet gebliebene Hauptwerk »Das Kapital«, an dem Marx seit den 50er Jahren im Londoner Exil gearbeitet hatte und dessen erster Band 1867 erschien. Es sollte den Nachweis erbringen, dass die gesamte Geschichte der Menschheit eine Geschichte der wirtschaftlichen Veränderungen sei, die sich in Klassenkämpfen ausdrücke. An ihrem Ende aber stehe die Kulmination des Reichtums in

immer weniger Händen bei zunehmender Verelendung der Massen – ein Zustand, der durch Revolution und die Diktatur des Proletariats beseitigt werde, die zur Gleichheit aller in der klassenlosen Gesellschaft führe.

1869 gründeten August Bebel und Karl Liebknecht in Anlehnung an die Lehren von Marx die Sozialdemokratische Partei. Die Sozialdemokraten waren revolutionär, antikirchlich (Marx: »Religion ist das Opium des Volkes«; Altar stützt den Thron), antimonarchisch, republikanisch-demokratisch und damit gegen die bestehende Gesellschaftsordnung eingestellt. Bismarck dagegen war kirchlich-protestantisch, konservativ und obrigkeitsstaatlich. Folgerichtig sah er in der Sozialdemokratie den Todfeind seiner Reichsgründung.

Doch erkannte er auch in den wirtschaftlichen Notständen, die durch den aufkommenden Industrialismus und Kapitalismus für die Arbeiter entstanden waren, die ernsteste Gefahr für den Staat. Ihr versuchte er durch Gesetze zu begegnen, die auch von bürgerlich-religiösen Sozialbewegungen wie dem Kathedersozialismus und den evangelisch- und katholisch-sozialen Bewegungen (Innere Mission, Kolpingbewegung, Caritas) befürwortet wurden.

Die Kaiserliche Botschaft an den Reichstag von 1881 kündigte Schutzmaßnahmen für Arbeiter an. 1883 folgte das Gesetz über Krankenversicherung, 1884 das Sicherungsgesetz, 1889 die Alters- und Invalidenversicherung. Auch Gesetze für den innerbetrieblichen Arbeiterschutz wurden erlassen. Bismarcks parlamentarische Hilfsfront aber, das »Kartell« der Konservativen und Nationalliberalen, geriet durch das Anwachsen von Zentrum und SPD in die Minderheit und zerbrach über der Frage der Verlängerung des Sozialistengesetzes (Ablehnung durch die Nationalliberalen). Der junge Kaiser, Wilhelm II., wünschte die »Vormundschaft des Alten« abzuschütteln und benutzte die günstige Gelegenheit. Er lehnte die sozialistenfeindliche und antiparlamentarische Gewaltpolitik Bismarcks ab. So kam es am 20. März 1890 zu Bismarcks Entlassung.

Die Vereinigten Staaten von Amerika

Im 19. Jahrhundert erweiterte sich der Kreis der großen Mächte, die das Spiel der Weltpolitik jahrhundertelang in ihrem europäisch-abendländischen Kerngebiet betrieben hatten, um zwei in stetigem Aufstieg begriffene außereuropäische Partner: um die Vereinigten Staaten von Amerika zu Beginn, um Japan gegen Ende des Jahrhunderts.

Die USA erlebten nach dem erfolgreichen Unabhängigkeitskrieg von 1776 bis 1783 eine Periode der mühseligen inneren Aufbauarbeit und der Festigung im Zeichen des Föderalismus unter George Washington (Präsident 1789–1797) und unter Alexander Hamilton, der durch sein Programm zur Entwicklung von Industrie, Handel und Finanzen die Macht des amerikanischen Kapitalismus begründen half. Die Wogen der Französischen Revolution erreichten auch die Gestade der USA. Die kaum verdeckten Hassgefühle gegen England lebten wieder auf. Starke Kräfte im Lande setzten sich für einen Krieg gegen die Weltmacht England an der Seite Frankreichs ein. Aber die Ruhe und Nüchternheit George Washingtons verhinderten diesen Schritt. Auch Thomas Jefferson (Präsident 1801–1809), der vom Ideengut der Französischen Revolution ebenso stark geprägt war wie von den politischen Realitäten der eigenen Geschichte, blieb dieser Linie treu. Er erweiterte 1803 durch den Kauf von Louisiana das Staatsgebiet und setzte die politische Linie seiner Vorgänger durch eiserne Sparsamkeit und Klarheit des Regierens erfolgreich fort. Die napoleonischen Kriege brachten dem Handel der neutralen USA zunächst gewaltigen Auftrieb. So wurden die USA zum erstenmal in der Geschichte zum »Kriegsgewinnler« der europäischen Auseinandersetzungen.

Bereits unter Jefferson begann »The Winning of the West«, die Ausdehnung in das Innere des Kontinents durch Binnensiedlung und europäische Einwanderung, als deren Folge eine Vielzahl neuer Einzelstaaten entstanden.

In jener Epoche bildeten sich auch die beiden Parteiströmungen der konservativen Föderalisten und der demokratischen Republikaner heraus. Diese innerpolitische Frontbildung zwischen den Befürwortern einer starken Zentralgewalt und den Verfechtern einzelstaatlicher Selbständigkeit hatte sich durch die Auseinandersetzung um die Frage des Eingreifens in die Revolutionskriege verfestigt. Aber schon in Jeffersons Abkehr vom Interventionsstandpunkt seiner Partei zugunsten einer nüchternen Wahrnehmung territorialer und wirtschaftlicher Interessen zeigte sich die wachsende Stärke realpolitischer Gedankengänge in der Staatsführung der jungen Macht. Durch die als Antwort auf die französische Kontinentalsperre verhängte Seeblockade, die den amerikanischen Handel schwer beeinträchtigte, verschlechterten sich die Beziehungen der USA zu Großbritannien bis zum offenen Krieg von 1812. Dabei erwies sich das Kriegsziel der USA – die Eroberung Kanadas – als unerreichbar. Weder zeigten sich die amerikanischen Streitkräfte den britischen gewachsen – 1814 brannten englische Grenadiere die Hauptstadt

Die Eisenbahn ist das Symbol des amerikanischen »Winning of the West«, der Eroberung und Besiedlung der weiten Gebiete westlich der an der Ostküste des Kontinents gelegenen Gründungsstaaten der USA. 1869 wurde die »Central Pacific Railway«, die Verbindung zwischen Chikago und San Francisco, vollendet. Danach erschlossen in rascher Folge immer weitere Eisenbahnlinien das Land.

Washington nieder –, noch waren die Kanadier bereit zum Abfall vom Mutterland. So endete die Auseinandersetzung im Friedensschluss von Gent (1814) mit dem Status quo ante.

Der Vertrag, ergänzt durch abschließende Vereinbarungen von 1842, brachte die endgültige Stabilisierung an der Nordgrenze der USA und wurde zur Grundlage der späteren angelsächsischen Zusammenarbeit im weltpolitischen Rahmen.

1817 hatte James Monroe den Präsidentenstuhl eingenommen. Seine Außenpolitik führte auf breiter demokratischer Grundlage Republikaner und Föderalisten zusammen in dem Bestreben, einen klaren Abstand zur europäischen Reaktion zu halten. Das Interesse an dem spanischen Besitz im Süden, vor allem an Florida, ging damit Hand in Hand. Florida wurde durch Kauf erworben, nachdem die Madrider Regierung angesichts der wachsenden englisch-amerikanischen Entspannung hatte einsehen müssen, dass man in London zugunsten der spanischen Interessen keinen Finger rühren würde. Als die Heilige Allianz französische Truppen mit der Niederwerfung des Liberalenaufstandes in Spanien beauftragte und eine Fortsetzung dieser Intervention auch in den spanischen Kolonien zu befürchten war, verkündete Monroe am 2. Dezember 1823 die nach ihm benannte, berühmte Doktrin, »dass die amerikanischen Kontinente infolge des freien und unabhängigen Standes, den sie angenommen haben und behaupten, hinfort nicht als Gegenstände künftiger Kolonisation durch irgendwelche europäischen Mächte zu betrachten sind«. Realpolitisches Interesse und amerikanische Freiheitslehre wurden untrennbar miteinander verknüpft.

Das innere Wachstum der USA setzte sich kraftvoll fort. Eine Welle des integrierenden Nationalgefühls ging auch durch die amerikanische Bevölkerung, die Entwicklung eines historisch-nationalen Bewusstseins, das auch die indianischen Wurzeln mit einbezog, war die Folge. In den Werken von Washington Irving, J. F. Cooper und James Paulding fand es seinen Ausdruck. Kunst und Geschichtsschreibung widmeten sich dem großen Thema des Unabhängigkeitskrieges.

Die nationalistische Tendenz kam am deutlichsten in der Wirtschaftspolitik zum Ausdruck. Es bildete sich das »amerikanische System« heraus, das die Vollendung der staatlichen Wirtschaftseinheit und damit die Überwindung von Gruppen- und Gebietsinteressen zum Ziel hatte. Schutzzoll (1816), Nationalbank (1817), Straßen- und Kanalbauprogramm waren die Hebel, die von der Regierung angesetzt wurden. Der Nationalwirtschaft, die der kolonialistischen und merkantilen Struktur ein Ende bereiten sollte, wurde durch Friedrich Lists und Henry Careys Schriften über die amerikanische Volkswirtschaft (1827 und 1838/40) zum endgültigen Durchbruch verholfen. Ein geradezu unvorstellbares Wachstum von Handel und Industrie in Verbindung mit einer beträchtlichen territorialen Ausdehnung (Annexion von Texas, Erwerb New Mexicos und Kaliforniens nach dem Sieg über Mexiko im so genannten Texas-Krieg 1846–48) war die Folge.

Damit aber erwuchsen schon seit etwa 1820 neue innere Probleme. Der Gegensatz zwischen dem freihändlerischen, sklavenhaltenden, agrarischen Süden der Baumwoll- und Tabakpflanzeraristokratie und dem industriellen, seinen Handel mit Schutzzöllen sichernden und die Sklaverei bekämpfenden Norden wurde immer fühlbarer. Die innerpolitische Struktur der USA kam mit dieser Entwicklung gleichfalls in Bewegung. Es bildete sich eine neue Partei der Republikaner, die mit der Wahl Lincolns im November 1860 an die Macht kam und die entschlossen war, die Union gegen die Sonderinteressen des Südens auch mit Gewalt zu verteidigen.

Die Wahl Abraham Lincolns setzte das Zeichen zum Kampf zwischen Nord und Süd, zum so genannten Sezessionskrieg (1861–1865). Alle inzwischen von der technisch-industriellen und wirtschaftlichen Entwicklung neu geschaffenen Möglichkeiten wurden in diesem ersten modernen Krieg genutzt; Eisenbahn, Telegraphie und Massenheere spielten eine wichtige Rolle. Nach großen Anfangserfolgen der tapfer kämpfenden und besser geführten Konföderiertenarmee siegte schließlich der Norden durch überlegene Volkszahl, Wirtschaftskraft und Seeherrschaft. Verfassungszusätze (1865/66/69) verboten endgültig die Sklaverei, sicherten den Schwarzen die Bürgerrechte und das Wahlrecht. Die Ermordung des Präsidenten Lincoln (April 1865) öffnete freilich der Willkür einer korrupten Siegerpartei Tür und Tor.

Beruhigung brachte erst die zweite Jahrhunderthälfte, zugleich kam es zu einem unerhörten wirtschaftlichen Expansionsprozess, der nicht zuletzt durch die Masseneinwanderung aus Europa ausgelöst wurde. Sie ermöglichte die Erschließung des fernen Westens als Viehzucht- und Getreideanbauland. Der verzweifelte Widerstand der Indianer wurde militärisch gebrochen (unter anderem Massaker von Wounded Knee), die Überlebenden in Reservate abgeschoben. Im Osten begann ein steiler Aufstieg der Montan- und Schwerindustrie, des Handels und des Bankwesens.

So wurden die USA gegen Ende des Jahrhunderts zu einer führenden kapitalistisch-industriellen Wirtschaftsmacht, für die sowohl die Zusammenballung ungeheurer Vermögen in den Händen weniger als auch der stetig steigende Lebensstandard der breiten Masse charakteristisch war. Die politische Demokratie dehnte sich auf das Feld der Wirtschaft aus und ermöglichte ein erfolgreiches Anpacken sozialer Probleme. Trotz gelegentlich auch blutiger Zusammenstöße zwischen Unternehmerschicht und Arbeitern nahmen die sozialen Kämpfe nie Ausmaß und Schärfe europäischer Verhältnisse an. 1886 wurde die große amerikanische Gewerkschaftsbewegung der *American Federation of Labor* gegründet. Die Fortschritte bei der Lösung der sozialen Frage brachten auch die Parteipolitik in Bewegung. Die gewaltige Einwanderung und das damit verbundene Wachstum der Bevölkerung trugen darüber hinaus dazu bei, die Gegensätze zwischen dem konservativ-demokratischen Süden und dem kapitalistisch-republikanischen Norden zu vermindern.

Die seit 1891 (Aufhebung des Heimstätten-Gesetzes) betriebene imperialistische Politik wurde anfangs noch moralisch kaschiert und blieb weitgehend auf wirtschaftliche Mittel (Dollarimperialismus) beschränkt; unter Theodore Roosevelt (1901–09) setzte der Übergang zur so genannten *Big-Stick-Politik* ein.

Militärische Interventionen, die Schaffung eines Finanzprotektorats über Mittel- und Südamerika, Flottenaufrüstungen und der Bau des Panamakanals bestimmten seine Zeit. Unter seiner Führung begann zugleich die Zügelung des Hochkapitalismus durch Antitrustgesetze. Staatliche Kontrollmaßnahmen versuchten die Auswüchse der privatkapitalistischen Unternehmertätigkeit vor allem beim Abbau der Bodenschätze einzudämmen. Einem Rückschlag unter Präsident Taft (1909–1913) folgte ein um so stärkerer Ausschlag des Pendels nach der demokratischen Seite hin, als der Staatsrechtler und Historiker Woodrow Wilson auf den Präsidentenstuhl kam (1913–1921). In der Außenpolitik knüpfte er freilich an seine Vorgänger an. Die Stellung im Pazifischen Ozean – nicht zuletzt durch die Eroberung der Philippinen gestärkt – war durch die Annäherung an England und den Ausgleich mit Japan von 1908 konsequent ausgebaut worden. Die USA zogen in Europa die Konsequenzen: Sie stellten sich in Marokko auf die Seite der Alliierten und entschieden sich gegen Deutschland. Freiheit der Meere und Politik der offenen Tür waren die Parolen, die auch hier gegenüber Deutschland vorgebracht wurden und jene für die USA typische Vermischung handfester Interessenpolitik mit liberalen Proklamationen erkennen ließen.

Der Eintritt Amerikas in den Ersten Weltkrieg (1917) gegen die Mittelmächte, durch die Gespaltenheit der öffentlichen Meinung hinausgezögert, lag ganz auf dieser politischen Linie der Vorkriegszeit. Der Druck der industriellen und landwirtschaftlichen Überproduktion, der in den Vorkriegsjahren so schwer auf den USA gelastet hatte, verschwand im Laufe des Ersten Weltkrieges in zunehmendem Maße, als die USA zum Lieferanten der Krieg führenden Alliierten wurden. Von etwa 40 Millionen Dollar im Jahr 1914 stieg der Wert der nordamerikanischen Ausfuhr 1915 auf 210 Millionen und 1916 auf 1,29 Milliarden. 1915 betrugen die englisch-französischen Schulden in den USA bereits 500 Millionen Dollar. Diese wirtschaftlichen Tatsachen gewannen mehr und mehr an Gewicht. Sie waren zwar nicht das einzige, vielleicht nicht einmal das ausschlaggebende, aber ein höchst bedeutsames Motiv für den Eintritt der USA in den Ersten Weltkrieg im Jahr 1917. Im uneingeschränkten deutschen U-Boot-Krieg fanden die interessierten Kreise auch gegenüber der öffentlichen Meinung die Legitimation zum Kriegseintritt.

Japan

Mit der amerikanischen Geschichte aufs engste verknüpft ist die Entwicklung Japans im 19. und 20. Jahrhundert, vor allem aber sein Eintritt in die Reihe der modernen Weltmächte.

Am 7. Juli 1853 erschien der amerikanische Kommodore Matthew Calbraith Perry mit vier Kanonenbooten in der Bucht von Tokio und verlangte unter Überreichung von Geschenken den Abschluss eines Handelsvertrags und damit die Beendigung der japanischen Isolationspolitik. Als man ihn abwies, kam er am 12. Februar 1854 mit zehn Schiffen wieder und erzwang durch sein energisches Auftreten am 31. März den Abschluss eines Vertrags. Bis Ende 1861 folgten ähnliche Vereinbarungen mit Großbritannien, Russland, Frankreich und Preußen. Damit war das Mittelalter in Japan beendet. Eine neue Epoche begann.

Freilich hatte der Zerfall des Feudalsystems von innen her schon längst eingesetzt, als der amerikanische Paukenschlag ein neues Zeitalter in Japan ankündigte. In den ersten drei Jahrzehnten des 19. Jahrhunderts wuchs die Kritik an der überlieferten Ordnung. Der europäische wissenschaftliche Empirismus hielt seinen Einzug in Japan und erschütterte die Herrschaft konfuzianischen Denkens. Angesichts der finanziellen Schwierigkeiten des Landes und der Unfähigkeit der Shogune strebten die Feudalherrscher (Daimyo) nach Beteiligung an der Zentralgewalt. Zugleich erstarkte die Bewegung der kaisertreuen Loyalisten, die eine Restauration der auf kultische und zeremonielle Aufgaben beschränkten monarchischen Gewalt forderten.

Soziale Kritik lief dazu schon seit dem Ende des 18. Jahrhunderts parallel. Sie galt zunächst der Missachtung des Bauernstandes, später auch der fest gefügten Klassenordnung. Bald setzte auch ein Prozess der Industrialisierung ein; Webereien, Spinnereien, Bergbaubetriebe und Brauereien machten den Anfang. Das Eingreifen Amerikas und Englands war das katalysierende Ereignis, das schließlich 1867 zum Sturz des Shogunatregimes führte; man hatte eingesehen, dass Japan die Auseinandersetzung mit dem Ausland nur durch die Konzentration der Macht in den Händen des Kaisers siegreich bestehen konnte. Wichtiger noch waren die wirtschaftlichen und damit die gesellschaftlichen Veränderungen. Alle fremdenfeindlichen Unruhen der 60er Jahre konnten diese Umwälzung nicht aufhalten. Japan machte sich die technischen, wirtschaftlichen und industriellen Fortschritte Europas und der westlichen Welt in kürzester Frist zu Eigen; es passte sich den Sitten des Abendlandes an und fand zugleich einen Weg der nationalen, spezifisch japanischen Eigenentwicklung. Die Reformen der Meiji-Regierung ab 1869 waren ein Meilenstein in dieser Entwicklung.

Die neu gewonnene Kraft und Einheit des Staates trieben Japan alsbald auf die Bahn des Imperialismus. Mit der Eroberung Koreas, Formosas und der Pescadoren und der Öffnung Chinas für den japanischen Handel begann nach dem Sieg im japanisch-chinesischen Krieg von 1894/95 die japanische Expansion im Fernen Osten. Seine neu gewonnene Stellung im Kreis der Weltmächte spiegelte sich 1899 in der Revision der Verträge mit den westlichen Staaten, die Japan Gleichberechtigung mit seinen Partnern einbrachte. Die wirtschaftliche Basis dieser Entwicklung war die Errichtung einer modernen Industrie seit dem Ende der 80er Jahre des 19. Jahrhunderts. Leicht- und Textilindustrie machten auf der Grundlage der Dampfkraft den Anfang, die Schwerindustrie, gestützt auf elektrische Energie, folgte um 1900.

Japans imperialistische Politik bestand ihre Feuerprobe in der Auseinandersetzung von 1904/05 mit Russland, das die Beherrschung der Japanischen See erstrebt hatte. Seine Siege zur See (Tsuschima) und zu Lande (Mukden) machten Japan zur Vormacht des Fernen Ostens und zugleich zu einem entscheidenden Faktor im weltpolitischen Spiel. Wie Preußen im Siebenjährigen Krieg gegenüber Frankreich, so hatte hier Japan die Rolle des englischen Degens gegenüber Russland gespielt. Wenn es auch kein ausschließlicher Festlandsdegen mehr war – oder gerade deshalb vielleicht –, ergab sich aus dieser Politik eine Periode längeren Zusammengehens mit England, eines Interessenausgleiches beider Mächte im Fernen Osten, der gemeinsamen Abwehr russischer und später deutscher Ambitionen in diesem Raum.

Der Niedergang Chinas

Der Prozess der Verwandlung Chinas in eine europäische Kolonie, der mit der Niederlage im Opiumkrieg und dem Nangking-Vertrag von 1842 (Öffnung von fünf Vertragshäfen, Abtretung Hongkongs) eingeleitet worden war, nahm in der gleichen Zeit seinen Fortgang, in der es Japan gelang, zur Selbstständigkeit und zur Großmachtstellung aufzusteigen. Das Jahr 1860 brachte nach einer erneuten militärischen Niederlage gegenüber englischen Expeditionstruppen im Vertrag von Peking weitere Rechte für die Invasoren: Vergrößerung Hongkongs, freie Schifffahrt auf dem Jangtse, eigene Gerichtsbarkeit der Engländer in China, Errichtung der Pekinger Gesandtschaft und Öffnung weiterer Häfen für Europäer. Wirtschaftlicher Niedergang und Verschuldung an das Ausland waren die Folgen dieser Ausbeutung. Adel und Bauern verarmten; nur eine sich neu bildende Mittelschicht von Kaufleuten, die nach kapitalistischen Grundsätzen arbeitete und mit England kollaborierte, zog Profit aus der Lage. Südchina, wo diese Entwicklung zuerst einsetzte, wurde daher auch zur Heimat erster revolutionärer Bewegungen (Taiping-Aufstand), gefördert durch das Eindringen sozialer Theorien aus Europa.

Seit 1868 begann auch der Druck Japans mehr und mehr auf China zu lasten. Die imperialistischen Pläne Japans zielten auf die Schaffung eines Vorfeldes ab, dem die Mandschurei und Ostchina angehören sollten und das unter günstigen Umständen auch auf das übrige China ausgedehnt werden konnte. 1877/79 nahm Japan die Bonin- und Riukiu-Inseln, 1876 begann seine Einflussnahme auf Korea. 1894/95 gingen im japanisch-chinesischen Krieg Korea und Formosa an Japan verloren. Der Griff nach der Mandschurei wäre in diesem Frieden (Shimonoseki) den Japanern bereits geglückt, hätten nicht Russland, Deutschland und Frankreich Einspruch erhoben. Der Boxer-Aufstand des Jahres 1900, in dem sich der Hass gegen »die fremden Teufel« entlud, konnte am Gang der Dinge wenig ändern. Frankreich hatte sich seit den sechziger Jahren Indochina botmäßig gemacht und es vom chinesischen Reich losgetrennt. Um die Mandschurei aber ging der Kampf zwischen Japan und Russland. Der Friede von Portsmouth (1905) nötigte Russland zum Zurückweichen; es blieben ihm nur die 1858 und 1860 (Wladiwostok) von China erworbenen nordmandschurischen Gebie-te. Japan begann systematisch mit der Durchdringung seines neuen Einflussgebietes, bis es schließlich 1932 das Kaiserreich Mandschukuo (bis 1945) als japanisches Protektorat schaffen konnte. Mit den Reformgesetzen K'ang Yu-weis wurde 1898 auch in China die Umwandlung in einen bürgerlich-kapitalistischen, in der modernen Welt lebensfähigen Staat versucht. Doch was in Japan glückte, scheiterte im Reich der Mitte. Schuld daran war der Widerstand der herrschenden Schichten, aber auch die Tatsache, dass es in China – den Süden ausgenommen – kaum Ansätze eines selbstbewussten und leistungsfähigen Bürgertums gab. Die reaktionäre Politik der Kaiserin

Die Karikatur des »Simplicissimus« spielt auf die zweite Marokkokrise von 1911 an. Frankreich und Spanien beschweren sich beim englischen John Bull, dass Deutschland ihr Spiel störe. Die Entsendung des Kanonenboots »Panther« nach Agadir hatte deutsche Ansprüche auf Marokko dokumentieren sollen. »Kanonenbootpolitik« wurde daraufhin das Schlagwort für die den alten Kolonialmächten lästige deutsche Einmischung.

Ts'e-hi und des Prinzen Ch'un besiegelte das Schicksal der Reformbewegung und schürte die allgemeine Unzufriedenheit, die sich 1911 in der Revolution der »Jungchinesen« entlud. Sun Yat-sen, der erste Präsident der provisorischen Regierung von Nangking, erreichte durch kluge Politik die Zusammenarbeit mit dem mächtigen General Yuan Schi-k'ai, der die Mandschu-Dynastie 1912 zum Thronverzicht veranlasste und nach Suns freiwilligem Rücktritt 1912 Präsident wurde.

Die Republikaner sahen sich der geradezu unlösbaren Aufgabe gegenüber, eine neue, sinnvolle, demokratische Ordnung im Lande zu schaffen. Der grundbesitzende Hochadel war – ebenso wie seine moralische Grundlage, der Konfuzianismus – in Auflösung begriffen, das Bürgertum unsicher in seinem Wollen, das Bauerntum aber weithin verelendet und politisch völlig ungebildet.

So wird verständlich, warum Sun Yat-sens Vorstellungen von einer Dreiphasenentwicklung Chinas – nationales Eigenleben, parlamentarische Demokratie, Sozialismus –, wie sie in seinen programmatischen Schriften zum Ausdruck kommen, letztendlich scheitern mussten. Die Selbstständigkeit der Generäle und Gouverneure verhinderte überdies ein durchgreifendes Wirken der republikanischen Regierung. Yuan löste 1914 das Parlament auf und regierte als Militärdiktator. Nach seinem Tod (1916) kämpften regionale Militärcliquen fast zehn Jahre um die Herrschaft im Norden. Suns Versuch, von Kanton aus eine Regierung aufzubauen, scheiterte. Seine Revolutionspartei wandelte sich unter verstärkter Aufnahme sozialistischer Ideen in die Volkspartei (Kuomintang), der alsbald in der im Süden entstandenen kommunistischen Partei ein gefährlicher Konkurrent erwuchs, wenn man sich ihr auch zunächst in einer Art Volksfront verbündete. Der Tod Sun Yat-sens 1925 lockerte die Disziplin innerhalb der Kuomintang. Sein Nachfolger in der tatsächlichen Machtstellung, Tschiang Kai-schek, entschloss sich zum Kompromiss mit dem kapitalistisch-konservativen Norden und erreichte so die Wiedervereinigung von Nord und Süd. Zugleich aber blieb die große soziale Reform auf dem Papier stehen. Der Angriff Japans 1937 fesselte danach alle Kräfte des Reiches und lenkte von den inneren Problemen ab.

England und die europäischen Mächte von 1815 bis zum Ersten Weltkrieg

Von den europäischen Nationen war nach 1815 England die einzige Weltmacht. Es erstrebte in Europa ein Gleichgewicht der Kräfte *(Balance of power)*, um die Vorherrschaft einer Macht zu verhindern, die den Kontinent – wie Napoleon I. es getan hatte – gegen England vereinen konnte. England wandte sich daher nicht gegen Veränderungen der europäischen Machtverhältnisse, solange sie die Gleichgewichtslage nicht empfindlich störten. Es duldete deshalb die Heilige Allianz (1815) Preußens, Russlands und Österreichs als außenpolitisches Gegengewicht gegen Frankreich. Gleichzeitig aber ermutigte es die innenpolitischen Gegner der Allianz.

England wandte sich sofort gegen Russland, als dieses 1853 die Türken angriff, um über türkisches Gebiet Zugang zum Mittelmeer zu gewinnen und sich bei dem allgemein erwarteten Zusammenbruch des »kranken Mannes am Bosporus« seinen Teil an der Beute zu sichern. Der Streit um die heiligen Stätten Jerusalems lieferte Russland dabei den Vorwand, zugunsten der Christen einzugreifen. England schloss 1854 ein Bündnis mit Frankreich, das unter Napoleon III. einen außenpolitischen Prestigeerfolg brauchte, um innenpolitische Schwierigkeiten zu übertünchen und seine Machtstellung in Europa wieder auszubauen. 1855 schloss sich auch Sardinien-Piemont dem Bündnis an, um die Großmächte für seinen bevorstehenden Kampf mit Österreich-Ungarn zu gewinnen und die Italienfrage vor ein europäisches Forum zu bringen. Die Verbündeten griffen an der Seite der Türkei in den Kampf ein und brachten Russland im Krimkrieg (1853–56) eine schwere Niederlage bei.

Österreich blieb neutral, nahm jedoch eine drohende Haltung gegen Russland ein und besetzte die zuvor türkischen Donaufürstentümer Moldau und Walachei, nachdem die russischen Truppen unter dem Druck der Verbündeten diese Gebiete geräumt hatten. Der Fall Sewastopols und Österreichs Haltung zwangen Russland zur vorläufigen Aufgabe seiner Ziele und 1856 zum Frieden von Paris. Russland musste den Südteil Bessarabiens an die Türkei abtreten, der Schutzherrschaft über die Christen im Osmanischen Reich entsagen und in die Entmilitarisierung des Schwarzen Meeres einwilligen. Die Dardanellen wurden für Kriegsschiffe gesperrt.

Durch die Verschlechterung der Beziehungen zwischen Russland und Österreich war die Heilige Allianz als Machtblock endgültig gesprengt, nachdem sie schon vorher den Belastungen der Südamerikafrage (1816–1824) und der griechischen Frage (1821–1831) ausgesetzt gewesen war. Russland verlor seine europäische Vormachtstellung an Frankreich, En-

gland aber war der eigentliche Gewinner des Krimkrieges. Sein Seeweg nach Indien war nunmehr gegen die russische Expansion gesichert.

England duldete auch den italienischen Einigungskrieg Frankreichs und Sardinien-Piemonts gegen Österreich von 1859/60 (Verlust der Lombardei an Frankreich, das die Lombardei wiederum an Piemont weitergibt) und die durch die revolutionäre Bewegung Garibaldis an der Seite Piemonts vollendete Gründung des italienischen Nationalstaats. Napoleon III. gewann dabei als »Trinkgeld« Savoyen und Nizza. 1861 wurde das Königreich Italien unter Viktor Emanuel II. proklamiert. Auch die Gründung des Deutschen Reiches widersprach nicht der *Balance-of-power*-Politik Englands; dagegen hatte es noch bei der Eroberung Schleswig-Holsteins durch Preußen und Österreich mit dem Eingreifen gedroht, als Dänemarks – für England ungefährliche – Seemachtstellung ins Wanken geriet. Die kluge Politik Bismarcks verhinderte aber eine Kriegsausweitung.

Die deutschen Einigungskriege von 1866 und 1870/71, in denen Preußen und Italien (Gewinn Venetiens) Österreichs mitteleuropäische Vormachtstellung vernichteten und Preußen gegen Frankreich die Gründung des

Reiches erkämpfte, das die 48er Revolution vergeblich hatte schaffen wollen, stärkten das europäische Gleichgewicht. Die Mitte Europas war durch die Schaffung eines deutschen Nationalstaats stärker geworden; für England bot das neue Reich ein willkommenes Gegengewicht zu Russland. Frankreich war durch seine Niederlage von 1870/71 in die Schranken gewiesen. Italien war keine Macht von Bedeutung; vor allem fehlte ihm eine leistungsfähige Flotte. Es war auf das Wohlwollen Englands angewiesen.

Unter der Rückendeckung des europäischen Gleichgewichts konnte die Weltmacht England ihren außereuropäischen Machtbereich ausdehnen. Damit begann eine neue Epoche des Imperialismus. 1819 gewann England Singapore, 1839 Aden. 1842 wurde Hongkong erobert, nach gewaltsamer Öffnung Chinas für den britischen Handel im Opiumkrieg. 1857 festigte England seine Stellung in Indien nach der Niederwerfung des Sepoyaufstandes. Es ersetzte die Herrschaft der Handelskompanie durch das Regiment der Vizekönige (1858). 1877 nahm Königin Viktoria den Titel einer Kaiserin von Indien an. 1875 brachte Großbritannien den 1869 eröffneten Suezkanal durch Aufkauf der Aktienmehrheit in seine Hand; die französischen Erbauer aber kontrollierten von da an Ägypten gemeinsam mit England. Die seit 1871 veränderte Machtlage auf dem Kontinent hätte sich aber auch zu Ungunsten Englands auswirken können, da sowohl Frankreich als auch Russland eine janusköpfige Außenpolitik betrieben. Sie erstrebten eine koloniale Ausdehnung genau wie England, waren aber andererseits in Europa gebunden – Russland durch seinen Gegensatz zu Österreich auf dem Balkan und später durch den Panslawismus auch zu Deutschland, Frankreich durch seinen Gegensatz zu Deutschland, den seine Niederlage von 1870/71 verschärfte. Bezeichnend dafür wurde die Algerienpolitik Frankreichs, das hier aus einer Kolonie vor allem einen militärischen Exerzierplatz, ein Machtreservoir zu gestalten suchte, das dem Kriegsministerium unterstand. Die Außenpolitik Bismarcks in den Jahren 1871–1890 bewegte sich zwar im Rahmen der Gleichgewichtspolitik Englands, wenn sie den europäischen Frieden durch Ausbalancierung der Interessen wahren wollte, brachte aber auch erhöhte Gefahren für die weltpolitische Stellung des britischen Reiches, denn Russland und Frankreich konnten sich kolonialen Zielen zuwenden, da ihnen die erfolgreiche Friedenspolitik Bismarcks in Europa den Rücken freihielt. Durch das Dreikaiserbündnis zwischen Russland, Österreich und Deutschland von 1872 war die französische Macht auf dem Festland gebunden. 1877/78 wiederholte Russland die Krimkriegspolitik im russischtürkischen Krieg. Der Panslawismus wirkte dabei als ideologischer Antrieb. Der Sieg der Russen führte zur Befreiung Serbiens, Montenegros und Rumäniens und zur Lockerung der Abhängigkeit Bulgariens. Russland erhielt Bessarabien. Hier aber griff England ein, unterstützt von Österreich. Ein allgemeiner Krieg drohte. Er wurde verhindert durch Vermittlung Bismarcks, der 1878 den Berliner Kongress zustande brachte. Russland erhielt nur einen Teil der beanspruchten Gebiete, Österreich wurde Protektor über die Balkangebiete Bosnien und Herzegowina und England gewann die türkische, aber von Griechen bewohnte Insel Zypern als wichtige Mittelmeerbastion gegen den Imperialismus Russlands.

Nach dem Berliner Kongress wahrte Bismarcks Außenpolitik die Stabilisierung der europäischen Machtverhältnisse: Österreich und Deutschland wurden 1879 im Zweibund vereint, der 1882 zum Dreibund mit Italien erweitert wurde. 1883 trat auch Rumänien bei; Bulgarien und die Türkei schlossen sich später den Mittelmächten an. Der Rückversicherungsvertrag zwischen Deutschland und Russland verhinderte einen französisch-russischen Zweibund gegen Deutschland; er sicherte Russland die deutsche Neutralität im Falle eines Balkankonfliktes mit Österreich und England.

Gleichzeitig förderte Bismarck 1887 auch die italienische Initiative zum Abschluss einer Mittelmeerentente zwischen England, Italien und Österreich, die den Besitzstand der Türkei gegen einen etwaigen russischen Angriff garantierte. Angesichts der Schwäche seines außenpolitischen Sicherheitsgebäudes und der einsetzenden deutschen Kolonialpolitik hatte Bismarck 1884/85 mit dem Gedanken gespielt, das europäische Gleichgewicht durch eine gegen England gerichtete Allianz mit Frankreich zu ersetzen. Aber angesichts des französischen Misstrauens blieb alles nur eine Episode, der unter Salisbury eine Annäherung an England folgte. Seine Politik lag im Interesse Englands, da sie das Zusammengehen seiner gefährlichsten Gegner im Bereich der Kolonial- und Seepolitik, nämlich Frankreichs und Russlands verhinderte. Denn Frankreich, nunmehr einer imperialistischen Kolonialpolitik zugewandt, gewann Zug um Zug Einfluss und Gebiete in Afrika und am Indischen Ozean: 1881 wurde Tunis erworben, 1883 das Protektorat über Indochina errichtet, das 1896 in eine Föderation unter einem Generalgouverneur umgewandelt wurde. 1890 folgte eine Erwerbung in der Südsee (Tahiti), 1895/96 das Protektorat über Madagaskar (Kolonie seit 1898). Russland aber, auf eine Fernostpolitik abgedrängt, erwarb 1858–1860 Gebiete an der Pazifikküste (Wladiwostok), 1865–1873 Taschkent, Buchara, Samarkand und Chiwa und stieß 1883 in den mittelasiatischen Raum vor. Die Transkaspische Bahn wurde gebaut.

Die Auflösung des von Bismarck geschaffenen Bündnissystems nach 1890 erschütterte das europäische Mächtegleichgewicht und führte so auch zu einer Bedrohung Englands. Die Sperrung deutscher Banken für Kredite an Russland trieb den Zaren in die Arme Frankreichs, das die Gelegenheit ergriff, sich aus seiner politischen Isolierung zu befreien. So kam es 1892 zum Abschluss der russisch-französischen Militärkonvention und 1894 zum russisch-französischen Zweibund, als Gegengewicht zum Dreibund Österreichs, Deutschlands und Italiens. Dieser Bund hatte nicht nur eine Spitze gegen Deutschland, sondern auch gegen den gemeinsamen Feind auf kolonial- und weltpolitischem Gebiet, gegen England. Die Lage wurde für England schwieriger durch den Aufstieg der neuen Großmächte Japan und USA. Der japanisch-chinesische Krieg von 1894/95 brachte die erste Kollision

Japans mit den imperialen Interessen Englands und der anderen europäischen Mächte, die durch ihre Intervention größere Erwerbungen Japans verhinderten.

Auch die Vereinigten Staaten von Amerika wurden weltpolitisch aktiv mit dem Kauf Alaskas von Russland (1867) und dem Eingreifen in Hawaii und Kuba (1898). Daraus ergab sich das Ausgreifen in den Pazifik, die Errichtung von Finanzprotektoraten über Mittel- und Südamerika und der Bau des Panama-Kanals. Nach der Beilegung des Venezuela-Grenzstreits (1895–97) kam es zu einer ersten britisch-amerikanischen Annäherung. Im Faschoda-Zwischenfall aber trat 1898 die englisch-französische Rivalität in Afrika offen zu Tage: Der französische Oberst Marchand wurde zum Rückzug gezwungen. Frankreichs Expansion musste sich auf Westafrika (Guinea, Sahara) beschränken, während England seine Ostafrikapolitik auf der Linie Kap-Kairo sicherte. Seit 1877 lag England im Streit mit den holländischen Siedlern (Buren = Bauern) um die Herrschaft in Südafrika. 1895 fielen bewaffnete Engländer in die Burenrepublik ein (»Jameson-Raid«). Der englische General W. F. Butler nannte diesen Rechtsbruch »die Quelle schicksalsschweren Unheils«. Nach vorübergehenden Erfolgen der Buren in den Jahren 1881 und 1896 kam es im Burenkrieg (1899–1902) zur Eingliederung der Burenstaaten Südafrikas in das englische Weltreich. Seit 1895 strebte England nach Flottenüberlegenheit gegenüber seinen stärksten Rivalen (*Two Power Standard*) und festigte sein Empire durch Aufgabe des Freihandels zugunsten einer Reichsföderation mit den Kolonien, verbunden durch Sprache, Krone und Vorzugszölle.

Endlich griff unter Wilhelm II. auch Deutschland in die Weltpolitik ein und trat als Konkurrent neben die imperialistischen Mächte. Die unter Bismarck erworbenen Schutzgebiete in Afrika – Togo, Kamerun, Deutsch-Südwestafrika, Deutsch-Ostafrika – wurden zum Kolonialbesitz erklärt. Deutschland erwarb ferner Gebiete im Stillen Ozean, hauptsächlich die Karolinen, Marianen, Palau-Inseln und Samoa, dazu in China durch Besetzung bzw. Pachtvertrag 1897/98 Kiautschou und Tsingtau. Am meisten bedroht sah sich England jedoch durch die deutsche Einflussnahme in der Türkei mit der Eisenbahnkonzession von 1888 und der Bagdadbahn von 1903. Das Beispiel der Türkei zeigte, dass der sich allmählich verschärfende deutsch-englische Gegensatz durch das Zusammentreffen dreier Rivalitätsfaktoren bedingt war: des kolonialexpansiven, des wirtschaftlichen (Industrie- und Handelskon-

kurrenz) und des maritimen (deutscher Hochseeflottenbau: 1898 Flottengesetz unter Admiral von Tirpitz). Schon 1896 rief ein Leitartikel der »Saturday Review« zum Kampf gegen Deutschland auf. Da die Rivalität Englands mit Russland und Frankreich und die noch in den Anfängen steckende mit Japan und den USA diese starke Konzentration der Reibungsflächen nicht aufwies, traten sie allmählich hinter den deutsch-englischen Gegensatz zurück. Da sich Deutschland nach 1906 als einzige Seemacht auf einen Rüstungswettlauf im Bau überschwerer Schlachtschiffe mit weit reichender Artillerie (»Dreadnoughts«) einließ, deren Überlegenheit alle bisherigen Typen schlagartig entwertete, wurde das Reich zum Haupt-

Zar Nikolaus II. von Russland und der französische Staatspräsident Loubet auf einem Schmuckblatt von 1901, anlässlich eines französischen Staatsbesuchs in St. Petersburg. Seit 1892 bestand eine Militärkonvention zwischen Russland und Frankreich – ein Glied mehr im undurchsichtigen Bündnissystem rund um Deutschland, das von den deutschen Politikern als »Einkreisung« gedeutet wurde.

SI VIS PACEM PARA BELLUM

rivalen Großbritanniens um die Vormacht zur See.

Die Epoche der Vereinsamung Deutschlands zwischen 1902 und 1914 brachte daher einen Ausgleich der Interessengegensätze zwischen England, Frankreich, Russland und Japan zugunsten eines gemeinsamen Vorgehens gegen Deutschland, nachdem um die Jahrhundertwende englisch-deutsche Bündnisverhandlungen an der Haltung der deutschen Außenpolitik, aber auch an Englands vagen Verhandlungsmethoden – bedingt durch die Uneinigkeit seiner Politiker – gescheitert waren. Im englisch-japanischen Bündnis von 1902 benutzte England Japan als Festlandsdegen gegen Russland im Fernen Osten. So erreichte es indirekt im russisch-japanischen Krieg von 1904/05 die Schwächung eines großen weltpolitischen Rivalen; Korea wurde japanisch, die Mandschurei wurde chinesisch, England aber gewann Tibet. 1904 kam es in der *Entente cordiale* zwischen England und Frankreich zu Absprachen über Afrika; Frankreich erhielt Marokko, England Ägypten als Interessengebiete zugewiesen. Die treibende Kraft dieser Politik war Eduard VII. von England.

Nach der englisch-russischen Entente von 1907 mit ihren Absprachen über Afghanistan, Persien und Tibet sah sich Deutschland, als es Ansprüche in Marokko geltend machen wollte, den vereinigten Großmächten gegenüber. Italien gab gleichfalls zu erkennen, dass es im Kriegsfall nicht zum Dreibund halten würde, dessen Erweiterung durch die schwachen Staaten Bulgarien und Türkei keinen entscheidenden Machtzuwachs brachte.

Die Marokkokrise und die Algeciraskonferenz (1905/06) offenbarten Deutschlands Isolierung. Das deutsche Auftreten gegenüber Frankreich führte allmählich zu einer Umwandlung der Entente von 1904 in ein Bündnis, wie die Aufnahme von Generalstabsbesprechungen im Jahr 1906 deutlich zeigt. Im Agadir-Zwischenfall von 1911, als das deutsche Kanonenboot »Panther« gegen die französische Machtausdehnung in Nordafrika demonstrierte, erreichte Deutschland nur Kompensation in Kamerun.

Verhängnisvoll wirkte sich das Misslingen der Mission des englischen Kriegsministers Haldane aus, der 1912 einen Kompromiss mit Deutschland in der Flottenfrage einhandeln wollte. Sie scheiterte an der Weigerung der deutschen Regierung, den Flottenbau einzuschränken, aber auch an England, das die von Berlin geforderte Neutralitätserklärung für den Fall eines Festlandkrieges nicht abgeben wollte. 1912/13 erschütterten die Balkankriege den türkischen Bundesgenossen Deutschlands. Die von Russland gestützten Balkanstaaten Montenegro, Serbien, Bulgarien und Griechenland erhoben sich gegen die Türkei, die aus Europa fast völlig verdrängt wurde. Serbien und Rumänien gerieten danach mit Bulgarien (dem Bundesgenossen Deutschlands und Österreichs) in Kampf um die neue Gebietsgliederung. Schon damals drohte der Ausbruch des Ersten Weltkriegs, der dann am 28. Juni 1914 durch die Ermordung des österreichischen Thronfolgerpaares (Erzherzog Franz Ferdinand und seine Gemahlin) durch serbische Nationalisten in Sarajewo ausgelöst wurde.

Wirtschaftliche, soziale und kulturelle Entwicklung von 1815 bis ins 20. Jahrhundert

Das 19. Jahrhundert steigerte die Bedeutung des wirtschaftlichen Geschehens im Gesamtgefüge des historischen Ablaufs. Revolutionäre wirtschaftliche Veränderungen griffen so tief in die soziale Ordnung ein wie nie zuvor. Der Besitz großer Vermögen und die darauf beruhende wirtschaftliche Potenz bedeuteten mehr denn je zugleich den Besitz politischer Macht. Die Rolle der Wirtschaft hat sich im Gang der politischen Geschichte der beiden letzten Jahrhunderte oft als schicksalhaft erwiesen.

Unsere Epoche wird bestimmt durch die kapitalistische Wirtschafts- und Gesellschaftsordnung. Diese Ordnung ermöglichte eine weltweite Arbeitsteilung im Rahmen eines allen zugänglichen Weltmarktes anstelle konkurrierender nationalstaatlicher und kolonialer Märkte der merkantilistischen Zeit. Zugleich wurde das 19. Jahrhundert, das die Verflechtung der wirtschaftlichen, sozialen und politischen Geschichte deutlich macht, zum Jahrhundert der Befreiung aller Kräfte, die im Zusammenwirken das wirtschaftliche Geschehen bestimmen: Boden, Arbeit, Kapital, Handel, Gewerbe und Produktion. Die allmähliche Loslösung dieser Grundlagen der Wirtschaft aus den Bindungen und Rechtsetzungen der Grundherrschaft, der Zünfte, Monopole und Privilegien ist die entscheidende Leistung des 19. Jahrhunderts. Dieser Prozess, der die Zeit von 1789 bis 1850 erfüllt, begann mit der Bauernbefreiung und der Beseitigung der Grundherrschaft. Frankreich ging hier 1793 durch die Erlasse des Konvents voran. Preußen folgte nach 1806 mit den Stein-Hardenbergschen Reformen und dann erneut 1849, Süddeutschland schloss sich an, Russland kam erst 1861 zur Aufhebung der Leibeigenschaft. Die angelsächsischen Mächte vollendeten aus ihrer demokratischen Tradition heraus diese Entwicklung. Die Vereinigten Staaten erreichten das Ziel revolutionär im Zuge ihrer Loslösung vom Mutterland, England evolutionär um die Wende vom 18. zum 19. Jahrhundert. Südeuropa folgte nur zögernd nach der Jahrhundertmitte und ließ wie Preußen und Russland dem privaten Großgrundbesitz beträchtlichen Raum und Einfluss. Der Ruf nach Bodenreform ist deshalb in diesen Gebieten auch nach der Befreiung nicht verstummt.

Gänzlich ausgeschlossen blieben von dieser Entwicklung zunächst die rein kolonialen Räume, wobei man beachten muss, dass Leibeigenschaft oder Hörigkeit im Sinne der europäischen Sozialgeschichte dort nicht vorkamen; an ihrer Stelle stand Sklaverei mit vergleichbarer wirtschaftlicher Funktion.

Der Ferne Osten aber mit seiner Fortdauer feudaler Zustände bis in das 19. Jahrhundert hinein hinkte in dieser Entwicklung dem Abendland sichtbar nach und erlebte die entscheidende Wandlung ebenso wie die alten Kolonialländer erst im Gefolge der Erschütterungen der beiden Weltkriege im 20. Jahrhundert. In China zum Beispiel hatte die bürgerliche Revolution zwar theoretisch alle Fesseln gesprengt, praktisch aber erzwang erst die kommunistische Revolution einen Umsturz des wirtschaftlichen und sozialen Gefüges im Land. Auch die Gewerbefreiheit wurde erst allmählich im 19. Jahrhundert zum Rechtsgrundsatz. Wiederum war das revolutionäre Frankreich führend (1789); England und die USA folgten, Deutschland schloss sich 1869 an. Außerhalb der genannten Länder kam sie bis ins 20. Jahrhundert nie völlig zum Zug; in Deutschland erlebte sie Rückschläge (Handwerksordnung von 1953/57) und ist heute noch in ihrem Ausmaß umstritten. Eine völlige Befreiung des Handels vollzog sich nur innerhalb der Nationalwirtschaften. Der internationale Handel aber erlebte im Zeichen des Wirtschaftsliberalismus unter Führung Englands im 19. Jahrhundert die weiteste Lockerung seiner Fesseln, bis die im letzten Drittel einsetzende Schutzzollpolitik aufstrebender Industriestaaten ihm wieder neue Hindernisse in den Weg legte. Aber erst der Zusammenbruch des Weltwirtschaftssystems nach dem Ersten Weltkrieg, die Reparationspolitik und der nationalwirtschaftliche Autarkismus der Zwischenkriegsperiode versetzten ihm einen entscheidenden Schlag und warfen ihn in seiner Entfaltung schwer zurück.

Insgesamt gesehen muss man jedoch feststellen, dass dieser Dreischritt der Entwicklung zur völligen oder teilweisen Befreiung

von Arbeit, Boden, Gewerbe und Handel erst die Voraussetzungen schuf für die volle Entfaltung der Industrie.

Maßgeblichen Anteil am wirtschaftlichen Fortschritt hatte die enge und fruchtbare Zusammenarbeit von naturwissenschaftlicher Forschung und praktischer Umsetzung, die Verwissenschaftlichung der vorher meist auf empirischer Grundlage entwickelten industriellen Technik. Dies zeigt das Beispiel der Erfindung der Kraftmaschinen von der Dampfmaschine bis zum Benzin- und Elektromotor ebenso wie die Entwicklung der Produktionsmaschinen vom mechanischen Webstuhl bis zur überwältigenden Vielfalt ihrer Erscheinungen im 20. Jahrhundert. Aber auch die Einführung der aus eigener Kraft bewegten Fahrzeuge von der Lokomotive bis zum Flugzeug, die das Transportwesen revolutionierten, gehört in

Titelseite des SPD-Organs »Der Sozialdemokrat« nach der Reichstagswahl von 1890, die der Partei knapp 20 Prozent der Stimmen einbrachte. Von ihrer ursprünglich klassenkämpferischen, revolutionären Zielsetzung wandte sich die SPD in den 90er Jahren des 19. Jahrhunderts ab. Der Wahlerfolg wurde wichtigstes Kriterium in der Selbsteinschätzung der Partei: es gelang ihr jedoch nicht, den Wählerwillen (1912 wurde die SPD tatsächlich stärkste Reichstagsfraktion) auch in politischer Macht umzuwandeln.

diesen Zusammenhang, ebenso die Entwicklung der Methoden der Nachrichtenverbreitung, beginnend mit Telegraf und Telefon.

Schließlich ermöglichte die moderne Naturwissenschaft auch die intensive Bodennutzung (verbesserte Anbaumethoden, landwirtschaftliche Maschinen, Kunstdünger) und schuf damit die Voraussetzung für die Ernährung der explosionsartig ansteigenden Bevölkerung in den Industriestaaten.

England blieb bis zum letzten Drittel des 19. Jahrhunderts die wirtschaftliche Führungsmacht; es nutzte die Gewinne aus seiner mechanisierten Textilindustrie, um die Eisen verarbeitende Industrie und den Bergbau zu entwickeln und den Verkehr zu revolutionieren. Als Lehrmeister des Kontinents und der Kolonialräume stieg England zum führenden Kapitalgeber auf, seine Währung wurde zur Weltwährung. Frankreich und Deutschland holten in den fünfziger Jahren stark auf, die USA standen lange Zeit an vierter Stelle, bis der Erste Weltkrieg sie schlagartig an die Spitze brachte. Der Ferne Osten und die kolonialen Räume folgten, geführt von Japan, erst im 20. Jahrhundert. Zum Teil haben diese Länder die größte Wegstrecke des Industrialisierungsprozesses heute noch vor sich, so Indien, China, der größte Teil Afrikas, die arabischen Staaten, aber auch die südamerikanischen Republiken.

Gegen Ende des 19. Jahrhunderts kam es zu einer verstärkten Nutzung von Elektrizität und Öl als Energiequelle; mit der Elektro- und chemischen Industrie entwickelten sich neue Wirtschaftszweige, in denen Deutschland bald einen hohen Marktanteil errang. Der Besitz und die Verfügungsgewalt über Rohstoffe wurden immer mehr zu einem entscheidenden Faktor im weltpolitischen Spiel, die Jagd nach diesen Rohstoffen zu einer der Wurzeln des Imperialismus.

Die Aufwärtsentwicklung aller Wirtschaftszweige beschleunigte auch die Neuorganisation des Geldwesens, das bis 1800 kaum über den Stand des Spätmittelalters und der Renaissance hinaus gediehen war. Es bildete sich das System der Zentralnotenbank unter Staatsaufsicht heraus. England schuf die auf Goldbasis beruhende Währung, die den Kapitalaustausch über die nationalwirtschaftlichen Grenzen hinaus überhaupt erst möglich machte. Ein immer mehr sich verfeinerndes System der Kreditgewährung rundete das Bild im Laufe des 19. Jahrhunderts ab.

Die explosive und revolutionäre Kraft der wirtschaftlichen Gesamtentwicklung verhinderte bis in die Mitte des 20. Jahrhunderts hinein die Entstehung eines wirtschaftlichen Gleichgewichtszustandes. Sie war begleitet von wiederholten Krisenwellen wie dem europäischen Konjunktureinbruch von 1847/49 auf dem Hintergrund von Missernten und Eisenbahnspekulationen und den internationalen Depressionen von 1857, 1873 und 1929.

Neben innerwirtschaftlich bedingten Krisenfaktoren hatte der Zusammenbruch von 1929 eine seiner Wurzeln im Ersten Weltkrieg, der dem von England entwickelten und gelenkten weltwirtschaftlichen Organismus den Todesstoß versetzte, ohne dass Englands Nachfolger in der führenden Rolle, die USA, in der Lage gewesen wären, seine Aufgaben sinngemäß zu übernehmen und so die Kontinuität der wirtschaftlichen Struktur zu sichern. Die revolutionäre Entwicklung in Wissenschaft, Technik und Wirtschaft hatte auch grundlegende soziale Veränderungen zur Folge. Auch auf diesem Gebiet sind die beiden letzten Jahrhunderte in der Schnelligkeit und Intensität des gesellschaftlichen Prozesses mit keinem der vorausgehenden zu vergleichen. Man kann ohne Übertreibung behaupten, dass in den letzten 20 Jahren des 19. Jahrhunderts im sozialen Bereich mehr geschah als in den beiden vorausgegangenen Jahrhunderten.

Das 19. Jahrhundert brachte sozialgeschichtlich die Ablösung der Ständegesellschaft durch die Massengesellschaft des kapitalistischen

Der Mann des Jahrhunderts. Holländische Karikatur. Mit Einführung der Gewerbefreiheit konnte jener Typ von Unternehmer entstehen, der bar jeder sozialen Verantwortung seine Kämpfe mit den Konkurrenten auf dem Rücken der Arbeiter austrug.

und industriellen Zeitalters. Bürgertum und Arbeiterschaft wurden zu den gesellschaftlich ausschlaggebenden Schichten. Hatte es in der Anfangszeit noch eine gemeinsame Frontstellung gegen das Machtmonopol des Adels gegeben, so grenzten sich die Bürgerlichen spätestens seit 1848 von den Zielen des »Vierten Standes« ab. Die Situation der Arbeiter, deren Anteil an der Gesamtbevölkerung ständig wuchs, war in der Aufbauphase des Kapitalismus durch Verelendung und brutale Ausbeutung gekennzeichnet. Dieser Lage entsprangen die Forderungen nach einer gerechteren Eigentums- und Gesellschaftsordnung und politischer Gleichberechtigung, die in unterschiedlichsten sozialistischen Modellen (utopischer Sozialismus, Anarchismus, Marxismus) gipfelten. Als Organisationsformen der Arbeiterschaft bildeten sich Mitte des Jahrhunderts Gewerkschaften und politische Parteien, die eine stetige Verbesserung der Lage erkämpften. Staatliche Reformmaßnahmen setzten in England bereits 1833 ein und ab 1872 wurde Deutschland führend in der Sozialgesetzgebung. Parallel dazu formierte sich die Frauenbewegung, die in der Zeit von 1850 bis zur Gegenwart in allen Ländern der Erde in zunehmendem Maße die Forderung nach Gleichberechtigung der Geschlechter durchsetzte. Aber auch die Frauenbewegung spaltete sich unter dem Druck der Entwicklung zur Massengesellschaft von Anfang an in eine bürgerliche und eine »proletarische« Richtung.

Der fortschreitende soziale Aufstieg des Vierten Standes führte in den europäischen Industrienationen zu seiner allmählichen Loslösung von Klassenkampf- und Revolutionsideen und damit zu einer Abkehr vom konsequenten ideologischen Marxismus. In Gewerkschaftsbewegung und Sozialdemokratie, aber auch durch die nivellierende Wirkung autoritärer und kriegsbedingter Maßnahmen fand er den Weg zu seiner Eingliederung in die demokratische Gesellschaft. In Russland, in Teilen ehemals kolonialer oder imperialistisch beherrschter Räume wie Indien und China, also in wenig oder nicht industrialisierten Gebieten, blieb dagegen das alte ideologische Modell der Kommunisten Grundlage der weiteren theoretischen und praktischen Entwicklung.

Im 19. Jahrhundert kam, kulturgeschichtlich gesehen, die Geisteshaltung der Aufklärung erst richtig zum Durchbruch. Sie überwand die Gegenströmungen des angelsächsischen Irrationalismus und der kontinentalen Romantik von der Mitte des Jahrhunderts an endgültig. Im Nationalismus spielten irrationale und romantische Kräfte zwar weiterhin eine Rolle, aber im Zeitalter des Imperialismus wurde auch er mehr und mehr Ausdruck materiellen, wirtschaftlichen Machtstrebens.

Der Sieg des Rationalismus im Abendland zeigt auf der Aktivseite der historischen Bilanz eine Befreiung der wissenschaftlichen und künstlerischen Schöpferkraft, die sich in der gewaltigen technischen, zivilisatorischen und wirtschaftlichen Expansion, aber auch in einer Ausweitung säkularisierter Welterfahrung und Weltdeutung in fast allen Bereichen der Literatur und der bildenden Kunst äußert. Auf der Passivseite dieser Entwicklung, die gegen Ende des 19. Jahrhunderts immer mehr an Gewicht gewann und schließlich die geistige Krise der modernen Welt auslöste, stehen die Materialisierung der Lebensformen, der Untergang der alten abendländischen, in Christentum, Humanismus und Idealismus verankerten Wertewelt, die Sinnentleerung eines der Masse und ihrer technisch-zivilisatorischen Betriebsamkeit ausgelieferten Daseins in beziehungsloser Isolation und das Aufkommen von Ersatzreligionen, für die der Marxismus, der Darwinismus oder die Philosophie Nietzsches beredte Beispiele sind.

Die moralisch-geistige Krise der modernen Welt kündigte sich an im Zusammenbruch der naiven Fortschrittshoffnungen der Aufklärer. Um die Wende vom 19. zum 20. Jahrhundert waren die gebildeten Schichten bereits von einem tiefen Pessimismus erfasst. Im Gegensatz zur aufklärerischen Meinung, man könne die Welt des Menschen aus den Kräften der Vernunft auf die Bahn einer stetigen Vervollkommnung führen, wuchs die Einsicht in die Ohnmacht der Ratio, dem aus alten religiösen und ethischen Bindungen zumindest teilweise entwurzelten Menschen ein tragfähiges Wertsystem und eine neue Sinndeutung seines Daseins zu vermitteln. Die Jugendbewegung versuchte ein neues Lebensgefühl und ein neues mitmenschliches Verhältnis vorzuleben. Aber entfesselte Leidenschaften führten die geistigen Strömungen der Endphase extremen Formen und Haltungen entgegen. Das Nationalgefühl entartete in Imperialismus, Chauvinismus – wie im Panslawismus oder Pangermanismus –, der radikale Sozialismus wurde im Anarchismus auf die Spitze der Verneinung der historisch gewordenen Gesellschafts- und Staatsordnung getrieben, der man jede Fähigkeit zur organischen Fortentwicklung absprach. Im Bereich der Wirtschaft schritt im Zeichen des Industrialismus und Hochkapitalismus die Entwürdigung und Entmenschlichung der Arbeit und des Arbeiters fort.

ZEITGESCHICHTE

Der Erste Weltkrieg

Die imperialistischen Rivalitäten der Großmächte, die Nationalismen der kleineren Völker besonders im Vielvölkerstaat Österreich-Ungarn, aber auch der harte Wettbewerb zwischen den Industrieländern führten in den ersten Jahren des 20. Jahrhunderts zu vielfachen Spannungen und Krisen im Weltstaatensystem.

Nach der Ermordung des österreichischen Thronfolgerpaares am 28. Juni 1914 in der bosnischen Hauptstadt Sarajewo durch serbische Nationalisten trieb die Entwicklung der Krise zu, da sich Österreich-Ungarn in seiner staatlichen Existenz durch die von Serbien unterstützten Aktivitäten der südslawischen Nationalisten bedroht sah, bei deren Unterdrückung aber unweigerlich in Konflikt mit Russland geraten musste. Deutschland, im Zweibund mit Österreich alliiert, ließ keinen Zweifel daran, dass es ohne Einschränkungen zu seinen Bündnisverpflichtungen stehen werde. Die deutsche Regierung stehe auf dem Standpunkt, telegrafierte der österreichische Botschafter in Berlin am 6. Juli nach Wien, »dass wir beurteilen müssten, was zu geschehen hätte ... Wir könnten hierbei, wie auch immer die Entscheidung ausfallen möge, mit Sicherheit darauf rechnen, dass Deutschland als Bundesgenosse und Freund der Monarchie hinter ihr stehe«.

Gestützt auf diesen »Blankoscheck« Deutschlands stellte Österreich-Ungarn an Serbien ein Ultimatum, das absichtlich so harte, die serbische Souveränität einschränkende Bedingungen enthielt, dass mit seiner Annahme nicht zu rechnen war. In Wien nämlich hatten sich die Anhänger der vom Chef des Generalstabs, Conrad von Hötzendorf, geführten Kriegspartei durchgesetzt. Diese forderte ein militärisches Vorgehen gegen Serbien, da sie sich von einem siegreich geführten begrenzten Krieg günstige Auswirkungen auf die inneren Probleme der k.u.k. Monarchie, vor allem eine Eindämmung des den Vielvölkerstaat bedrohenden slawischen Nationalismus versprach.

Wie zu erwarten, konnte Serbien das Wiener Ultimatum nicht bedingungslos akzeptieren. Doch war seine Antwort so geschickt abgefasst, dass selbst Wilhelm II. zuvor noch der Meinung: »Mit den Serben muss aufgeräumt werden«, jetzt »keinen Grund zum Kriege« mehr sah.

Natürlich konnte Serbien den Konflikt mit Österreich nur riskieren, wenn es der russischen Rückendeckung sicher war. Russland seinerseits hielt engen Kontakt mit dem verbündeten Frankreich. Die französische Versicherung, »alle Verpflichtungen des Bündnisses zu erfüllen«, gab dem Zaren freie Hand gegen Österreich.

Trotzdem wollte Österreich-Ungarn auf eine militärische Machtdemonstration gegenüber Serbien nicht verzichten, wohl in der Hoffnung, durch eine schnelle Akt vollendete Tatsachen zu schaffen. Der von England angeregten Vermittlung kam es durch die Kriegserklärung an Serbien am 28. Juli 1914 zuvor. Zwei Tage später wurde dem deutschen Botschafter in London bedeutet, dass Großbritannien im aufziehenden Konflikt auf Seiten Russlands und Frankreichs stehen werde. Gleichzeitig unterstrich London seine Entschlossenheit durch die Teilmobilisierung der Royal Navy.

Jetzt, in letzter Stunde, versuchte Deutschland mäßigend auf Österreich einzuwirken: Besonders die Verweigerung jedes Meinungsaustausches mit Russland sei schwerer Fehler. »Wir sind zwar bereit, unsere Bündnispflicht zu erfüllen, müssen es aber ablehnen, uns von Wien leichtfertig und ohne Beachtung unserer Ratschläge in einen Weltbrand hineinziehen zu lassen ... Bitte sich gegen Graf Berchtold (österreichischer Außenminister) sofort mit all Nachdruck und großem Ernst aussprechen«, telegrafierte Reichskanzler Bethmann Hollweg am 30. Juli nach Wien. Doch für eine solche Politik war es bereits zu spät. Mit der russischen Teilmobilmachung vom 29. Juli lief der Automatismus der Militärmaschine an, der Europa fast zwangsläufig in den großen Krieg trieb. Durch seine Mittellage bedingt befand sich Deutschland strategisch in einer prekären Situation. Seit der Reichsgründung hatte deshalb das Problem eines möglichen Zweifrontenkrieges sowohl die politische wie die militärische Führung beschäftigt. Während Moltke, der Sieger von 1866 und 1870/71, noch die Ansicht vertreten hatte, man müsse zuerst im Osten und dann im Westen die Entscheidung suchen, wurde unter Alfred Graf von Schlieffen, 1891 bis 1905 Chef des Generalstabs der Armee, der umgekehrte Weg beschritten. Entsprechend dem 1905 entwickelten »Schlieffenplan« sollte die Masse des deutschen Heeres zuerst in einer schnellen Umfassungsschlacht das Gros der französischen Armee vernichten und dann, den Vorteil der inneren Linie wahrnehmend, der »russischen Dampfwalze« im Osten entgegentreten. An der Westfront sollte der rechte Flügel den entscheidenden Schlag führen: »Das Wesentliche für den gesamten Verlauf der Operationen ist, einen starken rechten Flügel zu bilden, mit dessen Hilfe die Schlachten zu gewinnen und in unausgesetzter Verfolgung den Feind mit eben diesem starken Flügel immer wieder zum Weichen

zu bringen.« Aber Schlieffen verkannte auch nicht das hohe Risiko seiner Strategie und warnte: »Wir werden die Erfahrung aller früheren Eroberer bestätigt finden, dass der Angriffskrieg sehr viele Kräfte erfordert und sehr viele verbraucht, dass diese ebenso beständig abnehmen, wie diejenigen des Verteidigers zunehmen, und alles dies ganz besonders in einem Land (wie Frankreich), das von Festungen starrt.«

Auf Anregung Ludendorffs hin änderte Helmuth von Moltke, Neffe des älteren Moltke und Nachfolger Schlieffens, das im Schlieffenplan vorgesehene Stärkeverhältnis rechter Flügel – linker Flügel von 7:1 auf 3:1. Mit Recht befürchtete Ludendorff, dass bei einem

Kaiser Wilhelm II. hoch zu Ross in der Galauniform der ungarischen Kavallerie. Mit seinem prunkenden Auftreten, seinem martialischen Schnurrbart, seiner Vorliebe für Paraden und Manöver galt er im Ausland als Inbegriff des deutschen Militarismus.

zu schwachen linken Flügel »der Franzose in Lothringen mit überlegenen Kräften viel eher im Rücken unseres Heeres« stehen werde »als wir bei unserem Durchmarsch durch Belgien in seinem«. Doch an der Grundkonzeption des Schlieffenplans, Frankreich in kürzester Zeit in einem »Über-Cannae« vernichtend zu schlagen, änderte sich nichts.

Der Eigendynamik dieses Schlieffenplans zufolge musste Deutschland nach der österreichischen Kriegserklärung an Serbien und der ihr folgenden russischen Teilmobilmachung umgehend die Initiative ergreifen und ebenfalls mobil machen – gegen Frankreich, das notfalls durch ein unannehmbares Ultimatum zum Krieg gezwungen werden sollte.

In Deutschland wie auch in den übrigen am Konflikt beteiligten Ländern schlug die patriotische Begeisterung hohe Wellen. Vom Balkon

des Berliner Schlosses rief Kaiser Wilhelm II. am Vorabend des Kriegsausbruchs der jubelnden Menge zu: »Wenn es zum Kampfe kommt, hört jede Partei auf!« Selbst die in Opposition zum wilhelminischen Staat stehende deutsche Sozialdemokratie – sie war inzwischen zur stärksten Partei geworden – zeigte sich im Zeichen der Krise zum »Burgfrieden« bereit und stimmte für die Bewilligung der notwendigen Kriegskredite. Unter dem stürmischen Beifall auch der bürgerlichen Parteien erklärte ihr Vertreter im Plenum des Reichstags: »Wir machen wahr, was wir immer gesagt haben: Wir lassen in der Stunde der Gefahr das Vaterland nicht im Stich.« Diese Eintracht konnte freilich nicht darüber hinwegtäuschen, dass Deutschland letztlich ohne einheitliche Führung in den Krieg eintrat. Denn während in den westlichen Demokratien die militärische der politischen Führung unterstellt war (Clemenceau: »Der Krieg ist viel zu wichtig, als dass man ihn den Generalen überlassen darf«), standen in Deutschland Oberste Heeresleitung und Kabinett gleichberechtigt nebeneinander. Die Koordination oblag dem Kaiser als dem »Obersten Kriegsherrn«, doch Wilhelm II. scheiterte an dieser Aufgabe.

Setzte der Schlieffenplan das Reich bereits unter erheblichen Zeitdruck, so brachte der vorgesehene Einfall nach Frankreich über das neutrale Belgien zusätzlich ein schweres politisches Problem, denn Deutschland war damit gezwungen, den Krieg mit einem eklatanten Völkerrechtsbruch zu beginnen. Am 2. August 1914 wurde Brüssel ein Ultimatum gestellt mit der Forderung, den deutschen Truppen das Durchmarschrecht durch Belgien einzuräumen – Bedenkzeit 12 Stunden. Der König der Belgier wandte sich daraufhin mit der Bitte um Hilfe an London, das Berlin ultimativ aufforderte, die Neutralität Belgiens zu wahren. Dies bedeutete zwar de facto die Kriegserklärung, aber England gewann so eine völkerrechtlich einwandfreie Position. Deutschland – unter dem Druck seiner angelaufenen Mobilmachung – erklärte am 3. August an Frankreich und am 4. August an Belgien den Krieg, nachdem es schon am 1. August der russischen Regierung die Kriegserklärung hatte zukommen lassen.

Gegenüber der Weltöffentlichkeit hatte damit Deutschland den Krieg ausgelöst, obwohl Russland schon wesentlich früher und Frankreich kurz vor Deutschland die Mobilmachung angeordnet hatten. England seinerseits erklärte den »Mittelmächten« – Deutschland am 4. August, Österreich-Ungarn am 12. August – den Krieg.

Selbstverständlich war die Seemacht England nicht in der Lage, Belgien wirksam zu schützen. Die Leichtherzigkeit aber, mit der sich das Reich über dessen Neutralität hinwegsetzte, ganz besonders aber der Ausspruch des Reichskanzlers Bethmann Hollweg, die – von Preußen mitunterzeichnete – Garantieerklärung für den belgischen Staat von 1839 sei nur »ein Fetzen Papier«, war nicht dazu angetan, Deutschlands Position vor der Weltöffentlichkeit zu verbessern.

Gemäß dem Schlieffen-Plan hatte die Masse des deutschen Feldheeres – 36 Armeekorps – entlang der französisch-belgischen Grenze vorzustoßen, sich dann nach Südwesten zu wenden und schließlich, westlich an Paris vorbei, nach Südosten einzuschwenken. Durch diese gewaltige Zangenbewegung sollte das französische Heer an seinem linken Flügel umfasst, gegen die Mosel und die Schweizer Grenze gedrückt und dort vernichtet werden. Gegenüber der starken französischen Festungslinie Verdun-Belfort sollten nur schwache deutsche Kräfte hinhaltend kämpfen.

Dieser Strategie entsprechend rollten mit der Kriegserklärung an Frankreich die Züge planmäßig nach Westen. Wie von der Führung erwartet, eilten die deutschen Truppen zunächst von Sieg zu Sieg. Doch es waren im Sinne Schlieffens nur »ordinäre Siege«, da sie die Kampfkraft des Gegners nicht entscheidend schwächten. Große Gefangenenzahlen blieben aus, französisches Beutematerial blieb ebenfalls gering. Statt dessen hatten die Deutschen hohe Verluste zu beklagen. Ihr Nachschub wurde schwieriger. Insbesondere wurde der äußerste rechte Flügel von Paris aus bedroht. Zwischen der 1. und der 2. Armee klaffte eine Lücke, in die sich englische Truppen hineinschoben.

Die Propaganda der kriegführenden Parteien dacht sich immer neue Verleumdungen des Gegners aus, um die Kampfmoral der eigenen Truppen zu heben. Eins der perfidesten Gräuelmärchen war die Meldung der Alliierten, deutsche Soldaten hätten in Belgien Frauen und Kindern die Hände abgeschritten. Das internationale Klima wurde durch solche hemmungslose Verteufelung über den Krieg hinaus nachhaltig vergiftet.

In dieser unklaren Situation wurde der deutsche Vormarsch gestoppt, die Schlacht an der Marne (5.–12. September 1914) abgebrochen und den deutschen Truppen der Rückzug befohlen. Damit aber war an den schnellen Sieg durch die große Umfassungsschlacht nicht mehr zu denken. Der deutsche Feldzugsplan im Westen war gescheitert. »Majestät, wir haben den Krieg verloren«, meldete ein völlig verzweifelter Moltke dem deutschen Kaiser und nahm den Abschied. Zwar gelang es seinem Nachfolger, Erich von Falkenhayn, die Front wieder zu stabilisieren, doch sein Versuch, durch einen großen Angriff gegen Flanke und Rücken des Gegners den Krieg noch im Herbst zu entscheiden, scheiterte ebenso wie sein Plan, die Kanalküste als Basis für eine wirksame Seekriegführung gegen England zu besetzen. Nach den großen Herbstschlachten in Flandern erstarrte die ganze Westfront im Stellungskrieg.

Während sich die deutschen Truppen im Westen noch auf dem Vormarsch befanden, hatten die Russen, früher als erwartet, mit zwei Armeen ihren Aufmarsch gegen Deutschlands Grenze im Osten begonnen. Als General Prittwitz, Führer der 8. und einzigen deutschen Armee in Ostpreußen, vor dieser russischen Übermacht weichen wollte, wurde er durch Generaloberst Paul von Hindenburg ersetzt. Zusammen mit seinem Generalstabschef Generalmajor Erich Ludendorff stellte er sich dem Feind. Alle verfügbaren Kräfte wurden zunächst der russischen Narew-Armee entgegengeworfen. Bei Tannenberg gelang es, die Russen zu umzingeln und vernichtend zu schlagen (23.-31. August 1914). Nur einen Tagesmarsch entfernt stand eine zweite russische Armee. Dass Hindenburg und Ludendorff die Schlacht bei Tannenberg dennoch schlugen und gewannen, war ein Beweis ihrer Kühnheit und der meisterhaften Beherrschung des Bewegungskrieges. Unmittelbar nach diesem glänzenden Sieg versuchte man, die zweite russische Armee ebenso vernichtend zu treffen. Bei der Schlacht an den Masurischen Seen (6.-15. September) gelang zwar nicht die Umzingelung, doch mussten sich die Russen geschlagen aus Ostpreußen zurückziehen.

Während Hindenburg und Ludendorff die Russen aus Ostpreußen vertreiben konnten, kämpften die verbündeten Soldaten der k.u.k. Armee weniger glücklich. Auch Österreich-Ungarn hatte ein Zweifrontenproblem zu lösen. Im Vertrauen auf eine nicht allzu schnelle Einsatzbereitschaft der russischen Armee suchte man zunächst die Entscheidung gegen Serbien zu erzwingen. Nach anfänglichen Erfolgen mussten sich die österreichisch-ungarischen Truppen dennoch zurückziehen, während die Russen früher als erwartet in Galizien einfielen. Die zahlenmäßig stark unterlegene k.u.k. Armee hatte hier dem Hauptdruck der »russischen Dampfwalze« zu widerstehen, vor der sie schließlich unter großen Verlusten weichen musste. 300 000 Tote und Verwundete waren zu beklagen, eine militärische Katastrophe, von der sich die österreichisch-ungarische Armee nicht mehr erholen sollte. Erst mit deutscher Hilfe gelang es dann, Serbien zu schlagen und gegen die Russen Erfolge zu erzielen. Nach wechselvollen Kämpfen erstarrten im September 1915 auch die Fronten im Osten zum Stellungskrieg.

Durch den Kriegseintritt Italiens an der Seite der Alliierten im Mai 1915 wurde die Lage der Mittelmächte zusätzlich erschwert, wurden an der neuen Front in den Alpen und am Isonzo beträchtliche Kräfte gebunden. Ein entscheidender Durchbruch aber konnte auch hier nicht erzielt werden.

Je länger sich der Krieg hinzog, je weniger sich ein Ende absehen ließ, desto entscheidender musste sich das unterschiedliche wirtschaftliche Potential der kriegführenden Mächte auswirken. Hatte die deutsche Marineführung damit gerechnet, Großbritannien würde durch eine Nahblockade versuchen, die deutsche Küste abzuriegeln und für diesen Fall geplant, in einer offenen Seeschlacht den Durchbruch zu erkämpfen, veränderte die englische Entscheidung für eine Fernblockade die operative Situation der kaiserlichen Flotte.

Zunächst reagierte Deutschland auf diese zweifellos völkerrechtswidrige englische Fernblockade – durch sie wurde die gesamte Nordsee für die Zufuhr nach Deutschland gesperrt – mit der völkerrechtlich ebenfalls nicht unproblematischen Proklamation des U-Bootkriegs. Mit Rücksicht auf die neutralen Staaten – insbesondere sollten die USA nicht unnötig provoziert werden –, wurde diese erste Proklamation des U-Bootkriegs vom 14. Februar 1915 im folgenden Jahr jedoch wieder aufgehoben.

Die einzige große Seeschlacht des Ersten Weltkriegs, die Schlacht am Skagerrak vom 31. Mai 1916, brachte ebenfalls keine Wende. Beide Seiten meldeten Sieg, die britische Fernblockade jedoch blieb bestehen, die Zufuhr kriegswichtiger Güter nach Deutschland weiterhin gefährdet. Lieferungen aus den Kolonialgebieten waren schon bald nach Kriegsbeginn ausgefallen, denn mit Ausnahme Ostafrikas hatten die Kolonien schnell kapituliert. Die erfolgreichen Kämpfe der deutschen Schutz-

Rechte Seite: U 53 auf Atlantikpatrouille – Gemälde von Klaus Bergen. Die U-Boote waren die einzige wirksame Waffe gegen die alliierten Zufahrtswege, besonders für die kämpfende Truppe in Frankreich und Belgien. Mit der Erklärung des uneingeschränkten U-Bootkrieges im Januar 1917 nahm die deutsche Führung den Kriegseintritt der USA bewusst in Kauf.

Rechte Seite: »Tag der Arbeit. Lenin spricht zu den werktätigen Massen.« Russisches Gemälde. Nach Auflösung der verfassunggebenden Versammlung im November 1917 verkündete Lenin, dies bedeute »die vollständige und offene Beseitigung der Idee der Demokratie zugunsten des Gedankens der Diktatur«. Die »Diktatur des Proletariats«, in Wirklichkeit jedoch die Diktatur der Parteielite, bestimmte fortan die Politik der Sowjetunion.

truppe unter General Paul von Lettow-Vorbeck in Ostafrika, der bis zum November 1918 den Engländern einen verbissenen Buschkrieg lieferte, konnten daran nichts ändern.

Wollte Deutschland die Entscheidung doch noch erzwingen, musste es aus der Sackgasse des Stellungskrieges herauskommen und die Offensive wiedergewinnen. Nachdem Falkenhayn den Plan von Hindenburg/ Ludendorff und Hötzendorf, in einer gemeinsamen gigantischen deutsch-österreichischen Umfassungsschlacht die Russen entscheidend zu schlagen, abgelehnt hatte, da ihm die Kräfte der Verbündeten im Osten für ein solches Vorhaben zu schwach erschienen, versuchte er 1916, die Westfront wieder in Bewegung zu bringen. Seine Taktik lief darauf hinaus, den Gegner durch einen großen Aufwand an Menschen und Material »auszubluten«. Ein massierter Angriff auf den Eckpfeiler der französischen Front,

die Festung Verdun, die Frankreich nicht aufgeben konnte, sollte den Gegner dazu zwingen, hier sein Material und seine Mannschaften zu verschleißen. Mit einem achtstündigen Artilleriefeuer aus 1 400 Geschützen begann am 2. Februar 1916 der mörderische Kampf. »An keiner Front und in keiner Schlacht hatte man etwas derartiges kennen gelernt«, schreibt General Philippe Petain, der Verteidiger von Verdun. »Die Absicht der Deutschen war, eine Zone des Todes zu schaffen, in der sich keine Truppe halten könne. Eine Flut von Stahl, Feuer, Schrapnells, giftigen Gasen ging auf unsere Wälder, Schluchten, Gräben, Unterstände herab, die den ganzen Abschnitt in ein Leichenfeld verwandelte ... Ungeheure Explosionen erschütterten unsere Forts und hüllten sie in Rauch ein. Die Worte fehlen, solches Geschehen zu beschreiben.« »Fort Douaumont«, »Fort Vaux«, »Toter Mann« und »Höhe 304«

sahen ein fürchterliches Ringen. Zehn Monate lang tobten die heftigsten Kämpfe. Artilleriefeuer zerfurchte jeden Meter Boden. Über die Granattrichter stürmten mit Handgranaten und Flammenwerfern Hunderttausende unter großen Verlusten in das Feuer der Maschinengewehre. Rund 1 350 000 Tonnen Stahl durchpflügten die Erde. Jeder Hektar Boden des etwa 260 Quadratkilometer großen Geländes von Verdun wurde im Durchschnitt mit rund 50 Tonnen Stahl belegt. Über 350 000 Franzosen und annähernd ebenso viele Deutsche starben in der »Hölle von Verdun«. Falkenhayns Rechnung ging nicht auf: Nicht nur die Franzosen verbluteten, auch die Deutschen erlitten ungeheure Einbußen an Menschen und Material. Die Festung aber blieb in französischer Hand. Falkenhayn musste gehen. An seine Stelle trat das Duumvirat Hindenburg/ Ludendorff.

Dieser Wechsel führte zu einer weiteren Betonung des Militärischen, zu einer weiteren Intensivierung der Kriegführung. Je stärker sich die englische Blockade bemerkbar machte, je mehr Menschen und Material den grauenvollen Materialschlachten zum Opfer fielen, desto rigoroser galt es, an der Heimatfront alle Energien der Kriegswirtschaft zuzuführen. Das von Ludendorff entworfene »Hindenburgprogramm« lief bereits auf den totalen Krieg hinaus. Sämtliche Kräfte hatten nur noch einem Ziel zu dienen: dem Krieg. Mit dieser Konzentration aller Kräfte gelang es zwar, die deutsche Kriegsproduktion beträchtlich zu steigern, doch selbst die größten Anstrengungen konnten gegen das weltweite Potenzial der Alliierten auf lange Sicht nicht aufkommen.

In dieser misslichen Situation verstärkte sich der Ruf nach der Wiederaufnahme des U-Bootkriegs. Im uneingeschränkten U-Bootkrieg sah man die »Wunderwaffe«, die den angestrebten Siegfrieden erzwingen sollte.

»Der Krieg«, so heißt es in dem Schreiben des Chefs des Admiralstabs v. Holtzendorff an Generalfeldmarschall v. Hindenburg vom 22. Dezember 1916, »verlangt eine Entscheidung vor Herbst 1917, wenn er nicht in allgemeiner Erschöpfung aller Parteien und damit für uns verhängnisvoll enden soll. Von unseren Gegnern sind Italien und Frankreich in ihrem Wirtschaftsgefüge so stark erschüttert, dass sie nur noch durch die Energie und Tatkraft Englands aufrechterhalten werden. Gelingt es, England das Rückgrat zu brechen, so ist der Krieg sofort zu unseren Gunsten entschieden. Englands Rückgrat aber ist der Schiffsraum, der den großbritannischen Inseln die notwendige Zufuhr für die Erhaltung des Lebens und der Kriegsindustrie bringt und die Zahlungsfähigkeit im Auslande sichert ... Ich komme daher zu dem Schluss, dass ein uneingeschränkter U-Bootkrieg, der so rechtzeitig eröffnet wird, dass er den Frieden vor der Welternte des Sommers 1917, also vor dem 1. August herbeiführt, selbst den Bruch mit Amerika in Kauf nehmen muss, weil uns gar keine andere Wahl bleibt. Ein bald einsetzender uneingeschränkter U-Bootkrieg ist also trotz der Gefahr eines Bruches mit Amerika das richtige Mittel, den Krieg siegreich zu beenden. Es ist auch der einzige Weg zu diesem Ziel ...«

Das Duumvirat Hindenburg-Ludendorff machte sich diese Argumentation zu eigen. Ihnen gegenüber konnte sich Reichskanzler Bethmann Hollweg nicht durchsetzen. Vergeblich hatte er gewarnt, alles zu unterlassen, was zum Kriegseintritt der USA führen könnte. Am 9. Januar 1917 kapitulierte der Reichskanzler, höchster Repräsentant der politischen Gewalt, vor dem Machtanspruch des Militärs. Im Hauptquartier zu Pleß wurde der uneingeschränkte U-Boot-Krieg beschlossen. Um England »auszuhungern« wurde der Bruch mit den Vereinigten Staaten bewusst in Kauf genommen. Noch bevor sich das amerikanische Eingreifen auswirken könne, würde England innerhalb von sechs Monaten wirtschaftlich und militärisch zusammenbrechen. Doch diese »letzte Karte« der Obersten Heeresleitung stach nicht. Was Bethmann Hollweg und andere warnend vorausgesagt hatten, trat ein: Die Versenkung mehrerer neutraler, darunter auch amerikanischer Handelsschiffe, war den USA der willkommene Anlass, Deutschland am 6. April 1917 den Krieg zu erklären. Noch stärker als zuvor strömten mit dieser Kriegserklärung Kapital, Rohstoffe, Waffen, Munition und Menschen aus den Vereinigten Staaten ins Lager der Entente.

Die Situation der Mittelmächte wurde zusehends schlechter. Während sich der Kern des deutschen Frontheeres im Wesentlichen behauptete, kam es in der Heimat zu Unruhen und Streiks.

Ein von Hunger und Not zermürbtes Volk, wütend über Wucher, Schleichhandel, Korruption und Kriegsgewinnler, wurde immer zugänglicher für eine sich verstärkende sozialistische Agitation gegen den Krieg und gegen das herrschende monarchisch-kapitalistische System.

»Nieder mit dem Krieg! Nieder mit der Regierung!« forderte Karl Liebknecht, Führer der radikalen Spartakusgruppe, schon am 1. Mai 1916 auf dem Potsdamer Platz in Berlin. Als er deswegen zu Gefängnishaft verurteilt wurde, traten in Berlin 50 000 Arbeiter in den Streik.

Auch die Gegensätze innerhalb der Sozialdemokratischen Partei hatten sich im Laufe des Krieges verschärft und führten mit der Gründung der strikt pazifistischen »Unabhängigen Sozialdemokratischen Partei Deutschlands« (USPD) im April 1917 schließlich zur förmlichen Spaltung. Gegen »Spartakus« und gegen »Unabhängige« behaupteten die »Mehrheitssozialisten« den Kurs von 1914. Nachdrücklich verteidigte ihr Führer Friedrich Ebert die Haltung der Partei: »In einer Zeit, in der die englischen Munitionsarbeiter auf Feiertage und Sonntage verzichten, in der die ganze Welt mit äußerster Kraftanstrengung für die Entente Munition und Kriegsmaterial herstellt, in der die Entente ein Land nach dem anderen in den Krieg hineinzwingt, in der alle feindlichen Staatsmänner grundsätzlich jede Friedensbereitschaft ablehnen und unsere Söhne und Brüder an allen Fronten im furchtbarsten und mörderischsten Trommelfeuer liegen, in dieser Zeit sollen die deutschen Munitionsarbeiter streiken? Wäre das nicht Wahnsinn?«

Trotzdem kam es im April 1917 zu Massenstreiks. Außenpolitisch verlangte man einen Frieden ohne Annexionen, innenpolitisch das freie und gleiche Wahlrecht in allen Bundesstaaten. Diesem Druck von unten konnten sich auch die Mehrheitssozialisten nicht mehr entziehen. Nachdrücklich forderten sie die Beseitigung des Dreiklassenwahlrechts in Preußen, energisch setzten sie sich für einen Verständigungsfrieden ein. Die Uneinsichtigkeit der Rechtsparteien, die für solche Forderungen kein Verständnis zeigten, verschärfte die innenpolitischen Gegensätze. Zermürbt und zerstritten, ohne zielstrebige Führung ging Deutschland in das letzte Jahr des Krieges.

Immerhin schien dieses Jahr auch einen militärischen Vorteil zu bringen. Mit deutscher Unterstützung nämlich war Wladimir Iljitsch Lenin mit einer Handvoll russischer Revolutionäre im April 1917 aus seinem Schweizer Exil über Deutschland, Schweden und Finnland nach Russland gelangt. Bereits einen Monat zuvor, am 15. März, hatte hier eine von bürgerlich-liberalen Kräften getragene Revolution den Zaren zur Abdankung gezwungen. Doch während die neuen Machthaber entschlossen waren, den Krieg gegen die Mittelmächte weiterzuführen, agitierten die kommunistischen »Bolschewiki« unter Lenins Führung für einen sofortigen Frieden. Am 7. und 8. November – nach russischem Kalender am 25. und 26. Oktober – stürmten Kronstädter Matrosen und Arbeitermilizen das Winterpalais des Zaren in Petersburg. Auch in Moskau führte ein bewaffneter Aufstand zum Erfolg. Lenin und die Bolschewisten übernahmen die Macht. Ihnen wiederum, den Führern eines demoralisierten und ausgebluteten Russlands, konnten die Deutschen am 3. März 1918 den Frieden von Brest-Litowsk aufzwingen. Damit schied Russland aus dem Kreis der kriegführenden Mächte aus. Neue Kräfte wurden frei für die im Westen gesuchte Entscheidungsschlacht. Genau wie im Osten wollten die Militärs nun auch im Westen den Siegfrieden erzwingen.

Noch bevor amerikanische Verstärkungen das Kräfteverhältnis endgültig zu Ungunsten Deutschlands verändern würden, sollte die Schlacht geschlagen werden. Im März 1918 standen sich die feindlichen Heere im Westen ungefähr gleich stark gegenüber. Im Osten durch den Frieden von Brest-Litowsk den Rücken frei, sollten jetzt 192 Divisionen mit mehr als 3,5 Millionen Mann – dazu kamen während der Offensive noch 28 Divisionen von der Ostfront – den Sieg erkämpfen, den man schon 1914 angestrebt hatte. Waffen und Munition standen den Deutschen in genügender Menge zur Verfügung. Der schwache Punkt in Ludendorffs Offensive war die »Beweglichkeit«. An Gespannen und Lastkraftwagen herrschte empfindlicher Mangel. Dennoch setzte Ludendorff alles auf eine Karte. Die Frage, was denn geschehe, wenn die Offensive scheitern würde, beantwortete er in militärischer Kürze: »Dann muss Deutschland eben zugrunde gehen.«

Am 21. März 1918 waren 63 deutsche Angriffsdivisionen mit über 6 000 Geschützen zum Angriff bereit. Nur fünf Stunden dauerte das einleitende Trommelfeuer der Artillerie. Dann stürmten die deutschen Divisionen gegen den überraschten Feind. An der Nahtstelle zwischen französischen und englischen Truppen gelang der Durchbruch auf einer 50 km breiten Front. In nur sieben Tagen stießen die deutschen Truppen 60 km vor. Doch dann hatten sich die Kräfte der Angriffsdivisionen verzehrt. Nun fehlten die beweglichen Reserven, um eine eindeutige Entscheidung zu erzwingen. Am 9. April versuchte es Ludendorff mit einem zweiten Schlag – abermals vergeblich. Ein dritter Schlag führte die deutschen Truppen bis auf fünf Tagesmärsche an Paris heran. Die Marne war wieder erreicht. Deutsche Ferngeschütze beschossen Paris. Hiermit aber war die Kampfkraft der deutschen Soldaten endgültig erschöpft. Frische französische und amerikanische Kräfte in großer Zahl zwangen die deutschen Truppen zum Rückzug.

Am 8. August durchbrachen englische Truppen mit Hunderten von Panzern die deutsche Front. Nach Ludendorff war das der »schwar-

»Die beiden Getreuen beim Kriegsplan«. Gemälde von Hugo Vogel. Als Hindenburg (links) und Ludendorff, die verantwortlichen Militärs, die bis zuletzt auf Sieg gesetzt hatten, eingesehen hatten, dass die militärische Lage hoffnungslos war, drängten sie die Politiker, das Ende des Kampfes herbeizuführen.

ze Tag« des deutschen Heeres. Auch er musste nun die Hoffnung auf den militärischen Sieg begraben: »Der 8. August stellte den Niedergang unserer Kampfkraft fest und nahm mir bei den gegebenen Ersatzmöglichkeiten die Hoffnung, eine strategische Aushilfe zu finden, welche die Lage wieder zu unsern Gunsten festigte. Der Krieg war zu beendigen.«

»In Wahrheit war nicht etwa bloß die Aussicht auf den Sieg, sondern es war auch der ganze Krieg militärisch endgültig verloren«, fasste General Otto von Moser die katastrophale Lage zusammen, »denn mit einem Heere, das zahlenmäßig dauernd sank und dessen Seelenstärke erschüttert war, war gegenüber einem an Zahl dauernd wachsenden und durch Erfolge moralisch gehobenen Gegner auf keine Verbesserung der Lage mehr zu hoffen.« In der Tat war die Kampfstärke des deutschen Westheeres seit Beginn der deutschen Offensive um eine Million Mann zurückgegangen, während die Zahl der amerikanischen Truppen an der Westfront im gleichen Zeitraum auf 1,8 Millionen gestiegen war.

In dieser militärisch hoffnungslosen Lage hatten nun die Politiker das Ende der Kämpfe herbeizuführen. Ihre Hoffnungen, trotz der katastrophalen Situation doch noch annehmbare Bedingungen erzielen zu können, beruhten auf den vom amerikanischen Präsidenten Wilson am 8. Januar 1918 verkündeten »14 Punkten«, die einer künftigen, gerechten Friedensregelung zugrunde liegen sollten. Gedrängt von der Obersten Heeresleitung, umgehend einen Waffenstillstand herbeizuführen, eröffnete der letzte kaiserliche Reichskanzler, Prinz Max von Baden, mit einer Note vom 5. Oktober 1918 an Wilson die Verhandlungen.

Doch Verhandlungen sollte es nicht geben. Im Notenwechsel mit dem amerikanischen Präsidenten verlangte dieser indirekt die Abdankung des Kaisers und die Umwandlung Deutschlands in eine parlamentarische Demokratie. Außerdem könne nur ein Waffenstillstand abgeschlossen werden, »der die Vereinigten Staaten und die mit ihnen assoziierten Mächte in einer Lage lassen würde, in der sie jeder Abmachung, welche getroffen werden müsste, genügend Kraft beizusetzen vermögen, um eine Wiederaufnahme der Feindseligkeiten seitens Deutschlands unmöglich zu machen«.

Der Wunsch der deutschen Regierung, Verhandlungen über einen Waffenstillstand einzuleiten, wurde somit von Wilson mit der Forderung nach der militärischen Kapitulation Deutschlands beantwortet.

Als die deutsche Waffenstillstandskommission im Wald von Compiègne die harten Bedingungen des Waffenstillstands vorgelegt bekam, fragte ihr Leiter, Matthias Erzberger, bei der Obersten Heeresleitung an, ob diese Bedingungen denn wirklich angenommen werden müssten. Hindenburg riet zwar, in zahlreichen Punkten Erleichterungen anzustreben, aber »gelingt die Durchführung dieser Punkte nicht, so wäre trotzdem abzuschließen«. Die Kampfhandlungen wieder aufzunehmen, hatte militärisch gesehen keinen Sinn mehr. Über kurz oder lang wäre das deutsche Heer vom Feind geschlagen worden.

Am 11. November 1918 wurde der Waffenstillstand unterzeichnet. Die Mittelmächte hatten den Krieg verloren, Deutschland war auf Gedeih und Verderb den Siegermächten ausgeliefert.

Weimarer Republik, Weltwirtschaftskrise und Drittes Reich

Der Weltkrieg hatte die Kräfteverhältnisse in Europa und damit die weltpolitische Landschaft grundlegend verwandelt. Die Ausschaltung Deutschlands aus dem »Konzert der Großmächte« sollte dabei die weitreichendsten Folgen haben. Mitteleuropa wurde zum Kristallisationspunkt verhängnisvoller Entwicklungen. Hand in Hand mit dem militärischen Zusammenbruch ging der politische des deutschen Kaiserreiches. Das erschöpfte Volk erhob sich. Kaiser Wilhelm floh nach Holland. In Berlin rief der Sozialdemokrat Philipp Scheidemann am 9. November 1918 die Republik aus. Die Macht lag nun bei den Sozialisten. Diese aber hatten sich gespalten. Der Konflikt zwischen den demokratischen Sozialisten unter Friedrich Ebert und den Revolutionären unter Karl Liebknecht und Rosa Luxemburg führte vom 2.-5. Januar 1919 in Berlin zum bewaffneten Aufstand. Mit Hilfe von freiwilligen Verbänden der alten Armee ließ Ebert den Aufstand blutig niederschlagen. Liebknecht und Rosa Luxemburg wurden dabei am 15. Januar 1919 von Freikorpsoffizieren ermordet.

Am 19. Januar 1919 fanden dann die ersten Nachkriegswahlen zu einer Verfassung gebenden Nationalversammlung statt. Unter Führung der SPD erhielten die Parteien, die eine parlamentarische Demokratie befürworteten, eine solide Zweidrittel-Mehrheit. Da man sich im unruhigen Berlin nicht sicher fühlte, wurde die Nationalversammlung nach Weimar einberufen. Sie wählte Friedrich Ebert zum Reichspräsidenten, Philipp Scheidemann zum Ministerpräsidenten. In langen Beratungen wurde die »Weimarer Verfassung« ausgearbeitet, dann mit überwältigender Mehrheit angenommen und schließlich vom Reichspräsidenten am 11. August 1919 unterzeichnet. Deutschland war nun eine freiheitlich-demokratische Republik, der eigentliche Souverän das deutsche Volk.

Der demokratische Neubeginn in Deutschland stand indessen unter einem schlechten Stern: Die junge Republik galt fortan als Kind der Niederlage. Auch honorierten die Siegermächte die zum Kriegsziel deklarierte Demokratisierung in keiner Weise. Im Gegenteil: Das, was dem Kaiser und seinen Generalen, dem »militärischen Deutschland« zugedacht war, traf nun das demokratische Deutschland mit völlig unerwarteter Härte. Dem Friedensprogramm des amerikanischen Präsidenten Wilson vertrauend, hatte sich Deutschland zu Verhandlungen bereit erklärt. Nach Wilson sollte es einen Frieden ohne »Sieger und Besiegte« geben, auf der Grundlage des Selbstbestimmungsrechts der Völker.

Unter diesen Vorzeichen hätte es sicherlich zu einem Verständigungsfrieden kommen können. Doch Wilsons europäische Verbündete, vor allem Frankreich, hatten ganz andere Pläne. Schon als die deutsche Waffenstillstandsdelegation unter Leitung des Zentrumspolitikers Matthias Erzberger am 8. November 1918 im Wald von Compiègne mit den Alliierten zusammentraf, wurde ihr keinerlei Verhandlungsspielraum eingeräumt. Waren die Waffenstillstandsbedingungen schon äußerst hart – die für die deutsche Unterschrift Verantwortlichen wurden bereits als »Novemberverbrecher« diffamiert –, so brachten die Friedensverhandlungen in Versailles ein vernichtendes Resultat. Vom Wilsonschen Geist eines Verständigungsfriedens war nun nichts mehr zu spüren. Frankreich, das auf alliierter Seite die Hauptlast des Krieges getragen hatte, kannte nur ein Ziel: Sicherheit. Frankreichs Ministerpräsident Georges Clemenceau wollte um jeden Preis Deutschland, ganz gleich, ob das kaiserliche der Generale oder das republikanische der Demokraten, niederhalten, wenn möglich zerstückeln. Es sollte Frankreich nie wieder bedrohen können.

Die einst so stolze Militärmacht Deutschland wurde auf ein 100 000-Mann-Heer beschränkt. Große Teile des Reichsgebietes gingen verloren und schließlich hatte der Verlierer noch die gesamten Kosten des Krieges zu tragen. Begründet wurde dies mit der Alleinschuld der Deutschen am Ausbruch des Krieges. Diese von den meisten Deutschen als »Kriegsschuldlüge« empfundene Bestimmung des Artikels 231 des Versailler Vertrages und die daraus resultierenden Ungerechtigkeiten des gesamten Vertragswerks führten im Reich zu leidenschaftlicher Empörung. Erst als Clemenceau mit dem Einmarsch französischer Truppen in das Reichsgebiet drohte, beugte sich die deutsche Delegation dem Unvermeidlichen. »Der übermächtigen Gewalt weichend und ohne ihre Auffassung über die unerhörte Ungerechtigkeit ... aufzugeben, erklärt die Regierung, dass sie bereit ist, die ... Friedensbedingungen anzunehmen und zu unterzeichnen.« Das geschah am 28. Juni 1919. Für die junge Republik wurde das Versailler Diktat letztlich zur tödlichen Hypothek, die »Revision« des Friedensvertrags zum Hauptargument der republikfeindlichen Kräfte, vor allem der Nationalsozialisten.

In anderen Pariser Vororten entschied sich derweil das Schicksal der anderen Kriegsverlierer: Am 10. September 1919 wurde in St. Germain die Auflösung Österreich-Ungarns besiegelt. Österreich wurde auf sein deutschsprachiges Kernland beschränkt und vom Meer abgeschnitten. Der Anschluss an das Reich blieb ihm ohne Rücksicht auf das von den Siegern vielzitierte Selbstbestimmungsrecht verboten. Ungarn verlor ebenfalls weite Gebiete, die neuen Staaten zugeschlagen wurden: der Tschechoslowakei, einem neuen Vielvölkerstaat, in dem das tschechische Staatsvolk nicht einmal die Hälfte der Bevölkerung ausmachte; Jugoslawien, einer Zusammenfassung der adriatischen Provinzen des Habsburger Reiches mit ebenfalls vielen schwer zu integrierenden Völkern; Rumänien mit Siebenbürgen und einigen russischen und bulgarischen Gebieten; das neue Polen erhielt Galizien.

Am 27. November 1919 verurteilten die Sieger in Neuilly Bulgarien zu Reparationen und Gebietsabtretungen. Am 4. Juni 1920 musste Ungarn in Trianon seinen Urteilsspruch entgegennehmen, zwei Monate später, am 10. August, die Türkei in Sèvres. Sie schrumpfte auf Kleinasien zusammen und erhielt nur Reste auf europäischem Boden.

In diesen »Pariser Vorort-Verträgen«, allen voran jenem von Versailles, wurden mehr neue Sprengsätze gelegt als alte entschärft. Woodrow Wilson war mit seinem Programm der Befriedung gescheitert. Zwar akzeptierten die Siegerkollegen einen Passus im Vertragswerk, wonach ein »Völkerbund« zur Überwachung der Friedensordnung zu schaffen sei. Doch sie riskierten damit wenig, denn ein Vetorecht ermöglichte ihnen jederzeit, Beschlüsse des Bundes bei nicht genehmen Entscheidungen zu blockieren. Außerdem sollten Deutschland und die neue Sowjetunion vom Völkerbund ausgeschlossen sein.

Mehr als ein Alibi-Organ für die Großmächte kam also nicht heraus. Und so scheiterte Wilson mit seinen Verhandlungsergebnissen von Paris im US-Senat, der sowohl die Ratifikation der Verträge als auch den Beitritt zum

Völkerbund verweigerte (18.11.1919). Senator Borah analysierte schonungslos: »Aber Ihr Vertrag bedeutet nicht Frieden. Wenn wir die Zukunft anhand der Vergangenheit beurteilen, bedeutet er Krieg ...« Wilson starb 1924. Amerika wandte sich seinen inneren Problemen zu und überließ Europa sich selbst.

Hier ging es nach dem Ende des Krieges primär um die Durchsetzung der neuen Ordnung, was vor allem in Deutschland erhebliche Schwierigkeiten bereitete: An den Ostgrenzen des Reiches blieb es unruhig. Polen versuchte weitere Gebiete als die schon abgetretenen vom Reich loszureißen. Dagegen musste der entwaffnete Staat »Freikorps« zu Hilfe rufen, die dann wieder mit ihrem antidemokratischen Potenzial zu Hilfstruppen rechter Putschisten wurden. So am 13. März 1920, als ein Umsturzversuch des ostpreußischen Landschaftsdirektors Kapp nur am entschlossenen Widerstand der Arbeiterschaft scheiterte.

Auch vor politischem Mord schreckten die rechten Republikfeinde nicht zurück.

»Statt der 14 Punkte 440 unerfüllbare Paragrafen« Karikatur von E. Schilling auf den Versailler Vertrag. Die in Deutschland allgemein als Schanddiktat empfundene Versailler Friedensregelung war, abgesehen von moralischen und rechtlichen Überlegungen, auch politisch verfehlt. Der Vertrag war nicht hart genug, um Deutschland für immer als Großmacht auszuschalten, und doch so ungerecht, dass er eine Versöhnung nahezu unmöglich machte und den Keim zur Rache legte.

Prominenteste Opfer nach Liebknecht und Rosa Luxemburg waren Matthias Erzberger (26.8.1921), als Unterzeichner des Waffenstillstands für die Rechten Inbegriff des »Novemberverbrechers«, und Außenminister Walther Rathenau (24.6.1922), dessen Russlandpolitik, die am 16. April 1922 zum Sondervertrag von Rapallo mit der Sowjetunion führte, ihn in den Augen der Nationalisten zum »Bolschewikenknecht« stempelte.

Dabei hatte gerade dieser Vertrag Deutschland aus der erdrückenden Isolierung geführt und mit seinem geheimen Zusatz dem wehrpolitisch geknebelten Reich etwas Luft verschafft: Als Gegenleistung für die Ausbildung sowjetischer Offiziere wurde Luftwaffen- und Panzerschulung für die Reichswehr in Russland vereinbart.

Nach Westen gelang vorerst kein vergleichbarer Durchbruch. Im Gegenteil: Das unter den abenteuerlichen Reparationsforderungen leidende Deutschland konnte nicht immer seinen Verpflichtungen nachkommen. Verzögerte Kohlelieferungen nahm im Januar 1923 die französische Regierung zum Anlass, das Ruhrgebiet zu besetzen. Die Reichsregierung antwortete mit passivem Widerstand, die deutsche Wirtschaft geriet in einen Strudel und riss die Währung mit: Von 8,57 Mark 1919 stieg der Dollar bis Mitte 1922 auf 1000 Mark, im Mai 1923 auf eine Million, im November auf vier Milliarden. Der Wert des Arbeitslohns zerfiel schon, während man die Lohntüte nach Hause trug. Massenverelendung und Spekulantentum beherrschten die Szene: die rechte Stimmung für politische Hasardeure.

Einer von ihnen gab jetzt in München sein Debüt: Adolf Hitler, österreichischer Zöllnersohn und bayerischer Frontsoldat, hatte mit erheblichem demagogischem Geschick in seiner Nationalsozialistischen Deutschen Arbeiterpartei ein Sammelbecken für proletarisierte Kleinbürger, völkische Romantiker und nationalistische Aktionisten geschaffen. Verbündet mit bayerischen Separatisten, unterstützt von dem populären Weltkriegsgeneral Ludendorff, wollte er nun nach dem Vorbild von Mussolinis »Marsch auf Rom« (28.10.1922) einen »Marsch auf Berlin« zum Sturz der »Regierung der Novemberverbrecher« inszenieren. Sein Putsch brach am 9. November 1923 unter den Kugeln der bayerischen Landespolizei an der Feldherrnhalle in München zusammen.

In den Wirren des Herbstes 1923 war der Führer der nationalliberalen Deutschen Volkspartei, Gustav Stresemann, Reichskanzler geworden. Er regierte nur drei Monate, legte aber die Grundsteine zur Gesundung der Republik, indem er die Obstruktionspolitik gegen die französischen Ruhr-Besatzer aufgab und die Inflation mit Hilfe der Rentenmark beendete. Stresemann blieb unter allen Regierungen danach bis zu seinem Tod 1929 Reichsaußenminister.

In diesen sechs Jahren schuf er gemeinsam mit seinem französischen Kollegen Aristide Briand im Vertrag von Locarno (16.10.1925) das westliche Gegenstück zu Rathenaus Rapallo, erreichte die Aufnahme Deutschlands in den Völkerbund (1926), die Räumung des Rheinlandes (1930 abgeschlossen), die Neuregelung der Reparationen und die Ankurbelung der deutschen Wirtschaft durch amerikanische Kredite. In dieser Ära der Stabilität konnte auch der Tod des Reichspräsidenten Friedrich Ebert (1925) die Republik nicht erschüttern. Ihm folgte der populäre Feldmarschall Paul von Hindenburg.

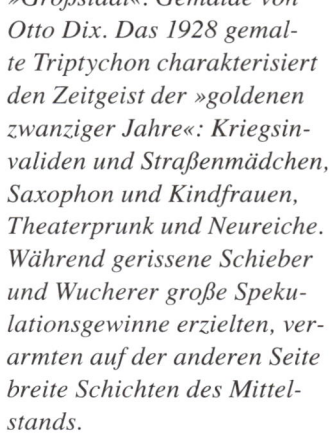

»Großstadt«. Gemälde von Otto Dix. Das 1928 gemalte Triptychon charakterisiert den Zeitgeist der »goldenen zwanziger Jahre«: Kriegsinvaliden und Straßenmädchen, Saxophon und Kindfrauen, Theaterprunk und Neureiche. Während gerissene Schieber und Wucherer große Spekulationsgewinne erzielten, verarmten auf der anderen Seite breite Schichten des Mittelstands.

LOCARNO?

Wählt deutschnational!

Die Wende kam 1929: Unnachgiebig hatten die Amerikaner nach dem Krieg von ihren Partnern die Schulden eingetrieben. Die Betroffenen hielten sich am ohnehin überlasteten Deutschland schadlos. Die europäischen Volkswirtschaften wurden damit gelähmt und fielen als Markt für die auf Hochtouren produzierende US-Industrie weitgehend aus. Nach einer Phase rasender Spekulationen brach am »Schwarzen Freitag«, dem 25. Oktober 1929, an der New Yorker Börse die Panik aus. Die Kurse rutschten ins Bodenlose. Banken forderten ihre Kredite zurück; Pleiten, Bankkräche waren die Folge.

Mit voller Wucht traf die amerikanische Krise vor allem das exportorientierte Deutsche Reich. Hatten schmaler Wohlstand und außenpolitische Erfolge den Republikfeinden Mitte der zwanziger Jahre die Agitation erschwert, so gediehen nun im Klima von Arbeitslosigkeit und Armut radikale Bewegungen aller Art, vor allem eine, die diesmal zum legalen Sturz der Republik ausholte: der Nationalsozialismus.

Er war die deutsche Variante eines weltweiten Trends zu autoritären Herrschaftsformen. Der Schock der russischen Revolution war

eine seiner vielfältigen Wurzeln. Lenins Bolschewisten hatten 1917 das zaristische System in kürzester Frist zerschlagen und im Namen des Proletariats eine Diktatur der Kommunistischen Partei errichtet. In beispielloser Kraftanstrengung gelang der »Roten Armee« unter Lenins Mitkämpfer Leo Trotzki die Abwehr der 1918 einsetzenden militärischen Interventionen der Westmächte, Polens und Japans. Auch der innere Widerstand wurde rasch gebrochen. Doch damit war Russlands vom Kriege ohnehin strapazierte Wirtschaftskraft nahezu erschöpft. Mit dem Programm der »Neuen Ökonomischen Politik« suchte Lenin den Ausweg und erreichte auch mit Hilfe westlichen Privatkapitals die allmähliche Gesundung. Durch Annäherung an das ähnlich isolierte Deutschland in Rapallo, einen Freundschaftspakt mit der Türkei (1921) und ein Netz von Handelsverträgen führte er die Sowjetunion aus der Isolierung.

Das kommunistische System jedoch, über das durch Emigranten und Augenzeugen nur ungeheure Gräuelnachrichten nach außen drangen, wurde zum Schreckgespenst der übrigen Welt, zumal nach Lenins Tod 1924. Im

»Locarno? – Wählt deutschnational!« Wahlplakat der Deutsch-Nationalen Volkspartei gegen Stresemanns Außenpolitik. Die 1925 unterzeichneten Locarno-Verträge waren ein erster Schritt zur Aussöhnung mit Frankreich. Zwar wurde die Abtretung Elsass-Lothringens anerkannt, aber die »Erhaltung der Rheinlande und die Möglichkeit der Wiedergewinnung deutschen Landes im Osten«, hatte Stresemann immerhin durchsetzen können.

Der »Duce« wurde zum Vorbild des »Führers«. Benito Mussolinis Alleinherrschaft über Italien gab das Modell ab für den nationalsozialistischen Führerstaat. Beide faschistischen Regime waren gekennzeichnet durch Herrschaft einer Partei und Zusammenfassung der Staatsgewalt in einer Hand.

(Rutenbündel), zurück. Er predigte den starken Staat, brandmarkte die Friedensverträge, die die Siegermacht Italien nicht angemessen berücksichtigt hätten, und versprach Hilfe gegen Streikbewegungen und Enteignungsforderungen der Linken.

Mussolinis Stunde kam 1921, als er mit seinen »Schwarzhemden« einen kommunistischen Generalstreik unterlief und sich nachdrücklich als Ordnungsfaktor empfahl. Die Macht fiel ihm endgültig zu, als er mit einem »Marsch auf Rom« im Oktober 1922 die schwache liberale Regierung zur Abdankung zwang. Der König ernannte ihn zum Ministerpräsidenten einer Koalitionsregierung, in der die Faschisten nur drei Minister hatten.

Das blieb allerdings nicht lange so: Einschränkungen der Pressefreiheit und des Wahlrechts und schließlich Verbot aller anderen Parteien brachten den Faschisten 1925 und, nach Ausschaltung der innerparteilichen Rivalen, Mussolini 1929 die ganze Macht. Er schuf einen straff ständisch und hierarchisch gegliederten Zentralstaat, rüstete auf und meldete unüberhörbar Italiens imperiale Ansprüche an. Mussolinis faschistisches Rezept schien konzeptionell sozusagen in der Luft zu liegen: Schon vor ihm setzte sich in Ungarn 1920 das autoritäre Regime des Admirals Nikolaus Horthy gegen das sozialistische Nachkriegsexperiment des Bela Kun durch. Unter dem Schein einer monarchischen Restauration ließ sich Horthy zum »Reichsverweser« ernennen und regierte quasi diktatorisch.

Die Türkei war von den Siegermächten besonders hart behandelt worden. Daher bildete sich nach der Unterschrift unter den Vertrag von Sèvres eine Opposition unter Mustafa Kemal gegen das Sultan-Regime. Kemal, später mit dem Beinamen Atatürk (Vater der Türken) geehrt, stellte sich an die Spitze einer Gegenregierung und organisierte den Kampf gegen die griechischen Invasoren, die den Beschlüssen von Sèvres Nachdruck verleihen wollten. Nach Kemals Siegen 1921/22 floh der Sultan, räumten die Griechen Kleinasien, wurde Sèvres revidiert. Atatürk rief die Republik aus (29.10.1923), die allerdings auf einem Einparteiensystem beruhte und für den Präsidenten Atatürk diktatorische Vollmachten vorsah. Er nutzte sie zu grundlegender Modernisierung des Landes.

Auch Spanien akzeptierte die Diktatur: General Jose Antonio Primo de Rivera regierte seit 1923 ohne Parlament, gestützt auf Kirche und Militär. Der republikanische Neuanfang nach seinem Tod 1930 mündete in den Bürgerkrieg und schließlich in Francos faschistische Herrschaft. In Portugal verzichtete man auf

Kampf um seine Nachfolge schaltete Josef Stalin, Generalsekretär des Zentralkomitees der KPdSU, alle Rivalen, auch Trotzki (1929 ausgewiesen, 1940 ermordet), aus und etablierte mit blutigem Terror eine persönliche Diktatur. Unter Millionen von Opfern setzte er die Zwangskollektivierung der Landwirtschaft durch und verordnete Russland ein ehrgeiziges Industrialisierungsprogramm.

Die bürgerliche Antwort auf den weltrevolutionären Anspruch des Kommunismus war der Faschismus, eine nicht minder totalitäre Ideologie. Sie erzielte in Italien die ersten greifbaren Erfolge, wo sie auch ihren Namen erhielt: Der ehemalige Sozialist Benito Mussolini, durch den Krieg zum radikalen Nationalisten gewandelt, gründete 1919 mit den »Fasci di Combattimento« paramilitärische Bünde zur Durchsetzung seines extrem nationalistischen und antimarxistischen Programms. Bewusst griff er mit dem Namen auf das Symbol der altrömischen Staatsgewalt, die »fasces«

das demokratische Zwischenspiel. Hier löste Antonio Salazar 1932 als Diktator den seit 1926 als Alleinherrscher regierenden General Antonio Carmora ab.

In Polen putschte 1926 Marschall Josef Pilsudski gegen das parlamentarische System, löste die Volksvertretung auf und erließ eine neue Verfassung. »Gelenkte Demokratie« nannte er seine Alleinregierung, die er außenpolitisch durch Nichtangriffsverträge mit den mächtigen Nachbarn Sowjetunion (1932) und Deutschland (1934) abzusichern suchte.

Nur in den westlichen Demokratien konnten sich faschistische Tendenzen nicht durchsetzen, auch wenn in den USA das lange Regiment Präsident Franklin D. Roosevelts (1933–1945) Konzessionen an den autoritären Zeitgeist signalisierte. England und Frankreich litten zwar wie die Verliererstaaten unter den Kriegsfolgen, doch fing das Bewusstsein des Sieges allerhand Unzufriedenheit auf. Zudem absorbierten die Sorgen um die unruhigen Kolonialgebiete Kraft und Interesse. So überstanden hier bei aller Instabilität – Frankreich verschliss von 1919 bis 1929 allein 18 Regierungen – die demokratischen Verfassungen den Ansturm von rechts und links. Ihr Mündel aber, die deutsche Demokratie, entglitt ihnen. Zu lange hatten sie der Republik Erfolge versagt, zu kurzsichtig auf der wirtschaftlichen Ausplünderung des Reiches beharrt, als dass Vertrauen zur demokratischen Staatsreform im autoritätsgewohnten Deutschland hätte reifen können. Insofern ist es beinahe erstaunlich, wie lange sich das Weimarer System im Strudel der Weltwirtschaftskrise über Wasser hielt.

Auf eben diese Krise hatte der Putschist von 1923, Adolf Hitler, gewartet. 1924 zu fünf Jahren Festungshaft verurteilt, konnte er dank einer sympathisierenden Justiz nach acht Monaten die Gefängniszelle in Landsberg am Lech wieder verlassen. Er hatte die erzwungene Freizeit zur Niederschrift seiner politischen Bekenntnisse genutzt. Wer wissen wollte, was Hitler mit der angestrebten Macht vorhatte, konnte das bis in die Einzelheiten nun nachlesen in »Mein Kampf« (erschienen 1925/26). Doch nur wenige lasen das schwer verdauliche Pamphlet, und die es taten, nahmen es nicht ernst.

Hitler reorganisierte in den Jahren der Scheinblüte der Republik seine NSDAP, verstärkte die Parteitruppe, die Sturmabteilungen (SA), stellte ihnen die Eliteverbände der Schutzstaffeln (SS) zur Seite und verschrieb sich ganz dem legalen Weg zur Macht. Er war wohl vorbereitet, als es galt, der Bevölkerung Sündenböcke für und Rezepte gegen die ka-

tastrophenartig hereinbrechende Wirtschaftskrise zu liefern: »Novemberverbrecher« und »Erfüllungspolitiker«, Marxisten und Juden prangerte er als Urheber von Deutschlands Elend an, Führerprinzip und nationalen Neubeginn, Volksgemeinschaft und »Sozialismus der Tat« pries er als Lösungen. Damit gewann er der NSDAP, nach 12 Reichstagssitzen 1928, bereits 107 im September 1930 und 230 im Juli 1932, machte sie zur stärksten Partei, an der vorbei zu regieren immer schwerer wurde. Man versuchte es immerhin: 1930 platzte die letzte mehrheitsfähige Koalitionsregierung, weil große Teile der SPD sich weigerten, die Krise auf dem Rücken der Arbeiter zu bewältigen. Unter Duldung der SPD bildete nun der Zentrumspolitiker Heinrich Brüning ein so genanntes Präsidialkabinett, d.h. fehlende parlamentarische Mehrheiten wurden durch Verordnungen des Reichspräsidenten nach § 48 der Weimarer Verfassung ersetzt.

Erst im Chaos der Weltwirtschaftskrise, als die Parteien der Republik versagten und Millionen Arbeitslose um ihre Existenz bangten, gelang Hitler der Durchbruch zur Massenpartei. Während das Elend immer größer wurde, wuchs auch die Zahl der Verzweifelten und Enttäuschten, die in Adolf Hitler tatsächlich, wie es das NSDAP-Plakat von 1932 suggeriert, ihre letzte Hoffnung sahen.

Brüning erhielt damit Rückendeckung für recht unpopuläre Maßnahmen, zu denen sonst der Mut gefehlt hatte. Sein Regime erwies sich stärker als erwartet. Hitler kandidierte daher im Frühjahr 1932 für das Amt des Reichspräsidenten. Gegen den amtierenden Hindenburg, der nun auch von den erschrockenen Sozialdemokraten unterstützt wurde, erreichte er aber nur einen Achtungserfolg.

Er verschärfte nun die Gangart: Schlägertrupps aus SA und SS beherrschten die Straßen, terrorisierten politische Gegner und randalierten die immer beschworene Rechtsunsicherheit herbei. Durch Brünings harten Wirtschaftskurs spitzte sich gleichzeitig die Lage auf dem Arbeitsmarkt dramatisch zu: 6 Millionen Erwerbslose waren 1932 registriert. Brüning verlor seinen Kredit beim Reichspräsidenten und trat am 30. Mai 1932 zurück.

Neuer Reichskanzler wurde Franz von Papen, Vertrauter Hindenburgs und politischer Jongleur. Er sah sich im Juli 1932 einer verdoppelten NSDAP-Fraktion im Reichstag gegenüber. Sein Versuch, Hitler mit der Vizekanzlerschaft zu ködern, scheiterte am totalen Machtanspruch des »Führers«. Ebenso scheiterte der im Dezember zum Nachfolger berufene General Kurt von Schleicher mit dem Versuch, die NSDAP zu spalten und mit SPD und Gewerkschaften eine »Achse« zu bilden. Schleicher musste Ende Januar 1933 kapitulieren. Jetzt führte kein Weg mehr vorbei am »böhmischen Gefreiten«, wie Hindenburg den Österreicher Hitler nannte. Am 30. Januar 1933 wurde der Führer der stärksten Partei Reichskanzler eines Koalitionskabinetts, in dem nur drei Nationalsozialisten saßen. Als eigentlicher Chef fühlte sich Vizekanzler Papen, der bei Hindenburg die Vorbehalte gegen Hitler abgebaut hatte. Er und seine konservativen Kabinettskollegen versprachen, den braunen Demagogen »einzurahmen« und zu »zähmen«.

Mit Hitler kam eine völlig neue Größe ins politische Kräftespiel, die zu berechnen lange niemandem zuverlässig gelang. Dabei hätte man ihn nur beim Wort zu nehmen brauchen. Sein »Fahrplan«, an den er sich unbeschadet aller Finten und Winkelzüge bis zuletzt strikt hielt, war seit fast einem Jahrzehnt unter dem Titel »Mein Kampf« auf dem Markt.

Raum und Rasse waren die beiden Säulen der Hitlerschen Ideologie, die er – auch engste Mitarbeiter – irreführend »Nationalsozialismus« nannte. Der Herrschaftsanspruch, den er im Namen der »germanischnordischen Rasse« anmeldete, ging über Nationales weit hinaus. Und sein »Sozialismus« erschöpfte sich in der Ausrichtung aller Kräfte auf das vom »Führer« ausgemachte Ziel: Eroberung von »Lebensraum« im Osten und »Endkampf« des allein »kulturschöpferischen Ariers« gegen den »ewig kulturzerstörerischen Juden«.

Die Ideologie war in der Tat so abstrus, dass niemand ihre buchstäbliche Anwendung auch nur für denkbar hielt. Die ersten, die sich dabei verrechneten, waren die selbsternannten konservativen Dompteure in Hitlers Kabinett.

Für den 5. März 1933 schrieb der neue Kanzler Wahlen aus. Im Besitz der staatlichen Macht entfesselte er einen Wahlkampf, der alles Bekannte in den Schatten stellte. Als am 27. Februar ein Brandanschlag auf den Reichstag verübt wurde, erhielt Hitler vom Reichspräsidenten weitreichende Vollmachten, die er zur Drangsalierung seiner Gegner und zur Behinderung ihres Wahlkampfes nutzte. 43,7 Prozent oder 288 Sitze für die Hitler-Bewegung waren der Lohn. Zusammen mit den Deutschnationalen hatte sie die absolute Mehrheit, zumal die kommunistischen Mandate gleich kassiert wurden und auch die Sozialdemokraten nur noch durch Verhaftungen dezimiert ins Parlament einziehen konnten.

Am 23. März 1933 verschaffte sich Hitler, gegen die Stimmen nur der SPD, diktatorische Vollmachten durch ein »Ermächtigungsgesetz« (Gesetz zur Behebung der Not von Volk und Reich) – angeblich für vier Jahre. Dass diese Begrenzung lächerlich war bei dem erklärten totalen Machtanspruch des »Führers«, wurde in wenigen Monaten klar: Am 1. Mai zerschlug er die Gewerkschaften, im Sommer zwang er eine Partei nach der anderen zur Auflösung, am 14. Juli 1933 existierte durch Gesetz nur noch seine NSDAP.

Eine Gleichschaltungswelle erfasste die Länder des Reiches, die Verbände, Kirchen, Universitäten, Jugendorganisationen. Jeder Bürger sollte bei der Arbeit und in der Freizeit lückenlos von der Partei kontrolliert, indoktriniert und eingespannt werden, getreu dem NS-Schlagwort »Du bist nichts, Dein Volk ist alles«. Allgegenwärtige Propaganda, gesteuert von Hitlers genialem Meinungsmacher, dem Propagandaminister Joseph Goebbels, ließ nur erwünschte Informationen durchdringen. Die Drohung mit Schutzhaft oder KZ (Konzentrationslager) und die Angst vor dem Spitzelnetz der Gestapo (Geheime Staatspolizei) schalteten Kritik und Widerstand weitgehend aus.

Nur innerparteiliche Opposition regte sich noch. Sie brachte Hitler am 30. Juni 1934 zum Schweigen: Unter dem Vorwand, er müsse einem Putsch seines SA-Chefs Ernst Röhm zuvorkommen, ließ er Röhm und zahlreiche SA-Führer ermorden, die die Fortsetzung der

Revolution gefordert und die SA zum Volksheer hatten aufbauen wollen. Die Reichswehr honorierte die Beseitigung dieses Rivalen durch den willigen Treueid auf den »Führer und Reichskanzler«, der nach Hindenburgs Tod im August 1934 endgültig Alleinherrscher geworden war. Terror und Zwang aber waren weithin gar nicht nötig, um das Volk von der Richtigkeit der Hitlerschen Politik zu überzeugen. Unstreitige Erfolge sicherten dem Diktator die Gunst der Massen: In wenigen Jahren verschwand die Arbeitslosigkeit fast ganz, die NS-Freizeitorganisation »Kraft durch Freude« (KdF) sorgte daneben für die nötigen Spiele, außenpolitische Gewinne hoben das malträtierte Selbstbewusstsein der Deutschen. Die Gäste der Olympischen Spiele 1936 in Berlin erlebten ein Volk, das geschlossen hinter einer dynamischen Führung zu stehen schien.

Die Angriffe der Emigranten und selbst der rabiate Antisemitismus der Nationalsozialisten verblassten dagegen. Jedenfalls boykottierte kein Staat die Spiele, die französischen Sportler erhoben vor der Ehrentribüne gar den Arm zum »deutschen Gruß«. Dabei hatte Hitler kaum ein Jahr zuvor mit den »Nürnberger Gesetzen« (15.9.1935) »zum Schutz des deutschen Blutes und der deutschen Ehre« (Verbot der Ehen mit Juden, Nachweis »arischer Abstammung« für Anstellung im öffentlichen Dienst) klar gezeigt, wie ernst seine so abstruse Weltanschauung doch zu nehmen war.

Schon am 1. April 1933 hatte eine Boykottaktion gegen jüdische Geschäfte dies angedeutet. Danach hagelte es Berufsverbote für Juden, sorgten »Arierparagraphen« für die schrittweise Verdrängung der Juden aus dem öffentlichen Leben. Hitlers Antisemitismus unterschied sich von traditioneller, keineswegs spezifisch deutscher Judenfeindschaft durch seine biologistische Begründung. Danach konnte keine Taufe und keine noch so intensive Assimilation an das »Wirtsvolk« das »rassemäßig« Jüdische an einem Menschen tilgen. Hitlers Verfolgungen trafen daher unterschiedslos alle, die keinen hinreichenden »Ariernachweis« erbringen konnten.

Am 9./10. November 1938 kam es zu einem regelrechten Pogrom gegen die jüdischen Bürger: Synagogen wurden von SA-Trupps angesteckt, Juden misshandelt, ihre Geschäfte geplündert und verwüstet. Diese »Reichskristallnacht« ließ ahnen, wozu Hitlers Rassenwahn fähig war. Noch aber musste er den Endkampf verschieben, denn Proteste und Empörung zeigten, dass sein Volk für die äußerste Konsequenz seiner Weltanschauung noch nicht »reif« war.

In 8 Monaten

2¼ Millionen Volksgenossen in Arbeit u. Brot gebracht!

Den Klassenkampf und seine Parteien beseitigt!
Den Bolschewismus zerschlagen!
Die Kleinstaaterei überwunden!

Ein Reich der Ordnung und Sauberkeit aufgebaut!

Ein Volk —
Ein Reich —
Ein Führer!

Das sind die Leistungen der Regierung Hitler!

Hitler will

Gleichberechtigung und einen Frieden der Ehre!

Deutschlands Ehre ist Deine Ehre!

Deutschlands Schicksal ist auch Dein Schicksal!

Stimme mit Ja!

Wähle zum Reichstag Adolf Hitler und seine Getreuen!

Herausgeber Gau München-Oberbayern der N.S.D.A.P.

Um so eifriger widmete sich Hitler der Lösung der »Raumfrage«, für die aber erst einmal die militärische Handlungsfreiheit des Reiches wieder hergestellt werden musste.

Er konnte bei seinem Kampf gegen die wehrpolitischen Fesseln des Versailler Vertrages auf das schlechte Gewissen der Siegermächte rechnen. So nutzte er französischen Starrsinn schon im Herbst 1933 zum Vorwand für den Austritt aus dem Völkerbund, führte im März 1935 unter wirkungslosem Protest der Westmächte die allgemeine Wehrpflicht wieder ein und betrieb offen die in Versailles untersagte Luftrüstung. Die Rückgabe des Saargebietes nach einer Volksabstimmung im März 1935 war ein weiterer Triumph über Frankreich.

Gleichzeitig beteuerte er unentwegt seinen Friedenswillen und schloss gar mit Polen im Januar 1934 einen Nichtangriffspakt. Dabei hatte die Welt gerade nach Osten eine aggressive Politik von ihm erwartet. Vielleicht, so hatte vor allem London die Hoffnung, konnte man mit Zugeständnissen den deutschen Diktator »zähmen« – wie es seinerzeit Papen und die Konservativen versucht hatten.

Erste Frucht dieser britischen Appeasement-Haltung war ein Flottenabkommen im Juni 1935, das Deutschland 35 Prozent der englischen Seestreitkräfte zubilligte, bei den U-Booten gar 100 Prozent: Hitler hatte damit den lang ersehnten Freibrief zur weiteren Demontage des Versailler Systems erhalten.

Noch 1934 hatte dieses System funktioniert, als ein Nazi-Putsch in Wien den Anschluss Österreichs vorbereiten sollte: Nach der Ermordung des österreichischen Kanzlers Engelbert Dollfuß am 25. Juli ließ Mussolini damals drohend Truppen am Brenner aufziehen. Hitler musste zurückweichen.

Jetzt aber, Anfang 1936, stand Mussolini wegen seines Überfalls auf das Kaiserreich Abessinien selbst als Aggressor da. Der Völkerbund verhängte Wirtschaftssanktionen, die Hitler zu massiven Kohle- und Stahllieferungen an Italien nutzte und sich so den römischen Diktator verpflichtete. Von Rom war also keine Gefahr mehr zu erwarten, als deutsche Truppen unter Bruch des Locarno-Vertrages am 7. März 1936 das entmilitarisierte Rheinland besetzten. Wieder blieb es bei Protesten, die Hitler eher ermutigten als bremsten.

Seine neu geschaffenen Waffen konnte Hitler bald darauf ausprobieren. In Spanien putschte am 17. Juli 1936 General Francisco Franco gegen die Republik. Deutschland und Italien griffen auf seiner Seite in den ausbrechenden Bürgerkrieg ein und verhalfen Franco nach drei Jahren zum Sieg über die von den Sowjets und internationalen Brigaden unterstützte Volksfrontregierung aus Sozialisten und Kommunisten. An Europas Südflanke hatte sich ein weiterer faschistischer Staat etabliert.

Das deutsch-italienische Verhältnis gestaltete sich nach solcher Waffenbrüderschaft noch inniger. Im November 1937 sprach Mussolini erstmals von der »Achse Berlin-Rom«, um die sich die europäische Politik drehe. Gefahrlos konnte Hitler nun seine Österreich-Pläne wieder aufnehmen. Mit offener Erpressung erzwang er im Februar 1938 die Hineinnahme von Nationalsozialisten in die österreichische Regierung und wenig später den Rücktritt von Kanzler Kurt von Schuschnigg.

Die neue NS-Regierung in Wien bat um deutschen Schutz und so konnte Hitler am 14. März 1938 auf dem Wiener Heldenplatz »den Eintritt meiner Heimat in das Deutsche Reich« verkünden. In einem »Blumenkrieg« hatten deutsche Truppen unter dem Jubel der Bevölkerung Österreich »heimgeholt«.

Aus Paris kamen wieder Proteste. London billigte stillschweigend Hitlers Pochen auf das Selbstbestimmungsrecht. Und das lieferte auch den Vorwand zum nächsten Coup: Ultimativ forderte Hitler von der Tschechoslowakei die Herausgabe des deutsch besiedelten Sudetenlandes. Krieg konnte nur vermieden werden, weil die Westmächte am 30. September 1938 auf der Münchener Konferenz vor Hitlers Druck zurückwichen und die Tschechoslowakei zur Erfüllung der deutschen Forderungen zwangen.

Englands Premier Chamberlain glaubte, mit dieser neuesten Leistung seiner Beschwichtigungspolitik den »Frieden für unsere Zeit« gerettet zu haben. Doch für Hitler war München nur der erneute Beweis für die Handlungsunfähigkeit der »verweichlichten« Demokratien. Im März 1939 war München schon Makulatur: Hitler erzwang die Unterwerfung der »Restt-schechei« als »Protektorat Böhmen und Mähren« unter deutschen Schutz.

Damit war er erstmals über die deutschen Volkstumsgrenzen hinausgegangen. Das weltpolitische Klima schlug um. London beendete demonstrativ die Appeasement-Politik und bot Polen und einigen Balkanstaaten Garantieerklärungen an, denen sich Frankreich anschloss. Als Hitler mit der Kündigung des Flottenabkommens und des deutsch-polnischen Vertrages von 1934 am 28. April 1939 zum Schlag gegen Polen ausholte, riskierte er den großen Krieg.

Gerüstet dafür war nicht einmal er, viel weniger waren es seine potenziellen Gegner.

England besaß außer seiner Flotte eine erst im Aufbau befindliche Luftwaffe und einige kläglich bewaffnete Divisionen. Im riesigen Empire verzettelte die Nation ihre Kräfte, zumal es an allen Ecken, vor allem im Indien des Freiheitskämpfers Mahatma Gandhi, zu gären begann.

Frankreich war ebenso wenig kriegsbereit. Das galt allerdings eher für die innere Verfassung als für seine Rüstung. Die Dritte Republik zerfleischte sich in Flügelkämpfen und wirkte daher, trotz stärkster Armee Europas, wie gelähmt. Sicherheit schienen allein die gewaltigen Befestigungen der Maginot-Linie längs der deutschen Grenze zu geben. Das daraus resultierende Festungsdenken aber führte zu Immobilität und Mangel an offensiven Konzepten, um den neudeutschen Imperialismus zu bremsen.

Die Sowjetunion fürchtete zu Recht Hitlers Expansionsdrang am meisten. Sie war mitten im politischen Umbruch und wirtschaftlichen Aufbau. Stalin hatte gerade mit den großen »Säuberungen« seine persönliche Diktatur unter Millionenopfern gefestigt. Dabei ging allerdings auch ein erheblicher Teil gerade der russischen Intelligenz zugrunde, sodass in Wirtschaft und Militär ein katastrophaler Mangel an qualifizierten Führungskräften spürbar wurde. Stalin brauchte Zeit oder überwältigend starke Bundesgenossen, denn in Fernost war mit dem imperialistischen Japan eine weitere ernsthafte Bedrohung entstanden.

Japan hatte nach Jahrhunderten der Isolation ganz auf die westliche Karte gesetzt. Wirtschaft und Bevölkerung waren sprunghaft gewachsen. Das Hitlersche Schlagwort vom »Volk ohne Raum« passte hier weit besser als im mittleren Europa. Expansion aber stieß überall auf britische oder amerikanische Interessen. Daher blieb nur der Griff nach dem gegenüberliegenden Festland, wo China, von inneren Wirren geschüttelt, den japanischen Appetit anregte. 1931 hatte Japan bereits die Mandschurei besetzt und zu einem Marionettenkaiserreich gemacht. 1937 setzte es zum Angriff auf das chinesische Kernland an, okkupierte die Küsten und schob sich die Flüsse und Eisenbahnlinien entlang ins Innere vor. Seitdem schwelte dort der Krieg.

Die USA hatten sich lange, geplagt von der gerade hier ungewöhnlich bitter erlebten Wirtschaftskrise, aus der Weltpolitik fern gehalten. Der etwa gleichzeitig mit Hitler an die Regierung gekommene Präsident Franklin Delano Roosevelt (1933–1945) versuchte, mit seinem Programm des »New Deal« (Neuverteilung) die Schwierigkeiten zu meistern: Arbeitsbeschaffungsmaßnahmen und staatliche Kredite erzielten auch zunächst Wirkung. 1936 wurde Roosevelt wiedergewählt.

Bald aber stagnierte der Aufschwung. Der Präsident entdeckte die Außenpolitik wieder, stieß aber auf den massiven Widerstand des im Neutralitätsdenken befangenen Parlaments. Gewiss war der Machtanspruch der faschistischen Staaten willkommener Anlass für ihn, von der inneren Misere abzulenken, doch dürfte seine Sorge um die Demokratien nicht nur Vorwand gewesen sein. In der »Quarantäne-Rede« vom 5. Oktober 1937 warnte Roosevelt vor dem ansteckenden Gift des Faschismus und deutete an, dass er zur Unterstützung Englands und Frankreichs bereit war. Noch aber band ihn das Neutralitätsgesetz. Allein also waren Hitlers Gegner alle schwach, nur ihre Koalition würde sie zu tödlicher Bedrohung werden lassen. Was kümmerten den deutschen Diktator in solcher Lage ideologische Vorbehalte? Er suchte die Annäherung an den »bolschewistischen Todfeind« und traf im besorgten Moskau auf offene Ohren. Stalin erkannte wie Hitler die Schwächen der Demokratien, die ihm nicht einmal ein Durchmarschrecht durch Polen für ein Bündnis gegen Deutschland verschaffen konnten. Ein Pakt mit dem erwarteten Feind schien erheblich günstiger: Er verschaffte Luft und ließ es zu, die gegenseitige Zerfleischung der kapitalistischen Staaten abzuwarten. Bei passender Gelegenheit konnte dann Russlands unverbrauchte Kraft den Ausschlag bei der Neuordnung geben.

Am 23. August 1939 war der deutsch-sowjetische Nichtangriffspakt zum Schrecken der Welt, zum ratlosen Staunen der braunen und der roten »Basis« und zum namenlosen Entsetzen der Polen perfekt. Und er war nicht nur ein Stillhalteabkommen, sondern enthielt auch noch, was die Welt erst später erfuhr, eine aggressive Note gegen die kleinen Staaten zwischen Deutschland und der Sowjetunion: Ein »geheimes Zusatzprotokoll« regelte »für den Fall einer territorial-politischen Umgestaltung« Polens und der baltischen Länder die Abgrenzung der jeweiligen »Interessensphären«. Demnach sollten Estland, Lettland, Finnland, Bessarabien und das östliche Polen zur Interessensphäre der Sowjetunion gehören, während das westliche Polen und Litauen der deutschen Interessensphäre zugerechnet wurden.

Nach kurzen Propagandaschlägen und unannehmbaren Forderungen verkündete Hitler am 1. September die erste Phase seiner »Lebensraum«-Strategie vor dem Reichstag: Krieg gegen Polen. Dass es ein Weltkrieg würde, ahnte nicht einmal sein Verursacher.

Rechte Seite: Die Plakate des »Reichsparteitages des Friedens«, angesetzt für die Zeit vom 2.-11. September 1939, waren bereits gedruckt, der Parteitag musste jedoch wegen des Kriegsausbruchs kurzfristig abgesagt werden. Der deutsche Angriff auf Polen am 1. September 1939 entlarvte die Hitlerischen Friedensbeteuerungen als Zwecklügen.

Der Zweite Weltkrieg

Obwohl Hitler die gewaltsame Umgestaltung Europas zugunsten des deutschen »Lebensraumes« seit langem planmäßig angesteuert hatte, war Deutschland für einen großen Krieg nur unzulänglich vorbereitet. Das klingt seltsam angesichts der stählernen Durchschlagskraft der deutschen Heere, die alsbald in den Blitzkriegen sichtbar wurde, ist aber klar nachweisbar.

In einer geheimen Denkschrift vom August 1936 hatte Hitler den Auftrag erteilt: »Die deutsche Wirtschaft muss in vier Jahren kriegsbereit sein.« Nach dem eigenen Zeitplan war also die Wirtschaft *nicht* kriegsbereit, als der deutsche Diktator sich zum Einfall in Polen entschloss; erst drei Jahre waren seit dem Rüstungsauftrag vergangen. Zwar besaß Deutschland im Spätsommer 1939 weit mehr fertige Panzer und Flugzeuge als die Nachbarn, aber die laufende Produktion stand bereits hinter der britischen zurück. Das galt noch mehr im Bereich der dritten Waffengattung. Nur 26 U-Boote waren einsatzbereit. Das Flottenprogramm, erst 1938 begonnen, zielte erst für 1944 auf volle Einsatzbereitschaft.

So lässt sich sagen: Im Spätsommer 1939 stand eine Armee für harte, kurze Schläge bereit, aber das, was die Fachleute »Tiefenrüstung« nennen – eine grundlegende Umstrukturierung der ganzen Wirtschaft vom Frieden auf den Krieg – gab es in Deutschland bei Kriegsausbruch nicht. Damit würde es auch noch eine Weile dauern – im Sinne der deutschen Zielvorstellungen ein Versäumnis, das sich rächen sollte.

Die grandiosen Anfangserfolge nährten die schöne Täuschung. Anscheinend konnte niemand auf der Welt dieser Kriegsmaschine widerstehen. Das lag an der Schwäche der Gegner ebenso wie an dem modernen militärischen Konzept des Bewegungskriegs bei enger Zusammenarbeit zwischen Bodentruppen und Luftwaffe.

In den dreißiger Jahren hatten vorausschauende operative Denker (Charles de Gaulle in Frankreich, Heinz Guderian in Deutschland) der Panzerwaffe Gewicht gegeben, das Konzept eines motorisierten Krieges entworfen. Dazu kam nun die forcierte Entwicklung der Luftwaffe durch den einstigen Jagdflieger und energischen Organisator Hermann Göring. Hitler war technisch aufgeschlossen und dachte darin modern. Das alles führte zu einer taktischen Einstellung, die von Anbeginn aus den Denkbahnen des unglücklichen Stellungskrieges von 1914/18 herausführte.

Als die deutschen Sturzkampfflugzeuge (Stukas) und motorisierten Erdverbände am 1. September 1939 über Polen herfielen, zerschmetterten sie binnen Tagen, wenn nicht Stunden, die polnische Illusion, man werde umgekehrt bald vor Berlin stehen. Ein tragisches Bild: polnische Lanzenreiter gegen deutsche Panzer. Achtzehn Tage dauerte der eigentliche Feldzug, dann war die polnische Armee zerschlagen.

Gemäß dem geheimen Zusatzabkommen zum Nichtangriffspakt vom August 1939 besetzten die Sowjets jene ostpolnischen Regionen, die ihnen als Interessensphäre zugesprochen waren. Sie betrachteten diese Gebiete mit zum Teil mehrheitlich ukrainischer Bevölkerung als eine Rückgewinnung, nachdem der britische Außenminister George Curzon diese Linie 1920 als Grenze vorgeschlagen hatte.

In der Folgezeit gingen die Sowjets daran, auch die übrigen Territorialansprüche durchzusetzen, die ihnen Hitler unter (beiderseitiger) Missachtung des Selbstbestimmungsrechtes der kleinen Völker zugestanden hatte: Bessarabien, Baltikum, Finnland. Am kompliziertesten erwies sich dabei der sowjetische Versuch, das finnische Karelien zu gewinnen. Die Finnen leisteten erfolgreichen Widerstand, die Angreifer litten unter den Folgen der stalinistischen »Säuberungen«, verfügten noch nicht wieder über ein leistungsfähiges Offizierskorps. Die internationale Stimmung wendete sich scharf gegen den Imperialismus der Sowjets. Erst im März 1940 sah Finnland sich genötigt, in einem Diktatfrieden Teile Kareliens abzutreten, Transitrechte einzuräumen und die Halbinsel Hangö zu verpachten. Um diese Zeit endete der tatenlose Krieg im Westen. Nach dem deutschen Einfall in Polen hatte England, getreu seiner Beistandszusage an Warschau, dem Deutschen Reich den Krieg erklärt – zum fassungslosen Erstaunen Hitlers –, und Frankreich war an Englands Seite getreten. Zunächst aber geschah nichts. Deutsche und französi-

Der Feldherr. NS-Gemälde
Nach dem schnellen Sieg
über Frankreich ließ sich Hitler als der »größte Feldherr
aller Zeiten« feiern. Auch auf
militärischem Gebiet nahm
er nun höchste Kompetenz
für sich in Anspruch. Je länger jedoch der Krieg dauerte,
desto verhängnisvoller wirkte
sich seine Befehlsgewalt aus.
»Er kümmert sich um jeden
Dreck«, stöhnten die Gene-
ralstabsoffiziere und cha-
rakterisierten damit treffend
Hitlers Angewohnheit, sich
auch mit kleinsten Details zu
beschäftigen.

273

sche Truppen lagen einander in den Festungssystemen gegenüber, kaum ein Schuss fiel.

Am 10. April 1940 besetzte die Wehrmacht Dänemark und Norwegen, um einer britischen Invasion zuvorzukommen. Unter erheblichen Verlusten der deutschen Seestreitkräfte wurde der Widerstand sowohl der Norweger (die Dänen kapitulierten fast kampflos) wie auch des britischen Landungskorps zum größten Teil ziemlich rasch überwunden; nur in Narvik dauerten schwere Kämpfe bis in den Juni. Dann erst war Norwegen unter deutscher Herrschaft.

Inzwischen hatte am 10. Mai der Westfeldzug begonnen – das staunenswerteste Militärunternehmen des Zweiten Weltkriegs. In Erinnerung an die Unüberwindbarkeit Frankreichs im Ersten Weltkrieg hatte niemand damit gerechnet, dass der vermeintliche Militärriese innerhalb von sechs Wochen gefällt sein würde. Dazu trug nicht nur das Missverhältnis einer voll angriffsorientierten deutschen Strategie und einer passiv eingestellten französischen Heeresführung bei, sondern auch das kühne Konzept des unerwarteten Panzerdurchstoßes durch die Ardennen, ein von General Erich von Manstein entwickelter Plan.

Unter Neutralitätsbruch gegenüber Holland und Belgien (wie im Falle Belgiens schon 1914) umging die Wehrmacht die französische Festungslinie und neutralisierte deren Abwehrkraft durch Umfassung von hinten. Die Besetzung von Paris und die Kapitulation Frankreichs am 22. Juni 1940 waren Hitlers größter Triumph. In den letzten Kampftagen hatte Mussolinis Italien sich noch an der Beute zu beteiligen versucht und war in Südfrankreich einmarschiert.

Die Bedingungen für Frankreich unter seinem neuen Staatschef, Marschall Philippe Petain, dem Helden von Verdun, fielen relativ maßvoll aus; Südfrankreich blieb zunächst unbesetzt. General de Gaulle setzte als »das Gewissen Frankreichs« von London aus und in den Kolonien den Kampf fort. Diese Einstellung teilten längst nicht alle Franzosen. Neben dem Widerstand gegen die deutsche Besatzung (Resistance) bestand in Frankreich wie in anderen westlichen »Feindländern« eine verbreitete Bereitschaft zur Kollaboration.

Hitlers Hauptziel wurde jetzt die Überwindung Englands. Die Marine scheute allerdings ein Landeunternehmen, das dann auch nach unzulänglicher Vorbereitung bei Beginn der Herbststürme 1940 abgesagt wurde. Zu dem Zeitpunkt hatte sich überdies die deutsche Luftoffensive praktisch totgelaufen. Die deutschen Bombenangriffe gegen London und an-

dere Städte (Zerstörung Coventrys) provozierten den Vergeltungswillen Großbritanniens, der sich alsbald in Terrorangriffen englischer Flugzeuge gegen deutsche Städte äußerte –, bewirkten militärisch aber nichts; vielmehr ging ein Großteil der deutschen Jagdflugzeuge in Gefechten über England verloren.

Zu diesem Zeitpunkt muss Hitler den Entschluss gefasst haben, die Entscheidung gegenüber England zu vertagen und sich zunächst gegen Russland zu wenden; in der Erwägung, dass Großbritannien so lange Widerstand leisten würde, wie es Deutschland noch von Russland bedroht sehen konnte. Napoleons Kalkulation von »Englands Festlandsdegen« kehrte getreu wieder – und zum zweiten Mal war das Scheitern des Angreifers programmiert ...

Hitler, der im Kampf gegen Russland obendrein seine jahrzehnte alte Idee verwirklichen wollte, im Osten Siedlungsraum für Deutschland zu gewinnen, ließ seit Herbst 1940 das »Unternehmen Barbarossa« operativ vorbereiten. Der Angriffstermin (Mai 1941) wurde allerdings durch unerwartete Entwicklungen auf dem Balkan hinausgezögert. Zu Italiens Misserfolgen im Kampf gegen Griechenland kam ein Putsch in Belgrad, der den Beitritt Jugoslawiens zum Dreimächtepakt (Deutschland-Italien-Japan) vom 25. März 1941 hinfällig machte. Hitler griff militärisch ein, die deutschen Truppen konnten aber unter den gegebenen Umständen keinen isolierten Jugoslawienfeldzug führen und Griechenland ausklammern. Die Operationen wendeten sich zeitgleich gegen beide Länder (6. April 1941) und endeten erwartungsgemäß rasch, noch im April. Die verlustreiche Eroberung Kretas aus der Luft in der zweiten Maihälfte beendete zwar die Balkankämpfe, doch blieben starke militärische Kräfte Deutschlands gebunden, zumal sich in Jugoslawiens zerklüfteter Bergwelt eine ernst zu nehmende Partisanenbewegung unter Josip Broz Tito formierte.

Der Mittelmeerraum war nun voll in den Krieg einbezogen, denn schon seit Jahresende 1940 kämpfte ein deutsches Afrikakorps unter General Erich Rommel in der Wüstenregion zur Unterstützung der erfolglosen italienischen Bundesgenossen gegen die Engländer.

Militärisch sollte es sich als schwerer Nachteil erweisen, dass der Balkanfeldzug den Ostkrieg um fünf Wochen hinausschob. So setzte sich die gigantische Truppenmacht des nationalsozialistischen Heeres, die größte, die die Welt gesehen hatte, drei Millionen Mann, erst im Morgengrauen des 22. Juni 1941 in Bewegung. Bis heute ist nahezu unerklärlich, warum Stalin dem gewaltigen Aufmarsch, der kei-

Linke Seite: Deutscher Panzer IV mit Kurzrohrkanone. Im Gegensatz zur Mehrheit der hohen Militärs hatte Hitler die besondere Bedeutung der Panzerwaffe für künftige Kriege beizeiten erkannt. Er sorgte dafür, dass die Idee integrierter, selbständig operierender Panzerdivisionen und Panzerarmeen verwirklicht wurde. Das kühne Zusammenwirken der deutschen Panzer mit der Luftwaffe war Grundlage der anfänglichen Blitzsiege der deutschen Wehrmacht.

schöpfliche Menschenzahl in Uniform den Sowjetstaat vor dem Zusammenbruch. Und dann kam der stärkste Verbündete: der Winter.

Stalins Sorglosigkeit wurde durch Hitlers Leichtfertigkeit wettgemacht. Er hatte 153 Divisionen ohne Winterausrüstung in den Osten geschickt, darauf spekulierend, schon vorher werde alles zu Ende sein. Der frühe Wintereinbruch ließ den deutschen Vorstoß auf Moskau in Schneewehen stecken bleiben. Am 8.12.1941 erging die Führerweisung Nr. 39: »... Übergang zur Verteidigung«.

Das war die – noch nicht weithin sichtbare, aber symbolische – Kriegswende, denn zur gleichen Zeit hatte sich der Krieg durch den Zusammenprall Japans und Amerikas endgültig zum Weltkrieg ausgeweitet.

Im pazifischen Raum waren die Spannungen stetig gewachsen. Bereits 1931 hatte Japan mit der Besetzung der Mandschurei seine Politik einer wirtschaftlich-politischen Durchdringung Ostasiens eingeleitet. Seit 1937 stand Japan überdies mit dem nationalen China Tschiang Kai-scheks im Krieg. Spätestens von hier an kollidierten die japanischen imperialistischen Ziele eines groß-ostasiatischen Wirtschaftsblocks mit den amerikanischen Exportinteressen; denn China war ein gewaltiger Markt. Der Konflikt verlagerte sich notwendig auf eine Entscheidung zwischen Tokio und Washington.

Japan ließ sich zum Überfall auf die US-Flotte in Pearl Harbor provozieren (7.12.1941). Dieser Schlag bewirkte den Solidarisierungseffekt sofortiger Kriegsentschlossenheit der ganzen Nation. Gegenüber Deutschland war das schwieriger wegen der großen deutschstämmigen Minderheit in den USA. Doch Hitler erklärte von sich aus den Krieg, als die Bomben auf Hawaii gefallen waren. Politisch ist dieser Schritt bis heute unbegreiflich, nachdem die Vereinigten Staaten schon den Ersten Weltkrieg durch ihre materielle Überlegenheit entschieden hatten. Ein Schlüssel zur Erklärung liegt einzig in Hitlers »kontinentaler« Denkweise und seiner Unterschätzung Amerikas trotz der Erfahrungen von 1918.

Das Jahr 1942 sah zum letzten Mal Erfolge der »Achsenmächte« in großem Stil. Vor allem die Japaner, von Washington schwer unterschätzt, eroberten in Blitzkriegmanier ganz Südostasien und den Westpazifik. Die deutschen Armeen drangen bis zur Wolga und in den Kaukasus vor, in Nordafrika bis fast zum Nil. Dann wendete sich das Blatt. In der pazifischen Region begannen die Amerikaner seit der Luft-Seeschlacht bei der Midway-Insel (Juni 1942) mit gewaltigem Materialaufwand

Wo das Gelände im Wald oder in Ortschaften den Einsatz von Panzern behinderte, trug der Panzergrenadier die Hauptlast des Kampfes. Mit zunehmender Kriegsdauer wurden der Infanterie mehr und mehr Lasten aufgebürdet. Die zerschlissene Panzerwaffe konnte nur vereinzelt helfen.

nem Geheimdienst hatte entgehen können, tatenlos zugesehen hat.

So brach denn eine militärische Tragödie namenlosen Ausmaßes über Russland herein. Riesige Kesselschlachten mit Hunderttausenden Gefangenen gaukelten der deutschen Führung zum letzten Mal das Trugbild des »schon fast gewonnenen Krieges« vor. Noch entsprach die Rote Armee weithin dem Bild, das die deutschen Heerführer am Maßstab des finnischen Winterkrieges durchweg von ihr entworfen hatten. Man kann sagen: Zu dieser Zeit retteten nur der weite Raum und die schier uner-

und in enger Zusammenarbeit von Schiffseinheiten, Luftwaffe und Marine-Infanterie, den überdehnten japanischen Herrschaftsraum stetig zu verkleinern (»Inselspringen«). In Nordafrika, wo Hitlers Interesse stark nachließ und der Nachschub spärlich wurde, gingen die Engländer zur Offensive über. In Russland wurde die 6. Armee in Stalingrad eingeschlossen und von Hitler geopfert, sowohl aus Gründen starren Festhaltens an jedem Quadratmeter eroberten Bodens wie auch aus fragwürdigen strategischen Erwägungen. Die Katastrophe der Dreihunderttausend in Stalingrad (Ende Januar 1943) war nach der symbolischen die sichtbare Kriegswende. Fortan lag das Gesetz des Handelns klar bei der erstarkten Sowjetarmee. Es begann der langsame, unaufhaltsame deutsche Rückzug über Tausende Kilometer nach Westen.

Die gnadenlose militärische Auseinandersetzung auf russischem Boden, von Hitler seit Beginn ausgesprochen ideologisch als »Weltanschauungskampf« geführt, umgriff selbstverständlich auch den »zivilen« Bereich. Die Nationalsozialisten waren darauf fixiert, in den Slawen »Untermenschen« zu sehen. Entsprechend ausbeuterisch und entwürdigend behandelten sie die Bevölkerung der eroberten Provinzen. Daraus wieder erklärt sich deren Unterstützung der Partisanen, auch dort, wo sie anfänglich aus Hass gegen den Stalinismus die deutschen Truppen freundlich empfangen hatte.

SS, Sicherheitsdienst, Gestapo und Partei nutzten den eroberten Ostraum seit dem Herbst 1941 als gewaltiges Auffangbecken für die mittel- und westeuropäischen Juden. Hier wurden Hunderttausende zunächst in den ohnehin schon überfüllten polnischen Ghettos zusammengepfercht oder gleich auf direktem Weg in Vernichtungslager transportiert, die alle in Polen errichtet worden waren. Dort endete in den Jahren 1942 und 1943 auch der größte Teil der Millionenbevölkerung der jüdischen Ghettos. In der UdSSR gab es dergleichen nicht; dort ließ die NS-Führung so genannte »Einsatzgruppen« im Rücken der Front brutalste Massaker unter der jüdischen Bevölkerung veranstalten. Menschen wurden allenthalben, von Riga bis Rostow, zu Zehntausenden zusammengetrieben und erschossen. Die »Endlösung der Judenfrage«, am 20. Januar 1942 in der so genannten Wannsee-Konferenz unter dem Gestapochef Reinhard Heydrich organisatorisch eingeleitet, bedeutete für das jüdische Volk die größte Katastrophe, die es auf seinem geschichtlichen Weg zu erleiden hatte. Bis heute gibt es keine endgültig gesicherten Zahlen; dass es mindestens sechs Millionen Opfer waren, ist nach der Fülle der Dokumente unzweifelhaft. Auch über die Gesamtzahl der in Deutschland getöteten Geisteskranken (»Euthanasie-Programm« 1939–41) besteht Unklarheit. Es waren schätzungsweise 100 000.

Dass in einem verspäteten »Rüstungswunder« unter Leitung des Rüstungsministers Albert Speer gewaltige Produktionsziffern erzielt wurden, änderte nichts an der wachsenden materiellen Überlegenheit der Alliierten. Insbesondere beherrschten sie ab 1943 den Luftraum nahezu uneingeschränkt, sodass Deutschland durch ununterbrochene Bombenangriffe langsam in eine Trümmerlandschaft verwandelt wurde. Auch endeten die großen U-Boot-Erfolge im Atlantik, als die Alliierten seit 1943 über die Radarwaffe verfügten. Die Proklamierung des »Totalen Krieges« durch

Deutscher Panzer III während der Schlacht von Kursk im Juli 1943, der größten Panzerschlacht in der Geschichte des Zweiten Weltkriegs. Hunderte von qualmenden Wracks beider Seiten blieben auf dem Schauplatz des Unternehmens »Zitadelle« zurück.

Hitler als »Völkerfresser«. Treffend charakterisiert das englische Propaganda-Plakat Hitlers brutale Eroberungspolitik. Insbesondere im Osten ging es Hitler um einen barbarischen Vernichtungsfeldzug, dem eine »rücksichtslose Germanisierung« folgen sollte. Schrecklicher Höhepunkt der Hitlerschen Rassenpolitik war der von ihm befohlene Völkermord an den Juden, der Holocaust.

Propagandaminister Goebbels (Februar 1943) sollte die letzten Energiereserven aktivieren, aber der Ring um Deutschland schloss sich enger und enger:

1943 ging Nordafrika durch Kapitulation der deutsch-italienischen Heeresgruppe in Tunesien verloren, Italien wechselte nach einem Umsturz ins Feindlager über und wurde von den Deutschen jetzt als »besetztes Land« verteidigt. Die amerikanisch-britischen Landungen zuerst in Afrika, dann in Sizilien und auf dem italienischen Festland waren der Test für die große Invasion in der Normandie (6. Juni 1944). Sie überwand den martialischen »Atlantikwall« unerwartet schnell und drückte die deutsche Westfront ein. Im Laufe des Sommers und Herbstes 1944 gelangten die Westalliierten bis an die Reichsgrenzen, die Sowjets ihrerseits nach Zerschlagung der Heeresgruppe Mitte bis nach Ostpreußen. Deutschlands Verbündete im Ostkrieg (Finnland, Rumänien, Ungarn, Slowakei), die nie eine erhebliche Rolle gespielt hatten, fielen einer nach dem anderen von Hitlers Reich ab.

Ein letzter Versuch der seit langem aktiven deutschen Widerstandsbewegung, das verbrecherische Regime durch Beseitigung Hitlers zu überwinden und den Krieg trotz der alliierten Forderung nach bedingungsloser Kapitulation vielleicht zu maßvolleren Bedingungen zu beenden, scheiterte am 20. Juli 1944. Hitler überlebte das Attentat des Obersten Claus von Stauffenberg und nahm blutige Rache durch Hinrichtung Tausender Widerstandskämpfer, zu denen Marxisten und christliche Gewerkschafter ebenso gehörten wie Theologen beider Kirchen, Diplomaten und Offiziere. Seither war der Krieg nur noch die opferreiche Hinauszögerung einer längst feststehenden, vernichtenden Niederlage.

Die Endphase wurde durch die Sowjetoffensive vom 12. Januar 1945 in Ostpreußen und an der Weichsel eingeleitet. Die verzögerte Räumung der gefährdeten Provinzen führte zu entsetzlichen Leiden der Zivilbevölkerung durch die Massenflucht im eisigen Winter und durch sowjetische Racheakte. Während sich weite Kreise der Bevölkerung noch immer mit der Ankündigung kommender »Wunderwaffen« vertrösten ließen, raubte der Sturm auf Berlin die letzten Illusionen. (Außer den spektakulären Raketengeschossen V 1 und V 2, die aber relativ unwirksam blieben, brachte das Dritte Reich nach 1944 keine überlegene Waffe mehr zum Einsatz). In den Trümmern der Reichskanzlei nahm sich Adolf Hitler am 30. April 1945 das Leben. Die Eroberung Berlins

durch die Sowjets, die Begegnung von Amerikanern und Russen an der Elbe, die Besetzung des ganzen Reiches ließ dem Hitler-Nachfolger, Großadmiral Karl Dönitz, keine Chance, den Krieg, selbst zur Rettung vieler Flüchtlinge und Truppen vor den Sowjets, länger als bis zum 8. Mai 1945 fortführen. Um Mitternacht dieses Tages, nach bedingungsloser Kapitulation der deutschen Führung, ruhten in Europa die Waffen.

In Ostasien gingen die Kämpfe wegen des fanatischen Widerstandes der Japaner trotz zunehmender Vernichtung ihres Landes durch schwerste Bombenangriffe bis in den August weiter. Ein Ende brachten erst die amerikanischen Atombombenabwürfe auf Hiroshima und Nagasaki (6. bzw. 9.8.1945). Auch Japan kapitulierte – mit dem einzigen Vorbehalt, dass Kaiser Hirohito unbehelligt bleibe. Der 123. Tenno repräsentierte das Kaiserreich noch bis zu seinem Tod im Jahr 1989.

Nach sechs Jahren Krieg, nach härtestem Einsatz an allen Fronten, endete für Millionen Wehrmachtsangehörige der Zweite Weltkrieg in der Gefangenschaft. Während sich ihr Los im Westen bald besserte, mussten die Gefangenen im Osten unter härtesten Bedingungen meist jahrelang Zwangsarbeit leisten, bevor sie, oft physisch und psychisch gebrochen, in die Heimat zurückkehrten.

Vom Kalten Krieg zum Sieg der Freiheit

Die Erste und die Zweite Welt

Von Hitlers großen Gegnern war auf der Konferenz von Potsdam schließlich nur noch Stalin (rechts) vertreten. Roosevelt war noch vor Kriegsende gestorben und Churchill wurde während der Konferenz im Juli 1945 abgewählt. An ihre Stelle traten Truman (Mitte) und der britische Labour-Chef Attlee (links). Im Schlusskommunique unterschrieb auch Stalin, Deutschland als »wirtschaftliche Einheit« zu betrachten. In Wirklichkeit aber wollte er die sowjetische Besatzungszone Deutschlands wie alle von seinen Armeen besetzten Länder zum roten Satelliten des Kremls machen.

Der Zweite Weltkrieg übertraf den Ersten nicht nur an Menschenopfern (etwa 55 Millionen gegenüber den ohnehin schon ungeheuerlichen zehn Millionen Toten zwischen 1914 und 1918), er hat nicht nur die Zerstörung unersetzlicher Kulturwerte ins Gigantische gesteigert; die Folgen beider Kriege unterscheiden sich auch prinzipiell, nicht bloß quantitativ voneinander: Europa verlor nach 1945 seine in Jahrhunderten begründete Vormachtstellung, es hörte auf, das dynamische Zentrum des Weltgeschehens zu sein, wie es mindestens seit der Zeitenwende von 1500 außer Frage gestanden hatte.

Noch der Erste Weltkrieg hatte die großräumigen Konstellationen nicht wesentlich verändert, außer dass Deutschland als beherrschende Mitte des Kontinents zunächst ausgefallen war; die großen Kolonialreiche Englands und Frankreichs konnten behauptet werden. Amerika zog sich in die Isolation zurück, Sowjetrussland trat weltpolitisch kaum hervor – teils von der Völkerfamilie geächtet, teils mit dem inneren Aufbau beschäftigt.

Erst der Zweite Weltkrieg veränderte diese Konstellation von Grund auf und spielte den »Söhnen Europas«, wie Friedrich Heer Amerika und Russland einmal genannt hat, tragende Rollen der Weltgeschichte zu. In diesem Zusammenhang kann man kaum umhin, sich einer Prophetie zu erinnern, die der französische Jurist, Politiker und Historiker Alexis de Tocqueville im Jahr 1835 niedergeschrieben hat:

»Es gibt jetzt auf der Erde zwei große Völker ... Beide gehen aus von verschiedenen Punkten, und ihre Bahnen sind verschieden; nichtsdestoweniger scheinen beide, nach einer uns noch geheimen Absicht der Vorsehung, bestimmt zu sein, jeder in seiner Obhut eine halbe Erde zu halten.«

Die Geschichte ließ sich 110 Jahre Zeit, um den letzten Satz dieser Vorausschau zu bestätigen. 1945 kann als jenes Datum gelten, von dem an Tocquevilles Prognose für zehn Jahre ihre stärkste Annäherung an die Wirklichkeit gewann.

Wohl besaßen England und Frankreich noch ihre Kolonialreiche; sie waren jedoch durch den Krieg furchtbar geschwächt, indes die beiden Supermächte kraftstrotzend und bis an die Zähne gerüstet auf den Trümmern besiegter Regionen standen – Russland auch auf den Trümmern der eigenen Heimat. Deutschland, ursprünglich eine Großmacht, von Hitler zur Weltmacht ausersehen, war zerstört, demoralisiert und als politische Kraft erledigt. Irgendein mit den beiden Großen rivalisierendes Machtpotenzial bestand nirgendwo, es gab nur kleinere Bündnispartner, Parteigänger beziehungsweise »Satelliten«, wie man bald jene Staaten in Europa und Asien nannte, die im sowjetischen Einflussbereich lagen.

In der kaum verhüllten sowjetischen Expansionspolitik in Ostmitteleuropa und der Unterdrückung nationaler Erneuerungsbestrebungen (nach Hitlers Vorherrschaft) lag denn auch der Keim für die Beendigung der Kriegskoalition zwischen dem Westen und der UdSSR. Schon im Sommer 1945 registrierte die britische Regierung mit Unmut die Bolschewisierungspolitik in Polen und auf dem Balkan. Churchills

antikommunistische Ressentiments – während der lebenswichtigen Kriegskoalition zurückgestellt – erwachten wieder.

Zunächst allerdings wurden die aufbrechenden Gegensätze noch durch einen letzten Kraftakt der Eintracht niedergehalten. In der Potsdamer Konferenz von Mitte Juli bis zum 2. August 1945 versuchten die Vereinigten Staaten, vertreten durch ihren neuer Präsidenten Harry S. Truman, die Sowjetunion mit Stalin an der Spitze und Großbritannien zuerst mit Winston Churchill, danach mit seinem Amtsnachfolger Clement Attlee, die Nachkriegswelt neu zu ordnen. Im Mittelpunkt ihres Bemühens stand das Schicksal Deutschlands.

Die zentrale Vereinbarung in Potsdam lautete: Deutschland soll nicht geteilt oder zerstückelt werden. Statt dessen wurde die Absicht formuliert, in den schon bestehenden vier Besatzungszonen »einige wichtige zentrale deutsche Verwaltungsabteilungen« zu errichten, die zu Keimzellen einer künftigen demokratischen deutschen Zentralregierung werden sollten. Einstweilen übte der »Kontrollrat« die oberste Gewalt aus; das waren die vier Oberbefehlshaber der Besatzungstruppen.

Am zähesten wurde um die Ostgrenzen gerungen. Dort standen die Westalliierten vor weithin vollendeten Tatsachen: Überall in den ehemaligen deutschen Provinzen östlich von Oder und Neiße hatten die Polen eine eigene Verwaltung errichtet. Das geschah mit ausdrücklicher Billigung der Sowjets, die sich ihrerseits jene Teile Ostpolens einverleibt hatten, in die sie zuerst 1939 einmarschiert waren und die sich seit 1944 wieder in ihrem Besitz befanden.

Die polnischen Behörden siedelten die deutsche Restbevölkerung zum größten Teil und rigoros aus, obwohl das Potsdamer Abkommen verlangte, dass »jede derartige Überführung ... in ordnungsgemäßer und humaner Weise« erfolgen sollte.

Die Gesamtzahl derer, die in den beiden Teilen Deutschlands, der Bundesrepublik und der damaligen DDR im Laufe der Jahre nach 1945 eingegliedert werden mussten, beträgt zwölf Millionen; darin liegt eine große soziale Leistung.

Gleich nach Kriegsende machte sich die Sowjetunion an die Ausplünderung ihrer Besatzungszone und an die rigorose Bolschewisierung ihrer Lebensformen. Dies hatte Folgen für ganz Deutschland. Denn nun flüchteten Hunderttausende in den Westen. Bis Mitte 1946 waren es über anderthalb Millionen, ein schwerer Aderlass vor allem an Facharbeitern für den sowjetischen Machtbereich. Daher be-

Keine Experimente!
Konrad Adenauer CSU

antragten die sowjetischen Vertreter im Kontrollrat die Schließung der Zonengrenze – und der Westen stimmte zu. Er war ja von dem Zustrom keineswegs beglückt, weil alle diese Menschen ernährt werden mussten.

So wenig es hier darum gehen kann, die deutsche Nachkriegsgeschichte im einzelnen nachzuerzählen, so sind diese Tatsachen doch wichtig, weil sie verständlich machen, wie es schrittweise zum großen Ost-West-Konflikt gekommen ist. Er begann nicht mit Paukenschlägen, sondern erwuchs aus der Addition einzelner Anlässe, zunehmender Spannungen, aus den wachsenden Reibungen entgegengesetzter gesellschaftlicher Systeme, die sich auf deutschem Boden aufs engste berührten. In den Jahren nach 1945 war eben Deutschland für eine Zeitlang die politische Mitte der Welt – freilich nicht in der Weise, wie sich dies deutsche Weltmachtträumer einmal vorge-

Bereits 73 Jahre alt, wurde Konrad Adenauer zum ersten Kanzler der Bundesrepublik Deutschland gewählt. Seine konsequente Westpolitik und eine beispiellose wirtschaftliche Aufbauleistung sicherten der CDU/CSU für zwanzig Jahre die Herrschaft in Bonn.

stellt hatten. Indem der Einflussbereich Moskaus zunehmend bolschewisiert wurde, rückten die Westzonen Deutschlands – aus gleicher Interessenlage – allmählich wirtschaftlich und politisch zusammen. Die Anfänge lagen im Sommer 1946. Washington und London vereinbarten, ihre Besatzungszonen zu vereinigen. Das geschah mit Wirkung vom Jahresbeginn 1947. Hier entstanden nun auch die ersten jener Zentralbehörden, die das Potsdamer Abkommen für ganz Deutschland vorgesehen hatte. Auch das erste neudeutsche Parlament, der »Zweizonen-Wirtschaftsrat«, wurde 1947 etabliert. Er bestand aus Abgeordneten der Länderparlamente.

Zweifellos waren damit Ansätze für eine eigenstaatliche Entwicklung der Westzonen geschaffen. Die Sowjets beobachteten die Entwicklung mit großem Misstrauen. Während sie selber eine gesellschaftlich-politische Spaltung Deutschlands bereits praktizierten, hielten sie am Gedanken Gesamtdeutschlands vor allem aus Gründen politischer Mitsprache fest.

Die deutschen Verhältnisse gewannen aber nun ihre eigene Dynamik, wesentlich gefördert durch die Absicht der USA, Westdeutschland lebensfähig zu machen. Nachdem der ehemalige US-Präsident Herbert Hoover nach einer Rundreise durch Europa über das wirtschaftliche Elend berichtet hatte, kam ein gewaltiges Wirtschaftshilfsprogramm in Gang. Es wurde eingeleitet durch die Rede des Außenministers George Marshall im Juni 1947 in der Harvard-Universität. Dieser 5. Juni kann als der Stichtag der wirtschaftlichen Wiedergeburt des Nachkriegs-(West)europas gelten, speziell Westdeutschlands. Das ERP-Programm (European Recovery Program), kurz »Marshall-Plan« genannt, lag auch im eigenen Interesse der USA, denn nur ein vitaler europäischer Markt war imstande, amerikanische Produkte aufzunehmen.

Der nächste Schritt, ohne den der Marshall-Plan nicht wirksam werden konnte, war eine deutsche Währungsreform, um das Missverhältnis zwischen der noch geringen Produktion und der überhöhten Geldmenge zu beseitigen. Mit dem 20. Juni 1948 endete die erste Nachkriegszeit in Westdeutschland. Es war die Stunde Null des eigentlichen existenziellen Neuanfangs. Der Name Ludwig Erhard (1897–1977) bleibt in diesem Zusammenhang erinnerungswürdig. Erhard leitete das Zweizonenamt für Wirtschaft in Frankfurt und hob am Tag der von den Alliierten verfügten Währungsreform die Planwirtschaft auf – vertrauend auf die Eigeninitiative und den Aufbauwillen der verarmten Deutschen. Er behielt so durch-

schlagend recht, dass man ihn als den Motor des späteren »Wirtschaftswunders« ansehen darf (das er zwischen 1949 und 1963 als Wirtschaftsminister der Bundesrepublik Deutschland begleitet hat).

War Erhard der Motor, so war der Marshall-Plan der Treibstoff der wirtschaftlichen Erholung. Die amerikanische Hilfe setzte im Frühjahr 1948 ein und war auf vier Jahre veranschlagt. Eine zuverlässige Statistik über ihren Gesamtumfang ist schwer zu gewinnen, weil auch die Rückzahlungen der Kredite, soweit überhaupt veranlagt, wieder in den wirtschaftlichen Kreislauf zurückgeführt wurden.

Zwölf bis sechzehn Milliarden Dollar dürften zwischen 1948 und 1952 nach Europa geflossen sein. Westdeutschland erhielt ungefähr ein Viertel dieser Mittel. Die Empfängerländer kauften Rohstoffe, Nahrungsmittel und Investitionsgüter. Der Gesamterfolg auf deutschem Boden war das Ergebnis von vier einander ergänzenden Faktoren: Währungsreform, Marktwirtschaft, Dollarstrom, Produktivitätsdrang. Daraus zusammen erwuchs die wirtschaftliche Kraft und Stabilität Westdeutschlands.

Stalin hatte die Einladung, am Marshall-Plan für seinen Herrschaftsbereich teilzunehmen, ausgeschlagen; zu brüchig war die alte Kriegskoalition schon geworden, zu unterschiedlich waren auch die Wirtschaftssysteme. Einer separaten Währungsreform widersprachen seine Bevollmächtigten in Deutschland, denn eine staatliche Separatentwicklung ließ sich dann auch äußerlich nicht mehr aufhalten. Als Stalin sah, dass die Währungsreform beschlossene Sache war, griff er zu Gewalt. Er leitete eine Wirtschaftsblockade zu Lande und Wasser gegen die Westsektoren Berlins ein (Berlin war ja im Kleinen ein Spiegel der Vierzonen-Verwaltung).

Die »Berliner Blockade« (Juni 1948 bis Mai 1949) wurde von amerikanischer Seite (Präsident Harry S. Truman/ General Lucius D. Clay) mit der Lebensmittel-Luftbrücke für Westberlin beantwortet, der bis heute größten Rettungsaktion dieser Art. Da die Luftverkehrswege nach Berlin verbriefte alliierte Rechte waren, mussten die Sowjets zähneknirschend hinnehmen, wie ihre Abschnürungsaktion hier unterlaufen wurde.

Indem Stalin am Ende nachgab, hatte er seinen Einfluss auf die westdeutschen Entwicklungen endgültig verloren. Hier arbeiteten die Westmächte mit deutscher Unterstützung jetzt zielstrebig auf eine deutsche Teilrepublik zu. Der Parlamentarische Rat hatte seit Sommer 1948 das Grundgesetz ausgearbeitet. Es wurde im Mai 1949 verabschiedet. Im August folgten die ersten Bundestagswahlen, aus denen die CDU/CSU als relativer Wahlsieger (31,0 Prozent) hervorging.

Am 15. September 1949 wurde der CDU-Politiker Konrad Adenauer (1876–1967) zum ersten Bundeskanzler gewählt. Er begann mit einer Koalition von CDU/CSU, FDP und Deutscher Partei (DP) zu regieren und blieb mit steigenden Wahlerfolgen vierzehn Jahre lang Regierungschef.

Die Sowjetunion ließ am 7. Oktober 1949 eine ostdeutsche »Deutsche Demokratische Republik« ausrufen. Sie stand von Anbeginn, wenn auch noch nicht nominell, unter der Führung des Stalinisten Walter Ulbricht (1893–1973). Von 1953 bis 1971 war er Erster Sekretär des Zentralkomitees. Gegen alle inneren Widerstände der Bevölkerung (Volksaufstand vom 17. Juni 1953) integrierte er die DDR systematisch in das Ostblocksystem und machte aus ihr den treuesten Satelliten der UdSSR. Hatte die deutsche Spaltung sich aus den Nachkriegsverhältnissen schon fast zwangsläufig entwickelt, so führten andere Konfliktherde nicht nur zum weiteren Auseinanderdriften der beiden deutschen Teilstaaten, sondern insgesamt zu wachsender internationaler Verhärtung und Konfrontation zwischen Ost und West.

Im Frühjahr 1948 hatten die Kommunisten in der Tschechoslowakei nach Eroberung aller Schlüsselpositionen die Demokratie abgeschafft und dem Land eine Verfassung als »Volksrepublik« gegeben. Neben dem langjährigen Bürgerkrieg um die Macht in Griechenland und der Berliner Blockade wirkte besonders dieser Umsturz in Prag auf den Westen wie ein drohendes Signal. So entstand die NATO, die Nordatlantische Verteidigungsallianz mit politischem Sitz in Brüssel und oberster militärischer Führung durch die Vereinigten Staaten. Zwölf Länder, später auf 15 vermehrt, schlossen sich im April 1949 mit der Absicht zusammen, Bedrohungen ihrer Territorien gemeinschaftlich zu begegnen. (Durch den Beitritt mehrerer ehemaliger Ostblockstaaten ist die Zahl der NATO-Mitglieder inzwischen auf 19 angewachsen.)

Am nachhaltigsten wirkte der »Korea-Schock« von 1950, um die Verteidigungsgemeinschaft zu formieren. Im Juni 1950 griffen überlegene nordkoreanische Militärverbände den Süden der – ebenso wie Deutschland zweigeteilten – Halbinsel an. Die südliche Region war dem Zugriff relativ schutzlos preisgegeben, nachdem die amerikanischen Besatzungstruppen abgezogen waren. Nordkorea als kommunistisches Land war mit der angren-

zenden Sowjetunion verbündet, Stalin als Initiator der Aggression hinter dem Gewaltakt klar erkennbar. Den Amerikanern gelang es, einen Beschluss der seit 1945 bestehenden Organisation der Vereinten Nationen (UNO) in New York zur Ächtung dieses Überfalls herbeizuführen. Nachdem US-Truppen eingegriffen hatten, folgten mit der Zeit Kontingente fünfzehn weiterer Staaten. Doch trug Amerika die Hauptlast des Krieges.

Zuerst war die feindliche Übermacht erdrückend, dann organisierte sich die Gegenwehr: Südkorea wurde befreit, der Norden erobert. Dort griffen 200 000 chinesische »Freiwillige« in den Kampf ein und warfen die westlichen Verbände abermals zurück. Schließlich stabilisierte sich die Front, nachdem das Land völlig verwüstet war, am 38. Breitengrad – der als Grenze zwischen Nord- und Südkorea festgelegt wurde. Die Verhandlungen um einen Waffenstillstand dauerten von 1951 bis 1953. Seitdem leben beide Teile Koreas in einem nach wie vor friedlosen Status quo unter Sicherung der Demarkationslinie durch UN-Soldaten.

Die Politik der Entmilitarisierung Deutschlands (in Potsdam verbrieft) endete unter dem

Der Astronaut Neil Armstrong, der am Montag, dem 21. Juli 1969 als erster Mensch den Mond betrat. Armstrong: »Für einen Menschen ist dies nur ein kleiner Schritt, aber für die Menschheit ein gewaltiger Sprung.«

Eindruck des Koreakrieges. Die öffentliche Meinung im Westen schwenkte bereits fünf Jahre nach dem schrecklichsten aller Kriege um und forderte einen deutschen Verteidigungsbeitrag. Jetzt aber sagten ausgerechnet die Deutschen nein, die man als militaristisch verdammt hatte. Es bedurfte langjähriger innenpolitischer Auseinandersetzungen, ehe eine westdeutsche Bereitschaft, sich an der Verteidigung des Westens zu beteiligen, auf breiterer Ebene erkennbar wurde. Viele fürchteten mit Recht, die Wiedervereinigung werde dadurch noch schwieriger werden.

Durch die »Pariser Verträge« wurde die Bundesrepublik schließlich im Mai 1955 in die NATO aufgenommen; sie erlangte gleichzeitig ihre staatliche Souveränität. Jetzt gründeten auch die Sowjets eine Parallelorganisation zur NATO, den Warschauer Pakt. Die DDR trat der Militärallianz der acht Staaten zwangsläufig bei, wodurch das geteilte Deutschland nun auch militärisch in beiden Lagern stand.

Zu diesem Zeitpunkt, zwei Jahre nach Stalins Tod, mit dem Beginn der »Entstalinisierung« unter Chruschtschow, war der Höhepunkt dessen erreicht, was man die Spaltung der Welt nennen kann. Zwei Machtblöcke standen einander waffenklirrend gegenüber, jede der beiden Führungsmächte verfügte über eine weltweite Anhängerschaft. Besonders der Ostblock erschien auf dem Atlas als monolithisches Riesengebilde, das von Berlin bis Peking reichte, denn die beiden kommunistischen Hauptmächte lebten noch in Eintracht.

Das geteilte Europa fand sich in West und Ost außer in militärischen Allianzen auch wirtschaftlich zusammen. Im Westen entstand 1952 die Montanunion und 1957 die Europäische Wirtschafts-Gemeinschaft (EWG, später: EG); das östliche Gegenstück dazu war der »Rat für gegenseitige Wirtschaftshilfe« (COMECON).

Die weiteren Schritte zur Teilung des Kontinents wirkten als Vervollständigung dessen, was in den späten 1940er und 1950er Jahren angelegt worden war. Als spektakulärstes Ereignis verzeichnete die Nachkriegschronik den Mauerbau in Ostberlin am 13. August 1961. Darin erkannten Chruschtschow und Ulbricht das einzige Mittel, den Flüchtlingsstrom aus der DDR über Westberlin in die Bundesrepublik zu stoppen. Seit Gründung der DDR hatten drei Millionen Menschen das Land verlassen, 150 000 allein in den ersten sieben Monaten des Jahres 1961. Die Mauer quer durch Berlin – unterstützt durch die Minenfelder und Metallgitterzäune an der innerdeutschen Grenze – erwies sich als wirksam im Sinne ihrer Erbauer, aber es war die zweite eklatante Niederlage des Kommunismus auf deutschem Boden nach dem Volksaufstand von 1953.

Die 1960er Jahre begannen mit einem sowjetischen Triumph, dem ersten bemannten Raumflug (Juri Gagarin, April 1961), und endeten mit einer Weltsensation made in USA, der Landung auf dem Mond (Neil Armstrong, Juli 1969). Mit ihrem Wettlauf im All hatte die Rivalität der beiden Supermächte ihren sinnfälligsten Ausdruck gefunden, doch reifte in jenem Jahrzehnt die Einsicht in Moskau und Washington, dass man sich auf Erden arrangieren müsse, weil es wegen der wechselseitigen Fähigkeit zur totalen Vernichtung keine Alternative zur Koexistenz gab.

Ungeachtet der Empörung über den Mauerbau (dem der Westen bei allem Protest hilflos zusah) und trotz der weltbedrohlichen Kuba-Krise von 1962 (als Präsident John F. Kennedy wegen der sowjetischen Raketen im unmittelbaren Vorfeld der USA den Konflikt mit der Sowjetunion in Kauf nahm und Chruschtschow zum Nachgeben zwang) zeigten sich schon seit den letzten Amtsjahren des Präsidenten Eisenhower (1953–1961), dann verstärkt unter Kennedy seit 1961 Bestrebungen der Supermächte, zu einer globalen Entspannung zu gelangen und das Wettrüsten einzuschränken. Vor allem ging es um die Einstellung der Atombombenversuche, nachdem die Sowjets schon 1953 mit ihrer ersten Wasserstoffbombe das »atomare Patt« erreicht hatten.

Das Moskauer Versuchsstop-Abkommen von 1963 war der Wendepunkt. Von hier an kam eine langsame Annäherung in Gang, die auch durch den Krieg der Vereinigten Staaten mit dem Moskau-Schützling Nordvietnam nicht ernsthaft gestört wurde. Die Politik der Sowjetunion, seit dem Sturz Chruschtschows 1964 von Leonid Breschnew geleitet, hatte eine oberste Priorität: den Erhalt des Imperiums bei rüstungstechnischem Schritthalten mit den USA. Hoffnungen auf eine Weltrevolution hegte vielleicht noch ein Revolutionsromantiker wie Kubas Fidel Castro (der sich nach dem Zusammenbruch der östlichen Supermacht noch in den 1990er Jahren als letzter aufrechter Streiter für den Kommunismus präsentieren sollte), im Obersten Sowjet jedenfalls regierte Realismus: An eine Aggression gegen die westliche Hemisphäre dachte man nicht, die Herrschaft über die halbe Welt sollte genügen. Absatzbewegungen im eigenen Lager wurden allerdings wie schon zuvor mit der Zerschlagung des ungarischen Aufstands 1956 energisch unterbunden: Im August 1968 walzten sowjetische Panzer die ersten Setzlinge nieder, die der »Prager Frühling« mit dem Experiment eines »demokratischen Sozialismus« zur kurzen Blüte gebracht hatte.

Auch in den 1970er Jahren verfolgte die Sowjetunion ein weitreichendes Entspannungskonzept mit den USA und Westeuropa, in dem Glauben, dadurch ihre Macht langfristig stabilisieren zu können. Es folgte eine Phase außenpolitischer Vertragsabschlüsse; darunter waren die bilateralen Abrüstungsverhandlungen zwischen der UdSSR und den USA über die Begrenzung der strategischen Rüstung in Genf (SALT), die in Helsinki anberaumten KSZE-Konferenzen über Sicherheit und Zusammenarbeit in Europa und die 1972 aufgenommenen Vorgespräche über eine ausgewogene Truppenreduzierung in Europa (MBFR) besonders zukunftweisend.

Im Windschatten der Entspannungspolitik zwischen den Supermächten vollzog sich die Annäherung zwischen der Bundesrepublik und den Ostblockstaaten, insbesondere mit denen, die unter Hitlers Herrschaft am schwersten gelitten hatten. Der Moskauer Vertrag und der Warschauer Vertrag von 1970 sowie der Grundvertrag mit der DDR von 1972, schließlich ein Vertrag mit der Tschechoslowakei 1973 beinhalteten Gewaltverzicht und territoriale Integrität, also de facto die Anerkennung der durch den Zweiten Weltkrieg geschaffenen Grenzen. Die Verständigungspolitik gegenüber dem Osten unter der Regierung Brandt/ Scheel (SPD/ FDP, 1969–1974) »holte nach«, was im Westen vor allem mit der von Adenauer und De Gaulle ins Werk gesetzten Versöhnung Deutschlands und Frankreichs nach jahrhundertelanger Erbfeindschaft vorausgegangen war (wozu auch das Wiedergutmachungs-Abkommen mit Israel von 1952 gehört). Zusätzlich stellte das Viermächte-Abkommen über die Sicherung der Verbindungen nach Westberlin (1972) die Lebensfähigkeit der Stadt auf festere Grundlagen. 1973 wurden die beiden deutschen Staaten als 133. und 134. Mitglied in die Vereinten Nationen aufgenommen.

In der zweiten Hälfte der 1970er Jahre schien die Sowjetunion ihr Imperium endgültig stabilisiert zu haben: Die deutsche Teilung war unter Dach und Fach, das 1945 unterworfene Terrain in Ostmittel- und Südosteuropa gesichert. Bis auf Rumäniens exzentrischen »Conductor« Ceausescu, dem man die eine oder andere Kapriole nachsah, standen alle Satelliten getreulich zur »Breschnew-Doktrin«, die die Unterordnung der Souveränität der sozialistischen Einzelstaaten unter das Interesse des Ostblocks, sprich: Moskaus, zum Inhalt hatte.

Nur Jugoslawien, das unter Marschall Tito 1948 den offenen Bruch mit Stalin gewagt und einen »eigenen Weg zum Sozialismus« eingeschlagen hatte, und die Volksrepublik China verweigerten sich im »sozialistischen Lager« nach wie vor dem sowjetischen Hegemonieanspruch. Der »große Steuermann« Mao Tse-Tung, der 1949 die Kommunisten im Bürgerkrieg mit den Nationalchinesen unter General Tschiang Kai-schek zum Sieg geführt hatte, war nach der Chruschtschowschen »Entstalinisierung« auf Distanz zu dem seither »revisionistisch« und »sozial-imperialistisch« genannten Sowjetreich gegangen. Der Konflikt zwischen den beiden »roten Riesen« hatte sich im März 1969 in Grenzgefechten am Ussuri entladen. Als dann 1972 das Photo vom Händedruck des US-Präsidenten Nixon mit Mao durch die Welt gegangen war, machte das Schlagwort von einem neuen »Mächtedreieck« die Runde; die Entspannungsbereitschaft der Sowjetunion mit dem Westen war durch Chinas Öffnung nach dem Osten (also von Peking aus gesehen zu Amerika und Westeuropa hin) jedenfalls erhöht worden.

Was die Vernichtungskapazität betraf, mochte das Bild vom Mächtedreieck Washington – Moskau – Peking stimmen, aber es verstellte den Blick auf die zwei ökonomischen Riesen, die in den (aus der Perspektive von 1975 gerechnet) drei Jahrzehnten seit Ende des Zweiten Weltkrieges herangewachsen waren: auf Japan und Westeuropa. Das 1945 am Boden liegende, ehemals militaristische ostasiatische Kaiserreich hatte sich mit seiner kosten- und preisgünstigen, zunehmend auch innovativen High-Tech an die Eroberung der Weltmärkte gemacht. Mit der Europäischen Gemeinschaft hatten sich nach dem Verlust ihres Großmachtstatus Nationen zusammengeschlossen, die jede für sich schon über eine gewaltige Wirtschaftskraft verfügten, allen voran die prosperierende Bundesrepublik Deutschland, aber auch Frankreich und Italien und seit 1973 auch Großbritannien. Zudem war (und ist) die EG und ihr Nachfolger, die EU, in beständigem Wachstum begriffen.

Anfang der 1980er Jahre kündigten sich mit zwei geografisch weit voneinander entfernten Ereignissen erste Auflösungserscheinungen des sowjetischen Imperiums an: Die militärisch sinnlose Besetzung Afghanistans (1979/80), mit der die Sowjetunion ihre größte historische Ausdehnung erreichte, offenbarte die tiefen Selbstzweifel eines Kolosses auf tönernen Füßen; aus purer Angst vor einem Übergreifen der islamischen Revolution des Ajatollah Khomeini in den vorwiegend von Moslems bewohnten »weichen Unterleib« des Reiches hatte man nun erstmals für nötig befunden, das unhaltbare imperiale Glacis durch »Vorwärtsverteidigung« schützen zu müssen. Mit den Streiks in der Danziger Lenin-Werft im Herbst 1980, angeführt von dem Arbeiter Lech Walesa, der damals noch nicht im Traum daran dachte, einmal Polens Präsident zu sein, sondern nur eine unabhängige Gewerkschaft im Sinn hatte, zeigte sich schlagartig die innere Aushöhlung eines Systems, das sich als die Herrschaft des Proletariats definierte; die Grundlagen des Sowjetblocks hatten damit ihre erste gefährliche Erschütterung erfahren.

In den folgenden Jahren sollte sich zudem der äußere Druck auf die Sowjetunion verstärken. US-Präsident Reagan (1981–1989) kündigte bald nach seinem Amtsantritt an, die sowjetische Überrüstung im Bereich der Mittelstreckenraketen (SS 20), auf die der deutsche Bundeskanzler Helmut Schmidt die Aufmerksamkeit der Weltöffentlichkeit gelenkt

hatte, durch eine NATO-«Nachrüstung« (Pershing II) zu konterkarieren und »das Reich des Bösen« notfalls »zu Tode zu rüsten«, bis hin zum Szenario einer Militarisierung des Weltraums.

Dass derartige Zukunftsaussichten auf sowjetischer Seite die alleräußersten Kraftanstrengungen erfordern würden, war klar; ob die Energien ausreichen würden, um mitzuhalten, war zumindest fraglich. Die Sowjetunion hatte ihre bisherige Hochrüstung ohnehin nur unter Hinnahme eines kargen bis elenden Lebensstandards der überwiegenden Mehrheit der Bevölkerung zustandegebracht. Die erste Antwort des Kreml bestand in kurzlebigen Herrschaften zweier Greise (Andropow und Tschernenko) und anhaltender Unbeweglichkeit. Dann betrat mit Michail Gorbatschow ein Mann die weltpolitische Bühne, der die Welt verändern sollte.

In seiner Abschiedsbotschaft vom 26. Dezember 1991 gab Gorbatschow, Generalsekretär der KPdSU 1985 bis 1991 und der erste und letzte Präsident der UdSSR 1989 bis 1991, die folgende Begründung für sein geschichtsmächtiges Handeln:

»Das Schicksal hat es so gewollt, dass in dem Moment, als ich an die Spitze des Staates kam, schon klar war, dass etwas mit dem Staat nicht stimmte. Es ist alles im Überfluss vorhanden – Land, Erdöl und Erdgas, andere Bodenschätze, auch mit Verstand und Talent hat uns Gott nicht benachteiligt, aber wir leben viel schlechter als in den hoch entwickelten Ländern und der Rückstand wird immer größer. Die Ursache war schon damals erkennbar. Die Gesellschaft erstickte im Würgegriff des administrativen Kommandosystems. Zum Frondienst an der Ideologie verurteilt, musste sie auch die schreckliche Last des Wettrüstens tragen und lebte am Rande ihrer Möglichkeiten. Alle Versuche von Teilreformen – und davon gab es nicht wenige – scheiterten einer nach dem anderen. Das Land verlor die Perspektive. So konnte man nicht weiterleben. Alles musste von Grund auf geändert werden.«

Seit Gorbatschow die Zügel der sowjetischen Politik in die Hand nahm, überstürzten sich die sensationellen Meldungen aus der UdSSR. Er formulierte zwei wesentliche Ziele: den Umbau und die Erneuerung (Perestroika) der Sowjetunion zur modernen, leistungsstarken Nation und damit die Verbesserung der desolaten Ökonomie, unter der die 288 Millionen Bürger des größten Flächenstaates der Erde litten; als Voraussetzung dafür eine neue Offenheit (Glasnost), d.h. mehr Mitsprache der Öffentlichkeit und die Lockerung der strengen Zensur. Die ins Auge gefassten Veränderungen definierte er als notwendige Maßnahmen auf dem Weg zu einem »besseren Sozialismus«. Er verstand sie als tief greifende Reformen, nicht aber als Revolution von oben. Die Sanierung der Wirtschaft verlangte vor allem einen radikalen Bruch mit untauglichen zentralistischen Steuerungsmechanismen. Gorbatschows Vorgänger hatten eine nach westlichen Maßstäben nahezu bankrotte Ökonomie hinterlassen.

Gorbatschow setzte zunächst administrative Mittel ein, um die ökonomische Talfahrt zu stoppen. Das Ausbleiben schneller Erfolge erhöhte die Erwartungen an den Parteivorsitzenden, der aus berechtigter Angst vor einer Schocktherapie mit bloß schrittweiser Hinwendung zu marktwirtschaftlichen Strukturen reagierte – was sich unter den gegebenen Umständen ebenfalls als untauglich erwies. Durch intensive außenpolitische Aktivitäten versuchte er, die fehlenden Erfolge daheim zu kompensieren und zugleich mehr Ressourcen für die ökonomische Wende zu mobilisieren. Er gab kostspielige Positionen auf, indem er die Besatzungstruppen aus Afghanistan bis zum 15. Februar 1989 zurückzog und auf breiter Front Abrüstungsmaßnahmen anbot. Im Dezember 1987 einigten sich die USA und die UdSSR auf die »Nulllösung« in der Frage der Mittelstreckenraketen (Intermediate Nuclear Forces) in Europa, der erstmals in der Geschichte betriebenen ersatzlosen Verschrottung einer ganzen Waffengattung, der bahnbrechende Abrüstungsvereinbarungen über die Interkontinentalraketen und andere Waffensysteme folgten; der Kalte Krieg hatte sein Ende gefunden.

Gorbatschow betonte das Recht auf Eigenständigkeit der osteuropäischen sozialistischen Staaten und tolerierte die dortigen Umwandlungsprozesse. Die demonstrative Abkehr vom Hegemonialstreben bewirkte allerdings eine nicht einkalkulierte innenpolitische Destabilisierung.

In der langen Kette von Ereignissen, die zum Zerfall der Sowjetunion führten, nimmt der Konflikt zwischen Armenien und Aserbaidschan um dessen armenisch besiedelte Enklave Nagornyi Karabach einen herausragenden Platz ein. Die ersten gewalttätigen Auseinandersetzungen begannen 1988 und die Behauptung ist nicht übertrieben, dass sie die Initialzündung abgaben für weitere Explosionen. Gorbatschows Perestroika zertrümmerte das Zwangssystem, in dem die Nationalitäten gefesselt waren; im Baltikum, in Moldawien,

einen Teil seiner historischen Größe aus. Der Kalte Krieg hatte die europäischen Verhältnisse für 40 Jahre eingefroren. Kurze Tauwetterperioden milderten gelegentlich den Frost, doch immer nur um wenige Grade, bis dann 1989 mit Urgewalt die Eisschmelze einsetzte, die Gletscher sich zurückzogen und die geopolitische Ordnung mit sich fortrissen, die in den Köpfen der meisten Menschen unveränderlich, »unverletzlich« festgestanden war.

Es war das Jahr, als Westeuropa und die USA das 200-jährige Jubiläum der Französischen Revolution feierten, und es wurde ein Jahr wie jenes: ein Schicksalsjahr, von dem eine neue Epoche der Weltgeschichte ausging.

Der Aufstand begann in Polen, wo die Kommunisten im Juni bei der ersten halbfreien Wahl eine vernichtende Niederlage einstecken und die Macht mit der sieben Jahre lang verfemten Solidarnosc teilen mussten. Er setzte sich fort in Ungarn, dessen führende Partei sich unter dem Druck der Reformer auflöste und ein Mehrparteiensystem samt Marktwirtschaft ansteuerte. Dann sprang der Funke in die DDR über: Die Vierzigjahrfeier des SED-Staates am 7. Oktober war schon mehr ein Requiem als ein Jubelakt; der Ruf »Wir sind das Volk« fegte erst Erich Honecker hinweg, bald auch den kraftlosen Nachfolger.

Die Bulgaren warfen die Herrschaft Todor Schiwkoffs ab. Tschechen und Slowaken erhoben sich gegen Jakes und Husák – Alexander Dubcek, der Mann des Prager Frühlings, und Václav Havel, seit langen Jahren das Gewissen und die Stimme des tschechoslowakischen Widerstandes, führten das Land der neuen Freiheit entgegen. Von dieser Freiheit Gebrauch machend bildeten die beiden Teile des Landes die unabhängigen Republiken Tschechien und Slowakei. Schließlich stand auch das geschundene Rumänien auf. Sein größenwahnsinniger Diktator Ceausescu versuchte, die Erhebung in Blut zu ersticken; die Gräuel von Temevar übertrafen noch das Massaker auf dem Tienanmen-Platz in Peking, mit dem China die ins Reich der Mitte übergeschwappte »östliche Weltrevolution« fürs erste bändigte. Dem Conducator gelang das nicht – er wurde hingerichtet.

Beim Treffen Gorbatschows mit Bundeskanzler Kohl und Außenminister Genscher im Kaukasus im Juli 1990 wurden die letzten außenpolitischen Hürden auf dem Weg zur Wiedervereinigung Deutschlands genommen. Am 3. Oktober wurde die alte DDR ein Teil der Bundesrepublik, der NATO und der Europäischen Gemeinschaft. Warschauer Pakt und COMECON lösten sich auf.

in der Ukraine, im Kaukasus, in Mittelasien. Überall hörten die Völker auf die Signale aus Nagornyi Karabach. Und diese verkündeten: Moskau ist schwach, unsere Chance ist gekommen.

Jean Monnet, der geistige Vater der Europäischen Gemeinschaft, hat einmal gesagt: »Die Wandlungen, die der Wandel gebiert, sind stets unabschätzbar.« Diese Erfahrung musste auch Michail Gorbatschow machen; dass er sich mühte, durch sein eigenes Handeln den Wandel in eine heilsame Richtung zu lenken, macht

Links: Öffnung der Berliner Mauer im November 1989. Einer von den vielen denkwürdigen Kommentaren zu diesem weltgeschichtlichen Ereignis stammte von dem 1976 aus der DDR ausgebürgerten Liedermacher Wolf Biermann. »Ich muss weinen vor Freude, dass es so schnell ging. Und ich muss weinen vor Zorn, dass es so elend lange dauerte.«

Ein Gleiches der UdSSR zu ersparen war fortan das Ziel Gorbatschows, des Friedensnobelpreisträgers von 1990. Sein Instrument dafür sollte ein neuer Unionsvertrag sein, mit dem die alte imperiale Union in eine demokratische Föderation umgewandelt werden sollte. Die reaktionären Kommunisten in Staat und Partei versuchten am 19. August 1991, die Uhr zurückzudrehen. Der Zusammenbruch des Putsches und die herausragende Rolle, die der russische Präsident Boris Jelzin, Gorbatschows mächtigster Rivale im Lager der Reformer, dabei gespielt hatte, bedeuteten das Ende für die KPdSU und für die Sowjetunion selbst – und für Gorbatschow, an dem der Zug der Zeit von der erneuerten Union zur Gemeinschaft Unabhängiger Staaten (GUS) mit Jelzin an der Spitze vorbeizog. Über dem Kreml ging die rote Fahne nieder und wurde die alte russische Trikolore aufgezogen. Leningrad gab sich wieder den altehrwürdigen Namen Sankt Petersburg. Die 70-jährige Geschichte der Sowjetunion war zur Episode in der über 1000-jährigen Geschichte Russlands geschrumpft. War Gorbatschow gescheitert? Er hatte das Undenkbare und Unmögliche Wirklichkeit werden lassen, er hatte der Freiheit zwischen Berlin und Wladiwostok den Weg geebnet. Und er hatte dafür gesorgt, dass sich das östliche Imperium nicht mit einem lauten Knall verabschiedete, sondern nur mit einem leisen Seufzer.

In der Amtszeit Jelzins (bis Dezember 1999) gingen weder die demokratischen noch die wirtschaftlichen Reformen voran. Er hinterließ seinem Nachfolger Wladimir Putin eine Reihe ungelöster innenpolitischer Probleme, wozu auch die Frage gehört, was aus der Provinz Tschetschenien werden soll, deren Selbstständigkeitsbestrebungen in zwei blutigen Kriegen (1994–97 und 1999/2000) unterdrückt wurden.

Zeit zur Freude darüber, dass der jahrhundertelange europäische Bürgerkrieg und der jahrzehntelange »Kalte Weltkrieg« ihr Ende gefunden hatten, dass Europa nun wie in den kühnsten Träumen de Gaulles bis zum Ural, ja bis zum Pazifik reichte, blieb nicht viel: Der real existent gewesene Sozialismus hat eine zerstörte Welt hinterlassen, deren Wiederaufbau noch die Kraft von Generationen kosten wird. Während sich die EG auf ihrem Gipfel in Maastricht Ende 1991 zum Einstieg in die politische »Europäische Union« mit gemeinsamer Außen-, Sicherheitspolitik und Währung durchrang, begannen Serben, Bosnier und Kroaten in Ex-Jugoslawien den Bürgerkrieg mit einem Hasspotenzial, das in die Zeiten der beiden Weltkriege und noch weiter zurückreicht. Das Gespenst des Partikularismus und Neonationalismus und damit einer unkalkulierbaren Kettenreaktion von Bürgerkriegen schwebt nicht nur über den ehedem sozialistischen Vielvölkerstaaten, sondern beispielsweise auch über Indien. Mit dem Verschwinden der sowjetischen Zentralmacht sieht sich die Welt mit einer Reihe neuer, exotischer Atommächte konfrontiert. Eine neue Weltordnung, wie sie US-Präsident George Bush sen. in dem Gefühl, »Sieger des Kalten Krieges« und oberster Repräsentant der übrig gebliebenen Supermacht zu sein, verkündete, ist nicht in Sicht: eher eine neue Welt-Unordnung.

Auch Bushs Nachfolger, der jugendliche Bill Clinton, konnte daran nichts ändern. Die großen Wahlversprechen und die damit verbundenen Erwartungen erfüllten sich nicht. Erstmals seit 1954 verlor die Demokratische Partei des US-Präsidenten 1994 in beiden Häusern des Kongresses die Mehrheit, sodass Clinton fortan auf die Unterstützung der Republikaner angewiesen war. 2001 ging dann auch das Präsidentenamt erneut an die Republikaner über: George W. Bush gewann mit äußerst knappem Vorsprung vor seinem demokratischen Kontrahenten, dem bisherigen Vizepräsidenten Al Gore. Er leitete eine Politik ein, der amerikanische Belange über alles gelten und die für die USA eine dominierende Rolle in der Welt beansprucht. Durch den nach den Anschlägen vom 11. September 2001 (auf das World Trade Center und das Pentagon) eröffneten weltweiten Kampf gegen den Terror (mit Beseitigung des Taliban-Regimes in Afghanistan 2002) wurde der imperiale Anspruch der Vereinigten Staaten noch eher bekräftigt.

Die Dritte und die Vierte Welt

Seit dem Zusammenbruch der Sowjetunion und der Bankrotterklärung der kommunistischen Ideologie ist in der »Ersten Welt« bisweilen so etwas wie Erleichterung darüber zu verspüren, dass man nicht ganz auf ein gewohntes, grob gerastertes Feindbild verzichten muss. Als »aggressive, revolutionäre Bewegung, so militant und gewalttätig wie die bolschewistischen und faschistischen Ideologien der Vergangenheit« charakterisierte etwa der amerikanische Professor Perlmutter den islamischen Fundamentalismus in der »Washington Post«. Der »heilige Krieg« der islamischen gegen die christliche Welt muss als Erklärungsmuster für die vielfältigen, komplizierten Konflikte im Nahen Osten und in Nordafrika herhalten – ein Geschichtsbild von gefährlicher Einfachheit. Die Weltherrschaft streben die Moslems nicht an. In ihrer Mehrheit wollen sie lediglich gemäß ihren Traditionen und Wertvorstellungen einen eigenen Weg zu einem menschenwürdigen Leben finden. Die Ursache für die religiöse Renaissance des Islam ist im Zusammenstoß morgenländischer Lebensformen mit der hochtechnisierten, pluralistischen Industriegesellschaft des Westens zu suchen, der als tiefer Kulturschock empfunden wird. Dabei gilt die Abwehr nicht den wissenschaftlich-technischen Grundlagen der modernen Zivilisation, sondern deren Folgen und Begleiterscheinungen, die als ihr eigentliches Wesen verstanden werden: religiöse Indifferenz, »Materialismus«, sexuelle Freizügigkeit, Drogenmissbrauch. Die wachsende Verelendung immer größerer Bevölkerungskreise, vor allem in den uferlos wachsenden Metropolen wie Kairo, Istanbul oder Algier, treibt den Verkündern religiösen Heils scharenweise Anhänger zu. Doch das Ziel aller fundamentalistischen Gruppen ist die Umgestaltung der eigenen Gesellschaften im Sinne des Islams und nicht die Bekehrung oder gar Unterwerfung des christlich-materialistischen Abendlandes.

Vielmehr hat die Unterwerfung des islamischen Morgenlandes durch die europäischen Kolonialmächte im 19. und frühen 20. Jahrhundert Anteil am Aufleben des Nationalismus und religiösen Fundamentalismus im Nahen Osten seit dem Ende des Zweiten Weltkriegs. Nachdem die islamischen Staaten zwischen Atlas und Indus ihre Unabhängigkeit erhalten oder – wie Algerien – erkämpft hatten, wurde die gesamte Region als Nebenschauplatz des Kalten Krieges zwischen Ost und West missbraucht; die Sowjetunion nahm Einfluss auf das Ägypten Gamal Abd el-Nassers, auf Syrien und den Irak, die Amerikaner setzten auf die arabischen Monarchien und den Iran, den der Schah Reza Pahlewi in kürzester Zeit zur modernen Industrienation hochzukatapultieren gedachte.

Das einzige Band, das die untereinander heillos zerstrittenen und im Zeichen des Ost-West-Konflikts noch zusätzlich gegeneinander ausgespielten Staaten im Nahen Osten einte, war die klare Frontstellung gegen Israel. Seit der Gründung Israels (1948) als der Heimstätte der dem Holocaust entkommenen europäischen Juden und der in ihren Heimatländern unterdrückten orientalischen Juden sehen sich die Araber mit einer Mini-Supermacht konfrontiert, die sie ein um das andere Mal gedemütigt hat, und die Israelis sehen sich umringt von 120 Millionen Feinden, die kraft ihrer Demographie und Ressourcen die wahre Übermacht in Händen halten. Der Zankapfel Pa-

lästina, beansprucht von beiden Seiten, wurde zum Ausgangspunkt dreier Kriege: 1948/49, 1967 und 1973. Israel behauptete sich kraft militärischer Überlegenheit gegen die miteinander verbündeten Araberstaaten. In der zweiten Hälfte der 1970er Jahre schlossen Ägypten und Israel auf Initiative des ägyptischen Staatspräsidenten Anwar as-Sadat in langwierigen Verhandlungen ein separates Friedensabkommen, während die übrigen Anrainerstaaten Israels noch immer in einem latenten Kriegszustand mit dem jüdischen Staat stehen. Als hartnäckigstes Problem erweist sich die ungeklärte Zukunft der heimatlosen Palästinenser, d.h. der 1948/49 geflüchteten und vertriebenen Araber und ihrer Nachkommen in den Flüchtlingslagern rund um Israel, und die Frage der Selbstbestimmung in den von Israel seit 1967 besetzten Gebieten mit vorwiegend arabischer Bevölkerung.

Sowohl der in den Nahen Osten exportierte Ost-West-Konflikt als auch das Spezifikum des israelisch-arabischen Konflikts verstellten lange Zeit den Blick auf die eigentlichen Probleme und Gefahren der Region, auf den sozialen Sprengstoff in den Großstädten, auf das komplizierte Geflecht der historisch gewachsenen »Erbfeindschaften«, etwa der zwischen Arabern und Persern, Sunniten und Schiiten, auf die revolutionären Energien, die spirituelle Sehnsüchte wachrufen können. Seinen ersten nachhaltigen Ausdruck fand die religiöse Erneuerungsbewegung im islamischen Raum mit der triumphalen Rückkehr des Ajatollah Khomeini in den Iran am 1. Februar 1979, der

Von Osama Bin Ladens Al Kaida organisiert, schockierte der Terroranschlag am 11. September 2001 die Welt. Zwei von islamistischen Fundamentalisten zuvor entführte in das World Trade Center in New York gesteuerte Passagiermaschinen ließen die Twin Towers in sich zusammenbrechen. Unter 45 000 Tonnen Stahl, Glas und Beton fanden 3478 Menschen den Tod. US-Präsident Bush: »Die amerikanischen Bürger, unser Lebensstil und unsere Freiheit wurden durch feige und tödliche Terrorattacken angegriffen. Wir sind im Krieg.«

Unter dem Jubel Tausender schiitischer Einwohner ziehen US-Marineinfanteristen in das befreite Bagdad ein. Aufgrund der eigenen militärischen Überlegenheit und der schwachen Gegenwehr, konnte George W. Bush auf dem Flugzeugträger »USS Abraham Lincoln« am 2. Mai 2003 für beendet erklären. Doch so der Präsident: »Unsere Mission dauert an. Die Al Kaida ist angeschlagen, aber nicht zerstört... Der Krieg gegen den Terror ist noch nicht vorbei.«

den Sturz des weltlich fundierten und westlich orientierten Schah-Regimes zur Folge hatte. Der schiitische Geistliche, der sich als Wegbereiter des künftigen Imams, einer Art »islamischen Messias«, verstand, führte die »Islamische Revolution« zum Sieg und setzte sich als höchste geistliche Autorität und inoffizielles Staatsoberhaupt an die Spitze der »Islamischen Republik Iran«. Unter Khomeini wurden das Schulsystem, die Sozialordnung, das Wirtschaftsleben unter die Kuratel der Religion gestellt, die auch zum bestimmenden Faktor der Außenpolitik geriet, was sich unter anderem in der Ausrufung des »Heiligen Krieges« gegen die USA und der über ein Jahr andauernden Geiselnahme des gesamten US-amerikanischen Botschaftspersonals in Teheran (November 1979 bis Januar 1981) ausdrückte.

Zu jener Zeit hatte sich der irakische Diktator Saddam Hussein schon als eine Führer-

figur der arabischen Staatenwelt profiliert und glaubte leichtes militärisches Spiel mit dem außenpolitisch isolierten und im Innern geschwächten Iran zu haben, als er im September 1980 auf breiter Front in die Erdölprovinz Khusistan einmarschieren ließ. Es entwickelte sich ein aufreibender, Menschen und Material verschlingender Krieg, der 1988 durch einen von der UNO initiierten Waffenstillstand abgebrochen wurde – ohne Sieger und ohne Verlierer, sieht man einmal von den internationalen Waffenhändlern ab, die gute Geschäfte gemacht hatten. Acht Jahre Krieg, schätzungsweise 800 000 Gefallene und Abermilliarden Kriegsschulden ließen beiden Seiten keine andere Wahl, als endlich Friedensfühler auszustrecken.

Waren in diesem 1. Golfkrieg die arabischen Staaten noch en bloc solidarisch mit dem Irak gewesen, so stellte der irakische

Überfall auf Kuwait vom 2. August 1990 die arabische Welt vor ihre bislang härteste Zerreißprobe. Der irakische Diktator ließ ein Ultimatum der UNO, das annektierte Scheichtum bis zum 15. Januar 1991 zu räumen, tatenlos verstreichen. Am 17. Januar 1991 begannen die militärischen Operationen der multinationalen Streitkräfte unter Führung der USA zur Befreiung Kuwaits. All seiner wahnwitzigen Rhetorik zum Trotz erlebte Saddam Hussein Ende Februar nach Beginn der alliierten Bodenoffensive sein militärisches Debakel.

Gleichwohl war es ihm gelungen, seine Elitetruppe, die »revolutionären Garden«, noch rechtzeitig aus dem Feuer zu nehmen, dies vor allem auf Kosten der Kurden, die sich von dem Sieg der Alliierten ihre Freiheit erhofft hatten und gegen die sich nun die geballte Aggression des geschlagenen Kriegstreibers richtete.

2003 schlug dann endgültig die Stunde des Tyrannen von Bagdad. Die USA, die ein Ende der UN-Waffeninspektionen im Irak nicht abwarten wollten, machten gemeinsam mit Großbritannien im 3. Golfkrieg dem Regime Saddam Husseins ein Ende.

Zu den Verlierern der Golfkriege zählten auch die Palästinenser, die nach dem Abflauen ihrer »Intifada«, ihres 1987 begonnenen Volksaufstands in den besetzten Gebieten, auf Saddam Hussein gesetzt hatten, der Israel mit seinen Scud-Raketen beschoss, um – vergeblich – die Araber aus der anti-irakischen Front zu locken. Immerhin sahen sich die USA in der Lage, sowohl Israel als auch die arabischen Frontstaaten erstmals in der Geschichte an den Verhandlungstisch zu zwingen, und zwar im Spätherbst 1991 in Madrid. Noch wurden nur Formeln ausgetauscht, die arabische »Land gegen Frieden« gegen die israelische »Frieden gegen Frieden«. Doch allein Amerika ist als Weltordnungsmacht, Beschützer und Schiedsrichter übrig geblieben – wer sich durchsetzen will, muss Washington auf seine Seite bringen oder zumindest verhindern, dass die USA sich im anderen Lager einrichten. Hier brachte die Konferenz von Kairo am 4. Mai 1994 den entscheidenden Durchbruch. Nach 45 Jahren Feindschaft unterzeichneten in der ägyptischen Metropole Israels Ministerpräsident Rabin und der Vorsitzende der palästinensischen Befreiungsfront PLO Jassir Arafat das Abkommen über die Autonomie der Palästinenser in den von Israel besetzten Gebieten, Jericho und Gaza-Streifen, womit die Keimzelle eines Palästinenser-Staates geschaffen wurde.

Konturen vermochte dieser allerdings bisher nicht zu gewinnen; die Hardliner auf beiden Seiten verhinderten, dass es zu weiteren tragenden Abkommen kam. Nach dem Ausbruch einer erneuten »Intifada« (Al-Aksa-Intifada) im September 2000 drehte sich die Spirale von Aktion und Reaktion, von palästinensischen Anschlägen und israelischen Vergeltungsmaßnahmen nur immer weiter. Mit dem Verfall der sowjetischen Supermacht und dem Erlöschen des Ost-West-Konflikts geht die Verlagerung des Schwerpunkts der islamischen Welt nach Osten einher. Ihr Gewicht wird beträchtlich verstärkt durch die über 50 Millionen Moslems in den ehemals sowjetischen Republiken in Zentralasien und am Kaspischen Meer. Das Banner des Propheten, das die Araber im 9. Jahrhundert bis zur Seidenstraße trugen, wollen jetzt die alten Vormächte dieser Weltregion in ihre Richtung wenden: Die Türkei trachtet, die ihr verwandten Nationen für eine säkulare, westorientierte Staatengemeinschaft der Turk-Völker zu gewinnen; der Iran ist bestrebt, sie vom Westen abzukehren und in seinen Gottesstaat einzubringen. Während insgesamt aber das Gewicht der islamischen Welt zunimmt, ist bei der übrigen Dritten Welt ein herber Bedeutungsverlust zu verzeichnen.

An der 1991 in Cartagena abgeschlossenen VIII. Konferenz der UNO-Organisation für Handel und Entwicklung (UNCTAD) ließ sich das allmähliche Ende des Südens als politischer Kraft plastisch beobachten: Die Gruppe der 77, einst gegründet als Kartell der Habenichtse des Südens, um dem Westen politische und wirtschaftliche Zugeständnisse abzutrotzen, hat ausgedient. Wachsende regionale Interessengegensätze sowie der sich ständig vergrößernde Abstand zwischen den Ärmsten der Armen und den aufstrebenden Schwellenländern haben das dünne Band durchtrennt, das die inzwischen 120 Mitglieder der Gruppe der 77 noch zusammenhielt.

Dieser Tendenz zur Aufsplitterung des Südens entspricht gebündeltes Desinteresse im Norden: Wirtschaftlich haben die meisten der armen Staaten schon längst nichts mehr zu bieten – weder als Investitions- noch als Billiglohnländer. Und auch politisch sind sie nach dem Ende der Ost-West-Polarität weitgehend bedeutungslos geworden. Verhängnisvoll aber ist das Zusammenspiel beider Entwicklungen für die mittlerweile auf fast 50 Länder angewachsene Gruppe jener Staaten, die als absolut arm gelten. Sie werden weiter an den Rand gedrängt.

Auch die Industrieländer müssten daran interessiert sein, diese Entwicklung zu stoppen, denn die Probleme gerade der Armutsländer werden näher rücken: Die Druckwellen der Armutswanderung – etwa die Daueremigra-

Ein vietnamesischer Soldat übt sich im Bajonett-Angriff. Im Dschungelkrieg Südostasiens konnte sich Frankreichs Militärmaschinerie kaum entfalten. Hier kam es auf Tarnung und Vertrautheit mit dem Gelände an. Die Kolonialarmee nahm deshalb bereitwillig einheimische Hilfstruppen auf. Dennoch musste sich Frankreich den kommunistischen Guerillakämpfern Ho Tschi Minhs beugen und 1954 sein indochinesisches Kolonialreich liquidieren. Mitte der sechziger Jahre verstrickten sich dann die USA als Schutzmacht des westlich orientierten Südvietnams in den mörderischen »Vietnamkrieg«, der 1975 mit der Wiedervereinigung des Landes unter kommunistischen Vorzeichen sein Ende fand.

tion von Zentralamerika in die USA – sind längst zu spüren. Die Umweltkatastrophe im Armutsgürtel der Welt – wer arm ist, benutzt hauptsächlich Holz zum Kochen und Heizen – verschärft den Treibhauseffekt für alle.

Eingesetzt hatte die Formierung der Dritten Welt 1955 auf der ersten Konferenz der »Blockfreien« in Bandung (Indonesien). Als ihre Hauptanliegen wurden die Entlassung aus der Kolonialherrschaft und gerechte Anteile an der Weltwirtschaft formuliert. Begonnen hatte die »Entkolonialisierung« mit Indien: 1947 verzichteten die Briten auf ihren wertvollsten Kolonialbesitz und taten damit einen Schritt staatsmännischer Weitsicht und Vernunft. Indiens kompakter mohammedanischer Siedlungsraum im Westen und Südosten spaltete sich als West- bzw. Ostpakistan ab; der Subkontinent wurde von Religionskämpfen und Wanderbewegungen größten Ausmaßes heimgesucht.

In der Frühphase der Unabhängigkeit starb Mahatma Gandhi, die große Integrationsfigur des jahrzehntelangen gewaltlosen Befreiungskampfes, durch ein Attentat (1948). Erster und langjähriger indischer Ministerpräsident wurde sein Schüler Jawaharlal Nehru (1889–1964).

Weit weniger geschickt als die Engländer in Indien und die Holländer mit der Freigabe Indonesiens (1949) operierten die Franzosen in der Ablösungsphase ihres Kolonialreiches. Sowohl in Indochina als auch in Algerien vollzog sich die Trennung unter blutigen, vielfach grausamen Kämpfen. In Algerien beendete der wieder an die Macht gerufene General de Gaulle den Kampf von Paris aus politisch, indem er den Algeriern Unabhängigkeit gewährte (1962). Hunderttausende Algerien-Franzosen siedelten ins Mutterland um. Zu den unfriedlichen Abschieden vom Kolonialzeitalter gehört auch die Suez-Affäre von 1956. Der ägyptische Präsident Nasser hatte den Suez-Kanal verstaatlicht, woraufhin England, Frankreich und Israel in Ägypten einfielen. Sie mussten sich unter amerikanisch-sowjetischem Druck (die Supermächte handelten in diesem Fall selten einmütig) zurückziehen.

In Südostasien wurden die französischen Kolonialherren besiegt (Dien Bien Phu, 1954); sie zogen sich aus den Ländern Vietnam, Laos und Kambodscha zurück. Vietnam wurde als dritter Staat der Welt in einen kommunistischen und nichtkommunistischen Teil gespalten.

Die kommunistische Infiltration Südvietnams beantworteten die Vereinigten Staaten mit einer massiven Wirtschafts- und Militärhilfe für das antikommunistische Regime in Saigon, die sich bald zu einer direkten kriegerischen Konfrontation mit Nordvietnam ausweitete (1965). Der »Vietnamkrieg« wurde in den 1960er Jahren zur grausamsten und folgenreichsten militärischen Auseinandersetzung mit kolonialem Hintergrund. 1973 zogen sich die USA zurück. Südvietnam wurde schon zwei Jahre später von den Kommunisten erobert und mit dem Norden wiedervereinigt.

Die größte geschlossene Entkolonialisierung brachten die 1960er Jahre in Afrika. Die Gründe für die Verselbstständigung, für das Ende der Kolonialzeit – hier wie in anderen Teilen der Welt – lagen im Ost-West-Konflikt begründet, in der Machtkonkurrenz, bei der jede Seite Bündnispartner suchte. Auch wirkte die weltweit lockende kommunistische Befreiungsidee durchaus antikolonialistisch. Hinzu kam, dass die britisch-französischen Kolonien im Zweiten Weltkrieg mit Rohstoffen und Soldaten wesentlich zum Sieg beigetragen hatten. Die erwachenden Nationen verlangten nun ihren Lohn in Form ihrer Anerkennung als gleichrangige Partner.

In Afrika veränderte sich die Staatenkarte binnen weniger Jahre vollständig. Die Besitzungen Frankreichs, Englands und Belgiens wurden im Wesentlichen bis 1963 in die Unabhängigkeit entlassen, Portugals Kolonien errangen ihre Freiheit erst 1975 nach langen Guerillakämpfen. Seither gibt es in Afrika keine »Fremdherrschaft« im Sinne alter Kolonialpolitik mehr. Die Herrschaftsverhältnisse der Kolonialzeit wirken jedoch in anderer Form nahezu ungebrochen nach. Zum einen bestehen den afrikanischen Völkern aufgezwungene Strukturen unverändert fort. Die meist »mit dem Lineal« gezogenen Grenzen der alten Kolonialreiche durchschneiden traditionelle Stammesgebiete und Wirtschaftsräume. Ständig neu entbrennende kriegerische Konflikte zwischen den früheren Kolonien sind ebenso die Folge wie blutige Stammesfehden zwischen willkürlich in künstliche Staatsgebilde zusammengefassten, oft verfeindeten Völkerschaften.

Zum anderen brechen gerade in jüngster Zeit die kolonialen Machtverhältnisse als »innerer Kolonialismus« wieder hervor: Die noch zur Zeit der früheren Kolonialherren an die Macht gelangten Eliten – die herrschenden Clans, die kleinen Cliquen korrupter Beamter und Militärs, die dünne Schicht wohlständiger Technokraten – können nur durch Gewaltherrschaft den Aufruhr der am Rande oder unterhalb des Existenzminimums dahinvegetierenden Massen unterdrücken. Der ungeheure Gegensatz zwischen Macht und Ohnmacht, zwischen Luxus und Elend führt immer wieder zur Selbstzerfleischung der »befreiten« afrikanischen Völker in gnadenlosen Bürgerkriegen. Und zuletzt hat sich auch der »äußere Kolonialismus« in moderner Form erhalten: Die Befreiung von der wirtschaftlichen Abhängigkeit von den Industriestaaten der Ersten Welt ist nicht geglückt.

Aus allein wirtschaftlichen Gesichtspunkten werden ehedem blühende Landschaften zu öden Monokulturen umgestaltet; der Anbau von Nahrungsmitteln für den Eigenbedarf wird den Einheimischen dadurch unmöglich gemacht. Der immense Schuldenberg der Dritte-Welt-Länder lässt ihnen keine andere Wahl, als ihre Rohstoffe zu den Bedingungen der Industriestaaten zu veräußern. Die Abhängigkeit von Löhnen und Weltmarktpreisen, die in den Machtzentren der alten Kolonialmächte diktiert werden, ist fast »sklavisch« zu nennen – nach wie vor sind die Völker Afrikas fremden Mächten ausgeliefert. Beispielhaft für die geringen Entwicklungschancen ehemaliger Kolonien ist der mittel- und südamerikanische Kontinent. Dabei sind die Republiken Lateinamerikas nicht »jung« im historischen Sinne, sondern schon seit hundertsiebzig Jahren von

Spanien und Portugal befreit. Ihr Entwicklungsstand – eine dünne Schicht des Reichtums neben schreiender Armut, die mangelnde Infrastruktur, hohe Inflations- und Arbeitslosenzahlen – reiht sie aber zwangsläufig in die erst aufstrebenden, zivilisatorisch rückständigen Staatengruppen ein.

Ein Kapitel für sich bildet Südafrika, weil hier zwar eine weiße Vorherrschaft besteht, nicht aber im herkömmlichen Schema einer Kolonialmacht; denn die weißen Südafrikaner, überwiegend holländisch-burischer Herkunft, siedeln dort seit Jahrhunderten und betrachten Südafrika ebenso als Heimat wie die große schwarze Mehrheit des Landes. Doch die weißen Südafrikaner haben die Zeichen der Zeit noch rechtzeitig erkannt. Bei den ersten freien, nicht rassistischen Parlamentswahlen ging der Afrikanische Nationalkongress (ANC) als Sieg hervor und sein Vorsitzender Nelson Mandela wurde am 9. Mai 1994 zum ersten schwarzen Präsidenten des Staates Südafrika gewählt. Er und seine Nachfolger erhielten das unanfechtbare Mandat, Südafrika in eine Demokratie gleichberechtigter Bürger zu verwandeln. Doch um die Apartheid zu überwinden, reichte es nicht, Gesetze über die Rassentrennung abzuschaffen. Südafrika war immer Dritte Welt für die schwarze Mehrheit und Erste Welt für die weiße Minderheit in einem. Diesen Nord-Süd-Konflikt in sich selbst muss Südafrika noch entschärfen.

Das Kernkraftwerk Tscherno-byl in der Ukraine nach der Brandkatastrophe vom 25. April 1986. Der bislang größte Reaktorunfall hatte weitreichende Folgen. Die freigesetzte radioaktive Wolke zog sich bis nach Skandinavien und Westeuropa, die radioaktiven Niederschläge führten zu erheblichen Strahlenbelastungen. In der unmittelbaren Umgebung des Kernkraftwerks, aus der rund 130 000 Menschen evakuiert werden mussten, wurde ein dramatischer Anstieg von Krebserkrankungen verzeichnet.

Die eine Welt

Der Sieg der Freiheit als Ergebnis des Kalten Krieges und die damit verbundene Eindämmung der unmittelbaren Gefahr eines heißen atomaren Weltkrieges erfolgte »fünf vor Zwölf«. Die Menschheit braucht dringender als je zuvor ihre ganze Vernunft, um die existenzbedrohenden Probleme zu meistern, die sie sich durch ihren verantwortungslosen Umgang mit ihrer natürlichen Umwelt selbst geschaffen hat.

Die Weltbevölkerung hat sich innerhalb der letzten 50 Jahre von 2,5 Milliarden auf über sechs Milliarden vergrößert und wird sich in den nächsten 50 Jahren um weitere drei Milliarden vermehren. Weit größere Probleme als die zu erwartenden Armutswanderungen und Fluchtbewegungen werden das Mehr an Nahrung sein, das die Menschheit erzeugen muss, das Mehr an Energie, die sie verbrauchen wird, und das Mehr an Schadstoffen, das sie produzieren wird.

Es ist wahrscheinlich schon später als fünf vor Zwölf, um eine globale Politik für den Erhalt des »Ökosystems Erde« zu beginnen, endlich Konzepte zur Eindämmung schleichender oder rapide fortschreitender Katastrophen wie der »Klimawende«, der durch den Treibhauseffekt verursachten Erwärmung der Erde, der spätestens seit dem schweren Reaktorunfall im sowjetischen Kernkraftwerk Tschernobyl evidenten weltweiten GAU (= »größter anzunehmender Unfall«)-Gefahren und der raumgreifenden und irreparablen Abholzung der tropischen Regenwälder in Angriff zu nehmen.

Aufgrund der globalen Zusammenhänge werden sich weder die Industriestaaten noch die Entwicklungsländer aus der Verantwortung für die eine Welt stehlen können, in der Kriege weltweite Auswirkungen haben, Raubbau an den Tropenwäldern das Klima überall verändern wird, Flüchtlingsströme und Rauschgiftkriminalität nicht an Grenzen halt machen. Eine weltweit koordinierte Armutsbekämpfung tut not. Armut wiederum ist eine der entscheidenden Ursachen für die Umweltzerstörung in den armen Ländern des Südens. Armut ist aber auch vielfach die Folge von Umweltschäden, wie etwa der Erosion fruchtbarer Ackerböden. Die Erhaltung der natürlichen Lebensgrundlagen für alle und die Bekämpfung der Armut sind untrennbar miteinander verbunden. Armutsbekämpfung ist ein entscheidender Beitrag im Kampf gegen das Rauschgift. Nur wenn den Drogenbauern wirtschaftliche Alternativen in der landwirt-schaftlichen Produktion eröffnet werden, werden sie ihre Produktion umstellen.

»Wir sind reich an Wissen, aber arm an Weisheit, und wir suchen nach dem Schlüssel zum Überleben«, schrieb der »Club of Rome«, die renommierte Gruppe internationaler Wissenschaftler und Ökonomen, am Ende seines Umweltberichts 1991. Auf eine erste Suche nach diesem Schlüssel machten sich im Juni 1992 in Rio de Janeiro auf der »UNO-Konferenz für Umwelt und Entwicklung« Tausende von Diplomaten und Umweltspezialisten aus über 170 Staaten. Das gleiche Interesse leitete die Delegierten auf der Weltklimakonferenz in Kyoto 1997 und beim »Nachhaltigkeits-Gipfel« von Johannesburg 2002.

Als der Club of Rome 1972 auf »die Grenzen des Wachstums« aufmerksam gemacht hatte, wurde das Problem des Raubbaus der Menschen an der Natur, z.B. für die Energiegewinnung, noch als ein rein mengenmäßiges angesehen; inzwischen hat das »Problem« längst eine »qualitative Dimension« bekommen. Die Wissenschaftler der Weltmeteorologen-Organisation (WMO) und des Umweltprogramms der UNO (UNEP) lassen keinen Zweifel daran, dass die Treibhausgase Kohlendioxid, FCKW, Stickoxide und Methan für die zunehmende Erwärmung der Erde sowie den dramatischen Abbau der Ozonschicht über den Polen verantwortlich sind. Der grundlegende Unterschied zu jedem natürlichen Klimawechsel der Erdgeschichte ist die Geschwindigkeit, mit der er vonstatten geht. Vom Plankton in den Meeren bis zu den Eisbären in der Arktis ist jede Lebensform betroffen.

Neben den wenigen »Gewinnern« gibt es vor allem große »Verlierer« und einer von ihnen ist die gesamte Menschheit selbst. Absehbare Folgen des Ozonlochs und der Klimawende sind neben der steigenden Krebsgefahr aufgrund des abnehmenden Schutzes vor ultravioletter Strahlung die zunehmende Windenergie, der stetig steigende Meeresspiegel, die Austrocknung weiter Flachlandgebiete unter anderem in Europa, Wirbelstürme, Dürreperioden, der Kollaps aller bisherigen Ökosysteme, die Verseuchung des Meeresplanktons, von dem die Lebewesen mariner Nahrungsketten bis hin zu den Fischen leben. Während in der Stratosphäre die schützende Ozonschicht immer weiter ausdünnt, hat die Anwesenheit des einst als Bakterienkiller geschätzten, dreiatomigen Sauerstoffmoleküls in der Luft besorgniserregende Konzentrationen erreicht. In Bodennähe trägt das reaktionsfreudige Ozon zur Erzeugung des photochemischen Smogs bei sowie zum Pflanzen- und Waldsterben und bedroht zunehmend auch die Gesundheit der Menschen. Der Hauptverantwortliche dieses Ozonproblems sind die Stickoxidemissionen, die vor allem aus dem Straßenverkehr und aus den Kraftwerken stammen.

Allein zwölf Prozent des jährlich weltweit in die Luft strömenden hochgiftigen Kohlenmonoxids (6 Milliarden Tonnen) werden durch die Brandrodungen im brasilianischen Amazonas-Gebiet hervorgerufen. Der Vernichtungsprozess der tropischen Regenwälder schreitet schneller voran als je zuvor: 17 Millionen Hektar verschwanden allein 1991, eine Fläche fast halb so groß wie das vereinte Deutschland. Appelle an die Erzeugerländer, ihr Holz »nachhaltig« zu nutzen, also etwa durch Wiederaufforstungen für den Erhalt des Regenwaldes zu sorgen, fruchten nichts: In den Tropen steckt nämlich, anders als in gemäßigten Brei-

ten, die ganze Fruchtbarkeit in den Bäumen, während die Böden extrem nährstoffarm sind. Wenn die Bäume fallen, kann sich das System aus dem Boden heraus nicht mehr erholen. Seit den 1950er Jahren wurde bereits die Hälfte des gesamten damaligen Regenwaldbestandes der Erde zerstört. Die Menschheit atmet also gewissermaßen nur noch mit halber Lungenkraft.

Der Umweltbericht des Club of Rome von 1991 fasste die Situation in Worte, die ihre Gültigkeit keineswegs verloren haben: »Die Zeit läuft ab. Wir leben im Anfangsstadium der ersten globalen Revolution auf einem kleinen Planeten, den zu zerstören wir offenbar wild entschlossen sind ... Der Druck der Tatsachen ist so groß, dass wir uns entweder verändern müssen oder von der Erde verschwinden werden.«

Das größte Biotop der Erde, der Regenwald im Amazonasgebiet in Brasilien, schwebt in akuter Lebensgefahr. Jahr für Jahr werden Millionen Hektar vernichtet, um neue Anbau- und Weideflächen zu gewinnen. Wenn die Zerstörung der Amazonaswälder im gleichen Tempo weitergeht wie bisher, wird »die Lunge der Menschheit« in 20 Jahren verschwunden sein.

Zeittafel

v. Chr.

4. Jahrtausend	Sumerer, vermutlich aus dem Osten kommend, besiedeln die Ufer des Euphrat.
um 3100	Erfindung der ersten sumerischen Schrift.
um 3000	Entwicklung des Kalenders und der Hieroglyphenschrift in Ägypten.
ca. 2750-2250	Altes Reich in Ägypten.
um 2500	Pyramiden von Gizeh. Sumerischer Königsfriedhof von Ur.
um 2300	König Sargon von Akkad begründet semitisches Großreich, erstes Weltreich der Geschichte.
ca. 2250-2030	Erste Zwischenzeit in Ägypten.
2233-2130	Fremdherrschaft der Gutäer in Babylonien.
2030-1785	Mittleres Reich in Ägypten.
1793-1570	Zweite Zwischenzeit in Ägypten. Herrschaft der Hyksos.
600-1200	Zeitalter der mykenischen Kultur in Griechenland.
1595	Plünderung und Eroberung Babylons durch die indogermanische Hethiter.
1570-1085	Neues Reich in Ägypten.
1400-1358	Amenophis IV. (Echnaton). Religiöser Reformversuch in Ägypten.
1198-1166	Ramses III. Abwehr der Libyer und Seevölker.
1085-341	Spätdynastische Epoche in Ägypten.
um 1000	Dorische Wanderung. Griechische Besiedlung der kleinasiatischen Westküste. Blütezeit des jüdischen Königreiches unter David und Salomon.
884-859	Assurnasirpal II. Assyrisches Großreich.
um 850	Etrusker wandern in Italien ein.
776	Beginn der Olympiaden in Griechenland.
753	Sagenhaftes Datum der Gründung Roms.
750-550	Griechische Kolonisation am Mittelmeer und Schwarzen Meer.
587	Nebukadnezar zerstört Jerusalem. »Babylonische Gefangenschaft« der Juden.
um 560	Sparta begründet Peloponnesischen Bund.
553-539	Die indoeuropäischen Perser erobern unter Kyros II. Vorderasien.
545	Unterwerfung Ioniens durch die Perser.
539	Eroberung Babylons durch Kyros II. Ende des Neubabylonischen Reiches.
529	Kyros' Sohn, Kambyses II., erobert Ägypten.
um 500	Vertreibung des etruskischen Königsgeschlechts aus Rom. Rom wird Republik.
500-494	Ionischer Aufstand gegen die Perserherrschaft.
494	Sieg der persischen Flotte vor Milet.
493	Bündnis Roms mit den Latinerstädten.
490	Persische Expedition nach Griechenland. Sieg der Athener unter Miltiades bei Marathon.
486	Tod des Königs Dareios. Xerxes König von Persien. Rüstungen gegen Hellas.
482	Sieg der Flottenpartei unter Themistokles.
480	Heldentod des Spartanerkönigs Leonidas und seiner 300 Spartiaten am Thermopylenpass. Griechischer Seesieg bei Salamis. Persische Flotte vernichtend geschlagen.
um 450	Kämpfe zwischen Athen und Sparta.
448	Kalliasfriede. Ende der Perserkriege.
447	Baubeginn des Parthenon auf der Akropolis.
446	Dreißigjähriger Friede zwischen Athen und Sparta.
443-429	Blütezeit der athenischen Demokratie sowie der klassischen Kultur in Griechenland unter Perikles (»Perikleisches Zeitalter«).
431-404	Peloponnesischer Krieg. Entscheidungskampf in Griechenland zwischen Athen und Sparta. 429 Pest in Athen. Tod des Perikles.
424	Die »Ritter« des Aristophanes verhöhnen den leitenden Staatsmann Kleon.
399	Prozess und Tod des Sokrates. Aufschwung der sokratischen Schule.
um 387	Gründung der Akademie durch Platon.
387	Einnahme und Zerstörung Roms (außer dem Kapitol) durch die Gallier.
377	Athen gründet zweiten attischen Seebund. Beseitigung der spartanischen Seemacht.
371	Landfrieden zwischen Athen und Sparta. Sieg der Thebaner über Sparta bei Leuktra.
369	Bündnis Sparta-Athen gegen Hegemoniestreben Thebens.
359-336	König Philipp von Makedonien, der Vater Alexanders.
seit 350	Aufstieg Roms zur Herrschaft über Italien im Kampf gegen Latiner und Samniten.
336-323	Alexander der Große.
334	Aristoteles gründet in Athen seine Philosophenschule. Alexander siegt am Granikos über die Perser und erobert Kleinasien.
333	Schlacht bei Issos. Sieg Alexanders über Dareios III.
332	Alexander erobert Ägypten. Gründung Alexandriens.
331	Sieg Alexanders bei Gaugamela. Einnahme von Persepolis und Babylon.
329	Alexander der Große in Baktrien (Zentralasien).
327-325	Alexanders Zug nach Indien. Sieg am Hydaspesfluss.
323	Tod Alexanders in Babylon. Beginn der Diadochenkämpfe.
295	Rom besiegt Gallier und Etrusker.
264-241	1. Punischer Krieg zwischen Rom und Karthago.
241	Seesieg der Römer bei den Ägatischen Inseln. Sizilien erste römische Provinz.
238	Karthago muss Sardinien und Korsika an Rom abtreten.
218-201	2. Punischer Krieg. Hannibal überschreitet Pyrenäen und Alpen.
216	Sieg Hannibals in der Schlacht bei Cannae.
202	Sieg Scipios über Hannibal bei Zama. Ende Karthagos als Großmacht. Spanien wird römisch.
200-133	Zeitalter der römischen Welteroberung.
149-146	3. Punischer Krieg. Zerstörung Karthagos. Karthagisches Gebiet wird römische Provinz Afrika.
148	Makedonien wird römische Provinz.
133-131	Zeitalter der Bürgerkriege.
133-121	Revolution der Gracchen.
113	Erste Niederlage eines römischen Heeres im Kampf gegen die Kimbern und Teutonen.
111-105	Jugurthinischer Krieg.
107	Erstes Konsulat des Kaisers Marius. Neue Heeresordnung.
102	Marius vernichtet die Teutonen bei Aque Sextiae in Südgallien.
101	Marius vernichtet die Kimbern bei Vercellae in Oberitalien.
91	Abfall der Italiker von Rom. Bundesgenossenkrieg (-89).
88-82	Erster Bürgerkrieg: Marius gegen Sulla (86: Tod des Marius).
82-79	Sulla nach Besiegung der Marianer Diktator. Lässt Führer der »Populären« ächten (Proskriptionen).

73-71	Sklavenaufstand unter Spartacus.
70	Konsulat des Pompeius und Crassus: Wiederherstellung der Macht des Volkstribunats.
63	Die »Catilinarische Verschwörung« unter Führung des Konsuls Cicero niedergeschlagen.
58-51	Eroberung Galliens durch Caesar.
44	Caesar wird Diktator auf Lebenszeit und kurz darauf von republikanischen Verschwörern im Senat ermordet.
32	Bruch zwischen Octavian und Antonius.
31	Seesieg Octavians über Antonius bei Actium.
30	Tod des Antonius und der Kleopatra. Octavian Alleinherrscher im Römischen Reich. Ägypten römische Provinz.
27 v. Chr.-14 n.Chr.	Augusteisches Zeitalter. Pax Romana. Römische Klassik. Blütezeit der Dichtung und Literatur. Horaz, Vergil, Tibull, Properz, Ovid; Titus Livius: »Römische Geschichte«, Vitruvius: »Handbuch der Architektur«; großartige Bauten in Rom.
15	Drusus und Tiberius unterwerfen die Kelten zwischen Alpen und Donau.
um 6	Geburt Jesu Christi in Bethlehem.

n. Chr.

9	Arminius vernichtet die Legionen des Varus im Teutoburger Wald.
14-68	Julisch-claudisches Herrscherhaus in Rom. Tiberius (14-37).
um 30	Kreuzigung Christi in Jerusalem.
um 48	Drei Missionsreisen des Paulus nach Kleinasien und Griechenland.
64	Brand Roms und erste Christenverfolgung unter Nero (54-68). Märtyrertod des Petrus.
69-96	Flavisches Herrscherhaus in Rom.
70	Einnahme Jerusalems durch Titus. Zerstörung des Tempels.
79	Ausbruch des Vesuvs. Vernichtung von Pompeji und Herculaneum.
98-117	Trajan. Größte Ausdehnung des Römischen Reiches.
117-138	Hadrian. Erneuerung und Begradigung des Limes. Hadrianswall in Britannien.
161-180	Marc Aurel, der »Philosoph auf dem Throne«.
250	Erste allgemeine, staatlich angeordnete Christenverfolgung durch Decius.
260	Aufgabe des germanischen Limes. Erneuerung der Rheingrenze.
276-282	Abwehrkämpfe an Rhein und Donau gegen Franken, Alemannen, Burgunder, Vandalen. Aufnahme germanischer Soldtruppen.
284-305	Diokletian, Schöpfer einer neuen Reichsverfassung.
303	Letzte und größte Christenverfolgung.
306-337	Konstantin der Große.
312	Konstantins Sieg an der Milvischen Brücke (»In hoc signo vinces«).
325	Erstes ökumenisches Konzil zu Nicäa.
um 375	Einfall der Hunnen. Unterwerfung der Ostgoten. Beginn der »Völkerwanderung«.
379-395	Theodosius der Große. Christentum wird Staatsreligion.
395	Endgültige Teilung des Reiches in Ost- und Westrom.
401	Einfall der Westgoten unter Alarich in Italien.
407	Burgunder überschreiten den Rhein.
410	Alarich plündert Rom. Augustinus schreibt den »Gottesstaat«.
451	Schlacht auf den Katalaunischen Gefilden. Niederlage des Hunnenführers Attila (433-453).
476	Absetzung des letzten weströmischen Kaisers Romulus Augustulus durch Odoaker.

486	Der Merowinger Chlodwig (481-511) erobert das Reich des letzten römischen Statthalters Syagrius in Gallien.
493-526	Theoderich der Große. Ostgotenreich in Italien.
496	Chlodwigs Sieg über die Alemannen. Übertritt zum katholischen Glauben.
511	Nach Chlodwigs Tod Teilung des fränkischen Reiches unter seine Söhne.
527-565	Kaiser Justinian. Blüte des oströmischen Reiches.
529	Benedikt von Nursia gründet Kloster Monte Cassino. Ordensregeln für abendländisches Mönchstum. 596 Beginn der christlichen Mission in England.
um 600	Irische Mönche bei Franken und Alemannen. Gründung des Klosters St. Gallen (614).
622	Mohammeds Flucht aus Mekka nach Medina. Beginn der islamischen Zeitrechnung.
seit 633	Eroberung Syriens, Palästinas, Mesopotamiens, Persiens durch die Araber. Rascher Rückgang des Christentums im Orient.
687	Der Karolinger Pippin der Mittlere wird Major domus des ganzen Frankenreiches.
711	Vernichtung des Westgotenreiches in Spanien durch die Araber. Eroberung Spaniens bis zu den Pyrenäen.
716/17	Araber vor Byzanz von Kaiser Leo III. abgewehrt.
732	Karl Martell besiegt die Araber bei Tours und Poitiers.
750-1258	Kalifat der Abbasiden in Bagdad. Blüte der islamischen Kultur.
751	Pippin der Kurze verbannt den letzten merowingischen König und lässt sich zum König der Franken erheben.
754	»Pippinische Schenkung«.
768-814	Karl der Große.
774	Karl der Große erobert Langobardenreich.
772-804	Kämpfe gegen Sachsen unter Herzog Widukind Sachsen gewaltsam dem Frankenreich eingegliedert und christianisiert.
788	Karl der Große zieht in Bayern ein. Herzog Tassilo abgesetzt.
796	Die Avaren in Ungarn durch Karl den Großen besiegt. Avarische Mark und Mark Krain. Kolonisierung mit bayerischen Siedlern.
800	Kaiserkrönung Karls des Großen in Rom durch Papst Leo III. Errichtung des abendländischen Kaisertums.
827	Sammlung des fränkischen Reichsrechts, der »Kapitularien«.
831	Sarazenen erobern Palermo.
834	Plünderungszüge der Normannen im Loiregebiet und in Friesland.
842	Straßburger Eide in altfranzösischer und althochdeutscher Sprache.
843	Vertrag von Verdun: Reichsteilung (Lothar, Ludwig der Deutsche, Karl der Kahle).
845	Normannen zerstören Hamburg.
um 850	Eindringen der Waräger in Russland.
871-899	Alfred der Große von England. Siegreicher Kampf gegen Dänemark.
896	Vorstöße der Magyaren bis nach Bremen, ins Rhonetal und in die Lombardei.
899-911	Ludwig das Kind, letzter Karolinger im Ostfrankenreich. Verfall der karolingischen Dynastie. Innere Kämpfe und Fehden.
910	Gründung des Kosters Cluny. Mittelpunkt einer streng kirchlichen Richtung.
911-918	König Konrad I. Herausbildung der Herzogtümer Sachsen, Schwaben, Bayern und Lothringen und damit der föderalen Reichsstruktur in Deutschland.

919-1024	Deutsche Könige aus dem sächsischen Hause begründen die Großmachtstellung des Reiches.
919-936	Heinrich I. Anlage von Burgen. Schaffung eines Reiterheeres.
936-973	Otto der Große. Geistliche Fürsten Hauptstütze der Reichsverwaltung.
955	Entscheidender Sieg Ottos über die Magyaren auf dem Lechfeld bei Augsburg.
962	Krönung Ottos zum Kaiser in Rom: Heiliges Römisches Reich Deutscher Nation. Abhängigkeit der Päpste vom Kaiser.
987	Hugo Capet begründet nach Aussterben der westfränkischen Karolinger das Haus der Kapetinger (bis 1328).
988	Übertritt des Großfürsten Wladimir von Kiew zur Ostkirche.
992-1025	Polnisches Großreich unter Boleslaw Chrobry.
um 1000	Seldschuken nehmen in Persien den Islam an. Vorstoß der Wikinger unter Leif Erikson von Grönland aus bis Nordamerika (Labrador und Neufundland).
1000	Errichtung des polnischen Erzbistums Gnesen.
1001-1038	Stephan der Heilige von Ungarn. Christianisierung Ungarns.
1002-1024	Heinrich II. (der Heilige). Gründet Bistum Bamberg (1007).
seit 1006	Mohammedaner setzen sich in Nordwestindien fest.
1016-1035	Knut der Große vereinigt England und Norwegen mit Dänemark.
um 1020	Normannen in Süditalien.
1024-1125	Fränkische (salische) Könige in Deutschland.
1066-1087	Wilhelm der Eroberer König von England.
1073-1085	Papst Gregor VII. Fordert Durchführung des Zölibats, verbietet Simonie (Kauf kirchlicher Ämter) und Laieninvestitur. Sucht Papsttum über Kaisertum zu erheben.
1076	Reichssynode zu Worms: Absetzung des Papstes. Heinrich vom Papst gebannt.
1077	Heinrichs Gang nach Canossa, um Buße zu tun und sich vom Bann zu lösen.
1096-1291	Kreuzzüge.
1099	Eroberung Jerusalems. Gründung der Kreuzfahrerstaaten.
1122	Wormser Konkordat: Vorläufige Beendigung des Investiturstreites.
1125-1137	Kaiser Lothar von Sachsen. Beginn der deutschen Ostkolonisation.
1138-1254	Könige aus dem Hause der Hohenstaufen.
1152-1190	Friedrich I. Barbarossa deutscher Kaiser.
1154-1399	Haus Anjou-Plantagenet in England.
1155-1227	Dschingis-Khan. Große Eroberungszüge der Mongolen.
1162	Zerstörung Mailands durch Friedrich Barbarossa.
1170	Ermordung des Erzbischofs von Canterbury, Thomas Becket, auf Geheiß König Heinrichs II. von England.
1184	Glänzender Reichstag zu Mainz. Kaisertum auf der Höhe seiner Macht.
1190	Eroberung von Akkon. Deutscher Ritterorden gegründet.
1190-1197	Kaiser Heinrich VI. vereinigt Deutschland und fast ganz Italien.
1198-1216	Papst Innozenz III. Machtsteigerung der Kurie.
1199-1216	Johann ohne Land König von England.
1210-1239	Hermann von Salza Hochmeister des Deutschen Ordens.
1213	England wird päpstliches Lehen.
1214	Schlacht bei Bouvines. Weltstellung des Papsttums.
1215	Magna Charta Libertatum in England.
1215-1250	Friedrich II. Kampf gegen Papst um Herrschaft in Italien und päpstlichen Weltherrschaftsanspruch über weltliche Fürsten.

1220	Privileg zugunsten der geistlichen Fürsten.
1225-1274	Thomas von Aquino (»Summa theologica«, 1273).
1239-1250	Endkampf zwischen Kaisertum und Papsttum.
1239	Mongolen vernichten Großfürstentum Kiew.
1241	Nach der Schlacht bei Liegnitz Rückzug der Mongolen nach Russland.
1242	Mongolenteilreich der Goldenen Horde an der unteren Wolga.
1256-1273	Interregnum in Deutschland. Ausbildung der Landeshoheit. Aufblühen der Städte.
1273-1291	Rudolf I. von Habsburg. Innere Auflösung des Reiches.
1278	Schlacht auf dem Marchfelde: Österreich und Steiermark fallen an Habsburg.
1280-1300	Herausbildung der Hanse und Führerstellung Lübecks im Städtebund.
1282	Sizilianische Vesper: Peter von Aragon König von Sizilien.
1291	Ewiger Bund der Eidgenossen.
1309-1377	Aufenthalt der Päpste in Avignon.
1315	Sieg der Schweizer bei Morgarten über Leopold von Österreich.
1337-1453	Hundertjähriger Krieg zwischen Frankreich und England.
1338	Kurverein zu Rense: Rechtmäßig gewählter deutscher König braucht keine päpstliche Bestätigung, um kaiserliche Rechte auszuüben.
um 1350	Pestepidemien in Europa. Judenverfolgungen.
1356	Goldene Bulle Karls IV. Reichsgrundgesetz. Weitgehende Bevorzugung der sieben Kurfüsten.
1370	Friede von Stralsund. Machthöhe der Hanse.
1378-1417	Schisma der Kirche: Rom und Avignon.
1414-1418	Konzil zu Konstanz. Der Reformator Jan Hus als Ketzer verbrannt.
1415	Hohenzollern erlangen Mark Brandenburg und Kurwürde.
1429	Auftreten von Jeanne d'Arc, der Jungfrau von Orleans. 1431 in Rouen verbrannt.
1450	Erfindung der Buchdruckkunst durch Johann Gutenberg.
1453	Eroberung von Konstantinopel durch die Türken. Ende des Byzantinischen (Oströmischen) Reiches.
1455-1485	Bürgerkrieg in England. Haus York (weiße Rose) gegen Haus Lancaster (rote Rose).
1459-1525	Jakob Fugger, der Reiche.
1492	Christoph Kolumbus entdeckt Amerika. Spanier erobern Granada. Abschluss der »Reconquista« (Rückreroberung) Spaniens von den Mauren. 1493-1519 Maximilian I., der »letzte Ritter«.
1494	Vertrag von Tordesillas: Teilung der Neuen Welt zwischen Spanien und Portugal.
1495	Reichstag zu Worms: Ewiger Landfriede.
1499	Schweizer Krieg (tatsächliche Trennung der Schweiz vom Reich).
1500	Portugiesen entdecken Brasilien.
1509-1547	Heinrich VIII. Trennung der englischen Kirche vom päpstlichen Stuhl (1531).
1513	Machiavellis »Il Principe« - »Der Fürst«.
1517	Luthers 95 Thesen »Über die Kraft des Ablasses«.
1519-1556	Kaiser Karl V.
1519-1521	Eroberung von Mexiko durch Hernän Cortes. Untergang der altmexikanischen Kultur.
1519-1522	Erste Erdumseglung durch den Portugiesen Magellan.
1519	Disputation Luthers gegen Dr. Eck in Leipzig.
1521	Reichstag zu Worms: Luther in Reichsacht erklärt. Zuflucht auf der Wartburg Friedrichs des Weisen. Beginn der Bibelübersetzung.
1521-1526	Erster Krieg Karls V. gegen Franz I. von Frankreich (1525 Schlacht bei Pavia).

1523	Beginn der Reformation in Schweden unter Gustav Wasa.
1526-1532	Türkenkriege (1529 Belagerung Wiens).
1526-1598	Hugenottenkriege in Frankreich (Bartholomäusnacht 1572).
1526-1529	Zweiter Krieg Karls V. gegen Franz I. von Frankreich.
1530	Reichstag zu Augsburg. Melanchthon verfasst »Augsburger Konfession«.
1531	Schmalkaldischer Bund der Protestanten.
1532-1535	Pizarro zerstört Inka-Reich.
1533-1584	Zar Iwan IV., der Schreckliche, in Russland.
1534	Jesuitenorden, gestiftet von Ignatius von Loyola, durch Papst bestätigt.
1536-1538	Dritter und vierter Krieg Kaiser Karls V. gegen Franz I.
1541	Reformation in Genf durch Calvin.
1545-1563	Konzil zu Trient. Abstellung kirchlicher Missstände.
1546/1547	Schmalkaldischer Krieg zwischen Katholiken und Protestanten (1547 Schlacht bei Mühlberg).
1546	Anfänge des Puritanismus in England.
1549	Ankunft der ersten Jesuitenmission in Südamerika.
1553-1558	Maria die Katholische Königin von England. Ehefrau Philipps II. von Spanien. Blutige Förderung der Gegenreformation.
1555	Augsburger Religionsfriede. »Cuius regio, eius religio«.
1556-1598	Philipp II. König von Spanien. Schutzherr der katholischen Kirche. Blutige Verfolgung der Protestanten durch Inquisition.
1558-1603	Elisabeth Königin von England. Entwicklung des englischen Handels und der englischen Seemacht.
1568-1648	Freiheitskampf der Niederlande gegen Spanien.
1570	Gründung der Börse in London.
1571	Türkische Flotte bei Lepanto durch Spanien vernichtet.
1579	Utrechter Union. Zusammenschluss der 7 nördlichen Provinzen der Niederlande (1581 Lösung von Spanien).
1584	Gründung der ersten englischen Kolonie in Nordamerika (Virginia).
1587	Hinrichtung der Königin Maria Stuart von Schottland.
1588	Untergang der spanischen Armada. Beginn der Seegeltung Englands.
1589-1610	Heinrich IV. von Frankreich. Edikt von Nantes (1598). Gleichberechtigung von Hugenotten und Katholiken.
1600	Gründung der englischen Ostindienkompanie.
1608	Protestantische »Union«, 1609 katholische »Liga« gegründet.
1611-1632	Gustav Adolf von Schweden.
1612	Holländer gründen Neu-Amsterdam (New York).
1618-1648	Dreißigjähriger Krieg.
1620	Pilgerväter gründen Neuengland.
1624-1642	Kardinal Richelieu leitender Staatsmann.
1625-1649	Karl I. von England. »Petition of Rights« (Steuerbewilligungsrecht, Schutz gegen willkürliche Verhaftung).
1632	Schlacht bei Lützen: Gustav Adolf siegt und fällt.
1634	Ermordung Wallensteins in Eger.
1640-1688	Friedrich Wilhelm I. von Brandenburg, der Große Kurfürst.
1642-1649	Bürgerkrieg in England.
1649	Hinrichtung Karls I. England wird Republik.
1643-1675	Ludwig XIV. von Frankreich. Mazarin Minister bis 1661.
1648	Westfälischer Friede zu Münster und Osnabrück. Ende des Dreißigjährigen Krieges.
1653-1658	Cromwell Lordprotektor von England. Navigationsakte gegen holländischen Zwischenhandel (1651).
1661-1683	Colbert französischer Wirtschaftsminister (Merkantilismus).
1679	Habeascorpusakte zum Schutz persönlicher Freiheit vom englischen Parlament durchgesetzt.
1683	Belagerung Wiens durch die Türken. Entsatzschlacht am Kahlenberg.
1689-1702	Wilhelm III. von England. »Glorious Revolution« und »Declaration of Rights«.
1689-1725	Peter der Große, Begründer des russischen Staates als Großmacht.
1700-1721	Nordischer Krieg zwischen Schweden, Russland, Polen und Dänemark.
1713	Pragmatische Sanktion: Unteilbarkeit der österreichischen Monarchie (weibliche Erbfolge). Ende des spanischen Erbfolgekrieges. Philipp V. als König von Spanien anerkannt.
1713-1740	König Friedrich Wilhelm von Preußen.
1717	Prinz Eugens Türkensieg bei Belgrad.
1740-1786	Friedrich II. der Große König von Preußen. Rege Reformpolitik, expansive Außenpolitik.
1740-1780	Maria Theresia von Österreich.
1740-1742	Erster Schlesischer Krieg zwischen Österreich und Preußen.
1744/1745	Zweiter Schlesischer Krieg.
1756-1763	Dritter Schlesischer Krieg (Siebenjähriger Krieg)
1769	Erfindung der Dampfmaschine durch James Watt.
1772	Erste, 1793 zweite und 1795 dritte Teilung Polens.
1776	4. Juli: Unabhängigkeitserklärung der 13 Staaten von Nordamerika. Adam Smith: »Natur und Ursache des Volkswohlstandes« (Theorie des wirtschaftlichen Liberalismus).
1783	Friede zu Versailles. Unabhängigkeit der Vereinigten Staaten von England anerkannt. George Washington erster Präsident.
1789	Beginn der Französischen Revolution. Sturm auf die Bastille (14. Juli). Erklärung der Menschen- und Bürgerrechte.
1790	Demokratisch-konstitutionelle Monarchie in Frankreich. Abschaffung der Privilegien von Adel und Geistlichkeit.
1793/1794	Schreckensherrschaft in Frankreich.
1794	Robespierre guillotiniert.
1799	Staatsstreich Napoleons. Konsulatsverfassung.
1804-1815	Napoleon I. Kaiser der Franzosen. Europa unter französischer Hegemonie.
1805	Nelson besiegt spanische und französische Flotte bei Trafalgar. Sieg Napoleons in der »Dreikaiserschlacht« bei Austerlitz.
1806	Errichtung des Rheinbundes. Kaiser Franz legt römische Kaiserwürde nieder. Ende des Heiligen Römischen Reiches Deutscher Nation. Napoleons Siege über Preußen bei Jena und Auerstädt. Einzug in Berlin. Verkündung der Kontinentalsperre gegen England.
1807-1810	Reformpolitik in Preußen durch die Freiherren von Stein und von Hardenberg.
1807	Fultons Dampfschiff auf dem Hudson.
1812	Krieg Napoleons gegen Russland. Preußen und Österreich zwangsweise mit Napoleon verbündet. Konvention von Tauroggen: Der preussische General Yorck vereinbart in bewusster Verweigerung des Königsbefehls Neutralität mit den Russen.
1813/1814	Deutsche Befreiungskriege. Friedrich Wilhelm III. »Aufruf an mein Volk«. Völkerschlacht bei Leipzig. Rückzug Napoleons nach Frankreich.
1813-1824	Abfall der südamerikanischen Kolonien von Spanien. Siegreicher Unabhängigkeitskrieg auf dem gesamten Kontinent unter Simon Bolivar.
1814	Schlacht bei Paris. Einzug der Verbündeten in Paris. Napoleon auf die Insel Elba verbannt.
1814/1815	Wiener Kongress: Neuordnung Europas.

1815	Rückkehr Napoleons nach Frankreich. Niederlage Napoleons bei Waterloo durch Wellington und Blücher. Verbannung Napoleons nach St. Helena.
1817	Deutsche Burschenschaft (gegründet 1815) feiert Wartburgfest. Farben: Schwarz, Rot, Gold. 1821-1829 Griechischer Befreiungskampf gegen Türkei.
1823	Monroedoktrin: »Amerika den Amerikanern«.
1824	Bildung von Gewerkschaften in England und Gewährung des Streikrechts für die Arbeiter.
1832	Hambacher Fest: Kundgebung des süddeutschen radikalen Liberalismus.
1833	Sklavenbefreiung in den englischen Kolonien. Erster Telegraf durch Gauß und Weber. Gründung des Deutschen Zollvereins durch Friedrich List.
1834	China verschließt seine Häfen dem europäischen Handel.
1837-1901	Königin Viktoria von England. Zunehmende Bewegung für den Freihandel.
1848	Karl Marx (1818-1883) und Friedrich Engels (1820-1895): »Kommunistisches Manifest«. Gründung der unabhängigen afrikanischen Republik Liberia. Februarrevolution in Frankreich. Allgemeines und gleiches Wahlrecht. Erste deutsche Nationalversammlung in der Paulskirche in Frankfurt. Anhaltende Aufstände in Italien, Ungarn und Böhmen.
1849	Friedrich Wilhelm IV. lehnt von Nationalversammlung angebotene Kaiserwürde ab.
1850	»Oktroyierte Verfassung«: Dreiklassenwahlrecht in Preußen.
1851	Erste Weltausstellung in London.
1852-1870	Napoleon III. Kaiser der Franzosen.
1854	Bessemerverfahren zur Stahlgewinnung. Öffnung Japans für den Welthandel.
1859	Charles Darwin: »Ursprung der Arten durch natürliche Zuchtwahl«.
1860/1861	Einigung Italiens (Cavour und Garibaldi). Victor Emanuel II. König von Italien.
1861-1865	Amerikanischer Sezessionskrieg. Präsident Abraham Lincoln (1860-1865).
1862	Otto von Bismarck Ministerpräsident von Preußen.
1863	Ferdinand Lassalle gründet Allgemeinen Deutschen Arbeiterverein.
1864	Krieg Österreichs und Preußens gegen Dänemark.
1866	Preußisch-österreichischer Krieg. Preußischer Sieg bei Königgrätz unter General von Moltke. Kampf um Vorherrschaft in Deutschland entschieden.
1867	Gründung des Norddeutschen Bundes unter Preußens Führung. USA kaufen Alaska von Russland.
1868	Gründung der Sozialdemokratischen Arbeiterpartei in Eisenach.
1869	Eröffnung des Suezkanals.
1870/1871	Deutsch-Französischer Krieg und Gründung des Deutschen Reiches. Kaiser Wilhelm I. (-1888). Reichskanzler Otto von Bismarck (-1890).
1874	Disraeli englischer Ministerpräsident.
1878	Berliner Kongress. Sozialistengesetz in Deutschland.
1879	Zweibund zwischen Deutschland und Österreich. Übergang Deutschlands zur Schutzzollpolitik.
1881	Dreibund zwischen Deutschland, Österreich-Ungarn und Italien. Tunis französisches Protektorat. Rockefeller (USA) gründet Standard Oil Company.
1881-1889	Sozialgesetzgebung in Deutschland. Kranken-, Unfall-, Invaliden-, Altersversicherung.
1884	Gründung deutscher Kolonien in Afrika.
1885	Kongokonferenz in Berlin. Deutschland erwirbt Kolonien auf Südseeinseln. Daimler und Benz: Kraftwagen mit Benzinmotoren.

1888-1918	Kaiser Wilhelm II.
1890	Entlassung Bismarcks. Rückversicherungsvertrag mit Russland nicht erneuert.
1891-1893	Russisch-französisches Militärbündnis.
1894	Chinesisch-japanischer Krieg. Formosa (Taiwan) fällt an Japan.
1896	Erste Olympische Spiele der Neuzeit in Athen.
1897	Erster Zionistenkongress in Basel (Theodor Herzl).
1898	Konflikt zwischen Frankreich und England in Afrika (Faschodakrise).
1904	Entente cordiale zwischen England und Frankreich.
1907	Englisch-russische Entente.
1912/1913	Balkankrieg: Aufteilung der europäischen Türkei. Verschärftes Wettrüsten.
1912	China Republik (Sun Yat-sen).
1914	Ermordung des österreichischen Thronfolgers Franz Ferdinand. Ausbruch des Ersten Weltkrieges. Bewegungskrieg im Westen und Osten (Marneschlacht und Tannenberg). Kriegseintritt Japans auf Seite der Entente und der Türkei auf Seite der Mittelmächte.
1915	Kriegseintritt Italiens auf Seite der Entente.
1917	Kriegseintritt der Vereinigten Staaten auf Seite der Entente und Krise des deutschen U-Boot-Krieges.
1917	Oktoberrevolution: Herrschaft Lenins und der Bolschewiki in Russland.
1918	Friede von Brest-Litowsk. Zusammenbruch der Mittelmächte. Waffenstillstand und Revolution in Deutschland.
1919	Weimarer Nationalversammlung. Ebert Reichspräsident (-1925). Vertrag von Versailles. Rapallo-Vertrag zwischen Russland und Deutschland. Gründung des Völkerbunds in Genf. Mussolinis Marsch auf Rom, Herrschaft des Faschismus in Italien (bis 1943/45).
1923	Einmarsch französischer und belgischer Truppen ins Ruhrgebiet. Passiver Widerstand. Inflation. Hitlerputsch.
1924	Stalin Generalsekretär der KPdSU und damit Staatschef der Sowjetunion (bis 1953).
1925	Wahl Hindenburgs zum Reichspräsidenten. Locarnopakt (Briand-Stresemann).
1926	Eintritt Deutschlands in den Völkerbund.
1929	Zusammenbruch der Börsenkurse in New York. Beginn der Weltwirtschaftskrise.
1932	Über 6 Millionen Arbeitslose in Deutschland.
1933	Hitler Reichskanzler. Errichtung der NS-Diktatur. Austritt Deutschlands aus dem Völkerbund. Ermächtigungsgesetz. Auflösung der Parteien. Verhaftungswellen, Einrichtung der ersten Konzentrationslager für Regimegegner. Amtsantritt des Präsidenten Roosevelt in den USA.
1935	Abstimmung an der Saar. Einführung der allgemeinen Wehrpflicht in Deutschland. Deutsch-englisches Flottenabkommen.
1935/1936	Italienisch-abessinischer Krieg.
1936-1939	Spanischer Bürgerkrieg.
1938	»Anschluss« Österreichs. Münchner Konferenz: Eingliederung der sudetendeutschen Gebiete in das Reich. Judenprogrom (»Reichskristallnacht«).
1939	Besetzung der restlichen Tschechoslowakei. Errichtung des »Reichsprotektorats Böhmen und Mähren«. Deutsch-russischer Nichtangriffspakt. Deutscher Überfall auf Polen (1. September), Kriegseintritt Englands und Frankreichs und damit Beginn des Zweiten Weltkrieges.
1940	Deutscher Sieg im Westen (Besetzung Frankreichs).
1941	Deutscher Angriff auf die Sowjetunion. Überfall der Japaner auf Pearl Harbor. Kriegserklärung Italiens und Deutschlands an die Vereinigten Staaten.
1942	»Wannseekonferenz« in Berlin unter Führung Heydrichs beschließt den organisierten, systematischen

Genozid (»Holocaust)« am jüdischen Volk in den seinerzeit von der deutschen Wehrmacht kontrollierten Gebieten, also nahezu ganz Europas; allein in den Massenvernichtungslagern Auzschwitz, Majdanek und Treblinka werden bis 1944 vier Millionen Menschen ermordet. Vormarsch des deutschen Ostheeres bis an die Wolga und in den Kaukasus.

1943 Kapitulation der deutschen Stalingradarmee. Kapitulation des deutschen Afrika-Korps in Tunis. Invasion der Alliierten in Süditalien.

1944 Invasion der Alliierten in Frankreich. Missglücktes Attentat auf Adolf Hitler (20. Juli).

1945 Konferenz von Jalta. Selbstmord Hitlers und bedingungslose Kapitulation des Deutschen Reiches. Gründung der Vereinten Nationen in New York (UNO). Abwurf amerikanischer Atombomben auf Hiroshima und Nagasaki. Kapitulation Japans.

1945-1947 Flucht und Vertreibung der Deutschen aus den deutschen Ostgebieten und Ostmitteleuropa.

1947 Trumandoktrin: Politik der Eindämmung des Kommunismus. Marshall-Plan (European Recovery Program, ERP) zum Wiederaufbau Europas. Unabhängigkeit Indiens.

1948 Blockade Berlins, Luftbrücke. Gründung des Staates Israel. Währungsreform in Deutschland.

1949 Bonner Grundgesetz. Gründung der Bundesrepublik Deutschland (Regierung Adenauer, bis 1963) sowie der Deutschen Demokratischen Republik (DDR). Sieg Maos im chinesischen Bürgerkrieg. Errichtung der Volksrepublik China. Explosion der ersten russischen Atombombe. Gründung des Nordatlantikpaktes unter Führung der USA (NATO).

1950-1953 Krieg in Korea.

1951 Europäische Gemeinschaft für Kohle und Stahl (Montanunion).

1953 Wiedergutmachungsabkommen der Bundesrepublik mit Israel. Tod Josef Stalins. Volkserhebung in Ostberlin und der DDR (17. Juni).

1954 Teilung Indochinas in Nord- und Südvietnam, Laos und Kambodscha.

1954-1962 Krieg in Algerien.

1955 Konferenz asiatischer und afrikanischer Staaten in Bandung; Formierung der »Dritten Welt«. Eintritt der Bundesrepublik in die NATO. Wiederherstellung der formellen Souveränität Westdeutschlands. Gründung des Warschauer Pakts.

1956 Allgemeine Wehrpflicht in der Bundesrepublik.

1957 Unterzeichnung der Römischen Verträge: Gründung von EWG und EURATOM. Erste Raumfahrt des russischen Sputnik.

1958 5. Republik in Frankreich.

1959 Charles de Gaulle französischer Staatspräsident (bis 1968). Revolution in Kuba (Fidel Castro). Aufstand Tibets gegen China.

1960 Der größte Teil der europäischen Kolonialgebiete in Afrika wird selbständig.

1961 Bau der »Berliner Mauer« und Schließung der innerdeutschen Grenze durch die DDR (13. August).

1962 Kubanische Raketenkrise.

1963 Ermordung des US-Präsidenten John F. Kennedy.

1964 Sturz Chruschtschows durch die obersten Parteiorgane der Sowjetunion.

1966-1969 Große Koalition CDU/CSUSPD in Bonn. Willy Brandt Außenminister.

1967-1975 Vietnamkrieg. Engagement der USA auf Seiten Südvietnams, Chinas auf Seiten Nordvietnams.

1969 N. Armstrong (USA) erster Mensch auf dem Mond. Elektronenoptische Sichtbarmachung eines einzelnen Gens.

1969-1974 Sozialliberale Koalition (Brandt-Scheel) in Bonn. Aktive »Ostpolitik« bei bleibender fester Verankerung im westlichen Bündnis. Ostverträge (Gewaltverzichtsabkommen) mit UdSSR, Polen, CSSR. Grundlagenvertrag mit der DDR. Berlin-Abkommen.

1972 US-Präsident Nixon in Peking und Moskau (SALT-Abkommen). Literaturnobelpreis an Heinrich Böll

1973 KSZE-Sicherheitskonferenz in Helsinki. »Jom-Kippur-Krieg« zwischen Israel und den arabischen Frontstaaten. A. Solschenizyn: »Archipel Gulag«. Tod Pablo Picassos.

1974 Rücktritt des US-Präsidenten Richard Nixon. Helmut Schmidt Bundeskanzler (bis 1982).

1975 Kapitulation Südvietnams. Wiedervereinigung Vietnams. Juan Carlos spanischer König. Ende der Franco-Diktatur.

1976 Tod Mao Tse-tungs. Ausbürgerung des Liedermachers Wolf Biermann aus der DDR.

1978 Karol Wojtyla, Erzbischof von Krakau, wird zum Papst gewählt (Johannes Paul II.).

1979 Wahlen zum 1. Europa-Parlament. Revolution im Iran. Sowjetischer Einmarsch in Afghanistan. Geiselnahme der US-Botschaftsangehörigen in Teheran. Separatfrieden zwischen Israel und Ägypten.

1980 Golfkrieg zwischen Irak und Iran (bis 1988). Ermordung des Ex-Beatles John Lennon in New York.

1981 Attentat auf Papst Johannes Paul II. Ermordung des ägyptischen Präsidenten Sadat. Beitritt Griechenlands zur EG.

1982 Helmut Kohl Bundeskanzler.

1983 Friedensnobelpreis für Polens Arbeiterführer Lech Walesa. Raumsonde »Pioneer 10« (Start 1972) verlässt als erstes von Menschen geschaffenes Objekt das Sonnensystem.

1984 Berechnung der kosmischen Expansion datiert den »Urknall« vor 20 Milliarden Jahren.

1985 Beginn der sowjetischen Reformpolitik (»Perestroika«) unter KPdSU-Generalsekretär Gorbatschow. Tod des russischen Malers Marc Chagall.

1986 Folgenschwerer Unfall im sowjetischen Kernkraftwerk Tschernobyl. Beitritt Spaniens und Portugals zur EG. Bundesrepublik Deutschland »Exportweltmeister«. Tod des deutschen Objektkünstlers Joseph Beuys und des englischen Bildhauers Henry Moore. Gorbatschow hebt Verbannung des Physikers und Friedensnobelpreisträgers Andrej Sacharow (»Vater der sowjetischen Wasserstoffbombe«) auf.

1987 INF-Vertrag USA-UdSSR verfügt Verschrottung aller atomaren Mittelstreckenraketen.

1989 Zusammenbruch der stalinistischen Nachkriegsordnung in Europa, Öffnung der Berliner Mauer. Friedenspreis des deutschen Buchhandels an den Dramatiker und Bürgerrechtler Vaclav Havel, der im Jahr darauf zum Staatspräsidenten der Tschechoslowakei gewählt wird.

1990 Vereinigung Deutschlands. Entlassung Namibias in die Unabhängigkeit. Annexion Kuwaits durch den Irak.

1991 Auflösung des COMECON. EG-Gipfel von Maastricht beschließt Durchbruch zur politischen Union mit gemeinsamer Außenpolitik, Verteidigungspolitik und Währung. Erste Satelliten-Farbfernsehbilder. Sensationeller Fund eines über 5000 Jahre alten, im ewigen Gletschereis eingefrorenen Leichnams (»Ötzi«, »Similaun-Mensch«) in den Ötztaler Alpen. Postkommunistischer Putsch in Moskau scheitert. Auflösung der Sowjetunion in ihre früheren bundesstaatlichen Bestandteile. Rücktritt Michail Gorbatschows. Boris Jelzin Präsident der Russischen Föderation. 2. Golfkrieg zur Befreiung Kuwaits unter militärischer Führung der USA endet mit der totalen Niederlage des Irak. Saddam Hussein kann sich jedoch weiter im Amt halten.

1992 Zusammenschluss von EG und EFTA zum Europäischen Wirtschaftsraum (EWR). Willy Brandt gestorben. Clinton zum US-Präsidenten gewählt. Austritt Kroatiens aus der Jugoslawischen Föderation. Offener Krieg zwischen Serbien und Kroatien.

1993 Nach einem Vierteljahrhundert der Feindschaft erkennen sich Israel und die PLO gegenseitig an. 1993-1995 Offener Bürgerkrieg in Bosnien-Herzegowina zwischen den Volksgruppen der Serben, Kroaten und Muslime unter eskalierender Einmischung (Rest-)Jugoslawiens und Kroatiens. Erste freie Parlamentswahlen in Russland. Heide-Simonis (SPD) in Schleswig-Holstein erste deutsche Ministerpräsidentin. Friedensnobelpreis für Frederik de Klerk und Nelson Mandela.

1994 Österreich, Schweden und Finnland treten der EU bei. ANC-Chef Nelson Mandela wird erster schwarzer Präsident von Südafrika. Ende der rassistischen Epoche der »Apartheid«. Arafat und Rabin unterzeichnen Autonomie-Abkommen für die Westbank und den Gaza-Streifen. Roman Herzog wird Bundespräsident. Der ehemalige DDR-Staatschef Erich Honecker stirbt im chilenischen Exil. Koalition aus CDU/CSU und FDP bei der Bundestagswahl knapp bestätigt. Einmarsch russischer Truppen in Tschetschenien. Friedensnobelpreis für Jassir Arafat, Jitzhak Rabin und Shimon Peres für ihre Bemühung um einen umfassenden Frieden zwischen Israel und den Palästinensern.

1995 Einmarsch türkischer Truppen in die kurdische Autonomiezone im Nordirak. Eingreifen der UNO unter militärischer Führung der USA beendet den bosnischen Bürgerkrieg. Ermordung des israelischen Ministerpräsidenten Jitzhak Rabin durch einen jüdischen Rechtsextremisten.

1996 Wiederwahl Boris Jelzins zum Präsidenten Russlands. Jelzins Sicherheitsberater Lebed gelingt die Eindämmung des Tschetschenien-Konflikts. Tod des ehemaligen französischen Präsidenten (1982 bis 1996) Mitterrand. Jacques Chirac neuer Staatspräsident der Republik. Knapper Wahlsieg des Likud-Blocks in Israel. Benjamin Netanjahu Ministerpräsident. Zögerliche Fortführung des Friedensprozesses mit der PLO. Entdeckung von Mikroorganismen und damit von Leben auf dem Mars. Bundeskanzler Helmut Kohl übertrifft Ende Oktober die 14jährige Amtszeit Konrad Adenauers. Wiederwahl Bill Clintons zum Präsidenten der USA.

1997 Die britische Kronkolonie Hongkong fällt nach 156 Jahren vertragsgemäß wieder an China zurück. Landung der von der NASA entwickelten Sonde »Pathfinder« auf dem Mars. Britische Genforscher präsentieren das Klon-Schaf »Dolly«. Die ordensschwester Mutter Teresa stirbt im Alter von 87 Jahren in Kalkutta. Lady Di, Prinzessin von Wales, kommt mit 36 Jahren bei einem Verkehrsunfall in Paris ums Leben. Jan Ullrich gewinnt als erster Deutscher die Tour de France.

1998 Mit dem Wahlsieg von Rot-Grün geht die Ära Kohl zu Ende. Neuer Bundeskanzler wird der Sozialdemokrat Gerhard Schröder. Bei der größten Bahnkatastrophe nach 1945 in Enschede kommen 101 Menschen ums Leben. Im Alter von 103 Jahren stirbt der Schriftsteller Ernst Jünger. Am ersten Ärztestreik in der BRD beteiligen sich Zehntausende von Kassenärzten.

1999 Der frühere NRW-Ministerpräsident Johannes Rau wird in Berlin als Nachfolger von Roman Herzog zum Bundespräsidenten gewählt. Dem Schriftsteller Günter Grass wird der Literatur-Nobelpreis für sein schriftstellerisches Lebenswerk verliehen. Die europäische Airbus-Industrie entscheidet, den Mini-Airbus A318 im Werk Hamburg-Finkenwerder zu produzieren.

2000 Wladimir Putin wird mit absoluter Mehrheit zum russischen Präsidenten gewählt. Als Nachfolger von Ignatz Bubis wird Paul Spiegel zum Präsidenten des Zentralrats der Juden in Deutschland gewählt. George W. Bush wird zum 43. Präsidenten der USA gewählt. Vor dem internationalen UNO-Kriegsverbrecher-Tribunal in Den Haag beginnt der erste Prozeß wegen systematischer Massenvergewaltigungen im Bosnien-Krieg. Die »Expo 2000« in Hannover findet als erste Weltausstellung in Deutschland statt. Nach einem Urteil des Europäischen Gerichtshofs muß die Bundeswehr künftig auch Frauen den Dienst mit der Waffe gestatten.

2001 Ariel Scharon, Kandidat des rechtsgerichteten Likud, wird mit großer Mehrheit zum israelischen Ministerpräsidenten gewählt. Dem Terroranschlag auf das World Trade Center in New York am 11. September fallen 3.478 Tote zum Opfer. Das britische Oberhaus stimmt mit 212 gegen 95 Stimmen dem Gesetz über das Klonen menschlicher Embryozellen zu. Das Taliban-Regime zerstört weltberühmte Buddha-Statuen in Afghanistan.

2002 Die Euro-Banknoten und Münzen werden ausgegeben. Trotz mangelnder innenpolitischer Erfolge bei der Bewältigung des Reformstaus (Steuer-, Gesundheits-, Rentenreform) sowie der anhaltend hohen Arbeitslosigkeit wird die Regierung der rot-grünen Koalition unter Gerhard Schröder knapp bestätigt. Nach neuesten Berechnungen des Statistischen Bundesamtes wird 2050 jeder dritte Deutsche älter als 60 Jahre sein.

2003 US-Präsident George W. Bush erklärt die erfolgreichen Kampfhandlungen im Irak für beendet. Die Kalifornier wählen den Action-Schauspieler Arnold Schwarzenegger zum Gouverneur. Die Afghanistan-Mission der Bundeswehr wird auf die Region Kunda ausgeweitet. Papst Johannes Paul II. feiert sein 25-jähriges Amtsjubiläum und spricht die Nonne Mutter Teresa heilig. Das Opernhaus »La Fenice« in Venedig, 1996 durch Brandstiftung zerstört, wird wiedereröffnet. Saddam Hussein wird von US-Soldaten aufgespürt und gefangengenommen. Der EU-Gipfel in Brüssel über eine neue Europa-Verfassung scheitert am Widerstand Polens.

2004 Nach Vermittlung der Bundesregierung ist der größte Gefangenenaustausch seit 20 Jahren zwischen Israel und der islamistischen Hisbollah-Miliz abgewickelt worden. 244 Menschen werden bei einer Massenpanik auf einer Pilgerfahrt in Mekka zu Tode getrampelt. Israels Ministerpräsident Ariel Scharon stellt die Räumung fast aller jüdischen Siedlungen im Gaza-Streifen in Aussicht. Bundeskanzler Gerhard Schröder erklärt seinen Verzicht auf das Amt des SPD-Vorsitzenden. Sein Nachfolger wird Franz Müntefering. George W. Bush gewinnt die US-Präsidentenwahl mit 286 der 538 Wahlmänner-Stimmen vor John Kerry. Der Flutwelle in Südostasien fallen nahezu 300 000 Menschen zum Opfer.

2005 PLO-Chef Mahmud Abbas wird mit 62,3 Prozent zum neuen Palästinenser-Präsidenten gewählt. Der Wahlsieg des als gemäßigt geltenden Abbas nährt die Hoffnung auf einen Frieden im Nahen Osten. Über die Koordinierung der Fluthilfe der Europäischen Union von insgesamt rund 1,5 Milliarden Euro beraten die Außen-, Gesundheits- und Entwicklungsminister der EU auf einer Sondersitzung in Brüssel. Der Flugzeugbauer Airbus präsentiert in Toulouse den A380, das größte Passagierflugzeug der Welt. 2006 soll das erste Exemplar davon den Linienflugbetrieb aufnehmen. Nach zahlreichen Pannen und mehr als einem Jahr Verzögerung startet die Lkw-Maut auf deutschen Autobahnen weitgehend störungsfrei. Zur Erinnerung an den nationalsozialistischen Massenmord an den europäischen Juden während des Zweiten Weltkrieges wird in Berlin das Holocaust-Mahnmal eingeweiht. Nach dem Tod Johannes Paul II. wird Kardinal Joseph Ratzinger als Benedikt XVI. zum neuen Papst gewählt.